사마천의 동아시아
- 초, 한, 남월, 조선

최병욱 편역

사마천의 동아시아
– 초, 한, 남월, 조선

초판 1쇄 발행 / 2018. 10. 27

지은이 / 최병욱
펴낸이 / 권오진
펴낸곳 / 도서출판 산인
    출판등록 제 2017-000015
    충남 아산시 도고면 아산만로 180번 길 46
    tel. 041. 544. 1045 / fax. 041. 544. 1046
    e-mail. sanin@saninbooks.com
디자인 / 장윤미
인쇄 / 우진테크

ISBN 979-11-951442-0-4 (93910)

※ 이 책의 본문 용지는 그린라이트 80g, 표지는 말똥종이 209g을 사용하였습니다.
※ 이 책의 일부 또는 전부를 재사용하려면 반드시 저작권자와 출판사 양측에 동의를 받아야 합니다.
※ 책값은 뒤표지에 있습니다.

사마천의 동아시아
– 초, 한, 남월, 조선

최병욱 편역

도서출판 산인

사마천(기원전 145? - 90?)

'태사공자서(太史公自序)'에서

"천은 용문에서[섬서 혹은 산서] 태어났다. [어린 시절] 황하의 북쪽 양지바른 산기슭에서 밭을 갈고 가축을 돌보았다. 열 살에 고문을 읽었고 스무 살이 되어 남쪽으로 회수와 장강을 떠돌았다. 회계산[절강]에 올라 우[임금이 묻혔다는] 굴을 찾았다. [순임금을 묻었다는] 구의산[호남]을 엿보았고 원수와 상수를 돌아다녔다. 북으로 가 문수, 사수를 건너 제나라와 노나라의 도읍에서 논구하고 공자의 유풍을 살폈으며 추현의 역산[산동]에서 사람들과 활쏘기를 했다. 파, 설, 팽성에서는 고생했다. 초와 양 땅을 거쳐 돌아왔다. [… 한나라 군대가] 서쪽으로 파, 촉 이남[사천]을 정벌하고 남쪽으로 공, 착, 곤명[운남]을 경략할 때 사신이 되어 갔다가 돌아와 보고했다. [… 아버지가] 돌아가신 지 삼 년에 천은 태사령이 되었다."

머리말

역사는 재구성된 과거(past configured)다.[1] 역사가는 그 과거를 창조하는 존재다. 사마천은 그런 역사가의 전범이라고 나는 평가한다. 창조된 과거라는 말에 여러분이 민감해할 필요는 없다. 없었던 걸 있었다고 하는 것도 아니고 실재를 왜곡하는 것도 아니다. 역사가의 취사선택을 거쳐서 재구성된 과거가 역사라는 말이다. 예를 들어 이 글이 정리되고 있는 올 2018년에 일어난 수많은 사실이 다 역사로 등록될 수도 없고 하늘의 동쪽 끝과 서쪽 끝의 거리만큼이나 먼 의견의 차이를 모두 다 역사에 실을 수도 없는 일이다. 가까운 역사를 놓고 보자면 3·1 운동을 둘러싸고 벌어졌을 수많은 논의와 의견의 차이를 일일이 다 역사서에 집어넣는다는 게 역사의 객관성을 담보한다고 말할 수는 없지 않겠는가? 취사선택은 역사가의 권력에 맡겨질 수밖에 없다. 사료는 필수적이다.

사마천이 만든 과거 속에는 그가 살고 있던 중국만이 아니라 '외국'이 들어 있다. 과거를 구성하는 다양성이 사마천 이전까지의 대표적 사서인 『춘추』를 훨씬 뛰어넘는다. 왕과 하늘의 행적뿐만이 아니라 순리

---

[1] 나는 과거 서술과 관련된 단어로 configure, configuration을 다음 글들에서 만났다. Wynn Wilcox, *Allegories of the Vietnamese Past, Unification and the Production of a Modern Historical Identity* (Yale Southeast Asia Studies, 2011), pp. 33-34; Naoki Sakai, *Translation and Subjectivity: On "Japan" and Cultural Nationalism* (University of Minnesota Press, 1997), pp. 33-35, 38-39.

와 혹리, 자객 등 다양한 인간상을 분류하고 제도, 식화, 복술 등을 드러내어 서술 대상이 되는 인간과 인간사의 지평을 넓힌 것은 이미 큰 변화였다. 그런데 사마천은 중국인의 세계 너머 외국의 과거와 현재를 역사 서술의 대상으로 끌어들였다. 그의 '외국'이 각별한 건 그 바깥 나라들에 대한 사마천의 선별이 전통적이라는 데 있다. 전통이라는 건 오랜 시간(이는 상대적이다.) 이어지고 현재까지도 계속되는 현상을 이름이다. 열전에 나열된 순서대로 친다면 흉노, 남월, 동월, 조선, 서남이, 대원 등이 사마천의 외국을 구성했다. 이들은 중국을 둘러싼 동서남북의 나라들로서 중국의 천하를 구성하는 존재들이었다. 흉노, 서남이, 동월은 사라졌지만 남월과 조선의 후예들은 여전히 건재하다.[2)]

남월과 조선의 후예인 베트남과 한국(그리고 북한)은 아직도 현재의 중국과 더불어 동아시아 국제 질서의 한 축을 담당하고 있다. 참으로 질긴 인연이다. 그들이 초기 역사 속에서 어떤 관계를 만들었는지에 대해 우리는 사마천의 해석과 분석과 판단에 의존할 수밖에 없다. '이게 다는 아니었을 텐데'라는 생각이 들 때가 많지만 우리는 사마천이 행사한 권력에 복종해야 한다. 한 가지 위안이 되는 게 있다. 사마천은 친절하게도 아니면 불가피하게도 우리 같은 동업자에게 수많은 언외 혹은 행간의 정보를 남겼다. 특히 사마천이 늘 의식하며 살았을 무제의 증조부 유방과 관련된 기록들은 그러하다. 무제 때 멸망당한 남월과 조선에서의 무제 관련 기록들도 마찬가지이다. 항우를 이야기할 때도 유방과 관련된 대목에서 사마천은 조심스러웠다. 『사기』는 번역(translation) 되는 게 아니고 해석(interpretation) 되어야 하는 이유가 여기에 있다.

조선, 식민지 시절, 그리고 대한민국 시대를 거치면서 우리는 한·중·

---

2) 대원은 예외적이다. 한나라와 접하지 않은 나라였다. 무제 때 장건이 다녀왔다는 곳이다.

일을 한 덩어리로 동북아시아라는 틀 안에서 사유하는 관행에 너무 익숙해졌다. 중국과 일본 사이에 있는 우리에게 이런 국제 질서 인식 방식이 편리하고 안온하게 느껴질지 모르겠으나 막상 중국이나 일본에게 이는 불편하기 짝이 없는 한반도 중심의 태도이다. 다행히도 이런 낌새를 알아차린 우리 지식계는 21세기에 들어서면서 본격적으로 한·중·일과 동남아시아를 하나의 동아시아 세계로 보기 시작했다. 그런데 이런 인식 방법은 아직도 많은 사람들에게 수용하기에 벅차 보인다. 고등학교 동아시아사 교과서가 담는 내용이 매 교육과정마다 춤을 추는 건 동아시아의 범주를 정하는 일이 혼란스럽다는 현실을 반영한다.

하지만 우리의 동아시아가 적어도 한·중·일에 더해 베트남까지 포괄하는 걸 수용하게 된 진보는 다행스럽다.

이즈음 사마천의 '외국' 즉 초기의 중국을 중심으로 한 국제 관계를 성립시키는 나라들을 살펴보는 건 의미가 있다. 우리가 이제 가까스로 확대한 동아시아 세계가 새로운 게 하나도 없다는 사실에 대한 발견도 필요하다. 이에 더해 사마천의 '외국'은 그의 사후 2000년도 더 된 이 시대에 사마천의 세계 혹은 지역 인식에서 한 발짝 더 나가는 일이 왜 우리에겐 이리도 시간이 걸리는 건지를 생각하게 하는 자극제가 된다.

사랑방의 이야기 거리가 되는 수많은 사람들의 이야기 즉 '열전'을 위시한 '세가'와 '본기'가 심지어 중국인들에게보다 더 우리의 영혼을 살찌우는 밑거름이 되는 시간 동안 우리는 중국이란 한정된 세계 속에 점점 함몰되어가고 있었다. 사마천이 보고 있었다고 해도 이상하게 여겼을 현상이다.

난 이 '함몰'을 탓할 생각은 없다. 이방(異邦)에서 종종 등장하는, 중심에서보다 더한 중심 의식은 절대 희극이 아니다. 그건 인류 문명을 확산하고 역사를 보편화하는 동인(動因)으로 작용해 왔다.

난 단지 『사기』가 제시한 역사를 더 온전히 향유하는 주체가 되는 작업을 해보고 싶다. '초한지'에 익숙한 우리의 인식 범위가 '초·한·남월·조선'으로 확대될 필요가 있다. 사마천의 시대에 비해 현재의 중국은 초·한을 넘어 그 영역이 과도하다 싶게 확대되었고, 베트남과 한국은 원래의 중심지에서 뒤로 많이 밀려났지만(중국 중심부에서 볼 때) 동쪽의 일본이나 남쪽의 동남아시아 국가들 입장에서 보자면 두 나라는 중국의 팽창을 막아내는 보루로서의 역할을 하고 있다. 한·중·일의 시각만큼이나 한·중·월의 시각이 우리에게 중요하며 그 근원은 『사기』에 있다.

이 책에서 다루는 '항우본기' '고조본기' '남월열전' '조선열전'은 지난 몇 년간 인하대 사학과 2학년 학생이 필수 과목으로 이수해야 하는 '동양어원전강독' 수업의 교재였다. '항우본기'와 '고조본기'는 각각 세 학기, '남월열전'과 '조선열전'은 각각 두 학기 동안 번역과 해석의 대상이었다. 수업은 학생들의 한자 사료 읽기 능력을 배양하도록 설계된 것이지만 발표와 토론, 그리고 시험 답안지를 통해서 나도 학생들에게 많이 배웠다. 내 실수 및 오류가 학생들에 의해 들춰지고 내 상상력의 한계를 뛰어넘는 학생들의 해석이 나를 놀라게도 그리고 기쁘게도 할 때가 많았다. 그런 상호 학습의 과정이 이 책에 녹아들어 있다. 엄청난 분량의 예습과 가혹한 수업 진행, 시험 답안지 위에 새로운 역사를 써보라는 다그침 등을 다 견뎌가며 실력 있는 전문가로 성장하는 가운데 내게 가르침을 주는 존재로까지 자기 역할을 제대로 수행하던 사학과 학생들에게 한없이 고마웠다는 말을 이 자리를 빌려 전하고 싶다.

'태사공자서'에서 말하길 총 526,500 글자로 구성되었다는 『사기』는 본기 12권, 표(表) 10권, 서(書) 8권, 세가 30권, 열전 70권 등 총 130권 혹은 편(篇)으로 이루어졌다. 그 분량이 대단하다. 아무리 계산을 꼽아

보아도 나로서는 평생을 매진한다고 한들 도저히 써낼 수 없을 분량이며 도달할 수 없는 깊이의 책이다. 그래서 종종 나는 이 책을 하늘이 사마천의 손을 빌려서 쓴 게 아닐까 하는 생각을 한다. 526,500 글자는 일일이 필사하기에도 벅찬 분량이다. 하물며 번역임에랴! 일부든 전부든 『사기』와 씨름하며 번역해 온 분들에게 경의를 표한다.

나는 여러 번역본 중에서 역사가 버튼 왓슨(Burton Watson)의 것을 참고하였다. 그의 *Records of the Grand Historian* (Columbia University Press, 1968)은 '본기'의 일부, '세가'와 '열전'을 주제별로 정리해 번역한 책이다. 사마천을 전공으로 하는 전문역사가의[3] 번역물이라는 데서 국제적으로 학술적 가치를 인정받아 왔다. 영어권 독자의 이해를 돕기 위해 원문에 추가·보완한 어휘가 많다. 평이한 부분에서 그와 나의 번역은 의미상 거의 유사하다. 그러나 까다로운 곳에서 나와 그의 번역은 차이가 있다.

이 책의 구성은 다음과 같다. 각 단락에서는 원문, 독음, 번역이 소개된다. 독음을 둔 건 편의를 위함이다. 독자는 자전을 찾지 않아서 좋고 나는 원문을 쓰고 독음을 다는 가운데 한 번이라도 더 글자를 확인할 수 있어서 안심이 된다. 게다가 글자에 따라서는 두 가지 이상의 독음이 있기 때문에 어떤 독음을 취했는가를 밝히는 게 독자에게도 도움이 된다. 번역은 원문의 글자 단 한 개도 내버려두지 않는 직역 방식을 취했다. 문학적 번역은 약간의 융통성이 허용될 수도 있는지 모르겠으나 역사학적 번역에서는 글자 하나하나가 모두 중요하다. 번역 아래 해석을 달았다. 역사가로서 내 생각과 시각, 그리고 강의실에서 생산된 지식이 여기에 담겨 있다.

---

[3] *Ssu-Ma Ch'ien, Grand Historian of China* (Columbia University Press, 1958)도 그의 책이다.

이 책에 소개되는 두 개의 '본기'와 두 개의 '열전'은 북경 중화서국의 『史記』(2010)가 출처이다. 원문은 이 책의 것을 그대로 옮겨(22,120자) 적었다. 그러나 쉼표와 방점은 다시 찍었고 문단도 다시 나누었다. 중화서국의 『사기』에는 남조 송나라 사람 배인(裵駰)의 『사기집해(史記集解)』(이하 『집해』), 당나라 사람 사마정(司馬貞)의 『사기색은(史記索隱)』(이하 『색은』), 역시 당나라 사람 장수절(張守節)의 『사기정의(史記正義)』(이하 『정의』)의 주석이 함께 있다. 이들 주석은 필요에 따라 인용될 것이다. '동월열전'(1,333자)은 혹 참고가 될까 하여 번역까지만 해서 이 책의 말미에 첨부하였다. 출처는 같다.

책이 나오는 과정에서 많은 분의 도움이 있었다. 같은 과의 이준갑 교수(중국사), 우경섭 교수(한국사), 서강대 윤대영 교수(베트남사)가 꼼꼼히 초고를 살피면서 부족한 부분을 채워주셨다. 나의 학문을 늘 응원해 온 오랜 벗 유병선(전 경향신문 논설위원)의 따스한 제언들도 이 책 곳곳에 반영되어 있다. 가끔 나타나 나를 고생길로 몰고 가던 중국 지명 비정 문제를 해결하는 데는 대학원생 서원익(중국사)이 큰 도움을 주었다. 미래의 동남아시아 전문가가 될 준비를 하고 있는 김환조, 변규덕, 이예슬도 바쁜 시간을 쪼개 이 책 만드는 일에 힘을 보탰다.

덕암산 아래 牛二齋에서

차 례

머리말 _ 5
지도 1. 기원전 3세기의 동아시아
      2. 황하와 회수 주변
      3. 관중 주변

1. 초나라
― 항우본기

- 19 집안 배경
- 21 배우려 하지 않는 아이
- 27 죽이고 일어서다
- 33 새 시대
- 38 무자비한 첫 승리
- 45 유방과 함께
- 49 숙부를 잃다
- 53 회왕의 개입
- 56 상관 살해
- 63 "초병호성동천"
- 66 20만 명을 묻다
- 74 홍문의 칼춤
- 94 함양을 불태우다
- 96 천하를 가지다
- 98 천하를 나누다
- 111 불만스러워하는 사람들
- 118 팽성 탈환
- 123 한나라와 제나라 사이에서
- 125 유방을 놓치다
- 130 길어지는 대치
- 132 근심하기 시작함
- 134 유방을 쏘아 맞히다
- 137 두려워하기 시작함
- 146 우는 항우
- 155 도망치는 항우
- 168 죽은 항우, 울고 가는 유방
- 173 사마천의 생각

2. 한나라
― 고조본기

179 논리적 출생
184 호주호색
190 야심
191 동지를 얻다
194 전원에서 만난 사람
198 몰두
199 법망 밖으로
203 죽이게 하고 서다
209 항우와 함께
218 약속
220 함양으로의 여정
227 욕심 절제
230 은밀한 계책
232 화해
234 항우의 마음
236 한왕이 되다
238 신속한 결단
240 항우에 맞서는 사람들
242 도전
246 사직을 세우다
247 진군
263 죽음의 문턱
268 재도전
272 편의를 위한 황제
280 불안한 사람들
310 불가피한 사망
320 사마천의 생각

3. 남월
— 남월열전

325 조타의 등장
331 황제가 되다
333 절충과 타협
338 한무제의 관심
341 규씨 여자
345 승상 여가
348 전쟁의 추이
360 사마천의 생각

4. 조선
— 조선열전

365 패수와 왕험
371 전쟁의 추이
388 사마천의 노래

에필로그 •392
첨부_ 동월열전 •394
연표 •404
찾아보기 •409

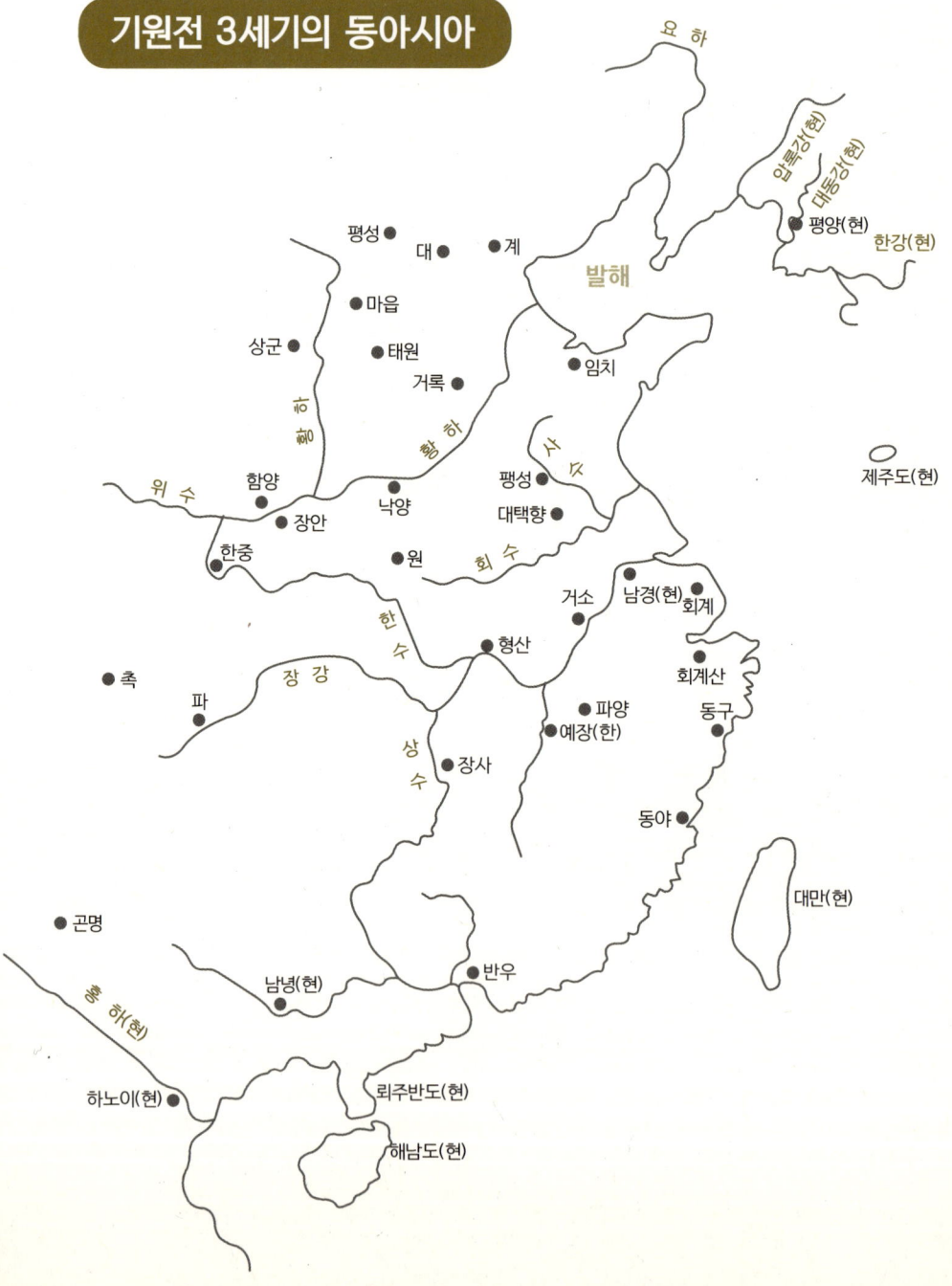

황하와 회수 주변

황하와 회수 주변 지도

- 연태(현)
- 봉래(현)
- 즉묵(교동)
- 고밀
- 납아
- 광릉
- 임치
- 동해
- 우이
- 동양
- 하상
- 회수
- 동성
- 제북
- 호릉·설현
- 대택향
- 해하
- 수춘(구강)
- 남피
- 패
- 팽성
- 평원
- 사수
- 방여
- 탕
- 육
- 동아
- 정도
- 선보
- 안양
- 수양
- 돈원
- 거록
- 복양
- 진류
- 외황
- 옹구
- 한단
- 하수
- 대량
- 성양(成陽)
- 성양
- 안양
- 조가
- 수무
- 오창
- 광무
- 형양
- 양성(襄城)
- 은
- 태원
- 하내
- 성고
- 양성(陽城)
- 하남·낙양
- 신안
- 황
- 하
- 함곡관
- 무관

1
초나라
— 항우본기

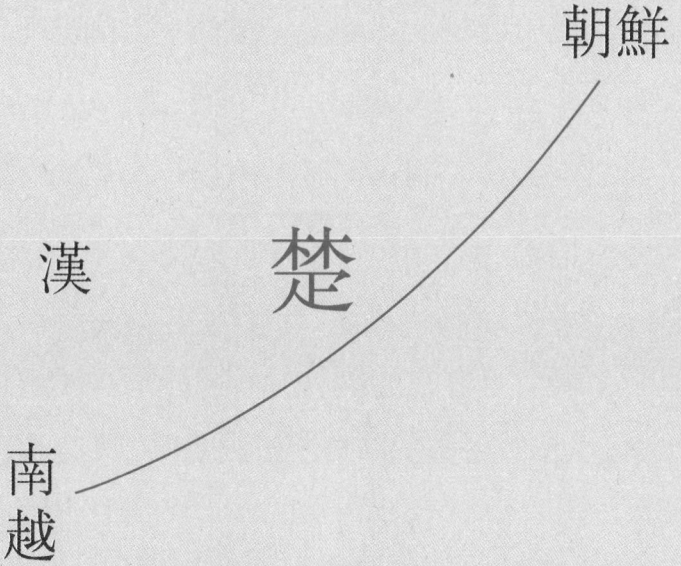

집안 배경

> 項籍者, 下相人也, 字羽, 初起時, 年二十四. 其季父項梁. 梁
> 항적자　하상인야　자우　초기시　년이십사　기계부항량　양
> 父卽楚將項燕, 爲秦將王翦所戮者也. 項氏世世爲楚將, 封於
> 부즉초장항연　위진장왕전소륙자야　항씨세세위초장　봉어
> 項, 故姓項氏.
> 항　고성항씨
>
> 항적이란 자는 하상 사람으로서 자는 우이며 처음 일어난 때 나이가 스물넷이었다. 그의 막내 작은아버지는 항량이다. 량의 아버지는 다름아닌 초나라 장군 항연으로, 진나라 장군 왕전에 의해 죽임을 당한 사람이다. 항씨는 대대로 초나라 장군이었으며 항에 봉해졌기 때문에 항씨를 성으로 삼았다.

역사적 인물을 이야기할 때 출신 성분은 중요하다. 특히 출신지와 집안은 그 사람의 태생적 본질을 이해하는 데 도움이 된다. 항우(기원전 232-202)의 고향이라는 하상은 동남 방향으로 흘러 회수(淮水)와 연결되는 사수(泗水) 하류에 있다. 현 강소성 남부 지역이다.

초나라 장군 항연 즉 항우의 할아버지는 진나라 장군에 의해 죽었다.[4] 항우가 품고 있을 진나라에 대한 깊은 적개심의 근원을 사마천은 이야기하고 있다. 진나라와의 관계에서 보이는 항우의 과도하리만치 잔인한 일련의 행동을 이해할 수 있게 해주는 단서를 사마천은 이미 여기에 배치하고 있는 것이다.

사마천은 '초세가(楚世家)'에서 초나라가 일어난 곳이 장강의 상류 쪽이며 장강과 한수(漢水) 사이의 이민족을 지배하며 성장했다고 한다.

---

[4] '진시황 본기'에 따르면 진왕(진시황) 즉위 후 24년째 되던 해에 장군 왕전(王翦)이 초를 멸했는데 초의 장군 항연은 자살한 것으로 되어 있다.

주나라 이왕(夷王) 때를 살았던 초나라 왕 웅거(熊渠)가 "우리는 오랑캐(蠻夷)다."라 한 건 이런 사정 때문이었다. 초나라는 세력이 강해지면서 영토가 확장되었다. 북으로는 제나라, 서북으로 진나라와 접했다. 회수 유역 및 회수와 황하 사이 일부까지 전성기 초 영역이었다고 보면 된다. 현재 강소성에 해당하는 지역도 대부분 초나라에 속했다.

항 땅에 봉해져 항을 성으로 삼은 것이라 하니 항우는 초나라의 유력 집안 자제였음을 알 수 있겠다. 대대로 초나라의 장군으로 활동한 집안이었다면 항씨 사람들은 자기 지역에서 영향력이 컸을 것이다. 그런데 이들이 훗날 항우 때문에 유씨로 성을 바꾸어야 하는 수모를 겪게 됨을 우리는 보게 된다.

배우려 하지 않는 아이

> 項籍少時, 學書不成, 去學劍, 又不成. 項梁怒之. 籍曰, 書足
> 항적소시 학서불성 거학검 우불성 항량노지 적왈 서족
> 以記名姓而已, 劍一人敵, 不足學, 學萬人敵. 於是項梁乃敎
> 이기명성이이 검일인적 부족학 학만인적 어시항량내교
> 籍兵法. 籍大喜, 略知其意, 又不肯竟學.
> 적병법 적대희 략지기의 우불긍경학
>
> 항적이 어렸을 때 글을 배움에 다하지 않았고, 버리고 칼을 배움에 또 다하지 아니하니 항량이 이에 대해 성내었다. 적이 말하길 "글은 이름과 성을 쓰면 족할 따름이고 칼은 한 사람을 상대하니 배우기에 충분하지 않아서 만인에 맞서는 걸 배우렵니다."고 했다. 그래서 항량이 적에게 병법을 가르쳤다. 적이 크게 기뻐하였으나 그 뜻을 대략 알고는 또 다 배우려 하지 않았다.

항우의 성장기와 관련된 일화는 이것 외에도 여럿 더 있었을 것이지만, 그중에서 사마천은 이 이야기를 선택했다. 그 핵심은 배움에 관한 것이고 말하고자 하는 바는 항우가 배우기를 싫어하는 사람이었다는 사실이다. 글도 배우지 않고 칼도 배우지 않았다. 만인을 당해내는 걸 배운다고 했지만 말만 성대할 뿐이었다. 그런 학문인 병법을 가르치니 그 역시 조금 배우는가 싶다가 중간에 그만두었다. 배우지 않는 자, 배움을 게을리하는 자가 항우였다. 사마천은 항우의 실패 원인을 이 태만과 무지에서 찾고 싶었던 것 같다.

더 나쁜 건 항우가 궤변에 가까운 자기주장이 강했다는 사실이다. 어찌 글이란 게 성과 이름을(자기의 것이든 남의 것이든) 기록하고 알아보는 기능만 있겠는가? 글은 마음을 닦고 몸을 수련하는 도구이다. 공부

(工夫)란 만 보의 땅(夫)을 경작하는 노고(工)다. 뼈가 뒤틀려 새로 자리를 잡고 살갗이 갈라지며 각질화되는 가운데 어린애의 연하고 약한 몸이 무쇠같이 단련되는 과정이 공부인 것이다. 공부를 통해(글을 배우든 노동을 하든) 지력이 높아지고 세상 보는 눈이 넓어지며 우주와 소통하는 능력이 함양된다. 그래서 무술 쿵후(功夫)와 공부는 의미든 발음이든 한가지인 것이다. 526,500 글자를 주무르는 가운데 하늘과 땅과 사람을 종횡으로 엮어내던 사마천으로서는 가소롭기 그지없는 항우의 주장이다.

> 項梁嘗有櫟陽逮, 乃請蘄獄掾曹咎書抵櫟陽獄掾司馬欣, 以
> 항 량 상 유 력 양 체 내 청 기 옥 연 조 구 서 저 력 양 옥 연 사 마 흔 이
> 故事得已.
> 고 사 득 이
>
> 항량이 일찍이 력양에서 체포된 적이 있었다. 그래서 기의 감옥 관리 조구에게 청하여 력양의 옥리 사마흔에게 글을 써 보내게 해서 일이 그칠 수 있었다.

초나라가 망한 후 떠돌아다니던 항량은 진나라의 법에 걸려 투옥된 적이 있었다. 이때 있었던 일을 사마천이 말하고 있다. 조구와 사마흔은 훗날 항우 군에 합류하게 된다. 진의 법은 촘촘해서 수많은 죄인이 양산되었다. 죄인이 너무 많으면 그 또한 특별한 존재가 아니게 된다. 백성은 누구나 죄인 아니면 죄인 후보자들이었다. 항량과 더불어 진나라에 반기를 든 대표적 지도자 진승, 오광, 유방(기원전 256 또는 247-195) 등이 모두 진 조정 입장에서 보자면 죄를 지은 후에 저항 세력을 규합한 사람들이었다. 진나라의 가혹한 법 체제를 구축하는 데 앞장섰던 이사

(李斯)도 법에 걸려 죽었다. 법으로부터 자유롭게 살다 죽은 사람은 시황제밖에 없었다고 해도 과언이 아니다. 하지만 그 '복'의 대가는 자식과 손자가 치렀다. 후계자였던 큰아들 부소(扶蘇)는 막내아들 호해(胡亥)가 죽였고 황제 자리를 차지했던 호해는 자기가 총애하던 환관 조고에게 죽었다. 부소의 자식으로서 호해 사후 황제 자리를 이었던 손자는 항우가 죽였다.

> 項梁殺人, 與籍避仇於吳中. 吳中賢士大夫皆出項梁下. 每吳
> 항량살인 여적피구어오중 오중현사대부개출항량하 매오
> 中有大繇役及喪, 項梁常爲主辦, 陰以兵法部勒賓客及子弟,
> 중유대요역급상 항량상위주판 음이병법부륵빈객급자제
> 以是知其能.
> 이시지기능
>
> 항량이 사람을 죽여 항적과 함께 원수를 피해 오중에 살았다. 오중의 현명한 선비와 높은 벼슬아치들이 모두 항량 아래로 나왔다. 매번 오중에 큰 요역 및 장례식이 있을 때면 항량은 항상 일을 주관하면서 은밀히 병법으로써 빈객과 자제들을 배치하고 지휘하여 이로써 그들의 능력을 알아냈다.

항량이 피했다는 '오중'은 현 강소성 소재 오현(吳縣)으로서 춘추시대 오나라의 수도였던 곳이라는 게 자전의 설명이다. 그러나 '오중'을 고유명사가 아니라 그냥 '오 땅 안' 정도로 해석해도 무방하다고 본다.

어떤 이유 때문이었는지는 설명되지 않지만 항량은 진나라 법에 의하면 죽을 수밖에 없는 죄인이 되었다. 손을 써서 감옥을 빠져나간 후에 또 사람을 죽였으니 말이다.

그런데 항량의 인맥, 출신 배경, 개인적 명성은 그를 법으로부터 자유롭게 만들었다. 그는 오중에서 선비, 관료들과 교유하며 지낼 수 있었다. 개인사인 경우가 많은 장례뿐만 아니라 요역 동원에까지 관여했다는 것을 보면 그는 분명 공적인 공간에서 활동했다는 이야기가 된다.

당시 군현제에 의해서 현 단위까지 직접 지배가 실시되었다고 하지만 항량의 사례를 보면 오랜 세월 동안 존속하던 봉건제의 유습은 아직 남아 있었다고 할 수 있겠다. 개별적 국가들이 존재하고 한 나라의 법이 다른 나라에서는 통하지 않거나 법 적용에 융통성이 발휘되던 형편이 아직 완전히 청산되지 않았음을 짐작할 수 있다.

법은 비록 촘촘하되 적용은 자의적이었다고 할까? 법의 속성이란 게 원래 그러하다. 하물며 유사 이래 최초로 법을 갖고 나라를 경영하는 시대가 시작된 지 얼마 되지 않은 때였음에랴.

장군 집안 출신답게 매사를 병법 맥락에서 처리하는 항량의 태도를 사마천은 전하고 있다. 이를테면 군대식 사고방식으로써 장례나 요역으로 대표되는 민·공사를 주재하고 사람을 평가했다는 것인데 이는 단기적 효과는 있을지언정 장기적 안목에서 나라를 세우고 경영하는 데는 장애 요소가 된다. 병법으로써 사람을 부리고 평가하는 항량이 초반에 어느 정도 성공은 거두되 그 성공을 영구적인 것으로 발전시키기에는 능력이 부족한 인물이었음을 사마천은 미리 말하고 있다고 해석된다.

무엇보다도, '장군의 집안'이 갖는 태생적 한계가 있다. 전쟁이 계속되는 시절의 경우 장군은 피치 못하게 사람의 피를 많이 흘리게 할 수밖에 없다. 그래서 무에 종사한 사람들은 설사 세상에 알려지는 성공을 했다고 해도 부지런히 문을 닦든가 종교 활동에 전념하며 피 냄새를 정화하고 자기가 보낸 이들의 넋을 위로한다. 장군 3대는 여간해서 보기 힘들며, 설사 있다고 해도 그 종말은 좋지 않다. 한 집안에서 사람 피를 너무 많이 흘리게 하는 건 하늘이 용납하지 않기 때문이다. 사마천은 '백기

왕전열전(白起王翦列傳)' 중 왕전 집안의 사례를 들어 이를 말한 바 있다. 곱씹을 만한 교훈이다. 항씨 집안이 대대로 장군이었다면 항연이 죽음으로써 이미 그 종말을 본 것이라 할 수 있다. 사람을 죽이는 일이 다시 항량·항우로 이어질 태세이니 그 끝이 온전할 리 없다.

> 秦始皇帝游會稽, 渡浙江, 梁與籍俱觀. 籍曰, 彼可取而代也.
> 진 시 황 제 유 회 계   도 절 강   량 여 적 구 관   적 왈 피 가 취 이 대 야
> 梁掩其口曰, 毋妄言, 族矣. 梁以此奇籍. 籍長八尺餘, 力能
> 량 엄 기 구 왈 무 망 언   족 의   량 이 차 기 적   적 장 팔 척 여   력 능
> 扛鼎, 才氣過人, 雖吳中子弟皆已憚籍矣.
> 강 정 재 기 과 인   수 오 중 자 제 개 이 탄 적 의
>
> 진시황제가 회계에 여행하며 절강을 건널 때 량은 적과 함께 구경했다. 적이 "저거, 빼앗아 대신할 만하구나."라 말했다. 량이 그[항적]의 입을 가리고 "망령되이 말하지 말라. 멸족 당한다."라 일렀다. 량은 이로써 적을 기이하게 여겼다. 적은 키가 팔 척이 넘었고 힘은 청동 솥을 양손으로 들 수 있을 정도였으며 재주가 있는 기질은 다른 사람들을 뛰어 넘었다. 비록 오중의 자제라 해도 모두 굉장히 적을 꺼렸다.

'진시황본기'에 의하면 항연이 죽은 이듬해에 왕전은 초나라와 강남 지역을 다 평정한 후 월의 우두머리의 항복을 받아내고 회계군을 두었다고 한다. 초나라의 중심지는 양자강 북쪽으로 중하류였고, 강남은 양자강 하류를 말한다. 월의 우두머리는 초나라에 망한 바 있던 월나라의 후예였다.

이 장면에서 사마천은 직접 화법을 연속적으로 구사하면서 항우의 인간적 면모를 우리에게 전한다. 량이 항우의 입을 가렸다는 건 옆 사람

에게 항우의 말이 들렸다는 뜻이다. 그 말의 내용은 배짱 있어 보이지만 기실 무식하고 경박하다. 시황제의 지위는 '저것'으로 표현된다. 빼앗겠다는 건 표현 방식이 너무 단순하며 직설적이다. 그런 말을 옆 사람 귀에 들리게 내뱉을 만큼 항우는 산만하며 철없다. 시황제 이전 황제(黃帝), 전욱, 제곡, 요, 순 등 오제(五帝) 시기를 거쳐 하, 은, 주의 어느 건국자도 나라를 갖는다는 말은 함부로 하지 않았다. 신중한 사람은 설사 나라에 대한 욕심이 있어도 절대 그 마음을 발설하지 아니한다. 나라가 주어진다 해도 사양하다가 부득이 받아들이는 절차를 밟는 게 상례였다.

이래서 항량은 항우를 '기이하게' 여겼다고 사마천은 쓰고 있다. 장하다거나 기특하다거나가 아니라 기이했던 것이다. 유방을 다루는 '고조본기'에서 유방이 시황제를 보고 반응하는 모습을 사마천이 항우의 경우와 대비해서 어떻게 그리는지 기대하자. 항우가 자라면서 덩치가 크고 힘이 셌던 것, 그리고 기질이 강했던 건 항우가 노력한 결과가 아니라 원래 그렇게 타고난 바탕이었다. 사마천은 이에 대해 담담하게 전한다. 그러나 이 단락의 마지막 문장은 항우가 내뱉은 말과 항량의 반응에 연결시키고 있다. 오중의 자제들이라면 여태껏 항우를 가까이서 관찰할 수 있었던 사람들이다. 항우를 향한 그들의 태도는 사랑이나 존경이 아니라 '꺼렸다'는 것이다. 그것도 굉장히(已, 또는 너무) 꺼렸단다.

죽이고 일어서다

秦二世元年七月, 陳涉等起大澤中. 其九月, 會稽守通謂梁曰,
진이세원년칠월 진섭등기대택중 기구월 회계수통위량왈
江西皆反, 此亦天亡秦之時也. 吾聞先卽制人, 後則爲人所
강서개반 차역천망진지시야 오문선즉제인 후즉위인소
制. 吾欲發兵, 使公及桓楚將. 是時桓楚亡在澤中. 梁曰, 桓
제 오욕발병 사공급환초장   시시환초망재택중 량왈 환
楚亡, 人莫知其處, 獨籍知之耳. 梁乃出, 誡籍持劍居外待. 梁
초망 인막지기처 독적지지이 량내출 계적지검거외대 량
復入, 與守坐曰, 請召籍, 使受命召桓楚. 守曰諾. 梁召籍入.
부입 여수좌왈 청소적 사수명소환초 수왈낙 량소적입
須臾, 梁眴籍曰, 可行矣. 於是籍遂拔劍斬守頭.
수유 량현적왈 가행의 어시적수발검참수두

진 2세 황제 원년 7월[기원전 209]에 진섭 등이 대택에서 일어났다. 그 [해] 9월 회계 태수 통이 량에게 일러 말했다. "강 서쪽이 모두 반란을 일으켰으니 이는 바로 하늘이 진을 망하게 하려는 때요. 내가 듣기에 앞서면 다른 이를 부리고 뒤처지면 다른 이에 의해 부림을 당한다 했소. 내가 군대를 일으키고자 하는데, 공과 환초를 장수로 삼고자 하오." 그때 환초는 소택 중에 도망쳐 있었다. 량은 "환초가 도망했으니 사람들은 그가 있는 데를 알지 못하고 단지 [항]적만이 그것을 알 따름입니다."라고 말했다. 그래서 량이 나가 항적을 타일러 칼을 지니고 바깥에 있으면서 기다리라 했다. 량이 다시 들어와 태수와 마주 앉아 말했다. "청컨대 적을 불러 환초를 부르라는 명을 받도록 하십시오." 태수가 "그러지요."라고 말하자 량은 적을 불러 들였다. 조금 후 량이 적에게 눈짓하며 이르길 "해도 된다!" 했다. 그러자 항적이 마침내 칼을 뽑아 태수의 머리를 잘랐다.

범죄, 살인을 거쳐 온 항량의 법외 행로는 태수에 대한 배신으로 절정에 이른다. 살인을 한 항량이 오중에서 버젓이 살아갈 수 있었고 태수와 비밀스러운 이야기를 나눌 수 있었던 건 태수의 각별한 배려하에서 가능했을 것이다. 태수가 거역하기를 도모했다면 그건 항량의 입장과도 다르지 않았던 결정이었다. 그래서 태수는 항량에게 지휘관 자리를 제안한 것이다. 그런 태수를 항량은 조카 항우를 시켜 베게 했다. 앞으로 항우가 무수히 행할 살생의 시작이었다. 앞서 사마천은 항우가 '처음 일어난 때 나이가 스물넷이었다.'고 했다. 기골이 장대한 장사이자 귀족 가문 출신인 이 젊은이의 첫 공훈이 전장에서의 무훈 또는 적어도 정상적인 개인 대결에서의 승리가 아닌 속임수를 수반한 은인 살해, 상관 살해였다는 건 의미심장하다.

　항량과 더불어 장군으로 추대되는 환초란 인물이 소택 중에 있다는 말은 주목할 필요가 있다. 소택이란 늪(소)과 못(택)으로서 질척한 곳을 말한다. 양자강 하류에 위치한 이곳은 물이 많았다. 성곽으로 둘러쳐져 있는 행정 및 군사 중심지 안쪽은 법과 질서 속에서 살아가는 인간들이 문화를 형성하고 문명을 발전시킨다. 그 바깥쪽은 자연이 지배하는 공간이다. 도시 즉 성안이 문명과 질서의 상징이라면 시골은 자연이고 야만이다. 삼림이 울창하고 야수와 독충이 우글거린다. 자연재해에도 그대로 노출된다. 하지만 이곳은 자유로운 곳이다. 하늘과 가까우며, 우주의 에너지를 여과 없이 호흡할 수 있다. 거친 자연 속에서 생존하는 방법을 터득하는 가운데 사람들은 강해진다. 성밖 세계에서 지내던 집단이 성안의 사람들을 이겨내고 성의 주인이 되는 경우가 역사 속에 종종 있었다. 환초가 소택 중에 있다는 말은 그가 법망 바깥에서 활동하고 있다는 말이다. 산이 많은 곳이라면 이런 사람들은 산적이라 불릴 것이고 물이 많은 곳에서는 수적이라 불릴 존재들이다.

'고조본기'에서 보겠지만, 유방은 소택지에서 잉태되었다. 그는 한때 죄인이 되어 소택지를 떠돌며 지냈다. 이에 비해 귀족 출신 항우는 성안 사람이었다. 성밖에서 살던 적이 거의 없었다. 그런데 최후는 소택지에서 맞는다. 반면 유방은 화려한 궁궐 안에서 죽을 것이다.

진 2세란 시황제의 아들 호해를 말한다. '시황제본기'에 따르면 어떤 자가 귀신에게서 들은 말이라며 전한 글에 '망진자호야(亡秦者胡也)' 즉 진나라를 망하게 하는 건 호라 되어 있었다. 시황제는 호가 흉노를 가리키는 말이라고 생각해 장군 몽염을 보내 방비하게 했다. 시황제가 죽고 환관 조고와 승상 이사가 모의하여 호해를 황제 자리에 앉게 했다. 사마천은 단 한 차례도 귀신이 말했다는 '호'가 곧 호해였다고 하지는 않았다. 그러나 『사기』에는 진나라가 망한 게 호해 탓인 것으로 충분히 그려졌다. 우리도 그렇게 믿어 왔다. 『집해』는 정현(鄭玄)의 말을 빌려 호는 호해라고 단정하고 있다.

項梁持守頭, 佩其印綬. 門下大驚擾亂, 籍所擊殺數十百人.
항량지수두   패기인수   문하대경요란   적소격살수십백인
一府中皆慴伏, 莫敢起. 梁乃召故所知豪吏, 諭以所爲起大
일부중개습복   막감기   량내소고소지호리   유이소위기대
事, 遂擧吳中兵, 使人收下縣, 得精兵八千人. 梁部署吳中豪
사   수거오중병   사인수하현   득정병팔천인   량부서오중호
傑爲校尉候司馬. 有一人不得用, 自言於梁. 梁曰前時某喪使
걸위교위후사마   유일인부득용   자언어량   량왈전시모상사
公主某事, 不能辦, 以此不任用公. 衆乃皆伏. 於是梁爲會稽
공주모사   불능판   이차불임용공   중내개복   어시량위회계
守, 籍爲裨將, 徇下縣.
수   적위비장   순하현

항량은 태수의 머리를 쥐고 그의 인수[도장과 도장끈]를 허리에 찼다. 문 아래에서 크게 놀라 소동이 일자 [항]적이 쳐 죽인 바의

> 숫자가 수십백 인이었다. 관부 안 [사람들]이 모두 두려워 엎드리고는 감히 일어나지 못했다. 그래서 량은 예부터 알고 지내던 높은 관리들을 불러 [자기가] 큰 일을 일으킨 바로써 깨우치고 마침내 오중의 군대를 일으켰으며, 사람들을 시켜 아래 현들을 수습하게 하여 정예 병사 8천을 얻었다. 량은 오중의 호걸들에게 각기 할 일을 나누어 주어 교위, 후, 사마 등으로 삼았다. 쓰임을 받지 못한 사람 하나가 있어 직접 량에게 말했다. 량이 이르길 "이전에 어떤 장례에서 그대를 시켜 무슨 일인가를 주관하게 했으나 처리하지 못했소. 그 때문에 그대를 임용하지 않은 것이오."라고 했다. 그래서 무리가 모두 복종하였다. 이리하여 량은 회계 태수가 되었고 적은 비장이 되어 아래 현을 경영했다.

한 명을 죽인 항우의 살인은 곧 수십백 인을 쳐 죽이는 광경으로 이어진다. 수십백은 『색은』에 따르자면, 80에서 100 사이 정도의 대략적 수치이다. 여기서 사마천의 표현 '쳐 죽임(擊殺)'의 묘가 깊다. 항우는 검술을 제대로 배우지 않았다. 솜씨 있는 기술로 베거나 찔러 상대를 쓰러뜨리는 게 아니라 무리 속을 헤집으며 미친 듯이 사람들을 때려죽이는 모습을 사마천은 그려낸 것이다. 이 장면에는 오로지 힘과 사나운 기세가 충만할 뿐이다. 조카와 숙부는 덕이 아니라 공포로써 오중의 사람들을 굴복시키고 8천 명의 병사를 얻었다.

항량은 회계 태수가 되었다고 한다. 태수를 죽이고 그의 인수를 허리에 찼다. 태수는 한 개 군의 수장이다. 진나라 시황제 때 처음 실시된 제도가 군현제였다. 나라를 군과 현으로 나누고 중앙에서 파견한 관리가 지배하게 하는 당시로서는 유사 이래 초유의 대개혁이었다. '진시황본기'에 의하면, 군현제를 실시할 당시 전국의 군 숫자가 36개였다고 한다. 전국시대 대표적인 나라가 진, 초, 연, 제, 한, 조, 위였다. 평균 잡아 한 개 나라가 다섯 개 군이 되었다. 그러나 나라의 크기는 시기에 따라서 달라 이 수치를 일괄 적용하기는 어렵다. 예를 들어 한(韓)나라를 멸하고 진은 영천군(穎川郡)을 설치했으니 한 개 나라가 한 개 군이 된 경우였다. 진시황의 아들 2세 황제가 환관 조고에게 배신당해 죽음을 당할 즈음 군 한 개를 주면 거기서 왕 노릇이나 하며 살겠다는 말이 나온다. 한 개의 군은 마음먹기 따라서는 나라를 세울 수도 있는 인력과 물력을 포함하는 규모였다. 남월을 세운 조타도 그 근거지는 남해군(南海郡)이었다.

 장례를 주관하는 게 사람됨을 이해하는 데 왜 중요할까? 인간이 만든 복잡한 법도대로 장례 의식을 치르자면 일을 조직하고 사람을 부리는 식견과 능력이 필요하다. 아울러 강한 체력도 요구된다. 행동거지의 면면과 원래의 성격이 이때 많이 드러난다. 사람됨을 관찰할 수 있는 좋은 기회인 것이다.

 그러나 과연 그것이 인재를 선발하는 데 좋은 방법일까? 예법은 인간사의 기초이지만 인간을 구속하는 괴물로 작용할 때도 많다. 사람됨을 관찰할 수 있을 정도라면 이미 그 법도는 복잡해져 있었다고 본다. 그 복잡함에 익숙하다는 건 그만큼 형식에 적응하는 능력이 뛰어나다는 말이다. 그러다가 형식에 너무 얽매일 가능성이 높기도 하다. 성안 사람이며 귀족 출신 항량에게는 그런 게 중요했을지 모른다. 대화를 통해서, 그리고 말에 근거한 행동을 바탕으로 사람을 평가하는 건 직접적인 방법이다. 그런데 항량의 방식에는 예법이란 게 매개된다. 간접적이다. 마주 앉아서 이야기를 나누고 흉금을 털어 놓는 가운데서(상대의 말이 거짓인지 아닌지를 판단하는 것도 지도자의 능력이다.) 상대의 됨됨이를 알아내는 게 아니라 멀리서 사람을 관찰하고 자기 혼자 판단하는 게 항량의 방식이었다. 상대에게는 해명의 기회도 주어지지 않는다. 다행히 항량의 눈에 들어 직책을 맡게 된다고 하더라도 그때부터 그 사람은 자기가 늘 관찰당하고 있다고 여기게 된다. 『사기』 전체에 산재한 성공적 인재 등용의 사례는 하나같이 직접적인 만남을 통해 이루어진다. 때로는 몇 날 동안 이어지는 대화 및 술자리 끝에 인재가 발굴되기도 한다. 항량의 방식은 지극히 예외적이었다.

새 시대

> 廣陵人召平於是爲陳王徇廣陵未能下, 聞陳王敗走, 秦兵又
> 광릉인소평어시위진왕순광릉미능하 문진왕패주 진병우
> 且至, 乃渡江矯陳王命, 拜梁爲楚王上柱國曰, 江東已定, 急
> 차지 내도강교진왕명 배량위초왕상주국왈 강동이정 급
> 引兵西擊秦. 項梁乃以八千人渡江而西. 聞陳嬰已下東陽,
> 인병서격진 항량내이팔천인도강이서 문진영이하동양
> 使使欲與連和俱西.
> 사사욕여련화구서

그래서 광릉 사람 소평이 진왕을 위해 광릉을 경략했지만 함락하지 못했는데, 진왕이 패하여 도망했고 또 진나라 군대가 곧 이를 것이라는 걸 들었기에 강을 건너서 진나라 왕명을 칭탁하여 량에게 초왕상주국을 배수하고는 "강동이 이미 평정되었으니 어서 군대를 이끌고 서쪽으로 가서 진을 치라."고 일렀다. 항량은 그래서 8천 인을 거느리고 강을 건너 서쪽으로 갔다. 진영이 이미 동양을 함락시켰다는 걸 듣고 사절을 보내 더불어 합치고 화합하여 함께 서쪽으로 가고자 하였다.

여기서 진왕은 진승을 말한다. 진승은 오광과 함께 진나라에 반기를 든 사람이다. 굳건하게만 보이던 진나라가 무너지기 시작하는 데 선도적인 역할을 한 인물이었다. '왕후장상의 씨가 따로 있느냐?(王侯將相寧有種乎)'는 그의 외침이 갖는 역사적 울림은 대단히 컸다. 그것은 왕족, 귀족만이 왕이 될 수 있었던 신분질서가 깨지고 누구나 능력 있으면 왕이 되는 사회로 가는 역사적인 신호탄이었다. 진승으로부터 시작된 신분 타파 선언이 현실화되어 결실을 본 게 유방의 황제 등극이었다. 진승이란 인물의 역사성을 인정한 사마천은 '진섭세가(陳涉世家)'를 썼다.

진섭은 진승의 자(字)이다. 진승이 세운 나라 이름은 장초(張楚)였다. '넓어진 초나라' 정도의 의미이다.

비록 소평의 사기극이었지만 진승이 항량에게 벼슬을 제수하는 모습이 보인다. 항량은 이를 받아들이고 명령대로 행군했다. 진승과 오광이 군사를 일으킨 곳은 대택향(大澤鄕)이라는 곳으로서, 과거 초나라 땅이었다. 이들은 민심을 얻기 위해서 호해에게 죽은 시황제의 아들 부소와 진나라 왕전에게 죽은 항연을 진 2세 체제에 맞서는 상징적 지도자로 활용하고 그들을 높였다. 거병 초반에 항량이 진승의 휘하로 들어가는 건 자연스러워 보였다.

항량이 이끌고 강을 건넌 군사의 수가 8천이라는 걸 기억하자. 태수를 죽인 후 회계군 산하 각 현을 돌아 얻은 정예 병사들이다. 강을 건넌 이 젊은이들 중 몇 명이 돌아올 수 있을 것인가? 하류에 이른 장강은 북쪽으로 꺾어지면서 흐르다가 바다로 나간다. 그래서 양자강 하류이자 남쪽을 강남이라 하지만 강남에서 강을 따라 더 하류 쪽으로 가면 강동이 된다. 이 위치에서 진나라 수도 함양으로 가자면 장강을 넘어 서진해야 했다.

陳嬰者, 故東陽令史, 居縣中, 素信謹, 稱爲長者. 東陽少年
진영자　고동양령사　거현중　소신근　칭위장자　동양소년
殺其令, 相聚數千人, 欲置長, 無適用, 乃請陳嬰. 嬰謝不能,
살기령　상취수천인　욕치장　무적용　내청진영　영사불능
遂彊立嬰爲長, 縣中從者得二萬人.
수강립영위장　현중종자득이만인

진영이라는 사람은 원래 동양의 속관으로서 현에 거함에 평소 근실하고 신뢰가 있어 장자로 칭송되었다. 동양의 젊은이들이 자기 현령을 죽이고서 수천 명이 서로 모여 우두머리를 두고자 하였으

> 나 적당히 쓰임 [받을 사람]이 없었기에 진영에게 청하였다. 영은 못한다고 사양했으나 [그들은] 마침내 영을 강제로 세워 지도자로 삼으니 따르는 자 2만 인을 현 안에서 얻었다.

항량이 강을 건넌 후 처음 만나는 대군이 진영 세력이었다. 이들과는 연합하여 함께 서쪽으로 가려 했다고 되어 있다.

진영이 옛 동양현의 관리였지만 현령이 죽은 후 젊은이들의 추대에 의해 지휘관이 되었다는 건 새로운 일이 아니다. 한 개 현에서 따르는 자가 2만 명이었다는 사실도 별로 주목거리는 아니다. 지방관이 반란군의 우두머리가 되어서 중앙 조정에 반기를 드는 건 이미 다반사가 되었다. 여기까지는 사마천이 하고 싶은 말의 도입부에 해당한다.

> 少年欲立嬰便爲王, 異軍蒼頭特起. 陳嬰母謂嬰曰, 自我爲
> 소년욕립영변위왕 이군창두특기 진영모위영왈 자아위
> 汝家婦, 未嘗聞汝先古之有貴者, 今暴得大名, 不祥, 不如有
> 여가부 미상문여선고지유귀자 금포득대명 불상 불여유
> 所屬, 事成猶得封侯, 事敗易以亡, 非世所指名也. 嬰乃不敢
> 소속 사성유득봉후 사패이이망 비세소지명야 영내불감
> 爲王, 謂其軍吏曰, 項氏世世將家, 有名於楚, 今欲擧大事,
> 위왕 위기군리왈 항씨세세장가 유명어초 금욕거대사
> 將非其人不可, 我倚名族, 亡秦必矣. 於是衆從其言, 以兵屬
> 장비기인불가 아의명족 망진필의 어시중종기언 이병속
> 項梁.
> 항량

젊은이들은 곧 영을 세워 왕으로 삼고 군대를 달리 만들어 머리에 푸른 두건을 쓰고 새롭게 일어나고자 하였다. 진영의 어미가 영에게 일러 말하길 "내가 너희 집안 여자가 된 이래 네 선조 중에 귀한

> 사람이 있었다는 말을 들어본 적이 없는데, 지금 갑자기 큰 이름을 얻는다면 상서롭지 아니하니 좇는 바가 있는 게 낫겠다. 일이 이루어지면 말미암아 후로 봉해질 수 있을 것이고 일이 실패하면 쉽게 도망칠 수 있으니 세상이 이름을 손가락질하는 바가 되지는 않을 것이다."라고 했다. 그리하여 영은 감히 왕이 되지 않고 자기 지휘관들에게 일러 말했다. "항씨는 대대로 장군의 집안이고 초나라에서 이름이 있었다. 지금 큰일을 일으키고자 한다면 그 사람을 갖고 하지 않으면 불가하니, 내가 명족에 의탁하면 진을 반드시 멸망시킬 것이다." 그래서 무리가 그 말을 따랐고 [진영은] 병사를 데리고 항량을 좇았다.

젊은이들이 진영을 왕으로 세우고자 했다는 건 새로운 시대상의 반영이다. 왕후장상의 씨가 따로 있는 게 아니라는 초유의 시대정신에 걸맞게 젊은이들은 진영을 왕으로 추대하려 했다. 근본을 알 수 없는 진승도 왕이 되는 시절이 되었다. 젊은이들은 신조류에 반응하는 속도가 빨랐다.

그런데 여기에 제동을 거는 건 구시대를 상징하는 진영의 어미였다. 공을 세워서 제후나 장상은 할 만하다. 그러나 왕은 다르다. 진영의 어미에게 왕은 씨가 따로 있었다. 왕족이거나 귀족이어야만 왕이 될 수 있었다. 그러니 독립된 왕이 되는 것보다 명망가에 기대는 게 순리였다. 그래서 진영은 왕이 되기보다 '명족에 의탁하는' 길을 선택했다.

사마천은 젊은이들의 행동과 진영 어미의 호소를 대비시키며 신사회와 구사회의 차이를 보여주고 있다. 이 차이는 곧 변화인 것이다. 변화야말로 역사의 핵심이다. 역사적 변화를 인지하고 자신이 설 곳을 찾는 것, 그 판단의 근거가 되는 걸 우리는 역사의식이라고 부른다. 진영 집안의 내력을 환기시키는 가운데 진영이 선택할 답을 찾아준 어미는 역사의식에 충만한 것처럼 보인다. 이는 귀감이 될 만한 태도다.

그런데 과연 진영 어미가 제시한 답은 옳았을까? 옳기도 하고 그르기도 했다. 우선, 최종적 승리자는 평민 출신 유방이 되었으니 구시대의 인물 항우를 선택한 건 오판이었다. 옳기도 했다는 건 뒤에 보게 될 것이다.

> 項梁渡淮, 黥布蒲將軍亦以兵屬焉, 凡六七萬人, 軍下邳.
> 항량도회 경포포장군역이병속언 범육칠만인 군하비
>
> 항량이 회수를 건너자 경포, 포장군도 군대를 이끌고 좇았다. 도합 육칠만 명이었다. 하비에 군대를 주둔시켰다.

항량의 군대는 회수를 건넜다. 장강과 황하 사이에 회수가 있다. 장강을 건넜을 때 항량은 진영을 얻었고 회수를 건너자 경포와 포장군이 합류했다. 둘 다 '의탁'을 선택한 사람들이다. 평민 출신이었던 경포는 훗날 다시 유방에 '의탁'하게 된다.

무자비한 첫 승리

當是時, 秦嘉已立景駒爲楚王, 軍彭城東, 欲距項梁. 項梁謂
당시시 진가이립경구위초왕 군팽성동 욕거항량 항량위
軍吏曰, 陳王先首事, 戰不利, 未聞所在, 今秦嘉倍陳王而立
군리왈 진왕선수사 전불리 미문소재 금진가배진왕이립
景駒, 逆無道, 乃進兵擊秦嘉. 秦嘉軍敗走, 追之至胡陵. 嘉
경구 역무도 내진병격진가 진가군패주 추지지호릉 가
還戰一日. 嘉死軍降, 景駒走死梁地.
환전일일 가사군항 경구주사량지

그때에 당하여 진가는 이미 경구를 세워 초왕으로 삼고 팽성의 동쪽에 군대를 주둔시키고는 항량에 맞서려 하였다. 항량은 지휘관들에게 일러 말했다. "진왕이 먼저 일을 도모했지만 싸움에 실패하여 있는 곳을 아직 듣지 못했는데 지금 진가가 진왕을 배신하고 경구를 세웠으니 패역무도하다." 그래서 군대를 진격시켜 진가를 쳤다. 진가의 군대는 패하여 달아났고 [항량은] 그를 추격하여 호릉에 이르렀다. 가는 [군대를] 돌려 하루 종일 싸웠다. 가가 죽고 군대는 항복했으며 경구는 도망가다가 양 땅에서 죽었다.

진승이 장초를 세운 건 초나라를 계승한다는 뜻이었다. 그런데 장초의 실력자였던 진가가 경구를 장초의 왕으로 삼았다. 진승이 사라진 마당에 장초의 새 왕을 제거하고 주력군의 항복을 받았다는 건 항량이 초나라를 회복했다는 의미로도 받아들여질 수 있다. 팽성은 사수 중하류에 있다.

項梁已幷秦嘉軍, 軍胡陵, 將引軍而西. 章邯軍至栗, 項梁使
항량이병진가군　군호릉　장인군이서　장함군지율　항량사
別將朱雞石餘樊君與戰. 餘樊君死, 朱雞石軍敗, 亡走胡陵.
별장주계석여번군여전　여번군사　주계석군패　망주호릉
項梁乃引兵入薛, 誅雞石. 項梁前使項羽別攻襄城. 襄城堅
항량내인병입설　주계석　항량전사항우별공양성　양성견
守不下. 已拔, 皆阬之, 還報項梁.
수불하　이발　개갱지　환보항량

항량은 진가의 군대를 병합하고 나서 호릉에 주둔했다가 군대를 이끌고 서쪽으로 갈 참이었다. 장함의 군대가 율에 이르자 항량은 별장 주계석과 여번군으로 하여금 더불어 싸우게 했다. 여번군이 죽고 주계석의 군대는 패하여 호릉으로 도망쳐 달아났다. 그래서 항량이 군대를 이끌고 설로 들어가 계석을 베었다. 항량은 전에 항우를 시켜 별도로 양성을 공격하게 했다. 양성은 굳게 지키며 항복하지 않았다. 빼앗고 나서 [항우는] 그들을 몽땅 묻었고 돌아와 항량에게 보고했다.

진섭의 행방이 묘연해지고 초나라의 군대를 병합하게 되었으니 항량은 진나라의 주적으로 급부상했다. 그 항량을 제거하기 위해 진나라의 장군 장함이 온 것이다. 앞으로 장함이란 이름은 자주 만나게 된다. 이 인물은 원래 이름난 장수도 아니었고 명문 출신도 아니었다. '진시황본기'에 의하면 진섭의 군대가 함양을 향해 파죽지세로 다가오자 진나라 2세의 조정은 손을 쓸 방도를 찾지 못하고 있었다. 그때 등장한 사람이 당시 소부(少府)였던 장함이었다. 시황제의 무덤 여산(酈山) 공사를 위해 전국에서 동원된 사람들이 있었는데 장함은 이들을 풀어 군대로 쓰자는 제안을 했고, 그것이 받아들여져 지휘관이 되었다. 진섭은 장함에 패해 죽었다. 장함의 승리는 한동안 계속된다. 『집해』에 의하면 소부는 산림소택의 세금 징수를 관리하는 직책이었다고 하는데 장함의 군사적 능력이 어디에서 기인하는지 사마천은 얘기하고 있지 않다. 단지 그가 철저한 무인이 아니었다는 사실은 우리에게 전한다. 곧 보게 될 것이다.

 항우의 첫 단독 작전이 여기서 소개된다. 항량이 항우를 시켜 양성을 공격하게 했다. 항우가 청했을지도 모른다. 성을 함락시킨 후 스물네 살의 항우는 성 사람들을 다 묻었다고 사마천은 전한다. 앞서 진가와 싸워 이겼을 때 항량은 그 군대를 합쳤다. 그런데 항우는 다 죽였다. 땅에 묻어 죽였다. 이 경우 구덩이 파는 일은 죽을 자들에게 시키는 게 일반적이다. 항우도 그랬음이 분명하다. 잔인한 방법이 선택된 이유로 나오는 건 양성 사람들이 성을 굳게 지켰기 때문이었다는 것이다. 싸움이 길어졌을 것이고 그 과정에서 항우 측의 손실도 늘었을 것이다. 단순하기도 하고 배움이 짧기도 하고 젊기도 했던 항우의 분노는 걷잡을 수 없이 커졌는가 보다. 자기에게 저항하면 그 종말이 이러하다는 걸 보여주기 위함이기도 했겠다. 어쨌거나 항우의 첫 단독 군사 작전 결말은 성안 사람들을(남녀노소 가리지 않고) 모두 묻은 대규모의 생매장이었음을 사마천은 우리에게 보여주고 있다. 항우의 보고에 항량의 반응이 없다. 추측이 가능하다고 여겨 사마천은 쓰지 않은 것 같다.

> 項梁聞陳王定死, 召諸別將會薛計事. 此時沛公亦起沛往焉.
> 항량문진왕정사 소제별장회설계사 차시패공역기패왕언
> 居鄡人范增, 年七十, 素居家, 好奇計. 往說項梁曰, 陳勝敗固
> 거소인범증 년칠십 소거가 호기계 왕세항량왈 진승패고
> 當, 夫秦滅六國, 楚最無罪, 自懷王入秦不反, 楚人憐之至今,
> 당 부진멸육국 초최무죄 자회왕입진불반 초인련지지금
> 故楚南公曰, 楚雖三戶, 亡秦必楚也, 今陳勝首事, 不立楚後
> 고초남공왈 초수삼호 망진필초야 금진승수사 불립초후
> 而自立, 其勢不長. 今君起江東, 楚蜂午之將, 皆爭附君者,
> 이자립 기세부장 금군기강동 초봉오지장 개쟁부군자

以君世世楚將, 爲能復立楚之後也. 於是項梁然其言, 乃求
이 군 세 세 초 장　 위 능 복 립 초 지 후 야　 어 시 항 량 연 기 언　 내 구
楚懷王孫心民閒爲人牧羊, 立以爲楚懷王, 從民所望也. 陳嬰
초 회 왕 손 심 민 간 위 인 목 양　 립 이 위 초 회 왕　 종 민 소 망 야　 진 영
爲楚上柱國, 封五縣, 與懷王都盱台. 項梁自號爲武信君.
위 초 상 주 국　 봉 오 현　 여 회 왕 도 우 이　 항 량 자 호 위 무 신 군

항량은 진왕이 틀림없이 죽었다는 말을 듣고 모든 별장을 불러 설에 모이게 하여 일을 계획했다. 이때 패공 역시 패에서 일어나 [설에] 갔다. 거소 사람 범증은 나이가 70으로서 평소 집에 거할 때 기묘한 꾀를 내기 좋아했다. 가서 항량을 설득하여 말했다. "진승이 실패한 건 매우 당연합니다. 무릇 진나라가 6국을 멸할 때 초나라는 가장 죄가 없었습니다. 회왕이 진나라로 들어가 돌아오지 않았을 때부터 초나라 사람들은 그것을 애석하게 여김이 오늘에까지 이르렀습니다. 고로 초남공은 '초나라에 비록 세 집만 [남아] 있다 해도 진나라를 망하게 하는 건 반드시 초다.'라고 말했습니다. 지금 진승이 일을 먼저 도모함에 초나라의 후예를 세우지 아니하고 스스로 섰으니 그 세력이 길지 않았던 것입니다. 이제 그대가 강동에서 일어나자 공중에 뜬 벌떼같[이 요란스럽고 많]은 초나라의 장수들이 모두 다투어 그대에게 붙는 것은 그대가 대대로 초나라의 장군이었기에 초나라의 후예를 다시 세울 수 있다고 여기기 때문입니다." 그래서 항량은 이 말이 이치에 맞다고 여겨 민간에서 다른 사람을 위해 염소를 치고 있던 회왕의 손자 심을 찾아 세워 초회왕으로 삼아 백성들이 바라는 바를 좇았다. 진영은 초상주국이 되었고 다섯 개 현을 주어 제후로 봉했으며 회왕을 도와 우이에 도읍하게 했다. 항량은 자기를 일러 무신군이라 했다.

앞으로 항우를 따라다니며 보필할 범증이 처음 등장했다. 범증이 주장하는 바는 진영 어미와 통한다. 전통에 충실하자는 입장이었다. 범증의 주장을 받아들인 항량은 초나라 왕의 후예를 찾아 왕으로 세웠다. 모친의 말을 잘 들은 복으로 진영은 왕을 가까이 모시는 상주국이 되었고 다섯 개 현을 식읍으로 받았다. 이 정도면 어머니의 바람이 이루어졌다고 할 수 있다.

범증에 대한 사마천의 기술 내용을 주목할 필요가 있다. 사마천은 범증을 현명한 사람이라든가 덕이 있는 사람이라고 평가하지 않았다. 그보다는 '기묘한 꾀를 내기 좋아하는' 사람이라고 우리에게 소개했다. 나이 70인데도 여전히 기묘한 꾀를 궁리하는 노인이 범증이었다. 그렇다면 초 왕실의 후손을 왕으로 앉히자는 범증의 제안은 대의명분에 충실한 게 아니라 기묘한 꾀였던가?

패공 유방이 여기에서 처음 등장한다. 그는 패에서 일어나 설로 갔다. 유방이 항량을 선택한 것이다. 유방이 일어났다는 패현은 사수 상류에 있다. 패현에서 사수를 건너면 설이다. 설은 과거 노나라 땅이기도 했고 제나라 땅이기도 했다.

진나라가 멸했다는 6국은 무엇인가? 일반적으로 춘추오패라 하며 전국칠웅이라 한다. 춘추시대에 대표적인 나라로서 제후의 우두머리 역할을 한(패) 나라와 그 대표적인 사람은 사마천이 '세가'에서 배열한 나라 순서대로 보자면 오나라 부차, 제나라 환공, 초나라 장왕, 월나라 구천, 진(晉)나라 문공이었다. 그런데 이 대표적인 다섯 나라 사이에 몇 나라가 더 있었다. 사마천이 '세가'에서 다루고 있는 나라들은 오패를 배출한 다섯 나라를 제외하면 노(魯), 연(燕), 채(蔡), 진(陳), 위(衛), 송(宋), 정(鄭), 조(趙), 위(魏), 한(韓)이었다. 여기에 시황제를 배출한 진(秦)나라가 더해지는데 진나라는 '본기'에 들어가 있다. 춘추시대부터 역사 속에 빈번히 등장하는 제후국은 도합 열여섯 개 나라였다. 전국칠 웅은 진(秦)에 더해 초, 연, 제, 한, 조, 위다. 이 중 여섯 나라가 진나라에 망했다는 것이다.

춘추 시대 다섯 나라 중 초, 오, 월 세 나라가 양자강 유역의 남방 국가였다. 중원의 문화에서 떨어진 이곳 주민은 중원의 한족으로부터 야만인이라 불리던 사람들이었다. 초나라 장왕 이전 두 왕은 스스로 "나는 오랑캐다."라 했다. 오나라 부차는 몸에 문신을 했다. 월왕 구천은 공자의 제자 자공(子貢)을 맞는 자리에서 자기 나라를 가리켜 "여기는 오랑캐의 나라입니다."('仲尼弟子列傳')라고 했다. 제나라의 중심지는 황하 남쪽이었으며 진(晉)나라는 황하 북쪽으로서 서북방 이민족 지대에 가까웠다. 전국시대에 들어서는 역사의 중심 무대가 북상했다. 초나라가 남방을 대표하는 유일한 나라였지만 중심지는 회수를 넘어갔고 그 외 사마천이 언급하는 제후국은 대부분 황하와 회수 사이 및 황하 이북, 혹은 상류에 위치했다.

범증은 초나라가 가장 죄가 없었다고 하지만 망한 나라 수를 보자면 초나라의 활약이 꽤 컸다. 월, 노, 채, 진(陳), 송나라 등 다섯 나라가 초에게 망했다(오나라는 먼저 월에게 망했다). 진나라는 초, 연, 제에 더해 조, 위, 한을 쓰러뜨렸다. 여섯 개 나라였다. 그러니 제후국의 제사를 끊은 '죄'는 진나라나 초나라나 막상막하였다. '죄' 없는 나라가 없었다. 조, 위, 한은 춘추 시대 패자였던 진(晉)나라를 나누어 먹으며 선 나라들이었다. 제나라는 원래 주나라의 태공망을 선조로 하는 나라로서 여(呂)씨가 주인이었다. 그러나 진나라에 망한 건 전(田)씨가 찬탈하여 새롭게 선 제나라였다. 오직 연나라 하나만 원래부터 온전한 나라로서 타국의 제사를 끊은 죄가 없는 나라였다고 할 수 있다. 대신 이 나라는 주변국 조선과 악연이 깊었다.

지금 범중과 항량이 이야기를 나누고 있는 공간 배경인 설은 원래 노나라 땅이었다가 제나라 수중에 떨어지기도 했다. 유방의 고향인 패현은 원래 송나라에 속했다. 그런데 노나라와 송나라를 초나라가 멸했으니 초나라의 문물이 여기까지 영향을 주었을 가능성이 높다. 이 때문인지 설이나 패현 지역은 과거 노나라, 송나라의 전통을 갖고 있으면서도 초나라의 연고지로 인식될 수도 있었다. 그래서 유방이 항량에게 갔나 보다.

유방과 함께

居數月, 引兵攻亢父, 與齊田榮司馬龍且軍救東阿, 大破秦
거수월　인병공항보　여제전영사마용저군구동아　대파진
軍於東阿. 田榮卽引兵歸, 逐其王假. 假亡走楚, 假相田角亡
군어동아　전영즉인병귀　축기왕가　가망주초　가상전각망
走趙. 角弟田閒故齊將, 居趙不敢歸. 田榮立田儋子市爲齊
주조　각제전간고제장　거조불감귀　전영립전담자불위제
王. 項梁已破東阿, 下軍, 遂追秦軍, 數使使趣齊兵, 欲與俱西.
왕　항량이파동아　하군　수추진군　수사사촉제병　욕여구서
田榮曰, 楚殺田假, 趙殺田角田閒, 乃發兵. 項梁曰, 田假爲與
전영왈　초살전가　조살전각전간　내발병　항량왈　전가위여
國之王, 窮來從我, 不忍殺之. 趙亦不殺田角田閒, 以市於齊.
국지왕　궁래종아　불인살지　조역불살전각전간　이시어제
齊遂不肯發兵助楚.
제수불긍발병조초

몇 개월[3-5개월] 있다가 [항량은] 병사를 이끌고 항보를 공격했고, 제나라의 전영, 사마 용저의 군대와 함께 동아를 구원하니, 동아에서 진나라 군대를 크게 무찔렀다. 전영은 곧 병사를 이끌고 돌아가서 그 왕 가를 쫓아냈다. 가는 도망쳐 초나라로 달아났고 가의 승상 전각은 조나라로 달아났으며 각의 동생 전간은 제나라의 옛 장군으로서 조나라에 있었는데 감히 돌아오지 못했다. 전영이 전담의 아들 불을 세워 제나라 왕으로 삼았다. 항량이 동아를 깨뜨리고서 군대를 아래로 내려 오로지 진나라 군대를 추격하면서 수차례 사절을 보내 제나라 군대를 재촉해 함께 나란히 서쪽으로 가고자 했다. 전영이 말했다. "초나라는 전가를 죽이고 조나라는 전각과 전간을 죽여라. 그래야 군대를 보낸다." 항량이 말했다. "전가는 동맹국의 왕이자 처지가 곤란하게 되어 와서 나를 쫓는 것이니 그를 차마 죽일 수 없다." 조나라 역시 전각과 전간을 죽이

> 지 않음으로써 제와 흥정을 했다. 제나라는 군대를 보내 초나라 돕기를 끝내 기꺼워하지 않았다.

항량의 초나라, 전영이 실권을 쥐게 되는 제나라, 전영의 정적들을 보호하게 되는 조나라 등 3개국의 관계가 언급되고 있다. 제나라의 왕 전가가 도망친 곳이 초나라였으니 3개 나라가 모두 제나라의 전씨 문제로 연결되었다. 춘추시대 이래 제나라는 돋보이는 강국이었다. 남방의 초나라, 동방의 제나라는 천하의 주인을 위협하는 가장 강한 세력이자 서로 간에 라이벌이었다. 앞으로 항우가 천하를 차지하고 잃는 과정에서 제나라의 역할이 얼마나 컸는지를 보게 될 것이다. 전영의 흥망 과정은 '전담열전(田儋列傳)'에 상세하다. 전영은 전담의 종제(從弟)였다.

> 項梁使沛公及項羽別攻城陽屠之, 西破秦軍濮陽東, 秦兵收
> 항량사패공급항우별공성양도지 서파진군복양동 진병수
> 入濮陽. 沛公項羽乃攻定陶, 定陶未下, 去西略地至雝丘, 大
> 입복양 패공항우내공정도 정도미하 거서략지지옹구 대
> 破秦軍, 斬李由. 還攻外黃, 外黃未下.
> 파진군 참이유 환공외황 외황미하

항량은 패공과 항우로 하여금 성양을 별도로 공격하게 했는데, 짐승 잡듯 죽였다. [그들은] 서쪽으로 가 복양의 동쪽에서 진군을 무찌르니 진나라 병사들이 추슬러 복양으로 들어갔다. 그래서 패공과 항우는 정도를 공격했고 정도가 아직 함락되지 않았을 때, 버리고 서쪽으로 가며 땅을 경략하여 옹구에 이르러 진군을 크게 파하고 이유를 베었다. [군사를] 돌려 외황을 공격했으나 외황은 아직 함락되지 않았다.

항우와 유방 둘이서만 함께한 군사행동이 소개된다. 성양, 복양, 정도, 옹구, 외황 등 다섯 개 성이 작전 대상이었다. 이유는 이사의 아들이다. 이사는 조고의 모함에 걸려 죽음을 앞에 두고 있었다.

다섯 개 성 중 성양과 옹구에서 항우와 유방은 성공했고 복양, 정도, 외황에서는 실패했다. 성양을 공격해 함락한 후 성안에 있던 사람들을 짐승 잡듯 죽였다. 이런 시위는 성공적이지 못했는지 나머지 네 곳에서의 저항은 여전히 굳건했다. 옹구에서 진나라 군대를 크게 깨뜨렸다고 했지만 세 개 성은 함락하지 못했다. 앞으로 천하를 두고 겨룰 항우와 유방이 말머리를 나란히 하고 이리 뛰고 저리 뛰던 때를 사마천은 그리고 있다. 그런데 이 모습은 유방적이기보다 항우적이다.

사마천이 항적을 항우라 하고 유방을 패공이라 하는 걸 주목할 필요가 있다. 그는 자기가 부르는 사람의 명칭 안에 상황의 변화를 정확하게 반영하고자 했다. 항적을 항우라 부르고 유방을 패공이라 하는 건 항우를 낮추고 유방을 높이려는 게 아니다. 항적은 아직 그만이 갖는 고유의 직책이 없으니 그대로 이름을 부르는 것이다. 단지 본디 이름은 항적이었으되 회계 태수를 죽일 때까지는 항적으로 부르다가 본격적인 활동이 시작되면서부터는 '항적'이 '항우'로 바뀌었다. '우(羽)'는 항적의 자(字)라고 사마천은 모두에서 소개했다. 사마천은 유방의 자를 계(季)라고 했을 뿐 본명은 밝히지 않았다. 원래 이름이 계였을 가능성도 있다.[5]

그럼에도 불구하고 초반에는 그를 고조라고 칭했다. 자기가 살고 있는 왕조의 시조이니 그리 부르는 건 당연했다. 하지만 유방이 군사를 일으키고 항량의 휘하로 들어가 패공이라는 직위를 받은 후부터 사마천의 '고조'는 '패공'이 되었다. 패공은 초나라의 관제로서 패(沛)의 우두

---

5) '고조본기'의 『색은』에 의하면 유방의 '방(邦)'은 제위에 오른 후 바꾼 이름이라고 한다.

머리를 뜻한다. 앞으로 어느 시점에서 어떻게 항우와 패공의 호칭을 사마천이 바꾸는지를 발견하는 건 흥미로운 일일 것이다.

숙부를 잃다

> 項梁起東阿, 西至定陶, 再破秦軍, 項羽等又斬李由, 益輕秦,
> 항량기동아 서지정도 재파진군 항우등우참이유 익경진
> 有驕色. 宋義乃諫項梁曰, 戰勝而將驕卒惰者敗, 今卒少惰
> 유교색 송의내간항량왈 전승이장교졸타자패 금졸소타
> 矣, 秦兵日益, 臣爲君畏之. 項梁弗聽, 乃使宋義使於齊. 道遇
> 의 진병일익 신위군외지 항량불청 내사송의사어제 도우
> 齊使者高陵君顯曰, 公將見武信君乎, 曰然, 曰臣論武信君軍
> 제사자고릉군현왈 공장견무신군호 왈연 왈신론무신군군
> 必敗, 公徐行卽免死, 疾行則及禍.
> 필패 공서행즉면사 질행즉급화

항량은 동아에서 출발하여 서쪽으로 가 정도에 이르러 다시 진군을 깨뜨렸다. 항우 등이 그 위에 이유를 베었으니 [항량은] 진을 더욱 가벼이 여기고 교만한 기색이 있었다. 그래서 송의가 항량에게 간해 말했다. "싸움에서 승리했다고 장수가 교만해지고 병졸들이 게을러지는 것은 실패입니다. 지금 병졸들이 다소 게을러졌는데 진나라 군대는 날로 늘어나니 저는 그대를 위해서 이것을 두려워합니다." 항량은 듣지 않았고, 그래서 송의로 하여금 제나라에 사절로 가게 했다. 도중에 제나라 사자인 고릉군 현을 만나서 [송의는] "공께서는 무신군을 만날 겁니까?"라고 물었다. [공이] 이르길 "그렇습니다."라 하자 [송의가] 말했다. "제가 판단하건대 무신군의 군대는 반드시 패합니다. 공께서 만약 천천히 가시면 죽음을 면할 것이고, 빨리 가면 화가 미칠 것입니다."

항우와 유방을 별도로 보냈던 항량은 동아에 머물고 있다가 곧바로 정도로 가 그곳을 함락시켰다.

이즈음에 항량이 교만해졌다는 이야기이다. 함양을 점령하고 천하

를 규합한다는 전체적인 국면을 놓고 볼 때 몇 차례 승리는 극히 작은 성취에 불과하거늘 항량은 거기에 만족스러워하고 경박해졌다.

항량이 자기를 비판하는 송의를 크게 나무라지 않고 제나라에 보낸 건 점잖아 보이되 속 좁은 짓이었다. 앞에서 본 바와 같이 항량과 제나라는 관계가 좋지 않은 형편이었기 때문에 제나라로의 사신행은 위험한 일이었다.

적국의 사신에게 항량은 반드시 패할 것이라고 단정하는 송의의 성깔과 혜안이 만만치 않아 보인다.

秦果悉起兵, 益章邯, 擊楚軍大破, 之定陶, 項梁死. 沛公項
진과실기병 익장함 격초군대파 지정도 항량사 패공항
羽去外黃攻陳留, 陳留堅守不能下. 沛公項羽相與謀曰, 今
우거외황공진류 진류견수불능하 패공항우상여모왈 금
項梁軍破, 士卒恐, 乃與呂臣軍俱引兵而東. 呂臣軍彭城東,
항량군파 사졸공 내여여신군구인병이동 여신군팽성동
項羽軍彭城西, 沛公軍碭.
항우군팽성서 패공군탕

진나라는 과연 모든 군대를 일으켜 장함에 더해 초군을 쳐 크게 깨뜨리고 정도로 가니 항량은 죽었다. 패공과 항우가 외황을 떠나 진류를 쳤으나 진류가 견고히 지켜 함락시킬 수 없었다. 패공과 항우는 서로 더불어 의논하여 가로되 "지금 항량의 군대가 깨지고 사졸이 두려워하니 여신의 군대와 더불어 군대를 이끌고 동쪽으로 가자."고 했다. 여신은 팽성 동쪽에 군을 주둔시키고, 항우는 팽성의 서쪽에, 패공은 탕에 군대를 주둔시켰다.

항우와 유방이 외황에 있었을 때 진나라 군대가 모두 합쳐서 항량을 공격했으니 초군은 분산되어 있다가 진나라 군대의 집중 공세를 받은 것

이다. 결과는 송의가 예견했던 대로였다.

외황에 있던 항우와 유방은 그곳을 내버려두고 진류로 갔지만 본대가 궤멸된 형편에서 싸움이 용이할 리가 없었다. 서쪽으로 향하던 '군대를 이끌고 동쪽으로 가자'는 건 후퇴를 의미했다. 초나라 군대는 팽성으로 가서 진나라 군대의 공격에 대비하는 모습이다. 여신은 원래 진섭의 장군이었다. 진섭이 죽은 후 항량 편에 가담했다. 서쪽으로부터 유방, 항우, 여신 군대가 차례로 배치되었다.

> 章邯已破項梁軍, 則以爲楚地兵不足憂, 乃渡河擊趙, 大破
> 장함이파항량군   즉이위초지병부족우   내도하격조   대파
> 之. 當此時, 趙歇爲王, 陳餘爲將, 張耳爲相, 皆走入鉅鹿城,
> 지 당차시 조헐위왕   진여위장   장이위상   개주입거록성
> 章邯令王離涉閒圍鉅鹿. 章邯軍其南, 築甬道而輸之粟. 陳
> 장함령왕리섭간위거록   장함군기남   축용도이수지속   진
> 餘爲將, 將卒數萬人而軍鉅鹿之北, 此所謂河北之軍也.
> 여위장 장졸수만인이군거록지북   차소위하북지군야

장함은 이미 항량의 군대를 깨뜨렸으니 초 땅의 군대는 걱정하기에 족하지 않다고 여겼다. 그래서 황하를 건너 조나라를 쳐서 크게 깨뜨렸다. 그때에 조헐이 왕 노릇을 했고 진여는 장군이었으며 장이가 승상이었다. 모두 거록성 안으로 도망쳐 들어갔기에 장함은 왕리와 섭간에게 명해 거록을 포위하라 했다. 장함은 그 남쪽에 군대를 주둔시키고 용도를 건설해서 거기 [왕리와 섭간의 진영]에 곡식을 운반했다. 진여는 지휘관이 되어 병사 수만 명을 거느리고 거록의 북쪽에 주둔했으니 이것이 소위 하북의 군사였다.

이 대목에서 갑자기 많은 인명이 등장한다. 장함, 조헐, 진여, 장이, 왕리, 섭간 등 여섯 명이다. 역사가 과거를 만들었던 사람들의 이야기이니

숙부를 잃다 • 51

그들의 이름이 등장하는 건 당연하다고 할 수 있다. 그런데 『사기』를 위시해서 중국의 역사에서는 사람 이름이 특히 많다. 반면 신(神)이 없다. '효무제본기(孝武帝本紀)'와 '봉선서(封禪書)'에 귀신(신은 아니고) 이야기가 나오는 정도이다. 과거사 서술에서 사람이 강조되다 보니 이름이 과도하게 많다고 여겨질 때도 있다. 여기 나오는 여섯 명 가운데 장함 외에도 진여, 장이는 앞으로 종종 등장할 테니 기억해둘 필요가 있다. 항우와 왕리의 관계가 흥미롭다. 왕리는 진나라 장군 왕전의 손자였다. 항우는 왕전에게 패해 죽은 항연의 손자였다.

여기서 묘사되는 군대의 배치를 보자. 거록성을 가운데 두고 남쪽에는 장함의 본대가 있고 북쪽에는 조나라 장군 진여가 지휘하는 병사 수만 명이 진을 치고 있었다. 헌데 장함의 선봉대가 거록성을 포위하고 있는 형태였다. 즉 거록성에서 조군과 진군이 공수전을 전개하고 있었고, 바깥에도 조군과 진군이 각각 북쪽과 남쪽에 주둔해 있었다.

용도는 담장이 있는 길을 말한다. 적의 습격에 대비해 안전한 식량 운반을 위해서 그렇게 했다고 이해할 수 있을 것인가? 그런데 앞에서 그려 본 대로 양군의 진영은 남북으로 확연하게 나뉘어 있었다. 그 남쪽의 본영에서 포위군 진영에 이르기까지 운송로는 모두 거록성의 남쪽에 있기 때문에 그 길이 위협을 받을 일은 없어 보인다. 과연 그런가?

회왕의 개입

> 楚兵已破於定陶, 懷王恐, 從盱台之彭城, 幷項羽呂臣軍自將
> 초병이파어정도 회왕공 종우이지팽성 병항우여신군자장
> 之, 以呂臣爲司徒, 以其父呂靑爲令尹, 以沛公爲碭郡長, 封爲
> 지 이여신위사도 이기부여청위영윤 이패공위탕군장 봉위
> 武安侯, 將碭郡兵.
> 무안후 장탕군병
>
> 초의 군대가 정도에서 깨지자 회왕은 두려워 우이로부터 팽성으로 가서 항우와 여신의 군대를 아울러 스스로 그들을 거느렸다. 여신을 사도로 삼고 그 아비 여청을 영윤으로 삼았으며 패공은 탕군장으로 삼은 후 무안후에 봉하고 탕군 병사들을 지휘하게 했다.

염소 무리를 돌보던 목동 출신 회왕이 갑자기 정치력을 발휘하는 모습이 보인다. 그는 항우와 유방의 군대를 장악했고 각자의 임무를 부여했다. 회왕의 역량이라기보다는 그를 보좌하던 진영 같은 인물의 솜씨였을 것이다.

> 初宋義所遇齊使者高陵君顯在楚軍, 見楚王曰, 宋義論武信
> 초송의소우제사자고릉군현재초군 현초왕왈 송의론무신
> 君之軍必敗, 居數日, 軍果敗. 兵未戰而先見敗徵, 此可謂知
> 군지군필패 거수일 군과패 병미전이선견패징 차가위지
> 兵矣. 王召宋義與計事而大說之, 因置以爲上將軍, 項羽爲魯
> 병의 왕소송의여계사이대열지 인치이위상장군 항우위노
> 公, 爲次將, 范曾爲末將, 救趙.
> 공 위차장 범증위말장 구조
>
> 이전에 송의가 만난 제나라의 사자 고릉군 현이 초나라 군영에 있다가 초왕을 알현하고 말하길 "송의가 무신군의 군대는 반드시 패

> 할 것이라고 판단했는데 며칠 있어 군대가 과연 패했습니다. 병사들이 싸우기 전에 먼저 패배의 징조를 본다니 이는 군대를 안다고 말할 수 있을 것입니다."라 했다. 왕이 송의를 불러 더불어 일을 논의하고는 그에게 크게 기뻐하였기에 두어서 상장군으로 삼았고 항우는 노공으로 하여 차장으로 삼았고 범증은 말장을 삼아 조나라를 도왔다.

제나라 사자 고릉군은 송의로부터 부디 천천히 가라는 당부를 들은 사람이었다. 송의의 말대로 부지런히 가서 항량을 만났다면 화를 입었을 텐데 아직 살아있는 걸 보면 송의의 조언에 충실했나 보다. 그런데 항량을 만나지 않았으면 제나라로 돌아가야 되었을 것을 고릉군은 그렇게 하지 않고 초나라 군영에 있으면서 회왕을 알현했다. 그리고 송의에 대한 칭찬을 늘어놓기까지 했다. 적국의 사절이 추천한 인물을 회왕은 상장군으로 삼았다. 설혹 송의가 뛰어난 인물이라고 하더라도 발탁하는 과정은 기이하기 그지없다. 회왕이 뛰어난 인물로 묘사된 적도 없는 바에야 이런 결정은 실패, 더 나아가 재난을 암시하는 장치로 사용되기에 충분하다.

항우가 노공이 되었다고 한다. 그러나 사마천은 이 시점에서 '항우'를 '노공'으로 바꾸지 않는다. '패공'에서 '패'는 유방이 태어난 곳이면서 여러 연고가 있었다. 그러나 항우가 '노공'이 되는 건 뜬금없다. 노는 산동에 있는 나라이고 아직 제나라의 판도 내에 있었다. 공자의 고향으로서 학문적 전통도 강한 곳이었다. 사수 하류 초나라 출신의 항우, 게다가 공부와는 담을 쌓고 지내던 항우, 힘만을 앞세우고 잔인하기까지 한 항우를 '노공'이라 하는 게 가당하기나 한 말인가? 이건 놀림에 가까운 결정이었다고 생각된다.

    그럼에도 불구하고 이 명칭으로 엮이게 되는 항우와 노나라와의 관계가 있었다. 우리는 이 글의 말미에 그것을 반영하는 사건을 만나게 될 것이다.

상관 살해

諸別將皆屬宋義, 號爲卿子冠軍. 行至安陽, 留四十六日不
제벌장개속송의 호위경자관군 항지안양 류사십육일부
進. 項羽日, 吾聞秦軍圍趙王鉅鹿, 疾引兵渡河, 楚擊其外,
진 항우왈 오문진군위조왕거록 질인병도하 초격기외
趙應其內, 破秦軍必矣. 宋義日, 不然. 夫搏牛之蝱, 不可以
조응기내 파진군필의 송의왈 불연 부박우지맹 불가이
破蟣蝨. 今秦攻趙, 戰勝則兵罷, 我承其敝, 不勝則我引兵鼓
파기슬 금진공조 전승즉병피 아승기폐 불승즉아인병고
行而西, 必擧秦矣. 故不如先鬪秦趙. 夫被堅執銳, 義不如公,
행이서 필거진의 고불여선투진조 부피견집예 의불여공
坐而運策, 公不如義. 因下令軍中日, 猛如虎, 很如羊. 貪如狼,
좌이운책 공불여의 인하령군중왈 맹여호 흔여양 탐여랑
彊不可使者, 皆斬之.
강불가사자 개참지

여러 장군들이 모두 송의를 좇았고 [그를] 경자관군이라 불렀다. 대오가 안양에 이르러 46일을 머문 채 나아가지 아니하였다. 항우가 말했다. "내가 듣기에 진군이 거록에서 조나라 왕을 포위했다니 급히 병사를 이끌고 황하를 건너서 초군이 그 바깥을 치고 조가 그 안에서 대응하면 반드시 진군을 깨뜨릴 것입니다." 송의가 말했다. "무릇 소의 등에를 잡는 데, 서캐와 이까지 다 쳐부수는 것으로 하지 않소. 지금 진이 조를 공격하는데, 전쟁에서 이기면 병사들은 피곤해질 것이니 나는 그 너덜거림을 얻을 것이요, 이기지 못한다면 나는 병사를 이끌어 북을 치며 행군하여 서쪽으로 갈 것이니 반드시 진나라를 빼앗을 것이오. 그러니 먼저 진과 조가 싸우게 함이 낫지. 무릇 갑옷을 입고 무기를 잡는 데서는 그대가 송의보다 나으나 앉아서 계책을 운용하는 것은 송의가 그대보다 낫소." 그러고는 군중에 영을 내려 이르길 "사납기가 호랑이 같고 성

> 격이 꼬이기가 염소 같고 탐학하기가 이리 같고 굳세어서 부릴 수 없는 자는 모두 베겠다!"고 했다.

송의의 권위가 갑자기 높아졌다. 경자관군이란 건 '높은 벼슬아치로서(경자) 군대의 우두머리(관군)'라는 뜻이다. 기세 좋게 전진하던 군대가 도중에 멈추어 무려 한 달 반을 꼼짝하지 않았다. 어서 가자는 항우의 제안에 송의는 야릇한 대답을 한다, "무릇 소의 등에를 잡는 데, 서캐와 이까지 다 쳐부수는 것으로 하지 않는다."라고.

이 구절은 이외에도 여러 가지로 번역될 수 있다. 경우에 따라서는 등에가 진나라를 가리키기도 하고 소가 진나라가 될 수도 있다. 등에는 소의 피를 빼는 곤충이다. 등에 등쌀에 소가 죽기도 한다. 등에는 크고 이와 서캐는 소털 안에 붙어 있는 작은 해충이다. 그러니 등에는 진나라 황제, 이와 서캐는 진나라 장함의 군대라고 이해될 수도 있다. 하지만 소를 진나라로 보자면 등에는 소만 공격하면 되지 이와 서캐까지 신경 쓸 필요는 없다는 말도 된다. 다양한 번역의 여지를 남기는 대목이다. 한문의 묘미를 느끼게 하지만 너무 많은 시간을 들이게 하면서 머리를 아프게 하는 구절이기도 하다. 이 비유는 현재의 독자도 이해하기 아리송하고 항우 역시 그러했으리라. 사마천도 이런 표현을 만들었든가 옮기느라고 애를 썼겠다.

항우가 붙잡은 말은 등에 운운하는 비유 뒤에 나오는 송의의 작전이었다. 남이 싸우는 걸 지켜보고 있다가 이기는 자를 상대해 싸우겠다는 것이고, 그게 실패하면 진나라로 진군해 나라를 빼앗겠단다. 기묘한 작전인가? '계책을 운용하는 것은' 역시 송의가 항우보다 나았던가?

그 뒤에 호랑이, 염소, 이리 등이 나온다. 항우의 여러 가지 면모를 상

상관 살해 • 57

징하는 동물이다. 정확한 지적이라고 생각된다. 이는 항우에 대한 사마천의 평가이기도 할 것이다.

항량과 항우에 대한 송의의 평가는 정확하지만 전쟁의 대국을 보는 눈은 형편없다는 말이 나올 수 있다. 복잡한 비유보다 항우의 직관에 의한 판단이 더 정확해 보인다. 정확하달 것도 없다. 사실 지극히 상식적인 판단일 뿐이다. 문제는 송의에 있었다. 이때 말장 범증은 어떤 입장이었을까 궁금하다. 상식의 편에 서 있었을 것이다.

그런데 다음에 나오는 송의의 한 수를 보면 그의 계책은 심오했다. 항우와의 대화에서는 아직 그 말을 다하지 않았을 뿐이었다.

> 乃遣其子宋襄相齊, 身送之至無鹽, 飮酒高會. 天寒大雨, 士卒凍飢.
> 내견기자송양상제 신송지지무염 음주고회 천한대우 사졸동기
>
> 그래서 자기 아들 송량을 보내 제나라를 시찰하게 했는데 몸소 그를 전송하느라 무염에 이르러 고관대작이 모인 성대한 연회를 베풀어 술을 마셨다. 날씨는 춥고 크게 비가 오니 사졸은 얼고 배고팠다.

송의가 제나라에 사절을 파견했다, 그것도 자기 아들을. 제나라의 향배 역시 초나라에는 중요했다. 자기가 항량의 사절로 제나라에 다녀온 바 있었던 데다가 자기는 제나라 사절 덕분에 상장군이 되었으니 제나라와의 관계에 기대를 걸어볼 만했을 것이다. 당시 초나라 자력으로 진의 수도 공략은 힘든 바였다. 조나라와 더불어 서진하느니, 조는 장함의 군대를 약하게 만드는 데 이용하고 제의 군대를 끌어들여 함께 함양을 공

략하는 방법도 있었다. 중요한 만큼 위험하기도 한 사행에 자기 아들을 보낸 것은 송의의 충심이었을 수도 있었다. 죽을지도 모르는 아들을 위해 크게 잔치를 베푼 결정도 이해할 만하다. 사절의 위상을 높이는 행동이었을 수도 있다, 제의 눈길을 고려한다면.

그런데 송의에게는 불행하게도 날씨가 춥고 큰비가 왔다. 남방의 병사들은 추웠고 잔치 음식 냄새에 배까지 더 고팠다.

項羽曰, 將戮力而攻秦, 久留不行. 今歲饑民貧, 士卒食芋菽,
항 우 왈   장 륙 력 이 공 진   구 류 불 행   금 세 기 민 빈   사 졸 식 우 숙
軍無見糧, 乃飮酒高會, 不引兵渡河因趙食, 與趙幷力攻秦,
군 무 현 량   내 음 주 고 회   불 인 병 도 하 인 조 식   여 조 병 력 공 진
乃曰承其敝. 夫以秦之彊, 攻新造之趙, 其勢必擧趙. 趙擧而
내 왈 승 기 폐   부 이 진 지 강   공 신 조 지 조   기 세 필 거 조   조 거 이
秦彊, 何敝之承. 且國兵新破, 王坐不安席, 埽境內而專屬於
진 강   하 폐 지 승   차 국 병 신 파   왕 좌 불 안 석   소 경 내 이 전 속 어
將軍. 國家安危, 在此一擧. 今不恤士卒而徇其私, 非社稷之
장 군   국 가 안 위   재 차 일 거   금 불 휼 사 졸 이 순 기 사   비 사 직 지
臣.
신

항우가 말했다. "장차 힘을 합하여 진을 공격하려는데 오래 머물고 가지 않는구나. 올해는 흉년이 들어 백성이 가난하고 사졸은 토란과 콩을 먹으며 군대에는 남아 있는 식량이 없는데 아무개는 높은 자들을 모아 성대한 연회를 베풀어 술을 마시누나. 군대를 이끌고 황하를 건너서 조나라로 인하여 먹고 조나라와 힘을 합쳐 진을 공격하지 않고 아무개는 '그 너덜거림을 얻겠다'고 말하누나. 무릇 진나라의 강함으로써 새로이 일어선 조나라를 공격하면 그 세력이 반드시 조를 빼앗을 것이다. 조를 빼앗아 진이 강해지는데 어떤 너덜거림이 있어 얻을 것인가? 또한 나라의 군대가 이제 막 깨졌고

> 왕은 좌불안석이어서 나라 안을 쓸어 오로지 장군에게 속하게 했으니 국가의 안위는 이번 한 번의 일으킴에 있는데, 지금 사졸을 불쌍히 여기지 않고 사사로운 것을 좇는구나. 사직의 신하가 아니다."

이때 항우의 감성 지수 높은 긴 불평이 직접 화법으로 소개된다. 공부는 해서 무엇하느냐는 변설 이후 처음 나오는 긴 말이다. 내용은 구구절절 옳은 것 같다. 언뜻 보기에 항우는 반복해서 사졸에 대한 자기의 연민을 과시한다. 아울러 초나라의 안위를 걱정하는 모습도 부각된다. 하늘 아래서는 초나라, 사람 중에서는 자기 병사들에 대한 사랑이 항우의 가장 큰 덕목으로 드러나는 부분이다. 천하 경영 맥락 속에서의 명분이나 전략은 보이지 않는다. 그의 관심은 오로지 '너덜거림을 얻겠다'는 송의의 주장을 반박하는 가운데 곧 있을 자신의 불법적 행위를 합리화할 수 있는 이유를 모아가는 데 있었다. '이름 석 자' 운운하던 부분과 마찬가지로 그럴듯하면서도 뭔가 전적으로 수긍하기는 힘든 게 여기서 보이는 항우의 주장 내용이다.

    항우의 말대로 그해에 정말 흉년이 들었는지도 알 수 없고, 병사들이 굶주리는지도 사마천은 말한 바 없다. 단지 그는 송의의 '음주고회' 때 마침 "날씨는 춥고 크게 비가 오니 사졸은 얼고 배고팠다."고 했을 뿐이다. 군대 안에는 식량이 남아 있지 않다고 항우가 말하고 있지만 우리는 곧 항우가 3일치의 식량만 남기고 다 버리는 모습을 보게 될 것이다. 사직 운운하는데 그 사직은 초나라 왕의 사직일 것이다. 항씨가 초나라 왕을 세웠다고 하지만 그건 충성심에서 비롯된 게 아니라 천하의 이목을 고려해서였다. 앞으로 초왕을 죽일 사람은 항우다. 항우가 진정 '사직의 신하'가 되려 했다면 송의의 뜻을 받드는 게 맞다. 전장에서 최고 지휘관의 명은 왕도 간여하지 못할 정도로 지엄한 것이기 때문이다.

> 項羽晨朝上將軍宋義, 卽其帳中斬宋義頭. 出令軍中曰, 宋義
> 항우신조상장군송의   즉기장중참송의두   출령군중왈   송의
> 與齊謀反楚, 楚王陰令羽誅之. 當是時, 諸將皆慴服, 莫敢枝
> 여제모반초   초왕음령우주지   당시시   제장개습복   막감지
> 梧, 皆曰, 首立楚者, 將軍家也. 今將軍誅亂, 乃相與共立羽爲
> 오   개왈   수립초자   장군가야   금장군주란   내상여공립우위
> 假上將軍, 使人追宋義子, 及之齊, 殺之, 使桓楚報命於懷王.
> 가상장군   사인추송의자   급지제   살지   사환초보명어회왕
> 懷王因使項羽爲上將軍. 當陽君蒲將軍皆屬項羽.
> 회왕인사항우위상장군   당양군포장군개속항우
>
> 항우는 이른 아침 상장군 송의를 문안할 때 그의 장막 안으로 들어가 송의의 머리를 잘랐다. 군중에 영을 내려 "송의는 제나라와 더불어 초나라를 뒤엎고자 모의했으니 초왕이 은밀히 [항]우에게 지시하여 그를 베라고 했다."고 말했다. 그때를 당하여 여러 장수들이 모두 두려워 복종해 감히 저항하지 않았고 모두 이르기를 "앞장서 초나라를 세운 것은 장군 집안입니다. 지금 장군이 어지러움을 평정했습니다."라 했다. 그래서 서로 도와 함께 항우를 세워 임시 상장군으로 삼고 사람을 시켜 송의의 아들을 쫓아 제나라에까지 가서 그를 죽이고 환초를 시켜 회왕에게 복명하게 했다. 그리하여 회왕은 항우로 하여금 상장군이 되게 했다. 당양군과 포장군은 모두 항우를 좇았다.

항우는 또 윗사람의 머리를 잘랐다. 앞에서는 회계 태수 머리였고 이번에는 상장군 송의의 머리였다. 윗사람을 죽인 이유로 그는 거짓말을 지

어냈다. 송의가 제나라와 모의해 초나라를 뒤엎고자 했단다. 그리고 초왕이 자기에게 송의를 죽이라고 지시했단다. 이쯤에서 병사들이 환호하는 모습이 등장할 만하지 않은가? 없다. 대신 장수들이 항우를 상장군으로 삼은 건 두려움 때문이었다고 사마천은 전하고 있다. 장수들은 항우의 거짓말을 믿지도 않는 것 같다. '초나라를 세운 것도, 어지러움을 평정한 것도' 항우일 뿐 장수들에게 초왕은 이미 없었다.

항우가 환초를 보내 '회왕에게 복명하게 했다'는 표현은 묘미가 있다. 원문 '보명(報命)'은 명받아 행한 바를 보고하는 일이다. 다른 말로 하면 복명(復命)이다. 시키지도 않은 일을 해놓고 초왕에게는 당신이 시킨 것이라고 억지를 부리는 모습, 그러니 선택은 한 가지라고 압박하는 항우의 사절 앞에서 두려움에 떠는 초왕의 모습이 온전하게 담기는 두 글자가 바로 이 '보명'이다.

"초병호성동천"

項羽已殺卿子冠軍, 威震楚國, 名聞諸侯, 乃遣當陽君蒲將軍
항우이살경자관군 위진초국 명문제후 내견당양군포장군
將卒二萬渡河, 救鉅鹿. 戰少利, 陳餘復請兵. 項羽乃悉引兵
장졸이만도하 구거록 전소리 진여부청병 항우내실인병
渡河, 皆沈船, 破釜甑, 燒廬舍, 持三日糧, 以示士卒必死無一
도하 개침선 파부증 소려사 지삼일량 이시사졸필사무일
還心. 於是至則圍王離, 與秦軍遇, 九戰, 絶其甬道, 大破之,
환심 어시지즉위왕리 여진군우 구전 절기용도 대파지
殺蘇角虜王離. 涉閒不降楚, 自燒殺. 當是時, 楚兵冠諸侯.
살소각로왕리 섭간불항초 자소살 당시시 초병관제후
諸侯軍救鉅鹿下者十餘壁, 莫敢縱兵. 及楚擊秦, 諸將皆從壁
제후군구거록하자십여벽 막감종병 급초격진 제장개종벽
上觀. 楚戰士無不一以當十, 楚兵呼聲動天, 諸侯軍無不人人
상관 초전사무불일이당십 초병호성동천 제후군무불인인
惴恐. 於是已破秦軍, 項羽召見, 諸侯將入轅門, 無不膝行
췌공 어시이파진군 항우소견 제후장입원문 무불슬행
而前, 莫敢仰視. 項羽由是始爲諸侯上將軍, 諸侯皆屬焉.
이전 막감앙시 항우유시시위제후상장군 제후개속언

항우가 경자관군을 죽이자 위세가 초나라에 진동했고 이름이 제후들에게 알려졌다. 그래서 당양군과 포장군을 보내 병졸 2만을 거느리고 황하를 건너 거록을 돕게 했다. 전쟁에서 도움이 됨이 적자 진여는 다시 군대를 요청하였다. 항우는 그래서 병사를 다 이끌고 황하를 건너서는 배를 모두 가라앉히고 솥과 시루를 깨고 막사를 불태우고 사흘 치 식량을 지님으로써 사졸들에게 죽기를 기약하되 돌아갈 마음이 하나도 없음을 보였다. 그래서 이르자마자 왕리를 포위하고 진군과 만나 아홉 번 싸워 그 용도를 끊었고 그들을 크게 쳐부수어 소각을 죽이고 왕리를 사로잡았다. 섭간은 초에 항복하지 않고 스스로 태워 죽었다. 그때를 당하여 초의 군

> 대는 제후들의 우두머리가 되었다. 거록을 돕기 위해 내려온 제후들의 군대가 10여 진영이었는데, 감히 병사를 내보내지 못하였다. 초가 진을 치는 데 이르자 여러 장군은 모두 군루(軍壘) 위에서 구경했다. 초나라 전사들은 하나로써 열을 당하지 못함이 없었고 초나라 병사들의 부르짖는 소리가 하늘을 흔들었다. 제후의 군대는 사람마다 두려워하지 않는 자가 없었다. 그래서 진나라 군대를 부수고는 항우가 소견[불러와서 봄] 하자 제후의 장군들이 군영의 문으로 들어옴에 무릎으로 기어서 나아가지 않는 자가 없었으며 감히 눈을 들어 쳐다보지 못했다. 항우는 이로부터 처음으로 제후 상장군이 되었다. 제후들은 모두 복종했다.

거록의 전투에서 항우의 활약이 컸다. 스스로 퇴로를 차단하는 모습, 한 명이 열 명을 당해내는 초나라 병사들의 기세는 유명한 장면이다. 특히 나는 '초나라 병사들의 부르짖는 소리가 하늘을 흔들었다.'가 절창이라 여긴다. 바로 그 뒤에 적의 반응이 아니라 아군의 반응 '제후의 군대는 사람마다 두려워하지 않는 자가 없었다.'를 배치한 솜씨도 놀랍다. 그런데 나는 '초병호성동천(楚兵呼聲動天)'이란 원문의 맛을 살려내지 못하는 내 보잘것없는 번역 능력이 퍽 아쉽다. '초나라 병사들의 부르짖는 소리에 하늘이 요동쳤다.'는 어떨까 싶지만 직역이 아니라 피했다. 왓슨은 'the war cry of Ch'u shook the heavens'라 했다. 이 또한 원문의 맛을 십분 살리지는 못하나 'shook'은 좋다. '부르짖는'보다 차라리 '울부짖는'이 더 사실에 가깝지 않을까 하는 생각도 든다. 고민이 끝없다. 그러나 백 가지 번역이 원문 '초병호성동천'을 넘어설 수가 없다. '항우본기' 중 원문 그대로 두고 싶은 데가 두 곳 있다. 하나는 여기이고 또 하나는 '역발산 기개세'로 시작되는 세칭 '해하가'이다. 항우가 천하의 주인으로 올라가는 길에, 그리고 사지가 토막 나는 결말로 내려가는 길에 각각 만나는 명구와 명문이다. 앞에서는 남자들, 뒤에서는 여자가 등장한다. 앞에서는 하늘을 찢을 듯한 함성이 요란한데 뒤에서는 사람의 마음을 아프게 하는 한탄과 흐느낌이 심란하다.

20만 명을 묻다

章邯軍棘原, 項羽軍漳南, 相持未戰, 秦軍數卻, 二世使人讓
장함군극원   항우군장남   상지미전   진군수각   이세사인양
章邯. 章邯恐, 使長史欣請事. 至咸陽, 留司馬門三日, 趙高
장함   장함공   사장사흔청사   지함양   류사마문삼일   조고
不見, 有不信之心. 長史欣恐, 還走其軍, 不敢出故道. 趙高果
불견   유불신지심   장사흔공   환주기군   불감출고도   조고과
使人追之, 不及. 欣至軍報曰, 趙高用事於中, 下無可爲者. 今
사인추지   불급   흔지군보왈   조고용사어중   하무가위자   금
戰能勝, 高必疾妒吾功, 戰不能勝, 不免於死, 願將軍孰計之.
전능승   고필질투오공   전불능승   불면어사   원장군숙계지

장함이 극원에 군대를 주둔시키고 항우는 장수의 남쪽에 진을 쳤지만 서로 버티며 아직 싸우지 않았는데 진나라 군대가 수차례 물러서니 2세는 사람을 보내 장함을 꾸짖었다. 장함이 두려워하여 장사 흔을 시켜 일에 대해 [조정에] 묻게 했다. [흔이] 함양에 이르러 사마문에 삼 일을 머물렀지만 조고가 보지 않으니 믿지 못하는 마음이 있어서였다. 장사 흔이 두려워 자기 군으로 돌이켜 달아났는데, 이전 길로 감히 나아가지 않았다. 조고가 과연 사람을 시켜 그를 뒤쫓았으나 따라잡지 못하였다. 흔이 군영에 도착해 알려 말하길 "조고가 안에서 권세를 마음대로 부리면 아래에는 다스릴 수 있는 사람이 없습니다. 지금 싸워서 능히 승리하여도 고는 반드시 우리의 공을 질투할 것이요 싸워서 이기지 못하면 죽음에 처함을 면하지 못할 것이니, 원컨대 장군은 깊이 이를 헤아리기 바랍니다."라 했다.

조고는 흥미로운 인물이다. 『사기』여러 곳에 이 인물이 등장하지만 사마천은 조고에 대해서만 따로 쓰지는 않았다. 지금 보아도 놀라울 정도

로 다양한 주제를 설정한 사마천은 관료들의 성향을 구분하여 '혹리열전(酷吏列傳)'이니 '순리열전(循吏列傳)' 같은 것도 두었다. 나는 '간신열전(奸臣列傳)' 같은 것도 사마천이 써주었으면 하는 아쉬움이 있다. 간신이 갖는 역사성도 그렇고 교훈적 가치 또한 크기 때문이다. 특히 조고는 그러하다. 이 무렵 2세 황제는 허수아비에 불과했다. 조정의 실권은 조고가 쥐고 있다가 나라를 망하게 했다. 송의의 말을 일부 적용해보자면 등에 정도도 아닌 이나 서캐 한 마리가 큰 소를 넘어뜨렸다고 할까?

陳餘亦遺章邯書曰, 白起爲秦將, 南征鄢郢, 北阬馬服, 攻城
진여역유장함서왈 백기위진장 남정언영 북갱마복 공성
略地, 不可勝計, 而竟賜死. 蒙恬爲秦將, 北逐戎人, 開楡中
략지 불가승계 이경사사 몽염위진장 북축융인 개유중
地數千里, 竟斬陽周. 何者功多, 秦不能盡封, 因以法誅之.
지수천리 경참양주 하자공다 진불능진봉 인이법주지
今將軍爲秦將三歲矣, 所亡失以十萬數, 而諸侯並起滋益多.
금장군위진장삼세의 소망실이십만수 이제후병기자익다
彼趙高素諛日久, 今事急, 亦恐二世誅之, 故欲以法誅將軍以
피조고소유일구 금사급 역공이세주지 고욕이법주장군이
塞責, 使人更代將軍以脫其禍. 夫將軍居外久, 多內郤, 有功
색책 사인경대장군이탈기화 부장군거외구 다내각 유공
亦誅, 無功亦誅. 且天之亡秦, 無愚智皆知之, 今將軍內不能
역주 무공역주 차천지망진 무우지개지지 금장군내불능
直諫, 外爲亡國將, 孤特獨立而欲常存, 豈不哀哉. 將軍何不
직간 외위망국장 고특독립이욕상존 기불애재 장군하불
還兵與諸侯爲從, 約共攻秦, 分王其地, 南面稱孤, 此孰與身
환병여제후위종 약공공진 분왕기지 남면칭고 차숙여신
伏鈇質妻子爲僇乎.
복부질처자위륙호

진여 역시 장함에게 서한을 보내 말했다. "백기가 진나라 장군이 되어 남쪽으로 언영을 정벌하고 북으로는 마복을 묻었는데, 성을 공격하고 땅을 경략한 게 헤아릴 수가 없으나 종내 왕은 자살을 명했다. 몽염이 진나라 장군이 되어 북으로는 융인을 쫓아내고 유중 땅 수천 리를 열었으나 마침내 양주에서 목이 잘렸다. 어떤 자든지 공이 많으면 진나라는 극진히 봉하지 못하고 말미암아 법으로써 그를 죽인다. 지금 장군이 진나라 장군이 된 지 세 해, 잃은 바의 [병사] 숫자가 10만이 되지만 제후들의 함께 일어남이 더욱더 많아졌다. 저 조고가 평소 아첨함이 오래되었는데, 지금 일이 급하고 2세가 자기를 죽일 것을 두려워하기도 한 고로 법으로써 장군을 죽여 책임을 가리고 다른 사람을 시켜 다시 장군을 대신하게 하여 그 화를 벗어나고자 한다. 대저 장군은 바깥에 있은 지가 오래 되었고 안으로는 틈이 많으니 공이 있어도 죽고 공이 없어도 죽을 것이다. 그리고 하늘이 진나라를 망하게 함은 어리석은 자나 지혜로운 자나 모두 그것을 아는데, 지금 장군은 안에서 곧은 말로 간할 수도 없고 밖에서는 나라를 버린 장수가 되어 외롭게 단지 홀로 서서 영구히 남으려 하니 어찌 애석하지 아니한가? 장군은 왜 병사를 돌려 제후와 더불어 합종하여 힘을 합쳐 진나라를 공격해 그 땅을 나누어 왕이 되어서 남면하고 칭고하지 않는가?[6] 이렇게 하는 것과 몸이 엎어져 도끼로 허리가 끊기고 처자는 죽임을 당하는 것 중 어느 게 낫겠는가?"

직접 인용으로 소개된 조나라 장군 진여의 긴 편지 내용이다. 진나라의 속성이 잘 설명되어 있다. 특히 '공이 있어도 죽고 없어도 죽는다'는 말

---

[6] 남면 즉 남쪽을 향한다는 건 왕이 된다는 의미다. 고(孤)는 왕과 제후의 겸칭이다.

은 정곡을 찌른다. 역사 속에서 얼마나 많은 인물들이 이 사례의 주인공이 되었으며 이 교훈으로 인해 고뇌했던가?

> 章邯狐疑, 陰使候始成使項羽欲約. 約未成, 項羽使蒲將軍日
> 장함호의 음사후시성사항우욕약 약미성 항우사포장군일
> 夜引兵度三戶, 軍漳南, 與秦戰, 再破之. 項羽悉引兵擊秦軍
> 야인병도삼호 군장남 여진전 재파지 항우실인병격진군
> 汙水上, 大破之.
> 오수상 대파지
>
> 장함은 의심하여 머뭇거리면서 은밀히 염탐꾼 시성으로 하여금 항우에게 사자로 가게 해 맹약을 맺으려 하였다. 맹약이 이루어지기 전에 항우는 포장군으로 하여금 낮밤으로 병사를 이끌어 삼호를 건너 장수의 남쪽에 진을 치게 하여 진나라 군대와 싸워 이를 다시 깨뜨렸다. 항우는 모든 군대를 이끌고 오수 강변에서 진군을 공격해 크게 깨뜨렸다.

'호의'는 조심성 많은 여우가 의심하는 모습을 묘사한 단어이다. 대장군다운 면모는 사라지고 원래의 직책 소부 정도로 돌아갔다. 곧 그의 눈물도 보게 될 것이다. 상황을 간파한 듯 항우는 장함을 더 밀어붙이면서 협상에 유리한 위치를 차지하고자 한다.

> 章邯使人見項羽欲約. 項羽召軍吏謀曰, 糧少, 欲聽其約. 軍
> 장함사인견항우욕약 항우소군리모왈 량소 욕청기약 군
> 吏皆曰, 善. 項羽乃與期洹水南殷虛上. 已盟, 章邯見項羽而
> 리개왈 선 항우내여기원수남은허상 이맹 장함견항우이
> 流涕, 爲言趙高. 項羽乃立章邯爲雍王, 置楚軍中, 使長史欣
> 류체 위언조고 항우내립장함위옹왕 치초군중 사장사흔

> **爲上將軍, 將秦軍爲前行.**
> 위 상 장 군   장 진 군 위 전 항
>
> 장함이 사람을 보내 항우를 만나 맹약하고자 했다. 항우가 군대 지휘관들을 불러 상의하며 말했다. "식량이 적으니 이 맹약을 받아들이고자 하오." 지휘관들이 모두 "좋습니다."고 말했다. 그래서 항우는 원수 남쪽 은허 위에서 만나기를 약속했다. 맹약이 이루어지자 장함은 항우를 바라보며 눈물을 흘리고 조고에 대해 말했다. 그래서 항우는 장함을 세워 옹왕으로 삼아 초나라 군중에 두고 장사 흔으로 하여금 상장군으로서 진나라 군대를 거느려 앞 대오가 되게 했다.

이쯤에서 우리는 항우가 언급한 '식량'에 대해 생각해 볼 필요가 있다. 장함이 용도를 건설한 일이라든가, 그걸 깨고자 아홉 차례나 공격한 항우, 송의에 대해 불평할 때 먹는 문제를 들먹인 것, 항우 군이 3일치의 식량만 남겼다는 이야기 등 사마천은 줄곧 식량의 문제를 기록했다. 전쟁에서 먹는 일은 그만큼 중요하다. 두 끼가 되었든 세 끼가 되었든 때가 되면 어김없이 찾아오는 허기는 적군의 창끝보다 날카롭고 치명적이다. 김훈이 쓴 『칼의 노래』(2003, 생각의 나무)에서 군량을 걱정하는 지휘관의 심정을 "끼니는 어김없이 돌아왔다. … 굶더라도, 다가오는 끼니를 피할 수는 없었다. 끼니는 파도처럼 정확하고 쉴 새 없이 밀어닥쳤다. … 끼니는 칼로 베어지지 않았고 총포로 조준되지 않았다."라고 한 묘사에 나는 무릎을 친 적이 있다.

到新安. 諸侯吏卒異時故繇使屯戍過秦中, 秦中吏卒遇之多
도 신 안   제후리졸이시고요사둔수과진중   진중리졸우지다
無狀. 及秦軍降諸侯, 諸侯吏卒乘勝多奴虜使之, 輕折辱秦吏
무 상   급진군항제후   제후리졸승승다노로사지   경절욕진리
卒. 秦吏卒多竊言曰, 章將軍等詐吾屬降諸侯, 今能入關破
졸   진리졸다절언왈   장장군등사오속항제후   금능입관파
秦, 大善, 卽不能, 諸侯虜吾屬而東, 秦必盡誅吾父母妻子.
진   대선   즉불능   제후로오속이동   진필진주오부모처자
諸將微聞其計, 以告項羽. 項羽乃召黥布蒲將軍計曰, 秦吏卒
제장미문기계   이고항우   항우내소경포포장군계왈   진리졸
尙衆, 其心不服, 至關中不聽, 事必危, 不如擊殺之, 而獨與章
상중   기심불복   지관중불청   사필위   불여격살지   이독여장
邯長史欣都尉翳入秦. 於是楚軍夜擊阬秦卒二十餘萬人新安
함장사흔도위예입진   어시초군야격갱진졸이십여만인신안
城南.
성남

신안에 이르렀다. 예전에 제후의 낮은 벼슬아치들이 부역으로 국경을 지키러 가기 위해 진나라 땅을 지날 때 진나라의 낮은 벼슬아치들이 그들을 대함이 많이 버릇없었다. 진나라 군대가 제후에게 항복을 함에 이르자 제후의 낮은 벼슬아치들은 이긴 기회를 타고 많이들 포로로 잡아 그들을 부리고 진의 낮은 벼슬아치들을 가벼이 여기고 꺾어 욕보였다. 진나라의 낮은 벼슬아치들이 많이들 몰래 말했다. "장 장군 등이 우리를 속여 제후에게 항복하니 지금 능히 관문을 들어가 진나라를 깨뜨리면 크게 좋은 일이지만 그러지 못하는 데 이르면 제후들은 우리를 잡아 동쪽으로 갈 것이고 진나라는 분명 우리 부모처자를 모두 죽일 것이야." 여러 장군들이 그 논의를 몰래 들었기에 항우에게 알렸다. 그러자 항우는 경포와 포 장군을 불러 논의하여 말했다. "진나라의 낮은 벼슬아치들이 오히려 많은데 그 마음이 복종하지 아니하니 관중에 이르러

> 듣지 않으면 일이 반드시 위험하니 그들을 때려죽이고 홀로 장함, 장사 흔, 도위 예만을 데리고 진나라로 들어가는 게 낫겠소." 그래서 초나라 군대는 밤에 쳐서 진나라 병사 20여만 명을 신안 성 남쪽에 묻었다.

적군의 병사, 그것도 항복한 병사들에 대한 항우의 태도는 이미 지휘관의 그것이 아니다. 기실 장함이 항복한 것도 아니었다. 항우와 장함 사이에 맹약이 맺어졌다고 하니 장함의 군대는 제후군과 더불어 연합군의 일원이었다. 게다가 이 부분에서 행동과 말 내용의 주어는 낮은 벼슬아치 또는 서리를 뜻하는 '이졸(吏卒)'임을 주목하자. 그런데 묻은 대상은 '진나라 병사 20여만(秦卒二十餘萬人)'이었다. 혹 왓슨의 번역대로 이졸을 '장교들과 병사들(officers and soldiers)'(p. 48)이라 여길 수도 있겠다. 그렇다면 불평하는 자 다수가 함양에 부모처자를 두고 있다는 내용에 문제가 생긴다. 장함이 지휘권을 부여받았을 때 동원한 인력이 요역자였다고 했다. 이 요역자들은 진이 아닌 다른 지역에서 온 사람들이 태반이었다. 그들이 함양에 부모처자를 두고 있을 리 없었다. 물론 장함의 군대에는 진나라 출신 병사들도 있었다. 그러나 다른 지역 출신 병사들도 많았다는 말이다. 이들이 함양의 가족을 걱정한다는 건 이치에 맞지 않다. 단지 간부급들만은 대부분 함양이 근거지였을 가능성이 높다.7) 문제는 제후군의 이졸과 장함의 이졸 사이에 있었던 것인데 항우는 무고한 진나라 병사 20만을 처치했다. 항우의 결론은 다 '때려죽이

---

7) '진섭세가'에 의하면 장함이 원래 동원한 인력에는 요역자뿐만 아니라 노비의 자식들도 포함되었다고 하지만 이들에게 부모처자에 대한 감정을 적용하는 건 자연스럽지 못하다.

자(擊殺)'였지만 사마천은 '묻었다'고 했다. 죽여서 묻기도 했고 산 채로도 묻었을 것이다.

홍문의 칼춤

行略定秦地, 函谷關有兵守關不得入. 又聞沛公已破咸陽,
행략정진지　함곡관유병수관부득입　우문패공이파함양

項羽大怒, 使當陽君等擊關. 項羽遂入, 至于戲西, 沛公軍
항우대노　사당양군등격관　항우수입　지우희서　패공군

霸上, 未得與項羽相見, 沛公左司馬曹無傷使人言於項羽
패상　미득여항우상견　패공좌사마조무상사인언어항우

曰, 沛公欲王關中, 使子嬰爲相, 珍寶盡有之. 項羽大怒曰,
왈　패공욕왕관중　사자영위상　진보진유지. 항우대노왈

旦日饗士卒, 爲擊破沛公軍. 當是時, 項羽兵四十萬, 在新
단일향사졸　위격파패공군　당시시　항우병사십만　재신

豊鴻門, 沛公兵十萬在霸上. 范增說項羽曰, 沛公居山東時,
풍홍문　패공병십만재패상　범증세항우왈　패공거산동시

貪於財貨, 好美姬, 今入關, 財物無所取, 婦女無所幸, 此其
탐어재화　호미희　금입관　재물무소취　부녀무소행　차기

志不在小. 吾令人望其氣, 皆爲龍虎, 成五釆, 此天子氣也.
지부재소　오령인망기기　개위용호　성오채　차천자기야

急擊勿失.
급격물실

[항우의 군대가] 가면서 진나라 땅을 경략하고 평정하는데, 함곡관에 [패공의] 군대가 있어 통로를 지키니 들어갈 수가 없었다. 또 패공이 이미 함양을 깨뜨렸다는 걸 듣고 항우는 크게 노하여 당양군 등으로 하여금 관문을 공격하게 했다. 항우는 마침내 들어가 희의 서쪽에 이르렀고 패공은 패상에 진을 쳤으나 항우와 더불어 아직 서로 만나지 못했을 때 패공의 좌사마 조무상이 사람을 시켜 항우에게 아뢰어 말하기를 "패공이 관중의 왕이 되어 자영을 재상으로 삼고 진귀한 보물이라면 그것을 모두 가지려 합니다."라 했다. 항우가 크게 화내며 말했다. "아침 일찍 사졸을 먹이고 패공의 군대를 때려 부수겠다." 그때에 이르러 항우의 병사는 40만으로서 신풍의 홍문에 있었고 패공의 병사는 10만으로서 패상에 있었다.

> 범증이 항우를 설득하여 말했다. "패공이 산 동쪽에 있을 때 재화에 욕심스럽고 예쁜 여자를 좋아했는데, 이제 관중에 들어와서는 재물을 취하는 바가 없고 부녀를 사랑하는 바가 없으니 이는 그 뜻이 작은 데에 있지 않음입니다. 내가 사람을 시켜 그 기상을 보게 하니 모두가 용과 호랑이요 다섯 가지 색채를 이루었습니다. 이는 천자의 기운입니다. 얼른 치기를 놓치지 말아야 합니다."

패공이 함곡관의 문을 닫고 항우를 막았다. 그 이유는 조무상이 고한 대로 진나라의 왕이 되기 위해서였다. 왜 그랬는지는 곧 설명이 된다.

여기서 패공이 재상으로 삼으려 했다는 자영은 시황제의 손자로 2세를 이어 황제 위에 오른 사람이다. 그는 조고를 죽이고 패공에게 항복했다.

사마천은 범증의 입을 통해 유방의 천성을 전하고 있다. 재물을 탐하고 여색을 밝힌다는 것이다. 범증의 말을 기억하고 있으면 앞으로 유방의 행동을 이해하는 데 크게 도움이 된다.

'산동'을 '산 동쪽'이라고 번역했다. '산 동쪽에 있을 때'라는 건 '함양에 들어오기 전에'라는 말이다. 회수 상류에 해당하는 경도상의 서쪽으로는 산이 많고 동쪽은 평원이 넓다. 이곳을 산이 많은 지역의 동쪽이란 의미로 산동이라 할 때도 있다.

'천자의 기운' 운운은 범증의 창작이라고 보아야 한다. 항우를 재촉하기 위한 '기묘한 꾀'인 것이다.

> 楚左尹項伯者, 項羽季父也, 素善留侯張良. 張良是時從沛
> 公, 項伯乃夜馳之沛公軍, 私見張良, 具告以事, 欲呼張良
> 與俱去曰, 毋從俱死也. 張良曰, 臣爲韓王送沛公, 沛公今
> 事有急, 亡去不義, 不可不語.
>
> 초나라 좌윤 항백이란 사람은 항우의 작은아버지인데, 평소 유후 장량과 좋은 사이였다. 장량이 그때 패공을 따르고 있었으므로 항백은 밤에 패공의 군대로 달려가서 사사로이 장량을 만나 일에 대해서 모두 고하고 장량을 불러 함께 도망가고자 하여 말하길 "따라서 함께 죽지 마시오."라고 했다. 장량이 말했다. "저는 한(韓)왕에 의해 패공에 보내졌는데 패공이 지금 일이 급함이 있음에도 버리고 도망가면 불의한 것이니 말하지 아니할 수 없습니다."

항량이 항우의 작은아버지였는데 여기 나오는 항백 역시 작은아버지이다. 곧이어 항장이란 인물도 등장할 것이다. 장군 집안이니 군사적 능력이 있는 자들이 많았다는 건 당연하겠지만 이런 경우 사적인 위계질서가 공적 질서와 충돌할 가능성이 높다.

유방의 책사인 장량은 원래 한(韓)나라 사람으로서 조부와 아버지가 그나라의 재상이었다. 한은 진에게 멸망당했고 장량은 원수를 갚기 위해 역사(力士)를 동원해 시황제에게 철퇴를 던졌다. 항량을 설득해 한왕(韓王)을 다시 세웠고 유방과 더불어 함양 공격에 나섰다. 그러니 형식상으로 보자면 이때 장량은 원래 자기 집안이 섬기던 한(韓)의 신하로서 동맹군의 지휘관 유방의 군막에 파견된 자였다. "신은 한왕(韓王)

에 의해 패공에 보내졌는데"라는 말은 그런 맥락에서 나온 것이다. 항백이 장량을 찾았던 건 엉뚱한 짓이 아니었다.

> 良乃入, 具告沛公, 沛公大驚曰, 爲之奈何. 張良曰, 誰爲大
> 량내입 구고패공 패공대경왈 위지내하 장량왈 수위대
> 王爲此計者, 曰鯫生說我曰, 距關, 毋內諸侯, 秦地可盡王
> 왕위차계자 왈추생세아왈 거관 무내제후 진지가진왕
> 也, 故聽之. 良曰, 料大王士卒足以當項王乎. 沛公黙然曰,
> 야 고청지 량왈 료대왕사졸족이당항왕호 패공묵연왈
> 固不如也, 且爲之奈何. 張良曰, 請往謂項伯, 言沛公不敢
> 고불여야 차위지내하 장량왈 청왕위항백 언패공불감
> 背項王也. 沛公曰, 君安與項伯有故. 張良曰, 秦時與臣游,
> 배항왕야 패공왈 군안여항백유고 장량왈 진시여신유
> 項伯殺人, 臣活之, 今事有急, 故幸來告良. 沛公曰, 孰與君
> 항백살인 신활지 금사유급 고행래고량 패공왈 숙여군
> 少長, 良曰, 長於臣, 沛公曰, 君爲我呼入, 吾得兄事之.
> 소장 량왈 장어신 패공왈 군위아호입 오득형사지

그래서 장량이 들어가 패공에게 모두 고하니 패공은 크게 놀라 말했다. "이를 어찌할꼬?" 장량이 이르길 "대왕을 위해 이 계책을 세운 사람이 누구입니까?"라 하자 [패공은] "추생이 나를 꼬드겨 이르길 '관문을 막고 제후들을 들이지 않으면 진나라 땅을 모두 [가져] 왕 노릇 할 수 있다.'고 했기에 그것을 들었다오."라고 말했다. 량이 말했다. "대왕의 병사들이 항왕을 당해내기에 충분하다고 생각합니까?" 패공은 묵묵히 있다가 "절대 그럴 것 같지는 않은데… 이 일을 장차 어찌한단 말이오?"라 말했다. 장량이 말했다. "청컨대 가서 항백에게 일러 말하길 패공은 감히 항왕을 배반하지 않는다고 하십시오." 패공이 말했다. "그대는 어떻게 항백과 인연이 있는거요?" 장량이 말했다. "진나라 때에 저와 더불어 여행을 하다가 항백이 사람을 죽였는데 제가 그를 살려냈습니다. 지금 일이 급함

> 이 있기 때문에 다행스럽게도 와서 량에게 알려준 것입니다." 패공이 말했다. "그대와 비교해 누가 나이가 적고 많은가?" 량이 "저보다[항백이] 연장자입니다."라고 말하자 패공은 이르길 "그대가 나를 위해서 불러들이면 나는 마땅히 그를 형님으로 삼아 섬길 것이오."라고 했다.

재물과 여자를 좋아하는 외에 유방의 또 다른 여러 성격이 집중적으로 소개되고 있다. '항우본기'임에도 불구하고 이 사건을 둘러싼 기술에서 유방에 할애된 내용이 훨씬 더 많다. 이 부분을 읽다 보면 '항우본기'가 아니라 '고조본기'인 것 같다는 착각에 빠지기도 한다. 같은 사건을 둘러싼 기술이 '고조본기'에서는 현저히 적다. 사마천은 유방에 대해서 하고 싶었던 이야기를 여기저기 흩어 놓았다. 특히 유방의 성격은 '항우본기'에 많이 들어가 있다.

유방의 성격을 보자. 우선 엉뚱함이다. 함곡관을 닫은 일, 유방이 스스로 왕이 되려 한 것 등에 대해 장량은 모르고 있었던 것 같다. 그래서 물어보니 '추생'이 꼬드겼다고 유방은 대답했다. 추생이 누구인지 사마천은 말하고 있지 않다. 알 수 있는 단서조차 남기지 않았다. 단지 '추생'이다. '추'는 자전에 돌잉어과의 물고기, 작은 물고기, 소견이 좁은 모양 등으로 의미가 풀이되어 있다. 『집해』는 성씨 중 하나라고도 한다. 왓슨은 '어떤 바보(some fool)'라고 해석했다. 적당하다. '어떤 송사리 같은 놈' 정도도 좋겠고 '어떤 소견 좁은 자'도 괜찮다. 장량이 그 엉뚱한 자의 목을 베자고 할 수도 있으니 그를 보호하기 위함인가? 그러면 유방의 인격이 돋보이게 된다. 어떤 자를 보호하고 자기 잘못은 솔직하게 털어놓은 것이니까 말이다. 그래도 유방에게 이런 어리석은 계책을 올렸다면 처벌받아야 마땅하다. 그런데 장량은 더 캐묻지 않았다. 왜일까? 함곡관을 막겠다는 생각은 다른 사람이 아닌 유방의 머리에서 나왔을 가능성이 높았기 때문이다. 추생은 유방이 만들어낸 허구의 인물이었다는 것이다. 결국 유방의 자칭일 수도 있었다. 엉뚱함, 과도한 욕심, 그러나 필요할 때는 잘못을 솔직히 털어놓고 조언을 구할 줄 아는 유방의 성격이 소개되는 대목이다.

그러던 유방 눈이 동그래지는데, 눈 안에는 의심이 가득해졌다. "그대는 어떻게 항백과 인연이 있는 거요?"라는 질문은 지독하게 느끼하다. 절체 절명의 순간에도 방심하지 않는 건 유방의 좋은 덕목이라 평가될 수 있다. 그런데 사마천이 그리는 방식에 의하면 유방은 신중하다기보다는 남 의심 잘하는 사람이다. 장량은 기가 막혔을 테지만 성실히 대답했다. 유방으로서는 장량의 말을 믿는 외에 다른 도리가 없었다.

그렇게 결심하자 유방은 다시 호들갑스러워진다. 항백의 나이를 묻더니 형님으로 모시겠단다. 거기에 더 나아가 항백과 사돈까지 되겠다고 하는 말을 곧 만나게 될 것이다. 경박함의 극치 아닌가? 이런 사람을 '대왕'이라고 높여 부르며 비위를 맞추는 장량의 수가 크게 돋보인다.

> 張良出, 要項伯, 項伯卽入見沛公. 沛公奉卮酒爲壽, 約爲
> 장량출 요항백 항백즉입견패공 패공봉치주위수 약위
> 婚姻曰, 吾入關, 秋豪不敢有所近, 籍吏民, 封府庫, 而待將
> 혼인왈 오입관 추호불감유소근 적리민 봉부고 이대장
> 軍. 所以遣將守關者, 備他盜之出入與非常也. 日夜望將軍
> 군 소이견장수관자 비타도지출입여비상야 일야망장군
> 至, 豈敢反乎. 願伯具言臣之不敢倍德也. 項伯許諾, 謂沛
> 지 기감반호 원백구언신지불감배덕야 항백허락 위패
> 公曰, 旦日不可不蚤自來謝項王, 沛公曰, 諾.
> 공왈 단일불가불조자래사항왕 패공왈 낙

> 장량이 나가서 항백에게 요청하니 항백이 곧 들어와 패공을 만났다. 패공은 술잔을 들어 축수하고 혼인할 것을 언약하며 말했다. "내가 입관하여 감히 가까이 한 바가 추호도 없이 관리와 백성은 등록하고 궁실의 곳집은 봉한 후 장군을 기다렸습니다. 장수를 보내 함곡관을 지킨 건 다른 도적의 출입과 비상시를 대비하고자 함이었습니다. 낮밤을 장군이 도착하기 기다렸는데 어찌 감히 거역한단 말입니까? 원컨대 백께서 신이 감히 [항우의] 덕에 등 돌리지 않았음을 갖추어 말씀해 주시기 바랍니다." 항백은 허락하고 패공에게 말하길 "내일 아침 일찍 항왕에게 직접 와서 사과하지 않으면 안 될 것입니다."라고 하자 패공이 말했다. "예."

유방은 '신하'로까지(항우에 대해) 자기를 지극히 낮추면서 항백의 마음을 사로잡았다. 항백으로서는 생명의 은인인 장량을 보아서 유방을 보호하기로 결심했을 수도 있겠다. 그리고 보면 항량과 항백 형제, 그리고 항우에 이르기까지 모두 살인자였다는 사실은 의미심장하다. 살인에 의한 장량과의 인연으로 인해 항백은 결정적인 순간에 유방을 살려주는 역할을 함으로써 항씨 집안을 망하게 하는 데 기여하게 된다.

> 於是項伯復夜去, 至軍中, 具以沛公言報項王, 因言曰, 沛公
> 어 시 항백 부 야 거 지 군 중 구 이 패공 언 보 항 왕 인 언 왈 패 공
> 不先破關中, 公豈敢入乎, 今人有大功而擊之, 不義也, 不如
> 불 선 파 관 중 공 기 감 입 호 금 인 유 대 공 이 격 지 불 의 야 불 여
> 因善遇之. 項王許諾.
> 인 선 우 지 항 왕 허 락
> 그래서 항백은 다시 밤에 떠나 군중에 이르러 패공이 이야기한 것

> 으로써 갖추어 항왕에게 보고하고, [패공의] 이야기에 기초하여 말하길 "패공이 관중을 먼저 깨지 않았다면 그대가 어찌 감히 들어갈 수 있었겠는가? 지금 사람이 큰 공이 있는데 그를 치는 건 의롭지 못하니 [잘한 일로] 인하여 좋게 그를 대우하는 게 좋겠네."라고 했다. 항왕이 허락했다.

다른 사람이 이런 말을 했으면 항우는 노해서 그를 죽이기까지 했을 것이다. 패공이 먼저 관중을 깼으니 항우가 들어갈 수 있었다는 말을 어느 누가 감히 항우에게 할 수 있겠는가? 그러나 항우는 공손히 항백의 말을 따랐다. 숙부의 권유였기 때문이다.

범증이 이를 그냥 두고 볼 리 만무했다. 이미 그는 절대 때를 놓치면 안된다고 항우에게 당부한 바 있다. 범증은 항우를 잘 알고 있었다. 그래서 유방에 대해 말하는 가운데 '천자의 기운' 운운하며 항우의 경계심을 자극했을 것이다.

기록에는 보이지 않으나 뒤에 나오는 정황으로 보아서 항우와 항백의 대면 뒤에 범증이 다시 항우를 설득했던 것 같다. 항우는 범증에게 고개를 끄덕였을 것이고, 둘 사이에는 유방을 죽이는 방법이 논의되었음에 틀림없다. 작은아버지 항백의 권유와 범증의 간언 사이에서 항우는 고민할 수밖에 없었겠다.

> 沛公旦日從百餘騎來見項王, 至鴻門, 謝曰, 臣與將軍戮力而
> 패 공 단 일 종 백 여 기 래 견 항 왕 지 홍 문 사 왈 신 여 장 군 륙 력 이
> 攻秦, 將軍戰河北, 臣戰河南, 然不自意能先入關破秦, 得復
> 공 진 장 군 전 하 북 신 전 하 남 연 불 자 의 능 선 입 관 파 진 득 부

見將軍於此. 今者有小人之言, 令將軍與臣有卻. 項王曰,
此沛公左司馬曹無傷言之, 不然, 籍何以至此. 項王卽日因留
沛公與飮. 項王項伯東嚮坐, 亞父南嚮坐, 亞父者, 范增也.
沛公北嚮坐, 張良西嚮侍. 范增數目項王, 擧所佩玉玦以示之
者三, 項王默然不應.

패공이 아침 일찍 백여 기를 거느리고 항왕을 만나러 와서 홍문에 이르러 사과하며 말했다. "신은 장군과 더불어 힘을 합쳐 진을 공격했으니, 장군은 하북에서 싸우고 신은 하남에서 싸웠습니다. 그러나 스스로 뜻하지 않았음에도 [신이] 먼저 관문을 들어와 진을 깨뜨렸고 이곳에서 장군을 다시 만나게 되었습니다. 지금 소인의 말이 있어 장군과 신으로 하여금 틈이 있게 했습니다." 항왕이 말했다. "그건 패공의 좌사마 조무상이 말한 것이오. 그렇지 않다면 [항]적이 어찌 여기에까지 이르렀겠소?" 항왕은 그날 패공을 머물게 함으로써 함께 술을 마셨다. 항왕과 항백은 동쪽을 향해 앉고 아부는 남쪽을 향해 앉았다. 아부라는 자는 범증이다. 패공은 북향으로 앉고 장량은 서향을 하고 시중을 들었다. 범증이 수차 항왕에게 눈짓을 했고 차고 있던 옥결을 들어 보인 게 세 번이었으나 항왕은 잠잠할 뿐 응답하지 않았다.

항우의 경박함과 호탕함이 중첩되어 드러나는 대목이다. 유방의 말과 태도에 마음이 누그러진 것까지는 그렇다고 친다지만 그 자리에서 당장 밀고자가 조무상이었다고 알려주는 건 황제를 꿈꾸는 자로서 할 일이 아니다.

　이 술자리는 범증에 의해서 미리 계획되었을 가능성이 높다. 사마천은 자세한 자리 배치 설명으로써 이를 암시하고 있다. 항우는 동향, 유방은 북향이었다. 펼쳐진 술상에서 유방은 항우 오른편에 앉았으니 항우가 손을 내밀면 잡힐 거리였다. 칼을 뽑아 치면 일격에 머리가 날아갈 위치이기도 했다. 자리 네 개를 따로 배치해서 좀 멀다 해도 그렇다. 정면에 앉은 것보다는 처치하기에 훨씬 용이한 지점에 유방이 있었다. 이 기회를 항우는 그냥 넘기고 있는 중이다. 바로 옆에 앉은 숙부에게는 유방을 죽이지 않기로 약속했고 범증은 죽인다고 하지 않았느냐고 눈짓으로 손짓으로 다그치고 있으니 항우로서도 퍽 난처한 입장이었다. 이런 모습이 항우의 인간적인 매력으로 비추어지기에 충분하지만 그가 20만의 진나라 병사를 묻은 사람이라는 걸 기억한다면 매력이라고만 여길 수는 없다.

范增起, 出召項莊謂曰, 君王爲人不忍, 若入前爲壽, 壽畢,
범 증 기　출 소 항 장 위 왈　군 왕 위 인 불 인　약 입 전 위 수　수 필

請以劍舞, 因擊沛公於坐殺之. 不者, 若屬皆且爲所虜. 莊
청 이 검 무　인 격 패 공 어 좌 살 지　불 자　약 속 개 차 위 소 로　장

則入爲壽, 壽畢曰, 君王與沛公飮, 軍中無以爲樂, 請以劍
즉 입 위 수　수 필 왈　군 왕 여 패 공 음　군 중 무 이 위 락　청 이 검

舞. 項王曰, 諾. 項莊拔劍起舞, 項伯亦拔劍起舞, 常以身翼
무　항 왕 왈　낙　항 장 발 검 기 무　항 백 역 발 검 기 무　상 이 신 익

蔽沛公, 莊不得擊.
폐 패 공　장 부 득 격

　범증은 일어나 나가 항장을 불러서 일러 말했다. "군왕은 사람됨이 모질지가 못하니, 자네가 들어가 앞에서 축수를 하고 축수를 마치면 칼춤을 추겠다 청함으로써 패공 저자를 자리에서 쳐 죽여

> 라. 그렇지 않으면 자네들은 모두 머지않아 붙잡힐 것이다." 그러자 장은 들어가 축수를 했고, 축수를 마치고 말했다. "왕께서 패공과 더불어 술을 마시는데 군중에는 즐거움을 삼을 게 없으니 칼춤출 것을 청합니다." 항왕은 말했다. "그러지." 항장이 칼을 뽑아 일어나서 춤을 추었다. 항백도 칼을 뽑아 일어나 춤을 추며 줄곧 몸으로써 날개를 펴듯 하여 패공을 가리니 장이 칠 수가 없었다.

애가 탄 범증은 밖으로 나가 항장에게 유방을 죽이라고 지시했다. 『정의』에 의하면 항장은 항우의 일가 동생(從弟)이었다. 범증의 입을 통해 얘기되는 항우의 성격은 '사람됨이 모질지가 못했다.' 범증은 항장이 항우와 한 식구라서 듣기 좋은 표현을 고른 게 아니었다. 극단적인 잔인함과 과도한 인정 두 가지 성격이 항우 안에 다 있다. 단지 여기서 범증은 한 가지 성격만을 말하면서 항장의 도움을 구한 것이다.

항장의 칼춤이 시작되었지만 항장의 숙부 항백이 나서서 유방을 보호했다. 범증의 명으로 춤을 추는 항장과 항우의 양해로 그에 맞서는 항백의 모습을 중심으로 한 술자리의 긴장감 넘치는 모습이 생생하게 그려지는 명장면이다. 항우와 유방 두 사람에게 공히 중요한 시점이지만 이 장면은 '항우본기'에서는 자세하게 그려지고 '고조본기'에서는 몇 글자로 간단하게 처리된다. 사마천으로서는 유방의 탈출보다 항우의 그릇된 판단이 더 중요하다고 여겨졌던 것 같다. 이 시점에서 항백의 역할이 크게 돋보인다. 유방이나 장량에게는 그가 얼마나 고마운 존재로 기억되겠는가?

> 於是張良至軍門, 見樊噲, 樊噲曰, 今日之事何如. 良曰, 甚急,
> 어시장량지군문 견번쾌 번쾌왈 금일지사하여 량왈 심급
> 今者項莊拔劍舞, 其意常在沛公也. 噲曰, 此迫矣, 臣請入,
> 금자항장발검무 기의상재패공야 쾌왈 차박의 신청입
> 與之同命. 噲卽帶劍擁盾入軍門. 交戟之衛士欲止不內, 樊噲
> 여지동명 쾌즉대검옹순입군문 교극지위사욕지불내 번쾌
> 側其盾以撞, 衛士仆地.
> 측 기 순 이 당 위 사 부 지
>
> 그래서 장량이 군문으로 가 번쾌를 만나니 번쾌가 말했다. "오늘 일이 어떠합니까?" 량이 "매우 급하오. 지금 항장이 칼을 뽑아 춤을 추니 그 뜻은 당연히 패공에게 있는 것이지."라고 말했다. 쾌가 이르길 "이거 매우 궁하군요. 청컨대, 제가 들어가 그와 더불어 운명을 함께하게 해 주시오."라 했다. 쾌는 곧 칼을 지니고 방패를 안은 채 군문으로 들어갔다. 창을 교차시킨 경비 병사들이 들어가지 못하게 막고자 했으나 번쾌는 그의 방패를 기울여 치니 경비 병사들이 땅에 넘어졌다.

이 장면을 보면 유방과 장량이 굉장한 도박을 하고 있었다는 게 이해된다. 물론 적은 수의 군사를 이끌고 항우의 군영을 찾아간 것만 해도 큰 용기였다. 그런데 술자리라 하는 곳은 데리고 온 병사들과도 멀리 격리되어 있었다. 범증이 나가 항장을 이끌어 온 곳은 술자리 바로 바깥이었다. 여기에 항장을 비롯한 항우의 병사들이 모여 있었다. 장량이 나간 곳은 군문까지였다. 술자리가 있던 장소보다 더 외곽이다. 그 문 바깥에서 기다리던 번쾌가 경비병을 넘어뜨리고 문안으로 들어와 술자리로 들어갈 참이었다.

번쾌는 하후영과 더불어 유방과 가장 가까운 사람이었다. 관계도 가

장 오래갔다. 번쾌에 대한 이야기가 포함된 '번력등관열전'[8]에 의하면 그는 유방과 동향인 패 사람이었다. 유방과는 동서지간이 되며, 훗날 대부분의 공신들이 제거되는 와중에도 살아남아 천수를 다했다.

噲遂入, 披帷西嚮立, 瞋目視項王, 頭髮上指, 目眥盡裂. 項王
쾌수입 피유서향립 진목시항왕 두발상지 목자진열 항왕
按劍而跽曰, 客何爲者, 張良曰, 沛公之參乘樊噲者也. 項王
안검이기왈 객하위자 장량왈 패공지참승번쾌자야 항왕
曰, 壯士, 賜之巵酒, 則與斗巵酒, 噲拜謝, 起, 立而飮之. 項
왈 장사 사지치주 즉여두치주 쾌배사 기 립이음지 항
王曰, 賜之彘肩, 則與一生彘肩, 樊噲覆其盾於地, 加彘肩上,
왕왈 사지체견 즉여일생체견 번쾌복기순어지 가체견상
拔劍切而啗之. 項王曰, 壯士, 能復飮乎.
발검절이담지 항왕왈 장사 능부음호

쾌는 마침내 들어가 휘장을 헤치고 서쪽을 향해 서서 눈을 부릅뜨며 항왕을 응시하니 머리카락은 위로 솟고 눈꼬리는 쫘악 찢어졌다. 항왕이 칼에 손을 대고 엉거주춤 일어서서 말했다. "손님은 뭐하는 사람이신가?" 장량이 가로되 "패공의 참승[9] 번쾌라는 자올시다."라 했다. 항우가 이르기를, "장사로다, 그에게 한 잔 술을 내리라." 하니 한 말 들이 잔 술이 주어졌고, 쾌는 절하여 사례하고 일어나 서서 그것을 마셨다. 항왕이 이르길 "그에게 돼지 어깨를 주라." 하니 날돼지 어깨 하나를 주자, 번쾌는 자기 방패를 땅에 뒤집어 놓고 돼지 어깨를 [그 위에] 올리고는 칼을 뽑아 잘라 훌훌 마시듯 먹었다. 항왕이 말했다. "장사여, 또 마실 수 있는가?"

---

8) 번쾌, 역상(酈商), 등공 하후영(夏侯嬰), 관영(灌嬰)의 일을 함께 담고 있는 열전이다.
9) 수레에 타는 호위무사.

항우와 번쾌 사이의 기 싸움이 묘사된다. 그런데 승리는 번쾌의 것이었다. 나로서는 두 장면이 인상적이다. 하나는 번쾌를 보고 항우가 일어서는 모습이다. 일어서되 엉거주춤한 이 자세는 수비가 되었든 공격이 되었든 당장 싸움을 벌일 급박한 자세이다. 그만큼 항우가 동요했다는 뜻이다. 동요했다는 건 이미 진 거나 마찬가지다. 그다음은 번쾌가 돼지고기를 먹는 모습이다. 항우가 안주로 준 돼지 어깨를 뜯어 먹을 수도 있고 썰어서 먹을 수도 있겠지만 사마천이 묘사한 모습은 '담지(啗之)'였다. 방패 위에서 자른 고기 조각들을 한꺼번에 들이마시듯이 목으로 넘기는 거다. 항우의 입에서 '장사'라는 말이 저절로 튀어나올 만하다. 앞서 번쾌를 소개받을 때의 '장사'와 지금 이 대목에서의 '장사'는 크기와 톤이 다를 수밖에 없었겠다.

樊噲曰, 臣死且不避, 巵酒安足辭. 夫秦王有虎狼之心, 殺人
번쾌왈 신사차불피 치주안족사 부진왕유호랑지심 살인
如不能擧, 刑人如不恐勝, 天下皆叛之. 懷王與諸將約曰, 先
여불능거 형인여불공승 천하개반지 회왕여제장약왈 선
破秦入咸陽者王之. 今沛公先破秦入咸陽, 豪毛不敢有所近,
파진입함양자왕지 금패공선파진입함양 호모불감유소근
封閉宮室, 還軍霸上, 以待大王來. 故遣將守關者, 備他盜出
봉폐궁실 환군패상 이대대왕래 고견장수관자 비타도출
入與非常也. 勞苦而功高如此, 未有封侯之賞, 而聽細說, 欲
입여비상야 노고이공고여차 미유봉후지상 이청세설 욕
誅有功之人, 此亡秦之續耳, 竊爲大王不取也. 項王未有以應
주유공지인 차망진지속이 절위대왕불취야 항왕미유이응
曰, 坐, 樊噲從良坐.
왈 좌 번쾌종랑좌

번쾌가 말했다. "신은 죽음조차 피하지 않는데, 한 잔 술이 어찌 사양하기에 족하겠습니까? 무릇 진나라 왕은 범과 이리의 마음이 있어서 사람을 죽임이 셀 수 없을 정도였고 사람을 벌줌에 다하지

못함을 두려워하듯 했으니 천하가 모두 그에 등을 돌렸습니다. 회왕이 여러 장군과 더불어 약속하여 이르길 '먼저 진나라를 깨뜨리고 함양으로 들어가는 자를 그곳의 왕으로 삼겠다.'고 했습니다. 지금 패공이 먼저 진나라를 깨뜨리고 함양에 들어갔으나 가까이 하는 바가 털끝만치도 없이 궁실을 봉하여 막고, 물러가 패상에 군대를 주둔시킴으로써 대왕이 오기를 기다렸습니다. 때문에 장수를 보내어 함곡관을 지킨 이유는 다른 도적의 들고나감과 비상시를 대비하고자 함이었습니다. 어려운 일에 힘써서 공이 높음이 이와 같은데 후로 봉하는 상이 있기도 전에 소인의 말을 듣고 공이 있는 사람을 죽이려 한다면 이는 망한 진나라의 이어짐일 뿐이니 대왕을 위해서 도움이 되지 않는다고 삼가 여겨집니다." 항왕은 응답을 하지 않은 채 "앉으라."고 말했다. 번쾌는 [장]량을 따라 앉았다.

번쾌가 진정한 장사인 것은 뒤따르는 이 말이 있어서이다. 한 말 술을 마시긴 마셨으되 혀가 꼬이기 시작하면 헛일이다. 그런데 그는 길지만 정연하게 항우의 잘못을 지적했다. 그 내용은 사실과 거짓이 섞여 있다. 항우는 웅대할 말을 찾지 못하고 우선 '앉으라'고 했으니 기 싸움에 이어 말 대결에서도 항우는 진 것이다.

坐須臾, 沛公起如廁, 因招樊噲出. 沛公已出, 項王使都尉陳
좌수유   패공기여측   인초번쾌출   패공이출   항왕사도위진
平召沛公. 沛公曰, 今者出, 未辭也, 爲之奈何. 樊噲曰, 大行不
평소패공   패공왈 금자출 미사야   위지내하   번쾌왈   대행불

顧細謹, 大禮不辭小讓, 如今人方爲刀俎, 我爲魚肉, 何辭爲,
고세근 대례불사소양 여금인방위도조 아위어육 하사위
於是遂去, 乃令張良留謝.
어시수거 내령장량류사

앉은 지 얼마 되지 않아 패공은 일어나 뒷간에 간다고 하면서 번쾌를 불러 나갔다. 패공이 이미 나갔더니 항왕은 도위 진평을 시켜 패공을 불러오게 했다. 패공이 말했다. "지금 가야 하는데 채 알리지 않았으니 이를 어찌할 것인가?" 번쾌가 말했다. "큰 행동에서는 세세한 근실함을 돌아보지 않고 큰 예의에서는 작은 책망을 사양하지 않습니다. 이제 곧 저 사람들은 칼과 도마가 되고 우리는 생선과 고기가 될 것 같은데 왜 알립니까?" 그래서 마침내 떠나며 장량으로 하여금 남아서 사과하게 했다.

번쾌의 조리 있는 말솜씨가 한 번 더 빛을 발한다.

良問曰, 大王來何操, 曰我持白璧一雙, 欲獻項王, 玉斗一雙,
량문왈 대왕래하조 왈아지백벽일쌍 욕헌항왕 옥두일쌍
欲與亞父, 會其怒, 不敢獻, 公爲我獻之, 張良曰, 謹諾. 當是
욕여아부 회기노 불감헌 공위아헌지 장량왈 근낙 당시
時, 項王軍在鴻門下, 沛公軍在霸上, 相去四十里. 沛公則置
시 항왕군재홍문하 패공군재패상 상거사십리 패공즉치
車騎, 脫身獨騎, 與樊噲夏侯嬰靳彊紀信等四人, 持劍盾步
거기 탈신독기 여번쾌하후영근강기신등사인 지검순보
走, 從酈山下, 道芷陽閒行. 沛公謂張良曰, 從此道至吾軍
주 종여산하 도지양간행 패공위장량왈 종차도지오군
不過二十里耳, 度我至軍中, 公乃入.
불과이십리이 탁아지군중 공내입

[장]량이 물어 가로되, "대왕은 무엇을 갖고 오셨습니까?" 하자

> [패공이] 말했다. "나는 백벽 한 쌍을 갖고 항왕에게 바치고자 하였고 옥두 한 쌍은 아부에게 주려고 했는데[10] 마침 저렇게 화가 나 있어 감히 바치지 못했으니 공이 나를 위해 그것을 바쳐주기 바라오." 장량이 말했다. "삼가 그리하겠습니다." 그때를 당하여 항왕의 군대는 홍문 아래 있었고 패공의 군대는 패상에 있었으니 서로 사십 리 떨어졌다. 패공은 수레와 기병을 버려두고서 몸을 빼 홀로 말을 탔고 칼과 방패를 든 채 걷다 달리다 한 번쾌, 하후영, 근강, 기신 등 네 명과 함께 여산 아래를 따라 지양으로 길을 밟아 몰래 갔다. 패공이 장량에게 일렀다. "이 길을 따라서 우리 군영에 이르기까지 이십 리를 넘지 않으니, 내가 군영 안에 이르는 걸 헤아려서 공은 들어가시오."

어차피 도망갈 거면 오지 않아도 되었을까? 그렇지 않다. 유방이 온 것과 오지 않은 건 차이가 컸다. 오지 않았으면 항우가 곧 공격했을 것이다. 왔어도 항우가 납득할 만하게 해명을 하지 못했으면 오지 않느니만 못했을 거다. 술자리에서 죽었으면 유방의 방문은 어리석은 행동으로 후세에 전해졌을 것이다. 항우의 진영을 찾았다가 항장의 칼춤, 번쾌의 변설을 거쳐 마침내 도망치기까지의 과정을 거치면서 문제의 책임은 범증에게 전가되는 절묘한 반전이 흥미롭다. 유방의 말마따나 범증이 "저렇게 화가 나 있어" 항우에게는 인사도 못하고 떠날 수밖에 없는 사정이 되었다. 이 사건을 계기로 곧 항우는 범증을 버릴 준비를 할 것이

---

10) 벽은 옥이로되 가운데 구멍이 뚫린 원반 모양의 보물이다. 옥두는 옥으로 만든 술구기이다. 백벽과 옥두는 왓슨에 의해 각각 'white jade disc' 'jade wine dipper'로 번역되었다.

니 항우와 유방 간 싸움의 승패가 갈라지는 곳은 바로 이곳 홍문의 술자리였다고 해도 과언이 아니다.

> 沛公已去, 閒至軍中, 張良入謝曰, 沛公不勝桮杓, 不能辭, 謹
> 패공이거 간지군중 장량입사왈 패공불승배작 불능사 근
> 使臣良奉白璧一雙, 再拜獻大王足下, 玉斗一雙, 再拜奉大將
> 사신량봉백벽일쌍 재배헌대왕족하 옥두일쌍 재배봉대장
> 軍足下. 項王曰, 沛公安在, 良曰, 聞大王有意督過之, 脫身獨
> 군족하 항왕왈 패공안재 량왈 문대왕유의독과지 탈신독
> 去, 已至軍矣. 項王則受璧, 置之坐上. 亞父受玉斗, 置之地,
> 거 이지군의 항왕즉수벽 치지좌상 아부수옥두 치지지
> 拔劍撞而破之曰, 唉, 豎子不足與謀, 奪項王天下者, 必沛公
> 발검당이파지왈 희 수자부족여모 탈항왕천하자 필패공
> 也, 吾屬今爲之虜矣. 沛公至軍, 立誅殺曹無傷.
> 야 오속금위지로의 패공지군 립주살조무상

패공이 떠나고 나서 군영 안에 이르는 걸 엿보아 장량은 들어가 사과하며 말했다. "패공이 술을 이기지 못해서 알리지 못하고 삼가 신 량에게 시켜 백벽 한 쌍을 받들어 대왕 발아래 두 번 절하고 바치며 옥두 한 쌍은 두 번 절하고 대장군 발아래 받드옵니다." 항왕이 이르길 "패공은 어디에 있는가?"라 하자 량이 가로되 "대왕이 그에게 잘못을 꾸짖을 뜻이 있음을 듣고 몸을 빼 혼자 떠났으니 조금 이따가 군영에 이를 것입니다."고 했다. 항왕인즉, 벽을 받아 자리 위에 놓았다. 아부는 옥두를 받아 그것을 땅에 놓고 칼을 뽑아 쳐 깨뜨리고 말했다. "아! 어린아이는 더불어 의논하기에 족하지 않구나. 항왕의 천하를 빼앗을 자는 반드시 패공이니 우리는 얼마 안가 그에게 붙들리겠구나!" 패공은 군영에 이르러 즉시 조무상을 죽였다.

앞 문단 종결부와 이 문단 시작되는 곳에 '至軍中'이 반복되어 나온다. 문단 말미에도 '至軍'이 나온다. 유방이 자기의 군영에 이른다는 말인데 각각 앞에 나오는 '度我'와 '間' 때문에 해석하기가 쉽지 않고 번역문이 구차하다. 언뜻 보기에 앞의 것은 '내가 군영에 이를 때를 헤아려'가 무난할 것 같고 뒤의 것은 '몰래 군영에 이르자' 정도로 하면 될 것 같다. 그러나 암만 빨리 걷고 뛴다고 해도 20리 넘는 험한 샛길을 가려면 시간이 걸린다. 유방이 연회장을 나와 몰래 길을 떠날 때까지도 이미 꽤 시간이 흘러 있었다. 유방 일행이 군영에 도착할 때까지의 시간이 더해진 뒤에 연회장으로 장량이 돌아간다는 건 이치에 맞지 않는다. 성질 급한 항우가 유방을 그렇게 오래 기다렸을 리가 없다. 거리를 알고 시간을 가늠하면, 대충 어느 시간이 될 때 추격이 헛될 거리까지 멀어진다는 계산이 나온다. 유방이 장량더러 헤아리라(度)고 한 건, 그리고 유방이 떠난 후에 장량이 엿보아(間) 헤아린 건 그 시간이다. 그래서 곧 뒤를 따를 '已至軍矣'는 '이미 군영에 이르렀다.'고 하면 무난하지만 '조금 이따가 군영에 이를 것'이라 하는 게 더 묘미가 크다고 생각된다. 문단 마지막에 나오는 '至軍'을 염두에 둔다면 이 묘미를 선택하는 게 맞다.

    장량에 의해서 유방이 도망친 이유가 항우에 돌려지고 있다. 물론 장량의 손가락이 가리키고 있는 곳은 범증이었다. 자기를 두고 하는 말이 아니라는 걸 알고 있던 항우는 그저 묵묵히 선물을 자리에 놓았고, 범증은 바닥에 놓고 깨뜨렸다.

    범증의 분노, 유방을 향한 적개심의 근원은 무엇일까? 항우를 겨냥한 '어린아이' 운운의 탄식이라든가 항우 앞에서 칼로 옥두를 깨는 행동은 이미 죽음을 각오한 모습이기도 하다. 나이 70이 넘은 노인의 발작에 가까운 이 반응은 무엇에 기인하는 것이었을까?

    사마천이 처음 범증을 소개했을 때 그가 "나이가 70으로서 평소 집에 거할 때 기묘한 꾀를 잘 내었다."고 했다. 그는 항량에게 초나라 왕을 세워야 한다고 건의했다. 초나라 왕실을 사랑해서라기보다 꾀의 성공을 위한 방편이었다고 보아야 할 것이다. 그 꾀의 궁극적 도달점은 어디를 향해 있었을까? 그게 잘 잡히지 않는 인물이다, 범증은. 이 노인은 꾀의 성공 혹은 실현 그것 자체가 사는 목적이었던 사람 아니었을까 싶기도 하다. 항씨 집안에 대한 충성? 그런 건 전혀 없어 보인다.

사실, 범증의 도를 넘는 말이나 행동은 '아부(亞父)'라는 단어와 호응한다. 아부는 '준 아버지' 정도의 의미로서 항우는 범증을 아버지같이 여기고 그리 불렀던 것 같다. 아버지라면 자식 앞에서 그런 태도를 보일 수도 있다는 생각이 들기는 한다.

그래도 과도했다. 정상적인 아버지라면 그리 경솔하지 않다. 범증은 자기가 항우를 얼마든지 조종할 수 있으리라 여겼고 그건 성공적이었다. 항우로 하여금 자기를 거의 아버지처럼 여기게 만든 공이 허사가 되었으니 좌절감의 깊이, 분노의 표현 강도가 보통 이상으로 컸을 것이다. 어쨌든 이는 범증의 한계를 보여주는 사례이다. 꾀는 있으되 범증은 갖고 있는 대의명분이 분명하지 않았다. 수많은 꾀의 성패가 그때마다 범증의 희로(喜怒)를 좌우했다. 범증의 상대자 장량의 경우를 보자. 그는 아버지와 할아버지 2대에 걸쳐 다섯 왕을 섬기며 한(韓)의 승상 직에 있었던 가문으로서의 책임을 잊지 않았고 늘 한(韓)의 원수를 갚기 위해 노심초사한 사람이었다. 장량이 표방하던 대의명분은 충분히 컸다. 범증은 그것이 없었다고 해도 과언이 아니다.

함양을 불태우다

居數日, 項羽引兵西屠咸陽, 殺秦降王子嬰, 燒秦宮室. 火三月
거수일 항우인병서도함양 살진항왕자영 소진궁실 화삼월
不滅, 收其貨寶婦女而東, 人或說項王曰, 關中阻山河四塞, 地
불멸 수기화보부녀이동 인혹세항왕왈 관중조산하사색 지
肥饒, 可都以霸. 項王見秦宮室皆以燒殘破, 又心懷思欲東歸
비요 가도이패 항왕견진궁실개이소잔파 우심회사욕동귀
曰, 富貴不歸故鄉, 如衣繡夜行, 誰知之者. 說者曰, 人言楚人
왈 부귀불귀고향 여의수야행 수지지자 세자왈 인언초인
沐猴而冠耳, 果然. 項王聞之, 烹說者.
목후이관이 과연 항왕문지 팽세자

몇 날을 있다가 항우는 병사를 이끌고 서쪽으로 가서 함양을 도륙하고 항복한 진나라의 왕 자영을 죽였으며 진나라 궁실을 태웠다. 불이 세 달을 꺼지지 않았는데, 그 보물과 부녀를 모아 동쪽으로 가려하자 어떤 사람이 항왕을 설득하여 말하길 "관중은 산과 강으로 의지하고 사방은 막혀 있으며 땅이 비옥하니 가히 도성으로 삼아 으뜸이 될 수 있습니다."라고 했다. 항왕은 진의 궁실이 모두 불에 타서 파괴된 것을 보고 또 마음에는 동쪽으로 돌아가고 싶은 생각을 품었던지라 "부귀해져 고향에 돌아가지 아니함은 비단옷을 입고 밤에 다니면 누가 그것을 알겠느냐는 것과 같다."라고 말했다. 설득한 사람이 말했다. "사람들이 일러 초나라 사람은 원숭이가 관을 썼을 뿐이라고 하더니 실로 그러하구나." 항왕이 이를 듣고는 설득한 사람을 삶았다.

사마천은 명사를 가지고 동사로 활용하는 데 능하다. 특히 동(東)과 서(西)는 많이 활용되었다. 항우의 움직임이 '서'에서 '동'으로 바뀌는 대비가 명료하다. 서로 갈 때는 강동의 자제 8천이 주력이더니 동으로 갈 때는 함양의 보물과 부녀가 항우의 대오에 가득함이 상상된다.

　도적떼의 행동이 연상되지 않는가? 도적의 특징 중 하나는 절대 약탈한 곳에 머물지 않는다. 그들은 빼앗은 물건을 들고 돌이켜 원래 머물던 곳 즉 소굴(巢窟)로 간다. 재화와 부녀 이 두 가지는 도적떼가 주목하는 대표적 전리품이다. 범증은 유방이 이 두 가지를 좋아한다고 했지만 그것들에 대한 항우의 기호도 만만치 않아 보인다. 항우가 남기고 떠난 곳에 주검과 잿더미만 남는 게 강조되는 데는 도적떼와 항우 집단을 동일화하는 사마천의 입장이 반영되어 있다.

　더군다나 '비단 옷을 입고―' 운운은 얼마나 천박스러운가? '어떤 사람'의 입을 통해 묘사한 '관을 쓴 원숭이' 그것이야말로 사마천이 생각하는 항우의 본모습이었을 것이다. 원숭이, 특히 수컷 원숭이 중에는 의외로 사나운 놈들이 있다. 관을 쓴 원숭이라니… 손오공이 생각난다. 그런데 이 손오공의 근원은 인도의 서사시 '라마야나'에 나오는 원숭이 왕 하누만이다. 무력, 왕, 원숭이로 연결되는 이미지는 실제 항우와 통하는 바가 있다.

천하를 가지다

> 項王使人致命懷王, 懷王曰, 如約, 乃尊懷王爲義帝, 項王欲
> 항왕사인치명회왕 회왕왈 여약 내존회왕위의제 항왕욕
> 自王, 先王諸將相, 謂曰, 天下初發難時, 假立諸侯, 後以伐
> 자왕 선왕제장상 위왈 천하초발난시 가립제후 후이벌
> 秦, 然身被堅執銳首事, 暴露於野三年, 滅秦定天下者, 皆將
> 진 연신피견집예수사 폭로어야삼년 멸진정천하자 개장
> 相諸君與籍之力也. 義帝雖無功, 故當分其地而王之. 諸將
> 상제군여적지력야 의제수무공 고당분기지이왕지 제장
> 皆曰, 善, 乃分天下, 立諸將爲侯王.
> 개왈 선 내분천하 립제장위후왕

항왕이 사람을 보내 회왕에게 명령을 맡기니 회왕이 이르길 "약속대로 하라."고 했기에 회왕을 높여 의제로 삼았으나, 항왕은 스스로 왕들을 임명하고자 하여 먼저 여러 장수와 재상을 왕으로 삼으며 일러 말했다. "천하에 처음 난이 일어났을 때에 임시로 제후를 세우고, 이후 [그들로]써 진나라를 정벌했다. 그렇게 몸에는 갑옷을 걸치고 무기를 들어 일을 먼저 꾀하여 들판에서 이슬에 젖은 지 삼 년에 진을 멸망시키고 천하를 안정시킨 건 모두 장상 여러분과 [항]적의 힘이다. 의제가 오직 공이 없으니 마땅히 그 땅을 나누어 거기에 왕들을 두어야 한다." 여러 장수들이 모두 말했다. "좋습니다." 그래서 천하를 나누어 여러 장수를 세워 제후와 왕으로 삼았다.

여기서 '項王欲自王'이란 표현은 모호하다. 왕에서 황제가 된 의제로부터 임명받는 방식을 취하지 않고 스스로 왕위에 오르고자 했다고 이해할 수 있다. 왓슨은 그렇게 했다. 그런데 의제를 제쳐두고 다른 사람들을 왕으로 임명한 후에 자기는 패왕이 되는 걸 보면 '항왕은 스스로 왕이 되고자 했다'라기보다 '항왕은 스스로 왕들을 임명하길 원했다'고 번역해야 한다고 나는 생각한다. 그 일을 자기가 하지 않으면 의제가 할 것이고, 그리하면 왕들은 의제의 신하가 되어야 하니까 말이다. 이 시점, 즉 회왕을 의제로 높이는 권력을 갖게 된 항우가 되고 싶었던 게 왕이었을까, 아니면 왕을 임명하는 존재였을까? 우리는 기억할 필요가 있다. 시황제가 순행할 때 항우가 내뱉던 말을.

천하를 나누다

項王范增疑沛公之有天下, 業已講解, 又惡負約, 恐諸侯叛之,
乃陰謀曰, 巴蜀道險, 秦之遷人皆居蜀, 乃曰, 巴蜀亦關中地
也. 故立沛公爲漢王, 王巴蜀漢中, 都南鄭, 而三分關中, 王秦
降將以距塞漢王. 項王乃立章邯爲雍王, 王咸陽以西, 都廢丘.
長史欣者, 故爲櫟陽獄掾, 嘗有德於項梁, 都尉董翳者, 本勸章
邯降楚, 故立司馬欣爲塞王, 王咸陽以東至河, 都櫟陽, 立董翳
爲翟王, 王上郡, 都高奴.

항왕과 범증은 패공이 천하를 가질까 의심했으나 일을 이루고 화해를 한 데다 약속을 어긴 걸 부끄러워했고 제후들이 그것 때문에 등을 돌릴까 두려웠다. 그래서 은밀히 논의하여 말했다. "파와 촉은 길이 험하나 진나라가 사람들을 옮겨 모두 촉에 살게 했기 때문에 '파와 촉 역시 관중의 땅이라'고 말한다." 그래서 패공을 세워 한왕으로 삼아 파, 촉, 한중의 왕 노릇 하게 하고 남정에 도읍을 두었으며, 관중을 셋으로 나누어 진나라의 항복한 장수들을 왕으로 삼아 한왕을 막게 하였다. 그래서 항왕은 장함을 세워 옹왕으로 삼아 함양 서쪽의 왕 노릇을 하게 하고 도읍은 폐구에 두었으며 장사 흔이라는 자는 옛날 력양의 옥리로서 일찍이 항량에게 덕을 베풀었고, 도위 동예라는 자는 본디 장함을 권하여 초나라에 항복하게 한 고로 사마흔을 세워 새왕으로 삼아 함양 동쪽으로부터 황하에 이르기까지 왕 노릇을 하게 하고 력양에 도읍을 두었

> 으며 동예는 세워 적왕으로 삼아 상군의 왕 노릇 하게 하고 고노
> 에 도읍을 두었다.

항우와 범증이 유방을 두고 은밀히 논의하고 있다. 동서고금을 막론하고 은밀한 논의 즉 '음모'를 경계하는 교훈은 무수히 많다. 떳떳하지 못한 이런 행동은 사람을 망가뜨릴 뿐 아니라 결과도 좋지 않다. 그 결과는 당사자에게만 아니라 자손들에게도 영향을 미친다. 항우와 범증이 준부자 관계인데 아비와 아들이 어떤 문제를 놓고 은밀히 논의한다는 건 민망하기 짝이 없는 일이다.

파와 촉은 각각 현재의 중경과 성도를 중심으로 한 지역이다. 한중은 현 섬서성 남부에 속하며 동남부로 흘러 장강에 합류하는 한수 상류에 위치한다. 파촉은 서쪽으로는 티벳, 남쪽으로는 운남과 접한 곳으로서 중원과는 다른 문명권이었다. 중원에서 보자면 산악지대에 가로막혀 있었다. 파, 그러니까 현 중경 지역에서는 그 앞으로 흐르는 장강을 통해 초나라 땅과 연결된다. 강물은 연결되나 삼협(三峽) 같은 장애물 때문에 인간의 통행이 원활하지 못했고 문명의 경계가 만들어졌다. 파, 촉, 한중을 한데 묶어 유방의 지배지로 주었다지만 한중과 파·촉은 거리가 너무 멀다. 직선거리를 놓고 보자면 함양으로부터 한중까지 거리보다 한중으로부터 파·촉 중심지까지 거리는 두 배 정도 된다. 함양으로부터 한중까지 이동하는 데만도 유방의 군대가 얼마나 힘들어했는지는 곧 나온다. 하물며 파와 촉임에랴.

진의 지배지로 들어온 지 얼마 되지 않는 곳이니 이곳에 유방을 격리시키자는 게 범증의 꾀였다. 그런데 이 지역에 설사 이미 군현이 설치되어 있었다고 해도 그건 진나라가 그렇게 일방적으로 군현을 두었다는

것이지 중국화가 되었다는 말은 아니다. 아직 다른 나라 혹은 중국 바깥 지역이나 마찬가지였다. 그곳에 유방을 살게 하고, 그가 중원으로 돌아오는 길을 막는 건 진나라를 삼분해 왕으로 삼은 사람들의 몫으로 맡겨졌다.

진나라를 셋으로 나누어 왕을 셋 두었다는 데서 범증의 고민이 느껴진다. 어차피 항우가 초로 돌아가고 싶어 하고 원래 진나라 왕 자리는 함양에 먼저 입성한 유방에게 돌아가야 되는 것이었지만 그렇게 되면 유방의 세력이 커질 염려가 있었다. 그래서 진나라 너머 파촉 땅을 유방에게 준 것이다. 유방을 막자면 강한 진나라가 있어야 했다. 그렇다고 해서 또 다른 한 사람에게 진나라를 다 줄 수는 없었다. 항우가 삶아 죽였다는 그 '어떤 사람'의 말대로 진나라를 경영하면 천하의 우두머리가 될 수 있기 때문이다. 그래서 범증은 진나라 영역을 셋으로 나누어 땅의 힘을 분산시켰다.

> 徙魏王豹爲西魏王, 王河東, 都平陽. 瑕丘申陽者, 張耳嬖臣
> 사위왕표위서위왕 왕하동 도평양 하구신양자 장이폐신
> 也, 先下河南, 迎楚河上, 故立申陽爲河南王, 都雒陽. 韓王
> 야 선하하남 영초하상 고립신양위하남왕 도낙양 한왕
> 成因故都, 都陽翟. 趙將司馬卬, 定河內, 數有功, 故立卬爲
> 성인고도 도양적 조장사마앙 정하내 수유공 고립앙위
> 殷王, 王河內, 都朝歌.
> 은왕 왕하내 도조가

위왕 표를 옮겨 서위왕으로 삼고 하동의 왕 노릇 하게 하였으며 평양에 도읍을 두었다. 하구[11] 신양이란 자는 장이의 사랑하는 신하로서 먼저 하남으로 내려와 초를 황하 변에서 맞았던 고로 신양

---

[11] 『집해』에 의하면 하구는 지명이자 하구공(瑕丘公)의 줄임말이기도 하다.

> 을 세워 하남왕으로 삼고 낙양을 도읍으로 하였다. 한왕 성은 옛 도읍 그대로 양적을 도읍으로 삼았다. 조나라 장군 사마앙은 하내를 평정하고 여러 차례 공이 있었기 때문에 앙을 세워 은왕으로 삼아 하내의 왕 노릇을 하게 하고 조가를 도읍으로 하였다.

항우가 분봉을 하는 장면이 길게 서술된다. 이 단락 뒤로도 세 개 단락이 더 이어진다. 원래는 한 단락으로 처리하는 게 맞겠으나 너무 길어서 나누었다. 의미를 생각하며 읽지 않으면 지루하기 짝이 없는 대목이다.

이 논공행상은 역사적으로 중요한 사건이다. 이전에는 보이지 않던 새로운 현상이었기 때문에 역사적인 것이다. 항우의 생애가 '본기'에 포함되어야 하는 이유가 여기에 있다. 왕과 제후를 임명함에 공과 허물이 기준이 되었다. 공에 대한 보답으로 항우는 땅을 주었다. 그리고 공(功)과 봉(封)의 인과관계가 명확히 드러나 있다. 본문에서 우리는 '그래서'라는 의미의 '고'(故)를 많이 보게 될 것이다. 원인이 되는 공과 결과가 되는 분봉의 상호관계를 이 글자로써 드러냈다.

다른 시대는 어땠을까? 항우 전 시황제는 모든 땅을 자기가 가졌다. 항우 뒤 유방은 모든 땅을 일가가 가졌다. 초기에는 타성 사람들도 봉했지만 결국 이런저런 이유로 거의 다 제거하고 유씨 사람들로 빈자리들을 채웠다. 앞으로 '고조본기'에서 이 사례들을 보게 될 것이다. 항우는 자기 땅을 공 있는 사람들과 나누었다. 이 중에서 항씨 성을 가진 사람은 하나도 없다. 분봉이라는 의미에서 주나라와 유사해 보이나 실제는 크게 다르다. 주나라는 자기 땅을 나눈 게 아니라 원래 주인들을 추인한 게 많다. 일가를 봉하기도 했다. 주나라 건국자 무왕의 동생들이 노(魯), 채(蔡)에 봉해진 게 그런 사례들이다.

여기서 보면 좌천과 승진이 대비되며 나온다. 위왕 표는 옮겼다. 별 공이 없다고 여겨지는 사람에 대한 처분이다. 위왕이 서위왕이 되면서 그의 봉지는 당연히 축소되었겠다. 신양은 초를 황하 변에서 맞았다는 공으로 왕에 봉해졌다. 사마앙은 장군이었는데 여러 차례 공이 있었다는 이유로 은왕이 되었다.

> 徙趙王歇爲代王. 趙相張耳素賢, 又從入關, 故立耳爲常山王,
> 사 조 왕 헐 위 대 왕   조 상 장 이 소 현   우 종 입 관   고 립 이 위 상 산 왕
> 王趙地, 都襄國. 當陽君黥布爲楚將, 常冠軍, 故立布爲九江
> 왕 조 지   도 양 국   당 양 군 경 포 위 초 장   상 관 군   고 립 포 위 구 강
> 王, 都六. 鄱君吳芮率百越佐諸侯, 又從入關, 故立芮爲衡山
> 왕   도 육   파 군 오 예 솔 백 월 좌 제 후   우 종 입 관   고 립 예 위 형 산
> 王, 都邾. 義帝柱國共敖將兵擊南郡, 功多, 因立敖爲臨江王,
> 왕   도 주   의 제 주 국 공 오 장 병 격 남 군   공 다   인 립 오 위 임 강 왕
> 都江陵.
> 도 강 릉

조나라 왕 헐을 옮겨 대왕으로 삼았다. 조나라 재상 장이는 평소 어질고 게다가 [항우를] 따라 [함곡] 관으로 들어갔던 고로 이를 세워 상산왕으로 삼아 조나라 땅 왕 노릇 하게 했고 양국에 도읍을 두었다. 당양군 경포는 초나라 장수로서 항상 군대의 우두머리였던 고로 포를 세워 구강왕으로 삼고 도읍을 육에 두었다. 파군 오예는 백월을 거느리고 제후를 도왔던 데다가 [항우를] 따라서 [함곡] 관에 들어갔으니 예를 세워 형산왕을 삼고 주에 도읍을 두었다. 의제의 승상 공오는 병사를 거느리고 남군을 쳤고 공이 많았기 때문에 오를 세워 임강왕으로 삼고 도읍을 강릉에 두었다.

조나라는 진의 공격을 받았을 때 초가 구원한 나라였다. 그때의 왕 헐을

대나라의 왕으로 삼았다는 건데 옮겼다는 말이다. 헐의 공이 별로 없었다고 판단되었기 때문이다. 대신 조나라의 재상이었던 장이는 '초병호 성동천'이 나오던 그 싸움에서 조나라를 실질적으로 지휘했다. 그래서 장이로 하여금 조나라를 다스리게 했다. 단 명칭은 상산왕으로 바꾸었다. 상산은 원 조나라의 수도였다. 공에 따라 왕과 신하의 위상이 바뀌었다. 경포, 공오 등도 공에 근거해 각각 구강왕, 임강왕이 되었다.

형산왕이 되는 오예의 경우가 나로서는 흥미롭다. 공의 내용인즉 백월을 거느리고 제후를 도왔던 데다가 항우를 따라 함곡관으로 들어갔다는 것이다. 함양으로 들어간 항우의 군대 중에 월인들이 있었다는 말이다. 백월은 양자강 유역으로부터 그 남쪽으로 현 베트남 북부에 이르기까지 분포하던 남방의 민족을 총칭하는 용어였다. 뒤에 언급되겠지만 남월을 세운 조타에게 기대되던 일이 '백월을 화목하게 모으고 중국 남쪽 변경에 근심과 해가 되지 않게' 하는 것이었다. 춘추시대 초, 오, 월 등이 모두 이 '백월' 지대에서 흥기했지만, 이즈음에는 세 지역이 많이 중국화되었을 것이니 항우 때 '백월'이라 함은 춘추시대 월나라 중심지가 있었던 현 절강성 지역보다 아래쪽인 복건 및 광동, 광서 지역 사람들을 가리키는 용어였을 수 있다. 현재 복건성 지역에 있었던 동월(東越)을 다룬 '동월열전'에서는 진나라에 대한 반란이 시작되자 이 지역에 살던 월족 군장들이 장사(長沙)의 파양(鄱陽) 현령 오예에게 귀부했다고 한다. 오예는 나중에 유방 쪽으로 돌아섰다.

徙燕王韓廣爲遼東王. 燕將臧荼從楚救趙, 因從入關, 故立荼
사 연 왕 한 광 위 요 동 왕   연 장 장 도 종 초 구 조   인 종 입 관   고 립 도
爲燕王, 都薊.
위 연 왕   도 계

> 연나라 왕 한광을 옮겨 요동왕으로 삼았다. 연나라 장군 장도는 초를 좇아 조를 구했고 [그로] 말미암아 [항우를] 따라 [함곡] 관에 들어갔던 고로 도를 세워 연왕으로 삼고 계에 도읍을 두었다.

연나라의 수도 계는 현재의 북경에 가까운 곳이다. 계와 북경을 하나로 보는 견해도 있다. 그래서 북경이 연경이다. 그런데 그 왕을 요하 건너 요동으로 옮겼다. 당시만 해도 요동은 중국인 입장에서 볼 때 동방의 야만인들이 우글거리는 까마득한 오지였다. 원래의 연나라조차도 장의(張儀, 기원전 ?-309)가 찾아 연횡책을 역설했을 무렵, 그러니까 항우가 분봉을 하기 100여 년 전에 그 나라 왕은 자기가 "오랑캐들이 사는 먼 땅에 살고 있다."고 할 정도였다. 한광은 멀리 보내고 대신 항우는 그 나라의 장군이었던 장도를 공이 있다 하여 왕으로 세웠다.

> 徙齊王田市爲膠東王. 齊將田都從共救趙, 因從入關, 故立都
> 사제왕전불위교동왕 제장전도종공구조 인종입관 고립도
> 爲齊王, 都臨菑. 故秦所滅齊王建孫田安, 項羽方渡河救趙,
> 위제왕 도임치 고진소멸제왕건손전안 항우방도하구조
> 田安下濟北數城, 引其兵降項羽, 故立安爲濟北王, 都博陽.
> 전안하제북수성 인기병항항우 고립안위제북왕 도박양
>
> 제왕 전불은 옮겨 교동왕으로 삼았다. 제의 장군 전도는 좇아서 함께 조나라를 구하고 [그로] 말미암아 [항우를] 따라 [함곡] 관에 들어갔던 고로 도를 세워 제나라 왕으로 삼고 도읍은 임치에 두었다. 옛날 진이 멸한 바 제나라 왕 건의 손자는 전안이었는데, 항우가 황하를 건너 조를 구할 때 전안은 제북의 수 개 성을 함락하고 자기 군대를 이끌어 항우에게 투항했던 고로 안을 세워 제북왕으

로 삼고 박양에 도읍을 두었다.

여기도 마찬가지다. 원래 제나라 왕은 다른 곳으로 옮기고 그 나라의 장군을 왕으로 삼았다. 제북왕이 된 전안은 망한 제나라 왕의 손자였기 때문이 아니라 공이 있었기에 왕이 되었다.

田榮者, 數負項梁, 又不肯將兵從楚擊秦, 以故不封. 成安君
전영자 수부항량 우불긍장병종초격진 이고불봉 성안군
陳餘弃將印去, 不從入關, 然素聞其賢, 有功於趙, 聞其在南
진여기장인거 부종입관 연소문기현 유공어조 문기재남
皮, 故因環封三縣. 番君將梅鋗功多, 故封十萬戶侯.
피 고인환봉삼현 파군장매현공다 고봉십만호후

전영이란 자는 항량을 여러 번 버렸고 또 군대를 이끌고 초를 좇아 진나라를 치는 일을 기꺼워하지 않았던 고로 봉하지 않았다. 성안군 진여는 장군인을 버리고 떠나서는 좇아서 [함곡] 관에 들어가지 않았으나 본디 그가 어질다는 게 알려진 데다가 조나라에 공이 있었고 그가 남피에 있다는 것을 들었던 고로 세 개 현을 둥글게 이어 봉했다. 파군의 장수 매현은 공이 많았던 고로 십만 호후에 봉하였다.

우리는 전영을 기억한다. 제나라의 실권자로서 함께 서쪽으로 향해 진나라를 치자는 항량의 제안을 거부한 사람이었다. 진여는 항우를 적극 돕지는 않았지만 그의 인격과 명성 때문에 3개 현이 주어졌단다. 진여는 거록의 싸움 때 성 바깥에 주둔했던 조나라 군대 지휘관이었다. 성안에 있었던 장이와는 동문수학한 사이였으나 그 전투를 계기로 사이가 틀어져 갈라섰다. 장이와 진여에 대해서는 열전이 따로 있다. 진여의 명성과 재능을 고려한다면 3개 현을 봉한 건 하지 않느니만 못했다. 파군은 백월을 인솔해 항우를 도왔다는 오예다.

> 項王自立爲西楚霸王, 王九郡, 都彭城.
> 항왕자립위서초패왕 왕구군 도팽성
>
> 항왕은 스스로 서 서초패왕이 되었다. 아홉 개 군의 왕 노릇을 했고 도읍은 팽성에 두었다.

항우의 역사성이 다시 확인되는 대목이다. 패왕이란 무엇인가? 이때 처음 나온 명칭이다. 황제라는 칭호가 시황제 때 처음 등장한 것과 마찬가지 맥락이다. 새롭기는 하되 무에서 유는 아니고 과거에 있던 명칭과 단어를 조합한 것이다. 황제가 삼황과 오제를 아우르는 명칭이었듯, 패왕은 패와 왕을 합친 글자이다. 패는 제후의 우두머리를 뜻한다. 춘추시대 오패가 있었다고 했다. 그런데 당시 주나라 천자는 왕이었고 패는 진나라 문공, 제나라 환공 등 제후였다.

단지 초나라 군주는 일찍부터 스스로 왕을 칭했다. '초세가(楚世家)'에 의하면 최초로 왕을 칭한 건 초나라 무왕(武王)이었는데, 제나라 환공이 처음으로 패자가 되기 30-40년 전의 일이었다. 무왕은 훗날 패자가 되는 초나라 장왕의 고조부이다. 항우가 사용한 '패왕'은 패자가 된 초나라 장왕을 잇는 명칭이었다고 생각된다. 그러나 초 장왕 때 패왕이라는 말이 사용되지는 않았고 항우 때에 비로소 나라의 우두머리를 의미하는 호칭으로 등장했다. '패자가 된 왕'이 아니라 '왕들 중에 패자'라는 뜻이다.

패왕이라는 호칭에는 황제, 왕, 혹은 천자처럼 영구성에 대한 염원이 없다. '시황제본기'에서 진시황은 자기가 황제의 시작이고 이후로 2세, 3세로 이어져 만세(萬世)에 이르고도 끝없이 전하겠다(傳之無窮)고 했다. 유방은 천하를 평정한 후 대신들과 약속하길 "유씨가 아니면서 왕이 되려 하는 자는 천하가 함께 그를 칠 것이다."라고 했다는 말이 '여태후본기(呂太后本紀)'에 나온다. 이때는 아직 황제 위에 오르기 전이라 왕이란 말을 썼을 뿐이다. 패는 영구적이지 않다는 걸 전제로 한다. 그런 의미에서 패왕이란 개념은 놀랍다.

패왕이라는 호칭에는 천하에 대한 독점적 집착이 느껴지지 않는다. 연맹체의 우두머리 정도로 이해된다. 항우는 공이 있는 자들과 땅도 나누고 권력도 나누었다. 시황제가 등극했을 때를 기준으로 한다면 중국 전체가 36개 군이었다. 항우가 왕 노릇 한 곳이 9개 군이었다.

항우도 아이가 생기고 나이가 들면 어떻게 변했을지 모르겠으나 적어도 천하의 주인이 된 초기의 태도는 시황제, 유방과 크게 달랐다.

왜 초가 아니라 서초였던가는 이유가 분명치 않다. 초나라는 초나라이되 서쪽의 초나라라는 말인데, 자기가 애착을 가진 초나라를 계승한다는 뜻은 이해하겠으나 서쪽이라는 한정어를 단 건 낯설다. 이도 그 이전에는 선례가 없던 작명법이긴 하지만 새로워 신선하기보다는 궁색해 보인다.

漢之元年四月, 諸侯罷戲下, 各就國. 項王出之國, 使人徙義
한 지 원 년 사 월   제 후 파 희 하   각 취 국   항 왕 출 지 국   사 인 사 의
帝曰, 古之帝者地方千里, 必居上游, 乃使使徙義帝長沙郴
제 왈   고 지 제 자 지 방 천 리   필 거 상 유   내 사 사 사 의 제 장 사 침
縣. 趣義帝行, 其群臣稍稍背叛之, 乃陰令衡山臨江王擊殺之
현   축 의 제 행   기 군 신 초 초 배 반 지   내 음 령 형 산 임 강 왕 격 살 지

> 江中. 韓王成無軍功, 項王不使至國, 與俱至彭城, 廢以爲侯,
> 강중 한왕성무군공 항왕불사지국 여구지팽성 폐이위후
> 已又殺之. 臧荼之國, 因逐韓廣之遼東, 廣弗聽, 荼擊殺廣無
> 이우살지 장도지국 인축한광지요동 광불청 도격살광무
> 終, 幷王其地.
> 종 병왕기지

한 원년 사월[기원전 206] 제후들은 희수 가에서 해산해 각기 나라로 갔다. 항왕이 [함곡관을] 나가서 나라로 감에 사람을 시켜 의제를 옮기며 말했다. "옛날의 [오제 같은] 제는 [다스리는 땅이] 지방 천리였으며 반드시 [강의] 상류에 거주했다." 그래서 사절을 시켜 의제를 장사 침현에 옮겼다. 의제를 재촉하여 가게 하자 그의 신하들이 점차 그를 등졌다. 그래서 [항왕은] 은밀히 형산왕, 임강왕으로 하여금 강 중에서 그를 때려죽이게 했다. 한왕 성은 군공이 없었기에 항우는 나라로 가게 하지 않고 더불어 함께 팽성에 이르러 폐하여 후로 삼았다가 다시 얼마 후 그를 죽였다. 장도가 나라로 가서 한광을 내쫓아 요동으로 가게 하니 광이 듣지 않자 도는 광을 무종에서 때려죽이고 그 땅도 붙여 왕 노릇 했다.

사마천이 연도를 말할 때 한나라를 기준으로 삼기 시작한 걸 주목할 필요가 있다. 이전에는 기준이 진나라였다. '시황제 몇 년' '2세 몇 년' 같이 말이다. 이제 『사기』에서 한나라 원년이 시작되었다. 유방이 파, 촉, 한중을 다스리는 한왕으로 봉해진 걸 반영해서였다. 사건 기술의 시간적 기준이 한나라의 나이로 바뀌면서 한이 승하고 항우가 쇠하는 모습에 대한 기술의 속도가 빨라진다. 공로에 따라 봉지를 주고 빼앗고 옮기는 항우의 모습은 장기판에 말들을 배치하듯 정교해서 마치 현란한 예술 행위를 보는 듯하다. 이 극치의 순간에 시간은 '한나라 원년'으로 바뀌는 것이다.

본문의 '戱下'에 대해서는 두 가지 의견이 있다. '희'를 강 이름으로 이해하여 희강 아래 또는 희강 변을 뜻하는 것으로 『색은』은 보고 있다. 반면 『정의』는 희를 휘(麾)로 보아 큰 깃발, 대장기로 이해한다. 똑같은 대목이 '고조본기'에서도 나올 것이다. 왓슨은 후자의 입장에 서 있다. 내가 사용한 저본에도 지명 표시가 되지 않은 걸로 보아 편집자들이 『정의』의 입장에 선 것 같다. 나는 『색은』을 따른다. 역사성으로 생각해 보자. 제후들이 해산한 곳이 큰 깃발 아래였다는 사실이 중요했을까 희수 옆이라는 게 중요했을까? 만약 큰 대장기 위에 '서초패왕'이라는 새로운 글귀가 쓰였다면 깃발의 의미가 중요하다고 본다. 그게 아니라면 큰 깃발의 중요성은 없다. 반면, 함양을 불태우고 항우의 연합군이 집결해 있던 곳, 새로운 방식의 분봉이 이루어지면서 세상이 바뀌었음이 선언되었던 곳, 그 지점의 역사성은 크다. 항우가 함곡관으로 들어간 후 "희의 서쪽에 이르렀고(至于戱西)"라는 대목에서 이미 '희'가 나온바 있다.

항우가 몰락하는 서곡은 의제를 옮기고 죽이는 데서 시작되었다. 항우는 팽성에 있던 의제를 쫓아냈다. 공부를 하지 않은 걸로 유명한 항우가 고사를 들먹이는 것부터 우습기 짝이 없다. 황제, 전욱, 제곡, 요, 순 등 오제 이후 하, 은, 주, 진나라까지 거쳐 온 시점에 있는 의제를 얼토당토않게 까마득한 오제에 비유한다. 설사 그건 용납한다 쳐도 오제가 강 위쪽에 도읍했던 것만 알았지 그 시절 어떤 신하가 있어 오제 중의 단 한 명에게라도 거소를 옮기라고 강압한 적이 없었고, 그리고 그 어떤 신하도 왕을 죽인 적이 없었던 건 알지 못하는가?

'지방 천리'라는 말은 중요하다. 오제라고 칭해지지만 기실 그 시절에 직접 지배하던 범위는 그 정도였다는 말이다. 땅을 정사각형으로 생각할 때 양 끝의 길이가 천리라는 말이다. 사마천이 나라의 크기를 기술

할 때 사용하는 방식인데 '지방'이 생략되기도 한다. 오제의 '지방 천리'를 기억하고 있으면 각 나라 크기를 비교하는 데 유용하다. 예를 들어 사마천은 제나라 2천 리, 초나라 5천 리 운운했다. 전성기 전후로 한 때의 대략적 크기였던 것으로 이해하면 될 것이다.[12]

이즈음 진영이 어떤 역할을 했는지 궁금하지만 나오지 않는다. 항우의 분봉 대상에 없었다. 의제에게 등을 돌린 사람들 중에 있었는지 의제를 따르다가 죽었는지… "일이 실패하면 쉽게 도망칠 수 있으니 세상이 이름을 손가락질하는 바가 되지는 않을 것"이라는 진영 어미의 말이 생각난다.

의제를 때려죽이는 역할을 한 두 왕 중 하나가 형산왕이었다. 즉 백월 사람들을 지휘했던 오예였다. 월인들이 물에 능하니 의제를 강 중에서 살해했다면 혹 월인의 역할이 있었는지 모르겠다.

한왕 성, 그는 장량의 군주였다. 장량의 생애를 기록한 '유후세가(留侯世家)'에 한왕 성이 나온다. 한(韓)의 부흥을 위해 애쓰던 장량은 항량이 초 회왕을 세우자 항량에게 나가 그를 설득해 한나라의 공자들 중에 이 사람이 어질다 하여 왕으로 삼아주길 청했다. 그렇게 해서 한왕이 된 사람이 성이다. 유방이 한왕(漢王)이 된 이후 장량은 한(韓)으로 돌아와 성을 섬기려 했으나 항우는 한왕 성을 데리고 팽성으로 갔다가 죽인 것이다. 옹졸하기 짝이 없는 짓이며 장량의 원수가 되길 작정한 것 같은 행위였다.

---

12) 진나라에 대항하여 6국 합종을 주장했던 소진(蘇秦)의 입을 통해 소개되는 전국시대 말기 다섯 나라의 크기는 다음과 같다. 조나라 2천 리, 연나라 2천 리, 제나라 2천 리, 한(韓)나라 900여 리, 위나라 천리. '소진열전(蘇秦列傳)'에 나온다.

불만스러워하는 사람들

> 田榮聞項羽徙齊王巿膠東而立齊將田都爲齊王, 乃大怒, 不
> 전영문항우사제왕불교동이립제장전도위제왕   내대노 불
> 肯遣齊王之膠東, 因以齊反, 迎擊田都, 田都走楚. 齊王巿畏
> 긍견제왕지교동   인이제반   영격전도   전도주초   제왕불외
> 項王, 乃亡之膠東就國. 田榮怒, 追擊殺之卽墨. 榮因自立爲
> 항왕   내망지교동취국   전영노   추격살지즉묵   영인자립위
> 齊王, 而西擊殺濟北王田安, 幷王三齊. 榮與彭越將軍印, 令
> 제왕   이서격살제북왕전안   병왕삼제   영여팽월장군인   령
> 反梁地.
> 반량지
>
> 전영은 항우가 제왕 불을 교동으로 옮기고 제의 장군 전도를 세워 제왕으로 삼았다는 걸 들었다. 그래서 크게 노해, 제왕이 교동으로 가게 보내는 걸 수긍하지 않고 제로써 거역하여 전도를 맞아치니 전도는 초나라로 달아났다. 제왕 불은 항왕이 두려웠다. 그래서 도망쳐 교동으로 가서 나라에 부임했다. 전영이 노하여 쫓아가 공격해 그를 즉묵에서 죽였다. [이로] 인하여 영은 스스로 서 제나라 왕이 되었고 서쪽으로 공격해 제북왕 전안을 죽이고 삼제 [제, 교동, 제북]를 붙여 왕 노릇 했다. [전]영은 팽월에게 장군 인을 주고 양 땅에서 거역하라 지시했다.

전영이 항우의 처분에 고분고분할 리가 없었다. 물론 항우도 이를 예상했을 것이다. 항우에게 전영은 한번 넘어야 할 산이었다. 자신은 있었다. 그런데 전영이 팽월을 동원한 건 항우에게 치명적 한 수가 된다.

팽월은 원래 소택지에서 물고기 잡는 사람이었다. 그의 행적을 담은 '위표팽월열전(魏豹彭越列傳)'에 그가 몸을 일으키던 때의 일화가 나온다. 백여 명의 젊은이가 뜻을 함께해 그를 지도자로 모시고자 했다. 그

는 이른 새벽 집합할 것을 약속했는데, 열 명 정도가 늦게 왔다. 그들 중 한 명을 끌어다가 목을 베고 군령을 세웠던 팽월이었다.

陳餘陰使張同夏說說齊王田榮曰, 項羽爲天下宰, 不平, 今盡
진여음사장동하열세제왕전영왈 항우위천하재 불평 금진
王故王於醜地, 而王其群臣諸將善地, 逐其故主, 趙王乃北居
왕고왕어추지 이왕기군신제장선지 축기고주 조왕내북거
代, 餘以爲不可, 聞大王起兵, 且不聽不義, 願大王資餘兵, 請
대 여이위불가 문대왕기병 차불청불의 원대왕자여병 청
以擊常山, 以復趙王, 請以國爲扞蔽. 齊王許之, 因遣兵之趙.
이격상산 이복조왕 청이국위한폐 제왕허지 인견병지조
陳餘悉發三縣兵, 與齊幷力擊常山大破之, 張耳走歸漢. 陳餘
진여실발삼현병 여제병력격상산대파지 장이주귀한 진여
迎故趙王歇於代, 反之趙. 趙王因立陳餘爲代王.
영고조왕헐어대 반지조 조왕인립진여위대왕

진여가 은밀히 장동과 하열을 시켜 제왕 전영을 설득하여 말했다. "항우가 천하의 우두머리가 된 건 옳지 않습니다. 지금 옛 왕들을 모두 나쁜 땅에 왕으로 앉히고 자기 신하들과 장군들은 좋은 땅에 왕을 삼아 그곳의 옛 주인들을 내쫓습니다. 그래서 조왕은 북으로 가 대 땅에 사니 [진]여는 옳지 않다고 여깁니다. 듣기에 대왕이 군대를 일으켰고 또 불의한 것을 용납하지 않으신다 하니 원컨대 대왕이 여에게 군대를 보태주시면 [그로]써 상산을 치고 [그로]써 조왕을 복귀시키기를 청하며 나라로써 방패막이가 되기를 청합니다." 제왕이 이를 허락하고 [이로]써 군대를 보내 조나라로 가게 했다. 진여는 3현의 군대를 모두 일으켜 제와 더불어 힘써 상산을 쳐서 그들을 크게 깨뜨렸다. 장이는 도망가 한나라에 귀부했다. 진여는 옛 조왕 헐을 대에서 맞아 되돌려서 조로 갔다. 조왕은 [이로]써 진여를 세워 대나라 왕으로 삼았다.

팽월에 더해 진여가 전영의 손을 잡았다. 전영의 지원을 받은 진여의 활약으로 조나라가 부활했다. 그런데 이 조나라는 예로부터 있던 조나라가 아니다. 원 조나라는 이미 진나라에 의해 망했고 지금의 조나라는 진승의 휘하였던 무신(武臣)이란 자가 세운 나라였다. 진여와 장이도 진승 아래 있다가 무신을 도와 조나라를 세우는 데 공헌했다. 단지, 무신이 반란군에 의해 살해당하자 장이와 진여가 원 조나라의 후예인 조헐을 찾아 왕으로 세웠다는 말이 '장이진여열전(張耳陳餘列傳)'에 나온다. 역시 진승의 휘하였던 한광(韓廣)은 옛 연나라 땅에 파견되었다가 거기서 연나라 왕이 되었다. 유방, 항우 시대에 새로 선 나라들은 왕후장상의 씨가 따로 없다는 진승의 주장이 만든 결과물이었던 것이다. 그래서 사마천은 '진섭세가'에서 이런 사례들을 소개한 후 진승의 죽음에 이르러서는 "진승이 비록 이미 죽었으나 그가 두고 보낸 바(其所置遣) 후(侯), 왕(王), 장(將), 상(相)이 마침내 진나라를 멸망시켰다."고 평했다.

> 是時, 漢還定三秦. 項羽聞漢王皆已幷關中, 且東, 齊趙叛之,
> 시시 한환정삼진 항우문한왕개이병관중 차동 제조반지,
> 大怒, 乃以故吳令鄭昌爲韓王, 以距漢, 令蕭公角等擊彭越.
> 대노 내이고오령정창위한왕 이거한 령소공각등격팽월.
> 彭越敗蕭公角等, 漢使張良徇韓, 乃遺項王書曰, 漢王失職,
> 팽월패소공각등, 한사장량순한, 내유항왕서왈, 한왕실직,
> 欲得關中, 如約卽止, 不敢東. 又以齊梁反, 書遺項王曰, 齊
> 욕득관중 여약즉지 불감동 우이제량반 서유항왕왈 제
> 欲與趙幷滅楚.
> 욕여조병멸초.

그때 한(漢)이 돌아와 삼진을 평정했다. 항우는 한왕이 이미 관중을 모두 차지하고 동쪽으로 향하려는 참이며 제나라와 조나라가 그에게 등을 돌렸다는 걸 듣고 크게 노하였기에 옛 오의 현령 정

> 창으로써 한왕(韓王)을 삼아 [그로]써 한(漢)을 막게 했고 소공각 등에게 팽월을 공격하게 했다. 팽월은 소공각 등을 무찌르고 한은 장량을 시켜 한(韓)을 경략하게 했다. 그래서 [장량은] 항왕에게 글을 보내 이르기를, "한왕이 직책을 잃었기에 관중을 얻고자 하는 것이니 약속대로 한다면 즉시 멈추고 감히 동쪽으로 나가지 아니하겠다."고 했다. 또 제나라와 양나라가 거역하는 것으로써 글을 써 항왕에게 보내 말하길 "제는 조와 더불어 초를 멸하고자 한다." 했다.

한이 촉으로부터 돌아와 삼진 즉 항우가 관중을 갈라 장함, 사마흔, 동예 등 세 명에게 나누어 준 나라들을 평정했다.

관중을 차지한 유방의 한(漢)이 있었고 그 동쪽으로는 장량이 지키고자 했던 한(韓)이 있었다. 유방이 삼진을 멸하고 동쪽으로 가자면 한(韓)을 거쳐야 했으니 항우에 의해 새로 임명된 한(韓)의 왕이 유방 군대를 막아야 하는 위치에 서게 된 것이다.

그러자 유방은 장량을 앞세웠다. 장량이 나서니 오나라의 일개 현령이었다가 왕이 된 정창은 상대가 될 리 없다. 자기의 아버지와 할아버지가 재상으로 있던 나라에 서서 장량은 항우에게 서한을 보냈다. 장량이 항우에게 깨우친 건 천하의 형세였다. 초는 양쪽으로부터 공격을 받게 되었다. 북에는 제나라가 있었고 서쪽에는 한나라가 있었다.

> 楚以此故無西意, 而北擊齊. 徵兵九江王布. 布稱疾不往, 使
> 초이차고무서의 이북격제 징병구강왕포 포칭질불왕 사
> 將將數千人行. 項王由此怨布也. 漢之二年冬, 項羽遂北至
> 장장수천인행 항왕유차원포야 한지이년동 항우수북지
> 城陽, 田榮亦將兵會戰. 田榮不勝, 走至平原, 平原民殺之. 遂
> 성양 전영역장병회전 전영불승 주지평원 평원민살지 수
> 北燒夷齊城郭室屋, 皆阬田榮降卒, 係虜其老弱婦女. 徇齊至
> 북소이제성곽실옥 개갱전영항졸 계로기노약부녀 순제지
> 北海, 多所殘滅.
> 북해 다소잔멸

초는 이런 이유로써 서쪽으로 가려는 뜻을 버리고 북으로 가 제나라를 쳤다. 구강왕 [경]포에게서 군대를 징발하였으나 포는 병을 칭하고 가지 않았고 장군으로 하여금 수천 인을 거느리고 가게 했다. 항왕은 이로 말미암아 포를 원망했다. 한 2년 겨울에 항우는 북으로 나아가 성양에 이르니 전영 역시 군대를 거느리고 맞아 싸웠다. 전영이 이기지 못하고 달아나 평원에 이르자 평원의 백성이 그를 죽였다. [항우는] 북으로 나아가 제의 성곽과 가옥을 불태워 없애고 항복한 전영의 병사들을 모두 묻었으며 그곳의 노약자와 부녀자들을 포로로 잡았다. 제나라를 두루 다니며 북해까지 이르면서 모질게 없애는 바가 많았다.

항우의 하는 짓이란 게 이러했다. 전영을 이겼으면 제나라의 백성을 덕으로 어루만져야 하건만 태우고 죽이고 묻고 부녀자를 잡아들이니 천하의 인심이 그를 용납할 도리가 없다.

구강왕 경포는 원래 장강의 도적 우두머리였다. 진승과 오광의 난이 일어나자 무리를 이끌고 오예의 휘하로 들어갔다. 그는 오예의 사위가 되었다. 이후 오예와 더불어 항량을 따랐다가 항우에 의해 구강왕에 봉

불만스러워하는 사람들 • 115

해졌고 의제를 죽이는 데 앞장섰다.

 이때 왜 경포가 항우의 명에 응하지 않았는지는 '경포열전(黥布列傳)'에도 드러나지 않는다. 항우가 북쪽의 제나라를 상대하는 데 왜 남쪽 장강 변의 구강 병사들을 동원하려 했는지도 의문이다. 오예-월-구강-경포로 연결되는 관계가 궁금하다.

> 齊人相聚而叛之. 於是田榮弟田橫收齊亡卒得數萬人, 反城
> 제 인 상 취 이 반 지 어 시 전 영 제 전 횡 수 제 망 졸 득 수 만 인 반 성
> 陽. 項王因留, 連戰未能下.
> 양 항 왕 인 류 연 전 미 능 하
>
> 제나라 사람들이 서로 모여 그에게 등을 돌렸다. 그래서 전영의 동생 전횡이 제나라의 패잔병 수만 명을 거두어 성양에서 맞섰다. [이로] 인하여 항우는 머물러 여러 번 싸웠으나 굴복시키지 못했다.

 사마천이 종종 사용하는 글자 '叛'과 '反'을 구별해 이해할 필요가 있다. 전자는 배반 또는 배신을 의미한다. 그러나 '反'은 거역한다는 의미이다. 비슷한 것 같지만 다르다. 배반이란 이미 한편이 되었는데 그 관계를 저버린 행위다. 거역하는 건 한편이 된 적이 없는 경우에도 가능하다. 예를 들어 '반란'을 反亂이라 쓰면 그 주체의 저항이 강조된다. 그런데 叛亂이라 쓰면 배신이 강조된다. 앞의 원문에서 叛과 反이 연속되는 두 문장에 차례로 사용되었다. 그리고 두 문장은 인과 관계로 연결되기도 했다. 둘 다 '저항했다' 정도로 번역해도 될 것 같지만 그건 안일한 태도이다. 사마천이 왜 서로 다른 글자를 사용했는지를 생각해 보는 일은 필요하다. 어떻게 번역하느냐에 따라 역사적 사실이 달리 읽힐 수 있기

때문이다.

　항우가 아무리 장사라 한들 인심을 당해내지는 못하고 있다. '연전미능하'라. 한 번도 아니고 여러 번 싸웠다. 얼마나 제나라 사람들의 투지가 굳었으면 연속되는 항우와의 싸움을 견뎌냈겠는가? 이들은 항우의 무자비한 폭력으로 인해 이미 피폐해질 대로 피폐해진 사람들이었다. 그러나 항우는 이들을 이겨내지 못했다. 이기지 못했다는 건 묶여버렸다는 걸 의미한다. 곧이어 보겠지만 항우가 제나라 사람들과의 싸움에 몰두하는 동안 서쪽의 유방은 항우를 칠 준비를 하고 있었다.

팽성 탈환

春, 漢王部五諸侯兵凡五十六萬人, 東伐楚. 項王聞之, 卽令諸將擊齊, 而自以精兵三萬人南從魯出胡陵. 四月, 漢皆已入彭城, 收其貨寶美人, 日置酒高會. 項王乃西從蕭, 晨擊漢軍, 而東至彭城, 日中大破漢軍. 漢軍皆走, 相隨入穀泗水, 殺漢卒十餘萬人. 漢卒皆南走山, 楚又追擊至靈壁東睢水上. 漢軍卻, 爲楚所擠, 多殺, 漢卒十餘萬人皆入睢水, 睢水爲之不流. 圍漢王三帀. 於是大風從西北而起, 折木發屋, 揚沙石, 窈冥晝晦, 逢迎楚軍, 楚軍大亂, 壞散, 而漢王乃得與數十騎遁去. 欲過沛收家室而西, 楚亦使人追之沛, 取漢王家, 家皆亡, 不與漢王相見. 漢王道逢得孝惠魯元, 乃載行. 楚騎追漢王, 漢王急, 推墮孝惠魯元車下, 滕公常下收載之. 如是者三, 曰, 雖急不可以驅, 奈何棄之. 於是遂得脫. 求太公呂后不相遇. 審食其從太公呂后間行求漢王, 反遇楚軍. 楚軍遂與歸, 報項王, 項王常置軍中.

봄에 한왕은 다섯 제후 병사 총 56만을 거느리고 동쪽으로 가서 초를 쳤다. 항왕이 이를 듣고 즉각 여러 장수로 하여금 제나라를 치게 하고 자신은 정예군 3만을 이끌고 남쪽으로 가 노나라를 통해 호릉으로 나갔다. 4월에 한이 이미 다 팽성에 들어가서 그곳의 재화 및 보물, 미인들을 거두고 매일 술을 놓고 고관대작이 모인 성대한 연회를 베풀었다. 그래서 항왕은 서쪽으로 가 소를 거쳐 새벽에 한군을 공격하고 동쪽으로 팽성에 이르러 낮 동안 한군을 크게 깨뜨렸다. 한군은 모두 달아나다 서로 따라 곡수와 사수로 들어가니 죽인 한나라 병졸이 10여만 인에 이르렀다. 한나라 병사들은 모두 남쪽으로 가 산으로 달아났다. 초가 다시 추격해 영벽 동쪽 수수 가에 이르렀다. 한군이 물러나다 초에 밀려서 많이 죽었고 한졸 10여만 명은 모두 수수로 들어갔다. 수수가 그들로 인해 흐르지 못했다. [초군은] 한왕을 세 겹으로 둘러쳤다. 그래서 큰바람이 서북 방향으로부터 일어나서 나무를 부러뜨리고 집을 무너뜨렸으며 모래와 돌을 날리고 하늘이 어두워지고 낮이 사라지게 해 초군을 맞아 초군이 크게 혼란에 빠져 무너져 흩어졌기에 한왕은 수십 기와 더불어 도망칠 수 있었다. 패를 지날 때 가족을 수습하여 서쪽으로 가고자 했으나 초 역시 사람을 시켜 쫓아 패로 가게 해 한왕의 가족을 잡게 했던지라 가족은 모두 도망가서 한왕과 서로 만나지 못했다. 한왕은 도중에 효혜와 노원을 만났다. 그래서 [자기 수레에] 싣고 갔다. 초나라 기병이 한왕을 쫓자 한왕은 급해서 효혜와 노원을 수레 아래로 밀어 떨어뜨리니 등공이 매번 내려가 거두어 그들을 태웠다. 이와 같은 게 세 번 있자 [등공이] 말했다. "비록 빨리 달릴 수 없다고 할지라도 어찌 이들을 버리십니까?" 그래서 마침내 [함께] 벗어날 수 있었다. 태공과 여후를 찾았으나 서로 만나지 못했다. 심이기가 태공과 여후를 데리고 몰래 가며 한왕을 찾았으나 거꾸로 초군을 만났다. 초군은 마침내 [두 사람과] 함께 돌아가 항왕에게 아뢰자 항왕은 [두 사람을] 늘 군중에 두었다.

손을 댈 수 없을 만큼 촘촘히 엮여 길게 이어지는 부분이다. 승패의 반전이 연속되고 몇 가지 중요 사건이 들어있기 때문에 서너 개 정도의 문단으로 나누고 싶지만 문장 구조가 그걸 허용하지 않는다. 사마천이 왜 이런 구조를 만들었을까? 사마천은 이 부분의 시작부터 끝까지가 하나의 단위라고 생각했기 때문인 것 같다. 유방 군의 화려한 등장과 승리 뒤에 추잡한 행동이 이어지고 그건 다시 참담한 패배의 전조가 된다. 급박한 순간에 기적 같은 일로 유방은 살지만 급박한 상황에서 다시 유방의 본바탕이 한 번 더 드러난다. 이 역시 '항우본기'임에도 불구하고 '고조본기'에 있어야 할 내용으로 가득차 있다.

효혜와 노원에게 수레에서 떨어진 기억은 깊은 트라우마를 남겼을 것이다. 등공 하후영에 관한 기록이 실린 '번력등관열전'이 묘사하는 이 장면에서 유방은 "내내 두 아이를 발로 차서(常蹶兩兒) 그들을 버리려고 했다." 한다. 여기 '항우본기'의 기사와 조합해 보면 유방은 아이들을 발로 밀어, 즉 차서 수레 아래로 세 번 떨어뜨렸다. 하후영이 자꾸 아이들을 태우니 세 번만 이렇게 하고 유방은 맥이 빠져 포기한 걸까? 아이들을 유방 곁에 두었으면 그는 또 찼을 것이다. 그래서 하후영은 아이들을 품에 안고 수레를 몰았다고 한다. 그걸 보고 유방은 노해서 이젠 하후영을 죽이겠다고 달려든 게 10여 차례나 되었다고(漢王怒, 行欲斬嬰者十餘) '열전'은 전한다. '고조본기'에는 일언반구 이 사건에 대한 언급이 없다. 처음부터 그랬던 건지 이때부터였는지 사마천은 분명히 말하고 있지 않은데 유방은 항상 효혜를 탐탁지 않게 생각했다. '여태후본기(呂太后本紀)'를 보면 "효혜는 사람됨이 어질고 약하여 고조는 자기와 같지 않다고 여겼다(孝惠爲人仁弱, 高祖以爲不類我)."고 한다. 여기서 '같다'라고 번역한 '類'는 동종의 의미도 갖고 있어서 유방은 효혜가 '자기 씨 같지 않다고 여겼다.'고도 번역할 수 있다. 유방도 강하고 여후도 강했다. 그런 두 사람 사이에서 태어난 효혜가 어질고 유약하다 했다. 내가 보기에 이런 성격은 수레 사건 이후에 나타난 것 같다. 여후는 노원공주의 딸 즉 외손녀를 아들 효혜의 처로 맞아들이고 자식이 없던 이 여인은 다른 여자가 임신한 여씨의 아이를 몰래 들여 태자로 삼고 효혜가 죽은 후에는 그의 뒤를 잇게 한 본말이 '여태후본기'에 실려 있다.

유방은 효혜를 자기 자식답지 않다고 여기는 데만 그치지 않았다. 그에겐 사랑하는 여성이 있었으니 척(戚) 부인이다. 유방은 효혜를 폐하고 그 여인에게서 나온 아들 여의(如意)를 태자로 세우고자 했다. 이 때문에 조정이 들끓었다. 유방 사후 효혜가 계승했지만 여후는 척 부인을 인간이 차마 생각해내기도 어려운 방식으로 학대하다 죽이고, 여의 역시 독살했다. 이 과정을 겪으면서 '인약한' 효혜는 거의 넋이 나갔고 술과 여자에 탐닉하다가 세상을 버렸다. 효혜의 뒤를 이어 그의 아들이라고 일컬어지는 두 사람이 황제 자리에 차례로 올랐으나 둘 다 유씨가 아니었다. 전자는 여후에게 죽고 후자는 여후가 죽은 후에 일어난 개국 공신들의 반정으로 구금당했다가 죽었다. 여후가 한때 실질적인 지배자였던지라 사마천은 유방 이래 즉위했던 2, 3, 4대 황제는 본기에 올리지 않았으되 '여태후본기'를 따로 둔 것이다. 공신들에 의해 제위에 오르는 사람이 유방과 박(薄) 부인 사이의 소생으로서 대(代)의 왕이었던 유항(劉恒)이었다. 그가 문제(文帝, 기원전 180-157)다. 유방 사후 문제가 즉위할 때까지의 혼란과 비극의 씨는 수레 사건이었다고 나는 생각한다.

여태후의 기행(奇行)도 그 기원이 자기의 두 자식을 버린 유방의 행동에 있었을 수 있다. 거기에 더해 여후는 초나라 군사들에 붙들려 늘 항우의 군중에 두어졌다고 하지 않은가? 항우가 이동하는 데마다 끌려다녔다는 말이다. 곧 등장할 항우의 연인 우미인 역시 늘 항우를 따라다녔다. 같은 울타리 안에서 두 여인의 처지가 하늘과 땅 차이였다. 유방의 승리, 재화와 보물, 미녀, 술로 시작되는 도입부와 효혜와 노원이 달리는 수레에서 버려지는 장면, 여후의 유랑, 항우의 군중에 붙들려 있던 정경이 보이는 말미 부분을 직선으로 연결시키면 이즈음 형성될 여후의 복잡한 심리를 추측할 수 있다.

유방이 달리는 수레에서 세 번이나 자식들을 밀어 떨어뜨렸어도 그때마다 다시 수레에 태우던 등공 하후영에게 여후의 고마움이 얼마나 컸을까? 훗날 하후영이 천수를 다하는 것도 이때의 공덕에 힘입은 바 컸을 것이다.

여기서 내 눈길을 끄는 대목 하나는 "큰바람이 서북 방향으로부터 일어나서 […] 낮이 사라지게 해 초군을 맞아"이다. 바람은 자연이로되 뜻밖의 움직임은 하늘의 조화로 해석될 수 있다. 현대의 역사가는 역사를 사람으로만 채우지만 사람과 신이 함께 살던 과거에는 역사에 하늘도 귀신도 함께했다. 사마천은 하늘의 뜻을 믿는 사람이었다. '위세가(魏世家)'를 끝내며 사마천이 한 말이 있다. 어떤 이는 위나라가 현인 신릉군(信陵君)을 쓰지 않아서 망했다고 하지만 자기는 그렇게 생각하지 않는다는 것이었다. 하늘이 진나라로 하여금 천하를 평정하게 한 바이니 설사 은나라의 명재상 이윤(伊尹)이 돕는다 해도 위나라는 망하게 되어 있었다는 게 사마천의 생각이었다.

한나라와 제나라 사이에서

> 是時, 呂后兄周呂侯爲漢將兵居下邑, 漢王間往從之, 稍稍收
> 시시 여후형주여후위한장병거하읍 한왕간왕종지 초초수
> 其士卒. 至滎陽, 諸敗軍皆會, 蕭何亦發關中老弱未傅悉詣滎
> 기사졸 지형양 제패군개회 소하역발관중노약미부실예형
> 陽, 復大振.
> 양 부대진
>
> 그때에 여후의 오빠인 주여후가 한을 위하여 병사를 거느리고 하읍에 있었으니 한왕은 몰래 가서 거기에 합류했다가 차차 그 병사들을 거두었다. 형양에 이르자 패잔병들이 모두 모이고 소하도 관중의 노약자 어린아이들까지 모두 일으켜 형양으로 나오니 [한왕의 세력이] 다시 크게 떨쳐졌다.

여기까지도 유방에 관한 이야기가 계속되고 있다. 완벽한 패배인 듯 보이는 형편에서도 다시 재기하는 모습이 인상적이다. 그의 재기에는 노약자와 어린아이들까지 동원되었다. 소하의 공이 컸다.

> 楚起於彭城, 常乘勝逐北, 與漢戰滎陽南京索閒. 漢敗楚, 楚
> 초기어팽성 상승승축북 여한전형양남경색간 한패초 초
> 以故不能過滎陽而西. 項王之救彭城, 追漢王至滎陽, 田橫亦
> 이고불능과형양이서 항왕지구팽성 추한왕지형양 전횡역
> 得收齊, 立田榮子廣爲齊王.
> 득수제 립전영자광위제왕
>
> 초는 팽성으로부터 시작하여 줄곧 승세를 타고 북으로 치달아 형양 남쪽 경과 색 사이에서 한과 싸웠다. 한이 초를 패배시켰기 때문에 초는 형양을 넘어 서쪽으로 갈 수가 없었다. 항왕이 팽성을

> 구하러 가서 한왕을 추격해 형양까지 가자 전횡 역시 제나라를 수습할 수 있었기에 전영의 아들 광을 세워 제나라 왕으로 삼았다.

항왕이 자리를 비운 사이 제나라는 다시 자립해 항우에 맞섰다. 유방 군이 전력으로 저항하니 초나라 군대가 서쪽으로 진군하는 길도 막혔다.

유방을 놓치다

> 漢王之敗彭城, 諸侯皆復與楚而背漢. 漢軍滎陽, 築甬道屬
> 한 왕 지 패 팽 성   제 후 개 부 여 초 이 배 한   한 군 형 양   축 용 도 속
> 之河, 以取敖倉粟. 漢之三年, 項王數侵奪漢甬道, 漢王食乏,
> 지 하   이 취 오 창 속   한 지 삼 년   항 왕 수 침 탈 한 용 도   한 왕 식 핍
> 恐, 請和割滎陽以西爲漢.
> 공   청 화 할 형 양 이 서 위 한

한왕이 팽성에서 패하자 제후들은 모두 다시 초와 함께하고 한을 등졌다. 한은 형양에 군대를 주둔시키고 용도를 만들어 그것을 황하에 연결킴으로써 오창의 곡식을 얻었다. 한나라 3년에 항우는 여러 번 한의 용도를 침범하여 빼앗으니 한왕은 식량이 부족해져 두려워지자 화해를 청하길 형양 서쪽의 땅을 갈라 한으로 삼겠다고 했다.

형양에서 양군의 지리한 싸움이 계속되었다. 항우도 지치고 유방도 지쳤다. 유방이 먼저 휴전을 청했다. 오창의 식량을 확보하는 유방, 그것을 빼앗는 항우 사이의 싸움이 중요하게 그려진다.

> 項王欲聽之, 歷陽侯范增曰, 漢易與耳, 今釋弗取, 後必悔之.
> 항 왕 욕 청 지   역 양 후 범 증 왈   한 이 여 이   금 석 불 취   후 필 회 지
> 項王乃與范增急圍滎陽. 漢王患之, 乃用陳平計間項王. 項王
> 항 왕 내 여 범 증 급 위 형 양   한 왕 환 지   내 용 진 평 계 간 항 왕   항 왕
> 使者來, 爲太牢具, 擧欲進之. 見使者, 詳驚愕曰, 吾以爲亞
> 사 자 래   위 태 뢰 구   거 욕 진 지   견 사 자   양 경 악 왈   오 이 위 아
> 父使者, 乃反項王使者. 更持去, 以惡食食項王使者. 使者歸
> 부 사 자   내 반 항 왕 사 자   경 지 거   이 악 식 사 항 왕 사 자   사 자 귀
> 報項王, 項王乃疑范增與漢有私, 稍奪之權. 范增大怒曰,
> 보 항 왕   항 왕 내 의 범 증 여 한 유 사   초 탈 지 권   범 증 대 로 왈

天下事大定矣, 君王自爲之, 願賜骸骨歸卒伍. 項王許之, 行
천하사대정의 군왕자위지 원사해골귀졸오 항왕허지 행
未至彭城, 疽發背而死.
미지팽성 저발배이사

항왕이 그것을 듣고자 하니 역양후 범증이 말했다. "한은 쉽게 줄 뿐입니다. 지금 놓아주고 취하지 아니하면 후에 반드시 이를 후회할 것입니다." 그래서 항왕은 범증과 더불어 급히 형양을 포위했다. 한왕이 이를 근심하였기에 진평의 계략을 써 항왕을 이간질했다. 항왕의 사자가 오자 크게 잔치상을 갖추어 그것을 들어 바치고자 하였다. 사자를 보고 놀라는 체하여 말하길 "나는 아부의 사자로 여겼는데 당신은 거꾸로 항왕의 사자로군요."라고 했다. 고쳐 들고 나가서는 나쁜 음식으로써 항왕의 사자를 먹였다. 사자가 돌아가 항왕에게 알렸다. 그래서 항왕은 범증이 한과 더불어 사사로움이 있다고 의심하여 점차 그의 권한을 빼앗았다. 범증이 크게 성내 말하길 "천하의 일은 개략이 정해졌다! 그대 왕께서 스스로 그리하신 것이니 원컨대 해골에게 은혜를 베풀어 병졸의 대오로 돌아가게 해주소서."라 했다. 항왕이 이를 허락했고 [범증은] 가다가 팽성에 이르지 못해 등에 종기가 나 죽었다.

범증의 최후가 소개되는 대목이다. 웬일인지 항우가 범증의 충고를 순순히 수용한다 싶었다. 음식상을 이용한 진평의 엉성해 보이는 계략만으로 항우가 단번에 넘어간 건 아니었다. 이미 칼춤 사건 때부터 누적되어온 범증에 대한 항우의 불편함이 이 사건을 계기로 더 노골화된 것이다.

범증이 또 성을 내도 항우는 여전히 인내하는 모습을 보인다. '아부'에 대한 예의를 완전히 잃지 않는 건 항우의 덕목이라 할 수 있다.

범증이 스스로를 해골이라 칭했다. 해골은 죽은 시체이기도 하고 신체를 의미하기도 한다. 하지만 일반적으로는 전자를 가리키는 말로 사용된다. 이제 더 이상 권한은 없고 몸은 늙었으니 죽은 시체 즉 해골이라 자칭했다고 본다. 범증이 이 단어를 쓴 것 역시 항우를 향한 불만의 표시였다.

사마천은 범증의 사인까지도 기록했다. 등에 난 종기 때문이었다. 범증의 분이 하도 독하여 종기로 부어올랐다는 말을 하고 싶었던 것 같다.

진평은 본디 항우 사람이었다. 홍문에서 우리는 그를 잠시 만난 바 있다. 유방이 삼진을 평정하고 동진할 무렵 진평은 항우를 떠났다.

> 漢將紀信說漢王曰, 事已急矣, 請爲王誑楚爲王, 王可以閒出.
> 한 장 기 신 세 한 왕 왈 사 이 급 의 청 위 왕 광 초 위 왕 왕 가 이 간 출
> 於是漢王夜出女子滎陽東門被甲二千人. 楚兵四面擊之. 紀
> 어 시 한 왕 야 출 여 자 형 양 동 문 피 갑 이 천 인 초 병 사 면 격 지 기
> 信乘黃屋車傅左纛曰, 城中食盡, 漢王降. 楚軍皆呼萬歲. 漢
> 신 승 황 옥 거 부 좌 독 왈 성 중 식 진 한 왕 항 초 군 개 호 만 세 한
> 王亦與數十騎從城西門出, 走成皐. 項王見紀信問, 漢王安在.
> 왕 역 여 수 십 기 종 성 서 문 출 주 성 고 항 왕 견 기 신 문 한 왕 안 재
> 信曰漢王已出矣. 項王燒殺紀信.
> 신 왈 한 왕 이 출 의 항 왕 소 살 기 신

한나라 장수 기신이 한왕을 설득해 말하길 "일이 매우 급하게 되었습니다. 청컨대 왕을 위해 초를 속여 왕이 되겠습니다. 왕께서는 몰래 나갈 수 있을 것입니다."라고 했다. 그리하여 한왕은 여자들을 밤에 형양의 동문으로 내보냈는데, 갑옷을 입은 게 2천 명이었다. 초나라 병사들이 사방에서 그들을 공격했다. 기신은 누른색 지붕에 쇠꼬리 기를 왼편에 부착한 수레를 타고 말했다. "성안에 식량이 바닥났으니 한왕은 항복하겠다." 초나라 군사들은 모두 만세를

> 불렀다. 한왕 역시 수십 기와 더불어 성의 서문을 통해 나가서는 성고로 도망쳤다. 항왕이 기신을 보고 물었다. "한왕이 어디 있느냐?" [기]신이 말했다. "한왕은 이미 나갔다." 항왕이 기신을 태워 죽였다.

홍문의 칼춤 뒤에 유방이 몰래 도망갔던 때를 기억하는가? 그때 말을 버리고 뛰어가면서 유방을 호위했던 네 명의 사내들이 번쾌, 하후영, 근강(靳彊), 기신이었다. 그때 항우는 유방을 놓치고 '패공안재(패공은 어디 있나?)' 하더니 지금 또 놓치고 '한왕안재(한왕은 어디 있나?)' 한다. 그때나 지금이나 기신이 있었다. 기신은 유방을 위해서 기꺼이 목숨을 버렸다.

여성들도 동원되었다. 무거운 갑옷을 입고 죽음을 향해 나선 여성이 2천 명이었다. 유방이 여자들까지 동원한 건지 여자들이 유방을 위해 목숨을 버리겠다고 한 건지는 모르겠다. 후자일 가능성이 높다고 나는 생각한다. 항우가 한 여자 우미인을 사랑한 게 강조되는 데 비해 유방은 사랑의 대상이 한 사람에게만 특별히 집중되지 않았던 것 같다.

누른색 지붕에 쇠꼬리 기를 왼편에 부착한 수레 즉 '황옥좌독' 혹 '좌독황옥'은 앞으로도 여러 번 등장할 것이다. 황제를 상징하는 치장이었다고 한다.

漢王使御史大夫周苛樅公魏豹守滎陽. 周苛樅公謀曰, 反國
한 왕 사 어 사 대 부 주 가 종 공 위 표 수 형 양   주 가 종 공 모 왈   반 국
之王, 難與守城, 乃共殺魏豹. 楚下滎陽城, 生得周苛. 項王
지 왕   난 여 수 성   내 공 살 위 표   초 하 형 양 성   생 득 주 가   항 왕

謂周苛曰, 爲我將, 我以公爲上將軍, 封三萬戶. 周苛罵曰,
위 주 가 왈　위 아 장　아 이 공 위 상 장 군　봉 삼 만 호　주 가 매 왈
若不趣降漢, 漢今虜若, 若非漢敵也. 項王怒, 烹周苛, 幷殺
약 불 촉 항 한　한 금 로 약　약 비 한 적 야　항 왕 노　팽 주 가　병 살
樅公.
종 공

한왕은 어사대부 주가, 종공, 위표로 하여금 형양을 지키게 했다. 주가와 종공이 의논해 말하길 "나라를 거역한 왕과는 더불어 성을 지키기 어렵다."고 했다. 그래서 함께 위표를 죽였다. 초는 형양성을 함락하고 주가를 사로잡았다. 항왕이 주가에게 일러 말했다. "나의 장수가 되면 나는 그대로써 상장군을 삼고 삼만 호를 봉하겠다." 주가가 욕하며 말했다. "네가 서둘러 한에게 항복하지 않으면 한이 곧 너를 잡을 것이다. 너는 한의 적수가 아니야." 항왕이 노하여 주가를 삶았고 종공도 함께 죽였다.

주가와 종공이 죽은 건 앞에 나온 기신의 죽음과 연계되어 유방 집단의 강한 결속력을 보여주는 기사로 족하다.

 그런데 별로 존재감이 드러나지 않은 위왕 표는 여기서 왜 등장하는가? '고조본기'에 의하면 위왕 표는 유방을 등지고 항우 편에 섰다가 유방에게 다시 포로로 잡힌 사람이다. 유방의 부하들 사이에는 투항을 용납하지 않는 정서가 팽배했던 것 같다. 그래서 표를 죽여 본보기로 삼았다. 자신들은 투항을 거부한 채 죽음을 맞았다. 유방과 항우의 태도 차이도 읽혀진다. 유방은 자기에게 저항했던 표를 살리고 쓰기까지 했지만 항우는 투항을 거부한 사람을 잔인하게 태우고 삶았다.

유방을 놓치다 • 129

길어지는 대치

> 漢王之出滎陽, 南走宛葉, 得九江王布, 行收兵, 復入保成皋.
> 한왕지출형양 남주원엽 득구강왕포 행수병 부입보성고
> 漢之四年, 項王進兵圍成皋. 漢王逃, 獨與滕公出成皋北門.
> 한지사년 항왕진병위성고 한왕도 독여등공출성고북문
> 渡河走脩武, 從張耳韓信軍. 諸將稍稍得出成皋, 從漢王. 楚
> 도하주수무 종장이한신군 제장초초득출성고 종한왕 초
> 遂拔成皋, 欲西. 漢使兵距之鞏, 令其不得西.
> 수발성고 욕서 한사병거지공 령기부득서

> 한왕은 형양을 나와 남쪽 원, 엽으로 달아나다가 구강왕 포를 얻고, 돌아다니며 병사들을 거두어 다시 성고로 들어가 지켰다. 한 4년에 항왕은 군대를 진격시켜 성고를 포위했다. 한왕은 도망쳐 홀로 등공과 함께 성고의 북문으로 나가 황하를 건너 수무로 달려가 장이, 한신의 군대에 합류했다. 여러 장수들이 차차 성고를 나올 수 있게 되어 한왕과 합류했다. 초는 마침내 성고를 함락시키고 서쪽으로 가려 했다. 한은 군사들로 하여금 공에서 그들을 막아 서쪽으로 갈 수 없게 했다.

유방이 계속 패하며 도망쳐 다니는 모습이다. 구강왕 경포가 유방 편이 되었으나 항우의 승리는 계속되었다. 그래도 결정적인 순간과 지점에서 한나라 군대는 초군의 서진을 저지하고 있다. 형양에서 그랬고 지금 공에서도 그렇다.

> 是時, 彭越渡河擊楚東阿, 殺楚將軍薛公, 項王乃自東擊彭越.
> 시시 팽월도하격초동아 살초장군설공 항왕내자동격팽월

> 漢王得淮陰侯兵, 欲渡河南. 鄭忠說漢王, 乃止壁河內, 使劉
> 한왕득회음후병 욕도하남 정충세한왕 내지벽하내 사유
> 賈將兵佐彭越, 燒楚積聚. 項王東擊破之, 走彭越. 漢王則引
> 가장병좌팽월 소초적취 항왕동격파지 주팽월 한왕즉인
> 兵渡河, 復取成皐, 軍廣武, 就敖倉食. 項王已定東海來, 西,
> 병도하 부취성고 군광무 취오창식 항왕이정동해래 서
> 與漢俱臨廣武而軍, 相守數月.
> 여한구임광무이군 상수수월
>
> 그때에 팽월이 황하를 건너 초를 동아에서 공격하여 초의 장군 설공을 죽였다. 그래서 항왕은 몸소 동쪽으로 가 팽월을 쳤다. 한왕은 회음후의 군사를 얻어 황하를 건너 남쪽으로 가려했다. 정충이 한왕을 설득했다. 그래서 [한왕은] 멈추어 하내에서 진치고는 유가를 시켜 군사를 거느리고 팽월을 도와 초의 군량을 불태우게 했다. 항왕이 동쪽으로 가 이들을 쳐서 깨뜨려 팽월을 도망가게 했다. 한왕은 병사를 이끌고 황하를 건너 다시 성고를 취해 광무에 군대를 주둔시키고 오창으로 나가 먹었다. 항왕이 동해를 평정하고 와서는 서진하여 한과 더불어 나란히 광무에 임해 군대를 주둔시켜 서로 지키기를 수개월이었다.

연전연패하던 유방에게 회생의 기회가 찾아오는 데는 팽월의 역할이 컸다. 팽월이 겨냥하고 있는 건 항우의 식량이었다. 유방 역시 오창을 확보해 병사를 먹였다. 팽월은 항우의 식량을 공격하고 유방은 식량을 확보하고 있다. 그렇게 함으로써 힘의 균형 상태가 복원되었다. 광무에서 양군의 대치 상태가 이어지고 있다는 건 이미 유방이 세력을 회복했고 항우의 상승세는 꺾였다는 이야기이다. 이런 전환을 가져온 건 식량의 추이였다.

근심하기 시작함

> 當此時, 彭越數反梁地, 絶楚糧食, 項王患之. 爲高俎, 置太
> 당차시 팽월수반량지 절초양식 항왕환지 위고조 치태
> 公其上, 告漢王曰, 今不急下, 吾烹太公. 漢王曰, 吾與項羽
> 공기상 고한왕왈 금불급하 오팽태공 한왕왈 오여항우
> 俱北面受命懷王曰, 約爲兄弟, 吾翁卽若翁, 必欲烹而翁, 則
> 구북면수명회왕왈 약위형제 오옹즉약옹 필욕팽이옹 즉
> 幸分我一桮羹. 項王怒, 欲殺之. 項伯曰, 天下事未可知, 且
> 행분아일배갱 항왕노 욕살지 항백왈 천하사미가지 차
> 爲天下者不顧家, 雖殺之無益, 祇益禍耳. 項王從之.
> 위천하자불고가 수살지무익 지익화이 항왕종지
>
> 그때를 당하여 팽월이 몇 차례 양 땅에서 반기를 들어 초의 양식을 끊으니 항왕이 그것을 근심하였다. [항우는] 높은 도마를 만들어 태공을 그 위에 얹고서 한왕에게 이르길 "지금 얼른 항복하지 않으면 나는 태공을 삶겠다."고 했다. 한왕이 말했다. "나와 항우는 함께 북면하여 명을 받음에 회왕이 '약속하여 형제가 되라.'고 말했으니 13) 내 아버지라면 네 아버지일진대 네 아버지를 반드시 삶아야겠다면 내게 국물 한 사발 나누어 주길 바라네." 항왕이 노하여 그를 죽이고자 했다. 항백이 말했다. "천하의 일은 아직 알 수 없고, 저건 [유방은] 천하를 도모하는 자로서 집안을 돌아보지 않으니 비록 그를[태공을] 죽인다 해도 이로울 게 없고 단지 화만 더할 뿐일세." 항왕은 이를 따랐다.

팽월의 양식 끊기 작업은 계속되었다. 결국 항우가 '근심했다'는 말이 처음으로 나온다. 매사에 자신만만했던 항우가 근심 혹은 두려움을 처음으

---

13) 유방은 기원전 247년, 혹은 256년생이고 항우는 232년생이다. 열다섯 살 혹은 스물네 살 차이이다.

로 드러낸 것이다. 항우를 겁나게 한 건 사람이 아니라 식량이었다.

사마천은 항우의 두려움을 치졸한 행동에 연결시켰다고 나는 생각한다. 그래서 팽월이 초의 양식을 끊은 기사와 항우가 태공을 삶겠다고 위협하는 장면이 함께 나왔다. 여러 차례 두려움을 겪어본 사람은 반응도 훈련이 되는 법이다. 아마도 난생처음 두려움을 맞았을 항우였던지라 그 반응은 이토록 엉뚱하지 않았을까?

반면 유방은 느긋해 보인다. 대담해 보이기도 한다. 유방의 응대는 항우의 식량 사정이 뻔한 형편에서 '오죽 먹을 게 없어서 아버지까지 삶아먹느냐?'고 빈정대는 뉘앙스로도 읽힐 수 있다.

그런데 사마천이 묘사하는 이 느긋함의 배후에 몇 가지 사실이 있음을 간과해서는 안 된다. 유방은 자식들도 버린 사람이다. 아내도 버릴 사람이다. 항우 군영에는 여후가 아직 있다. 아버지 대신 아내가 도마 위에 얹혀 있어도 유방은 같은 말을 했을 것이다. 여후의 자식 둘을 다 버린 짓을 생각하면 오히려 여후가 살아올까 걱정되기도 했겠다. 사랑할 만한 여자들은 얼마든지 있다. 그가 사랑했다는 척 부인은 한왕이 되고나서 얻은 여성이었다고 '여태후본기'는 전한다. 지금 일이 벌어지고 있는 때는 그가 한왕이 된 지 4년째 되는 해이다. 한창 두 사람 사이의 정이 깊을 때였다. 게다가 항우가 삶겠다는 '아버지'는 유방의 친아버지가 아니었다. 이에 대해서는 '고조본기' 도입부에서 사마천이 교묘한 비유로 밝히고 있음을 보게 될 터이다. 결국 이 부분은 유방 이야기를 하는 것 같으면서도 항우에 대해 말하고 있는 것이다. 항우는 인질을 잘못 골랐다. 아예 없느니만 못한 인질이었다.

유방을 쏘아 맞히다

楚漢久相持未決, 丁壯苦軍旅, 老弱罷轉漕. 項王謂漢王曰,
초한구상지미결 정장고군려 노약피전조 항왕위한왕왈
天下匈匈數歲者, 徒以吾兩人耳, 願與漢王挑戰決雌雄, 毋徒
천하흉흉수세자 도이오양인이 원여한왕도전결자웅 무도
苦天下之民父子爲也. 漢王笑謝曰, 吾寧鬪智, 不能鬪力. 項
고천하지민부자위야 한왕소사왈 오령투지 불능투력 항
王令壯士出挑戰. 漢有善騎射者樓煩, 楚挑戰三合, 樓煩輒
왕령장사출도전 한유선기사자누번 초도전삼합 누번첩
射殺之. 項王大怒, 乃自被甲持戟挑戰. 樓煩欲射之, 項王瞋
사살지 항왕대노 내자피갑지극도전 누번욕사지 항왕진
目叱之, 樓煩目不敢視, 手不敢發, 遂走還入壁, 不敢復出.
목질지 누번목불감시 수불감발 수주환입벽 불감부출
漢王使人閒問之, 乃項王也. 漢王大驚, 於是項王乃卽漢王
한왕사인간문지 내항왕야 한왕대경 어시항왕내즉한왕
相與臨廣武閒而語. 漢王數之, 項王怒, 欲一戰. 漢王不聽,
상여임광무간이어 한왕수지 항왕노 욕일전 한왕불청
項王伏弩射中漢王. 漢王傷, 走入成皐.
항왕복노사중한왕 한왕상 주입성고

초와 한이 오래도록 서로 붙들고 결판이 나지 않으니 장정들은 군역에 괴롭고 노약자들은 물자 운송에 피폐해졌다. 항우가 한왕에게 일러 말했다. "천하가 흉흉하기 여러 해인 건 다만 우리 두 사람 때문일 뿐이니 원컨대 한왕과 더불어 싸움을 돋우어 자웅을 가려 천하의 백성과 아비 자식들에게 헛되이 고통주지 말기를 원한다." 한왕이 웃으며 사양해 이르길 "우리 차라리 지혜를 다투자. 힘을 다툴 수는 없다."고 했다. 항왕이 장사들에게 나가 싸움을 돋우게 했다. 한에는 말 위에서 활을 잘 쏘는 사람으로 누번 [사람]이 있었기에 초가 싸움을 돋우자 세 번 붙었는데, 누번은 번번이 그들을 쏘아 죽였다. 항왕이 크게 노했다. 그래서 몸소 갑옷을 입고 창을

> 쥐고 싸움을 돋우었다. 누번은 그를 쏘고자 했으나 항왕이 눈을 부릅뜨고 그에게 소리치니 누번의 눈은 감히 보지 못했고 손은 감히 쏘지 못하여 오로지 도망쳐 성으로 도로 들어와 다시는 감히 나가지 못했다. 한왕은 사람을 시켜 그가 누군지를 은밀히 알아보니 그는 항왕이었다. 한왕은 크게 놀랐다. 그래서 항왕은 한왕에게 나아가 서로 더불어 광무 사이에 임하여 이야기를 나누었다. 한왕이 그를 꾸짖자 항왕은 노하여 한판 싸우려고 했다. 한왕이 듣지 않으니 항왕은 쇠뇌를 숨겼다가 한왕을 쏘아 맞혔다. 한왕이 다쳐서 성고로 도망쳐 들어갔다.

일대일로 한번 싸우자고 분위기를 돋우는 걸 도전이라고 한다. 유방더러 일대일로 승패를 짓자고 조르는 항우의 태도는 유방의 아버지를 삶겠다고 위협하는 것보다 더 가소롭다. 이 또한 항우의 마음이 급해서 나온 행동이다.

그런데 항우의 끈질긴 도전에 유방은 넘어갔다. 말로써 자기를 꾸짖고 농락하는 유방을 항우는 쇠뇌로 쏜 것이다. 이 한 방은 치명적이었다. 그런데 이 치명적 한 방에 대한 유방의 반응은 영웅적이었다. 그래서 그 상세한 기록은 여기서 나오지 않고 '고조본기'에 나온다.

항우와 누번(북방 호족 중 하나) 궁사의 싸움이 있었는데 유방이 '사람을 시켜 누구인지 알아보았다'는 걸 이해하기 위해서 당시 양군의 위치를 확인할 필요가 있다. 『집해』에 의하면 형양 땅에 두 개의 성이 있어 서로 마주보게 한 것이 광무라 한다. 『정의』에는 동광무와 서광무가 있는데, 각각 두 개의 산봉우리 위에 있는 성이라고 되어 있다. 거기에 양군이 대치하고 있었다. 그런데 유방의 본대는 광무 뒤쪽 성고에 있었다. 싸움은 두 개의 광무 사이에서 벌어졌고 유방은 성고에 있었기 때문에 싸움터 형편을 얼른 파악하지 못했던 것이다.

두려워하기 시작함

項王聞淮陰侯已擧河北, 破齊趙, 且欲擊楚, 乃使龍且往擊之.
淮陰侯與戰, 騎將灌嬰擊之, 大破楚軍, 殺龍且. 韓信因自立
爲齊王. 項王聞龍且軍破, 則恐, 使盱台人武涉往說淮陰侯.
淮陰侯弗聽. 是時, 彭越復反, 下梁地, 絶楚糧. 項王乃謂海
春侯大司馬曹咎等曰, 謹守成皋, 則漢欲挑戰, 愼勿與戰, 毋
令得東而已. 我十五日必誅彭越, 定梁地, 復從將軍. 乃東行
擊陳留外黃.

항왕은 회음후가 이미 하북을 빼앗고 제와 조를 깨뜨렸으며 곧 초를 치려 한다는 걸 들었다. 그래서 용저로 하여금 가서 그를 치게 했다. 회음후가 더불어 싸움에 기병 장군 관영이 그[용저]를 쳐서 초군을 크게 깨뜨리고 용저를 죽였다. 한신은 이리하여 스스로 서 제왕이 되었다. 항왕은 용저의 군이 깨졌다는 걸 듣고 두려워서 우이 사람 무섭으로 하여금 가서 회음후를 달래게 했다. 회음후는 듣지 않았다. 그때에 팽월이 다시 반격하여 양 땅을 함락해 초의 양식을 끊었다. 그래서 항왕은 해춘후 대사마 조구 등에게 일러 말하길 "근실히 성고를 지키면 한나라가 싸움을 돋울 것이니 삼가되 더불어 싸우지 말고 동쪽으로 가지 못하게만 하시오. 나는 십오 일이면 반드시 팽월을 베고 양 땅을 평정해 다시 장군들과 합류할 것이오."라고 했다. 그래서 동쪽으로 가면서 진류와 외황을 쳤다.

앞서 팽월이 식량을 건드릴 때는 '근심했다'고 하더니 이제 용저의 군대가 회음후 한신 군에 패했다는 소식을 듣고 항우는 '두려워' 한신에게 사정하기 시작했다.

근심의 대상인 팽월과 두려움의 대상인 한신이 한꺼번에 항우를 괴롭히면서 그를 몰락의 절벽으로 몰아가고 있는 중이다.

항우의 제안을 거절했던 한신의 이유는 '회음후열전(淮陰侯列傳)'에 다음과 같이 나온다. "[내가] 항왕을 섬길 때 관직은 낭중에 불과했고 지위는 창을 잡는 데 그쳤소. [내] 말은 듣지 않았고 계획은 쓰지 않았는데 […] 한왕은 내게 상장군 인을 제수했고 내게 수만의 무리를 주었으며 […] 말은 들었고 계획은 썼기에 내가 여기까지 올 수 있었다오." 먼저 자기를 찾아온 바 있던 한신을 항우는 몰라봤으니 하늘이 준 것을 받지 않고 내치면 화가 되어 돌아온다는 말이 딱 이 경우였다.

여기서 한신이 말하는 항우에 대해서 들어보자. 항우의 사절에게는 위와 같이 간단하고 명료한 대답을 했으나 그가 유방 앞에서 항우를 평한 내용은 훨씬 가혹하다. 그러나 이 말 중에서 항우의 장점도 엿볼 수 있다. "항왕은 노기를 품어 고래고래 소리를 지르면 천 사람이 모두 엎어지지만 현명한 장수를 끌어안아 맡기지 못하니 이는 단지 필부의 용맹일 뿐입니다. 항왕은 사람을 보면 공경하고 자애로우며 말도 상냥합니다. 사람이 병이 있으면 눈물을 흘리며 울면서 먹을 것과 마실 것을 나눕니다. 하지만 사람을 부려 공이 있어 마땅히 봉하고 작위를 내리는 데 이르러서는 인장이 닳아 절단나기까지 차마 주지 못하니 이는 소위 아녀자의 어짊입니다."

유방 앞이라서 한신이 그렇게 말한 게 아니라 한신의 입을 빌려 사마천이 항우를 평하고 있는 것이다. 단지 공 있는 자를 봉하는 데서의 태도는 '항우본기'에서와 상충되는 바가 있다. 한신은 말하길 항우가 공이 있는 자를 봉할 때 인장이 닳았다고 하는데 이는 항우가 인장을 얼른 내주기 싫어 만지작거리다가 손 안에서 닳아 부서질 지경이 된다는 말이다. 회수 변에서 공과를 따져 천하를 나누던 광경과는 전혀 다른 면모이다. 혹 유방을 진왕이 아니라 한왕으로 삼은 사례에 국한된 평가가 아닌가 싶다. 항우가 개인사에서 예의 바르고 인정 넘치는 모습을 보일 때도 많았다는 건 알 수 있다. 항우가 유능한 장수들을 품지 못했다는 지적도 한신의 사례만을 고려한 평가 같아 보인다.

한신에 대한 대접에서 항우와 유방이 달라진 건 일련의 과정을 거친 뒤였다. 항우고 유방이고 간에 자기를 찾아오는 수많은 사람들을 적재적소에 배치하고 효율적으로 활용하는 일을 정확하게 하기란 쉬운 일이 아니었다. 그래도 항우 진영에서 한신은 낭중이 되었지만 유방한테 갔더니 맡겨진 직책이란 게 연오(連敖)로서 손님 접대 담당이었다. 항우 군에서는 낭중으로 무기라도 잡았다. 그러나 유방 진영에서 한신은 손님 숙식을 보살피고 말을 관리해야 했다. 그나마도 죄에 엮여서 참수형을 당하게 되었다. 한신은 자기 앞에서 이미 열세 명이 목이 잘린 후 자기 차례가 되었을 때 하후영의 눈에 띄어 목숨을 건진 바 있다. 승상 소하(蕭何)에게 소개되었으나 유방에게 자기 뜻이 전달되지 않자 한신은 유방 진영도 떠났다. 그의 재능을 알았던 소하가 가까스로 한신을 찾아서 데려와 유방에게 천거해 대면케 하여 그때부터 말이 통하고 계획이 사용된 것이다.

한신과 팽월의 위협 앞에서 항우로서는 먹는 문제를 해결하는 게 급했다. 그는 몸소 팽월을 치러 나섰다. 그러나 뒤를 부탁할 지휘관들이 미덥지 않았다. 그러니 자기가 돌아올 때까지 제발 지키기나 잘 해 달라고 당부할 따름이었다.

外黃不下數日, 已降, 項王怒, 悉令男子年十五已上詣城東,
외황불하수일 이항 항왕노 실령남자년십오이상예성동
欲阬之. 外黃令舍人兒年十三, 往說項王曰, 彭越彊劫外黃,
욕갱지 외황령사인아년십삼 왕세항왕왈 팽월강겁외황
外黃恐, 故且降, 待大王. 大王至, 又皆阬之, 百姓豈有歸心.
외황공 고차항 대대왕 대왕지 우개갱지 백성기유귀심
從此以東, 梁地十餘城皆恐, 莫肯下矣. 項王然其言, 乃赦
종차이동 량지십여성개공 막긍하의 항왕연기언 내사
外黃當阬者. 東至睢陽, 聞之皆爭下項王.
외황당갱자 동지수양 문지개쟁하항왕

외황이 며칠 동안 굴복하지 않다가 항복을 하자 항우는 노하여 15세가 넘은 남자는 모두 성 동쪽으로 나오게 하여 그들을 묻으려 하였다. 외황 현령 집안 일 보는 사람의 아이가 나이 열셋이었는데 가서 항우를 설득해 말했다. "팽월이 외황을 억세게 강박하니 외황이 두려워서 우선 항복을 하고 대왕을 기다렸습니다. 대왕이 오셔서 또 이들을 모두 묻는다면 백성이 어찌 복종하는 마음을 갖겠습니까? 이로부터 동쪽으로 양 땅 10여 개 성이 모두 두려워할 것이니 항복하길 기꺼워하지 않을 것입니다." 항우가 그 말을 옳다 여겼다. 그래서 외황의 묻힐 자들을 용서했다. 동쪽으로 수양에 이르기까지 그것을 듣고 모두가 다투어 항왕에게 항복했다.

잔포함을 억제하고 인정을 베푼다면 백성들은 항우를 든든한 보호자이자 후원자로 생각할 수 있었겠다. 그러나 항우의 문제는 종종 이성적 판단이 마비된다는 데 있었다.

漢果數挑楚軍戰, 楚軍不出. 使人辱之, 五六日, 大司馬怒,
한과수도초군전 초군불출   사인욕지 오륙일 대사마노
渡兵汜水. 士卒半渡, 漢擊之, 大破楚軍, 盡得楚國貨賂. 大
도병사수 사졸반도 한격지 대파초군 진득초국화뢰 대
司馬咎長史翳塞王欣, 皆自剄汜水上. 大司馬咎者, 故蘄獄
사마구장사예새왕흔 개자경사수상 대사마구자 고기옥
掾, 長史欣亦故櫟陽獄吏, 兩人嘗有德於項梁, 是以項王信
연 장사흔역고력양옥리 양인상유덕어항량 시이항왕신
任之. 當是時, 項王在睢陽, 聞海春侯軍敗, 則引兵還. 漢軍
임지 당시시 항왕재수양 문해춘후군패 즉인병환 한군
方圍鍾離眛於滎陽東, 項王至, 漢軍畏楚, 盡走險阻.
방위종리매어형양동 항왕지 한군외초 진주험조

한이 과연 수차례 초군에게 싸움을 돋우었지만 초군은 나가지 않았다. [유방은] 사람들을 시켜 그들을 욕보이길 대엿새더니 대사마가 화를 내 군대가 사수를 건너게 했다. 사졸이 반 건넜을 때 한이 쳐 초군을 크게 깨뜨리고 초나라의 재물을 모두 얻었다. 대사마 구, 장사 예, 새왕 흔이 모두 사수 변에서 스스로 목을 베었다. 대사마 구는 옛 기의 옥연이고 새왕 흔 역시 옛 력양의 옥리로서 두 사람은 일찍이 항량에게 은혜를 베풀었기에 이로써 항왕이 그들을 신임했다. 그때에 당하여 항왕은 수양에 있었는데 해춘후의 군대가 패했다는 걸 듣자 군대를 이끌고 돌아왔다. 한나라 군대가 막 종리매를 형양 동쪽에서 포위했으나 항왕이 이르자 한군은 초를 두려워하여 모두 험한 곳으로 도망쳤다.

상대를 욕보이는 데는 여러 방법이 있지만 이런 경우엔 조롱, 욕지거리가 동원되었을 것이다. 말의 힘은 크다. 좋은 말 나쁜 말이 있거니와 나쁜 말은 독이 있다. 말로 상대를 자극하는 방법은 전쟁에서 종종 사용된다. 개인적으로건 집단적이건 욕지거리는 듣는 사람으로 하여금 굉장

두려워하기 시작함 • 141

한 무게의 스트레스를 받게 만든다.

'초나라의 재물을 모두 얻었다.'고 했는데, '재물'은 '화뢰'를 번역한 말이다. 헌데 화뢰는 뇌물을 뜻한다. '초나라의 뇌물을 모두 얻었다.'라는 이유가 무엇인지 아직 파악이 되지 않아서 '재물을 얻었다' 정도로 번역했다.

> 是時, 漢兵盛食多, 項王兵罷食絶. 漢遣陸賈說項王請太公,
> 시시 한병성식다 항왕병피식절 한견육가세항왕청태공
> 項王弗聽. 漢王復使侯公往說項王, 項王乃與漢約, 中分天
> 항왕불청 한왕부사후공왕세항왕 항왕내여한약 중분천
> 下, 割鴻溝以西者爲漢, 鴻溝而東者爲楚. 項王許之, 卽歸漢
> 하 할홍구이서자위한 홍구이동자위초 항왕허지 즉귀한
> 王父母妻子. 軍皆呼萬歲. 漢王乃封侯公爲平國君, 匿弗肯
> 왕부모처자 군개호만세 한왕내봉후공위평국군 닉불긍
> 復見. 曰此天下辯士, 所居傾國, 故號爲平國君. 項王已約,
> 부견 왈차천하변사 소거경국 고호위평국군 항왕이약
> 乃引兵解而東歸.
> 내인병해이동귀

그때 한의 군대는 [기세가] 성한데다 먹을 게 많았고 항왕의 군대는 고달프고 양식이 끊어졌다. 한은 육가를 보내 항왕을 설득하여 태공을 [풀어주길] 청했으나 항왕이 듣지 않았다. 한왕은 다시 후공을 가게 하여 항왕을 설득했다. 그래서 항왕은 한과 약속하길 천하를 가운데서 나누어 홍구 이서를 잘라 한으로 삼고 홍구 동편은 초로 삼기로 했다. 항왕이 이를 허락했고 즉시 한왕의 부모처자를 돌려보냈다. 군사들은 모두 만세를 불렀다. 그래서 한왕은 후공을 봉하여 평국군으로 삼았으나 숨겨서 다시 보기를 용납하지 않았다. [유방은] 말하길 "저건 천하의 변론가이니 머무는 곳에서 나라가 기울어질 것이기 때문에 평국군이라고 부른다."고 했

> 다. 이미 약속이 맺어졌다. 그래서 항왕은 군대를 이끌어 해산하
> 고 동쪽으로 돌아갔다.

드디어 휴전 협정이 맺어졌다. 항우가 힘든 때였다. 이를 틈타 유방이 항우를 몰아붙이지 못한 건 인질로 잡혀 있는 가족 탓이었던 걸로 이해된다.

항우는 유방의 부모처자를 돌려보냈다. 유방의 모친도 잡혀 있었다. 이 여성은 『사기』 속에서 전혀 목소리가 없다. 유방 아버지가 교룡(蛟龍) 아래 이 여성이 누워 있었음을 보았고 그때부터 태기가 있어 유방이 태어났다는 기록 외에 여기서 잠깐 언급되는 게 다이다. 유방의 친모임은 분명하다. 항우가 아버지보다 어머니를 도마 위에 올렸으면 어땠을까 하는 생각도 든다. '처자'는 아내와 자녀들이다. 유방의 아내 여후는 항우 군영에 있었고 그녀의 두 자녀는 유방과 함께 있는데 자녀라니 이상하다. 그래서였는지 왓슨은 처자를 그냥 '아내'라고 번역했다.

그러나 여후의 남매는 유방과 함께 있었어도 유방의 다른 아들 예를 들어 유방의 장남은 조부모와 함께 있었을 수도 있다. '고조본기'에 의하면 유방에게 아들 8명이 있었다. 그중 장자가 비(肥, 이후 뚱뚱이로 부름[14]), 둘째가 효혜였다. 그다음이 척 부인의 아들 여의(趙王, 유방 사후 피

---

14) 아들들 이름을 보면 모두 고상한 의미가 있다. 생각을 깊이 하여 지은 이름으로서 유방의 사회적 지위를 반영한다. 첫아들의 이름만 예외적이다. 하지만 이 역시 유방 및 그 집안의 사회적 위상을 반영하는 것이라 하겠다. 이 아들 비는 유방이 아직 입신하기 전에 태어났음이 분명하다. 뚱뚱하니까 그렇게 부른 것인지, 잘 먹고 뚱보가 되라는 부모 또는 조부모의 염원이 담긴 것인지는 모르겠으나 이 아들은 (유)비라고 부르기보다는 (유) 뚱뚱이 또는 (유) 뚱보라고 부르는 게 유방 및 유방 집안의 성격을 이해하는 데 효과적이라고 나는 생각한다.

살), 넷째가 훗날 문제로 등극하는 항(恆, 代王), 다섯째는 회(恢, 梁王, 자살), 여섯째는 우(友, 淮王, 피살), 일곱째는 장(長, 淮南王), 여덟째가 건(建, 燕王, 사후 아들 피살)이었다. 장자의 모친이 누구인지는 '제도혜왕세가(齊悼惠王世家)'에 나온다. "그의 모친은 첩으로서 조씨라 했다.(其母外婦也曰曹氏)"는 게 사마천의 설명이다.

그런데 이 '세가'에 의하면 장자 비 즉 뚱뚱이의 동생으로 장(章)과 흥거(興居)가 나온다. 유방의 8명 아들 명단 중에 이들은 포함되지 않았다. 유방 아들은 아니었을지라도 뚱뚱이 엄마의 아들이긴 했을 것이다. 이런 아이들도 태공 일행에 포함되었을 가능성이 높다. 그 시절 그들의 가족 관계는 복잡한 경우가 많았다. 단지 사마천이 가르고 쳐서 단순화했을 뿐이다.

그다음 부분 "저건 천하의 변론가이니 머무는 곳에서 나라가 기울어질 것이기 때문에 평국군이라고 부른다."는 맥락이 불분명하다. 후세에 삽입된 구절 같기도 하다. 왓슨 역시 그렇게 보고 있다. 하지만 이 기사가 '고조본기'에 있지 않고 '항우본기'에만 있는 걸 보면 혹 사마천이 고조의 부정적 면모를 이곳에 적어놓은 게 아닌가 싶기도 하다. 고조가 먼저 보낸 육가는 열전에도 오를 만큼 굉장한 변론가였다. 그가 실패한 휴전 제안을 성사시킨 사람이 후공이다. 그런데 이 중요한 사건의 주인공인 후공이 어떤 사람인지 사마천은 아무 이야기도 하고 있지 않다. '천하의 변론가'가 왜 딱 한 번만 등장하고 마는가? 난 아직 답을 찾지 못하고 있다.

그런데 진평을 다룬 '진승상세가(陳丞相世家)'에 그 단서가 될 만한 기사가 있다. 사마천에 따르면 진평은 기묘한 꾀를 잘 써서 유방을 도운 적이 여러 번 있었다. 그런데 그 꾀의 내용이 무엇인지 알려지지 않은 것도 있었다고 한다. 예를 들어 유방이 흉노와 싸우다가 포위되어 7일을 굶고 죽을 뻔했는데 진평의 '기계(奇計)'를 써서 가까스로 빠져나온 적이 있다. 사마천은 "그 계책이 비밀스러웠던지라 세상은 들을 수가 없었다(世莫得聞)."고 했다. 이렇듯 세상일 중에는 인간 세상에서 영원히 알려지지 않고 묻혀버리는 경우도 있다.

우는 항우

> 漢欲西歸, 張良陳平說曰, 漢有天下太半, 而諸侯皆附之. 楚
> 한욕서귀 장량진평세왈 한유천하태반 이제후개부지 초
> 兵罷食盡, 此天亡楚之時也, 不如因其機而遂取之. 今釋弗擊,
> 병피식진 차천망초지시야 불여인기기이수취지 금석불격
> 此所謂養虎自遺患也. 漢王聽之. 漢五年, 漢王乃追項王至
> 차소위양호자유환야 한왕청지 한오년 한왕내추항왕지
> 陽夏南, 止軍, 與淮陰侯韓信建成侯彭越期會而擊楚軍. 至固
> 양하남 지군 여회음후한신건성후팽월기회이격초군 지고
> 陵而信越之兵不會. 楚擊漢軍, 大破之.
> 릉이신월지병불회 초격한군 대파지
>
> 한이 서쪽으로 돌아가려 하자 장량과 진평이 [유방을] 설득해 말했다. "한이 천하의 반 이상을 가졌고 제후들이 모두 이를 따릅니다. 초병은 피로하고 식량은 다했으니 이는 하늘이 초를 망하게 하는 때입니다. 이 기회를 틈타 나아가 그것을 취해야만 합니다. 지금 치지 않고 놓아준다면 이는 이른바 호랑이를 길러 스스로 환난을 남긴다는 것입니다." 한왕이 이를 들었다. 그래서 한나라 5년 한왕은 항왕을 쫓아가 양하 남쪽에 이르러 군대를 멈추고 회음후 한신, 건성후 팽월과 만나서 초군을 치기로 더불어 기약하였다. 고릉에 이르러 신과 월의 군대는 모이지 않았다. 초가 한군을 쳐 크게 깨뜨렸다.

이 휴전은 두 번째이다. 첫 번째 휴전이 성사되어 항우가 돌아가려 하자 범증이 말리면서 비슷한 말을 했다. 그 말을 항우가 좇았다. 지금 장량과 진평의 말에 유방도 마음을 돌렸다. 전쟁에서 휴전은 덧없는 약속이다.

휴전이 깨진 후 공격 방식은 항우와 유방이 다르다. 항우는 혼자서 전군을 지휘해 유방을 추격했으나 유방은 한신과 팽월을 동원하는 협

공을 구사했다. 작전으로만 본다면 항우의 그것보다 훨씬 고차원적이다. 그런데 실패했다. 두 사람이 움직이지 않았던 이유는 무엇일까? 곧 답이 나온다.

> 漢王復入壁, 深塹而自守. 謂張子房曰, 諸侯不從約, 爲之奈
> 한왕부입벽 심참이자수   위장자방왈 제후부종약 위지내
> 何. 對曰, 楚兵且破, 信越未有分地, 其不至固宜. 君王能與
> 하 대왈 초병차파 신월미유분지 기부지고의 군왕능여
> 共分天下, 今可立, 致也, 卽不能, 事未可知也, 君王能自陳以
> 공분천하 금가립 치야 즉불능 사미가지야 군왕능자진이
> 東傅海, 盡與韓信, 睢陽以北至穀城, 以與彭越, 使各自爲戰,
> 동부해 진여한신 수양이북지곡성 이여팽월 사각자위전
> 則楚易敗也.
> 즉 초 이 패 야
>
> 한왕은 다시 성안으로 들어가 해자를 깊이 파고 몸소 지켰다. 장자방[장량]에게 일러 말하길 "제후들이 약속을 따르지 않으니 어찌할꼬?" 하자, 대답하여 가로되 "초병이 곧 깨질 터인데 [한]신과 [팽]월은 아직 나누어준 땅이 없으니 그들이 오지 않는 건 참으로 마땅합니다. 왕께서 천하를 함께 나누어 줄 수 있어서 지금 [그들을] 세울 수 있다면 올 것이나, 만일 할 수 없다면 일은 아직 알 수 없을 겁니다. 왕께서 능히 스스로 진나라 동쪽으로부터 바다에 이르기까지 모두 한신에게 주고, 수양으로부터 북쪽 곡성[동아 소재]에 이르기까지 팽월에게 주어 각자 스스로 싸우게 하면 초는 쉽게 패할 것입니다."라 했다.

'항우본기'임에도 불구하고 유방이 주어가 된 지 오래되었는데 여전히 계속된다. 천하를 삼분하는 장량의 계책이 왜 '항우본기'에서 자세히 소

개되는가?

> 漢王曰, 善. 於是乃發使者, 告韓信彭越曰, 幷力擊楚, 楚破, 自
> 한왕왈 선 어시내발사자 고한신팽월왈 병력격초 초파 자
> 陳以東傳海與齊王, 睢陽以北至穀城與彭相國. 使者至, 韓信
> 진이동부해여제왕 수양이북지곡성여팽상국 사자지 한신
> 彭越皆報曰, 請今進兵. 韓信乃從齊往, 劉賈軍從壽春並行,
> 팽월개보왈 청금진병 한신내종제왕 유가군종수춘병행
> 屠城父, 至垓下. 大司馬周殷叛楚, 以舒屠六, 擧九江兵, 隨劉
> 도성보 지해하 대사마주은반초 이서도육 거구강병 수유
> 賈彭越, 皆會垓下詣項王.
> 가팽월 개회해하예항왕
>
> 한왕이 말했다. "좋다." 그리하여 사자를 보내 한신과 팽월에게 고해 말했다. "힘을 합쳐 초를 칩시다. 초가 깨지면 진나라 동쪽으로부터 바다에 이르기까지는 제왕에게 줄 것이요, 수양 이북 곡성에 이르기까지는 팽 상국에게 주겠소." 사자가 이르자 한신과 팽월은 모두 아뢰어 말하길 "지금 군대를 나아가게 하기를 청합니다!"라 했다. 그래서 한신은 제나라로부터 갔고, 유가의 군대는 수춘으로부터 나란히 행군해 성보를 도륙하고 해하에 이르렀다. 대사마 주은은 초에 등돌려 서로써 육을 도륙하곤 구강의 병사들을 일으켜 유가와 팽월을 뒤따랐다. 모두 해하에 모여 항왕에게 갔다.

여기까지 주어는 유방이다. 사마천은 왜 항우 대신 유방을 장황하게 말하고 있는가? '고조본기'에 넣을 기사는 차고 넘쳐서 이곳에 분산 배치한 것일까? 유방의 단점을 전하고 있는 것도 아니다.

핵심은 이 부분의 내용이 항우의 패배를 이해하는 데 중요한가 아니면 유방의 승리를 이해하는 데 중요한가를 판단하는 데 있다. 사마천에

게 유방의 최종적 승리 요인은 너무 많았다. 그런데 항우의 패배 이유는 간단하게 처리되기에 부족했다. 장량이 제언한 바에 따르자면 항우 군대는 피로하고 식량이 없으니 유방의 공격에 쉽게 패했어야 했다. 그런데 항우는 유방 군대를 이겨냈고 유방은 다시 궁지에 몰렸다. 피로하고 먹을 게 없어도 항우는 여전히 강했다. 유방이 아니라 한신과 팽월이 합세해 달려들었어도 항우는 견뎌냈을지 모른다.

그런데 전혀 생각하지 못한 변수가 생겼으니 그건 땅이었다. 시황제는 부하가 공이 있어도 땅을 주지 않았고 항우는 공이 있으면 땅을 주었다. 그런데 장량은 유방에게 중국 역사 초유의 제안을 했다. 공을 세우기도 전에 땅부터 주어 이미 받은 땅을 지키기 위해서 싸우게 하자는 거였다. 그 규모는 상상을 초월할 정도로 컸다. 천하를 삼분해서 유방, 한신, 팽월 세 사람이 나누어 갖는다는 발상이었다. 땅을 받기 위해서가 아니라 자기 땅에 대한 집착이 항우를 공격하기 시작하자 이 역사 초유의 모티베이션에 천하의 항우라도 배겨낼 도리가 없었던 것이다. 결국 그는 해하로 밀려나 고립되었다.

> 項王軍壁垓下, 兵少食盡, 漢軍及諸侯兵圍之數重. 夜聞漢軍
> 항왕군벽해하 병소식진 한군급제후병위지수중 야문한군
> 四面皆楚歌, 項王乃大驚曰, 漢皆已得楚乎. 是何楚人之多也.
> 사면개초가 항왕내대경왈 한개이득초호 시하초인지다야
> 項王則夜起, 飲帳中. 有美人名虞, 常幸從, 駿馬名騅, 常騎
> 항왕즉야기 음장중 유미인명우 상행종 준마명추 상기
> 之. 於是項王乃悲歌忼慨, 自爲詩曰, 力拔山兮氣蓋世, 時不
> 지 어시항왕내비가강개 자위시왈 역발산혜기개세 시불
> 利兮騅不逝. 騅不逝兮可奈何, 虞兮虞兮奈若何. 歌數闋, 美
> 리혜추불서 추불서혜가내하 우혜우혜내약하 가수결 미

> 人和之. 項王泣數行下, 左右皆泣, 莫能仰視.
> 인화지 항왕읍수행하 좌우개읍 막능앙시
>
> 항왕의 군대가 해하에 진치고 있었다. 병력은 적고 식량은 바닥났으며 한군 및 제후 군대가 여러 겹으로 그들을 포위했다. 밤에 들리길 한군이 사면에 있는데 모두 초나라의 노래였다. 그래서 항왕은 크게 놀라서 말했다. "한이 모두 이미 초를 취했단 말인가? 어찌 저렇게 초나라 사람들이 많단 말인가?" 항왕은 밤에 일어나 장막 안에서 [술을] 마셨다. 우라는 이름의 미인이 있어 항상 사랑하여 데리고 다녔으며 추라는 이름의 준마가 있어 항상 그것을 탔다. 그래서 항왕은 슬프게 노래를 부르며 복받쳐 분개해 스스로 시를 지어 이르길 "힘은 산을 뽑고 기개는 세상을 덮는데 때가 이롭지 못하여 추가 달리지 않는구나. 추가 달리지 않으니 어찌할 수 있을 것인가? 우여 우여! 너를 어찌할 것인가?"라 했다. 노래가 수차례 멈추는데 미인이 거기에 화답하였다. 항왕이 울어 눈물이 뚝뚝 떨어지니 좌우가 모두 우느라 올려볼 수가 없었다.

이 대목은 '항우본기'에서 가장 유명하다 할 것이다. 특히 '역발산(혜) 기개세'는 한자 문화권에서는 청소년도 쉽게 외는 구절이다. 중국 사람은 '리 빠 샨 (씨) 치 까이 시' 베트남 사람은 '륵 밧 썬 (혜) 키 까이 테'라 한다. 일본 발음으로 이 한자들을 읽는다면 '리키 밧 산 (게) 키 가이 세이'다.

사람들은 이 시를 읽으면서 항우의 비분강개함을 경험한다. 특히 '역발산 기개세'는 고금의 많은 남자들이 품게 마련인 자신감의 메아리다. 그 자신감을 실현한 사람보다 좌절을 경험한 사람들이 많아서 이 세상에는 항우의 한탄에 공감하는 사람들이 의외로 많다. '역발산 기개세'를 되뇌는 가운데 실패한, 또는 실패를 예감하는 남자들이 적어도 항우와 자신을 일체화할 수 있는 최소치의 공통점을 확보하면서 위안을 얻을 수 있다. 역사학이 중시하는 문학적 면모(문학적 상상력이 아닌 문학적 표현을 말함)가 십분 발휘되는 부분이다.

그런데 냉정하게 이 시를 해석해 볼 필요가 있다. 우선 뜬금없지 않은가? 글공부도 제대로 하지 않은 항우가 시를 짓는다니? 전혀 어울리지 않는다. 설사 시의 개념 규정을 감성이 터져 나오는 입말 그대로를 글자로 옮겨 놓는 작업이라 설정한다 해도 정제된 표현을 위해서는 대단히 많은 훈련이 필요하다.

누가 이 시를 썼겠는가? 나는 사마천이라고 생각한다. 비슷한 말을 항우가 뇌까렸을 수는 있다. 그런데 그 말이 후세 사람들의 심금을 울릴 시가 되기 위해서 글자를 운용하는 능력이 개입할 필요가 있었다. 한 구절씩 살필 이유는 충분하다.

'역발산혜 기개세' 항우가 가진 힘과 기가 강조된다. 그러나 달리 보자면, 하고 많은 재주 중에 그가 내세울 수 있는 것이라고는 힘과 기밖에 없었다는 말이기도 하다. 둘 다 하늘이 내린 자질이었다. 본인의 노력이 추가되어서 성취한 덕목이 아니었다.

'시불리혜 추불서' 때가 이롭지 못하여 내 명마가 달리지 않는다니…. 자기가 잘못한 건 생각하지 않고 패배의 이유를 하늘의 때에 돌리고 있다. 때가 이롭지 못한 것과 명마가 달리는 문제를 연결시킨 건 시적으로 그럴듯하되 논리적으로는 전혀 맞지 않는다. 수많은 살인, 방화, 변덕, 의심 등 자신이 저지른 잘못은 돌아봄이 없이 항우는 이 시점에서 천시를 탓하고 있다.

'추불서혜 가내하' 명마 추가 달리지 않으니 어찌할 수 있을 것인가? 내가 탄 말이 달리지 않으니 내가 어찌할꼬?라며 자기의 처지를 한탄했다. 말이 없으면 뛰거나 걸으면 된다. 해결 방법을 궁리하지 않고 걱정만 하고 있는 모습이 부각된다.

'우혜우혜 내약하' 우여 우여! 너를 어찌할 것인가? 아니면 우여 우여! 너는 어찌될 것인가? 정도로 번역해도 될 것이다. 자기의 처지에 대한 한탄에 짝하여 우미인을 걱정하는 애절 창이 나온다. 최종적으로 항우와 우미인만 남는다.

하늘이 무너질 것 같은 마지막 순간에 연인의 안위를 걱정하며 눈물을 흘리는 천하의 장사 항우가 보여주는 모습에서 많은 사람들이 감동을 받을 만하다. 섬세한 여성들은 더할 것이다. 그러나 항우는 이 최후의 순간에 이 사람 하나 외에 관심이 없었다는 사실을 기억할 필요가 있다. 개인사로 보아서는 아름답되 역사로 보아서는 추하기조차 한 모습이다. 남녀노소를 가리지 않고 기분 내키는 대로 무참하게 죽이곤 하던 사람이 한 사람 여성의 안위를 걱정하는 건 이기적이고 파렴치하다.

사랑의 이름으로 항우는 이 여성조차 죽이지 않았을까? '우여, 너를 어찌할 것인가?'가 그 의문에 대한 답을 찾는 단서이다. 사마천은 우미인의 최후를 말하고 있지 않으나 말을 하지 않았기에 결론은 상식적인 것이다. 『정의』에서는 '초한춘추'를 인용하여 우미인의 노래를 소개하는데 '대왕의 의기가 다했는데 천첩이 어찌 삶을 도모하겠습니까?'라 했다 한다. 설사 『정의』까지 끌어들이지 않는다 해도 사마천이 그리는 이 상황 이 지경에까지 이르게 되면 다음 장면은 항우가 칼을 뽑아 사랑하는 이를 찌르는 게 가장 자연스럽다. 일반적인 인간의 행태가 그러하다는 말이기도 하려니와 늘 사람을 죽여오던 항우의 성향을 보아서도 그렇다. 그리 길지 않은 시간 동안에 있었던 사건인지라 정황상 우미인 스스로 목숨을 끊었을 리는 없다. 항우를 위해 기꺼이 목숨을 버린 자는 '항우본기' 전체에서 단 한 사람도 없었다. 우미인이 항우를 위해 스스로 죽었다면 사마천이 그 사실을 기록하지 않았을 리가 없다.

　항우가 우미인을 죽여야 했을 이유는 또 있다. 우미인을 그대로 내버려두는 건 자존심 강한 항우로선 용납이 되지 않는다. 너무 사랑했기 때문이며 집착했기 때문이다. 혹여라도 사로잡히면 어쩔 것인가? 유방은 매력적인 남성이었다. 그는 콧마루가 우뚝하고 용처럼 생긴 얼굴이었다고 '고조본기'는 전한다. 유방이 맘만 먹고 우미인을 달래고 어른다면 우미인은 유방의 품에 안길 가능성도 있지 않은가? 상상조차도 그건 항우에게 지옥이었을 것이다.

　낭만과 감성으로 포장했으되 이 비감한 노래가 담고 있는 내용의 본질은 사마천의 짓궂은 항우 희화화이자 냉혹한 단죄문이다. 항우와의 싸움에서 유방에게 가장 가혹했던 궁지(窮地)는 형양성 안이었다. 거기에서 유방은 밤에 도망칠 궁리를 하는 가운데 이천 명의 여성에 갑옷을 입혀 내보냈다. 항우에게는 해하성이 궁지였다. 처음 겪어본 궁지였다. 여기서 항우는 술 마시고 한탄하고 노래하며 운다. 역시 밤이다. 그 앞에 짝하여 오직 한 여성이 있어 함께 울고 있다. 운명의 여정상으로는 거록 전투에서의 '초병호성동천'과 대비되고, 숙명의 대결 속에서는 '야출여자형양동문피갑이천인(夜出女子滎陽東門被甲二千人)'과 대비되는 모습이 한데 모인 곳이 이 대목이다. 거록에서는 남성이 해하에서는 여성이, 해하에서는 죽음이 형양에서는 삶이 있었다. 유방을 위해 갑옷을 입고 나간 여성 이천 명을 항우가 다 죽였다면 사마천은 썼을 것이다.("초나라 병사들이 사방에서 그들을 공격했다."라는 기술만 있다.) 쓰지 않았다는 건 그들이 살았다는 말이다.

　자, 해하성 밖 사면에서 울려 퍼지던 초가는 누가 부르고 있었을까? 항우가 생각한 대로 유방이 초나라를 다 점령했기에 초나라 사람들을 동원해서 노래를 부르게 한 건 아니었을 것이다. 유방의 주력군은 관중 사람들이었다. 한신의 군대는 주로 제나라 사람들이었다. 팽월은 양 땅의 군사를 지휘하고 있었다. 나는 유방이 성고를 공격할 때 조롱과 욕지거리를 활용했다고 말했다. 유방이 잘하는 게 욕이었다. 해하에서 유방은 노래로 항우를 공격하고 있다. 노래도 유방이 잘하는 것 중 하나였다. 그는 초가를 부를 줄 알았다. 그는 노래를 가르칠 줄도 알고 악기도 다룰 줄 알았다. '고조본기'에 나온다.

도망치는 항우

> 於是項王乃上馬騎, 麾下壯士騎從者八百餘人, 直夜潰圍南
> 어시항왕내상마기　휘하장사기종자팔백여인　직야궤위남
> 出, 馳走. 平明, 漢軍乃覺之, 令騎將灌嬰以五千騎追之. 項
> 출　치주　평명　한군내각지　령기장관영이오천기추지　항
> 王渡淮, 騎能屬者百餘人耳. 項王至陰陵, 迷失道, 問一田父,
> 왕도회　기능속자백여인이　항왕지음릉　미실도　문일전부
> 田父紿曰, 左, 左, 乃陷大澤中. 以故漢追及之. 項王乃復引
> 전부태왈　좌　좌　내함대택중　이고한추급지　항왕내부인
> 兵而東, 至東城, 乃有二十八騎. 漢騎追者數千人.
> 병이동　지동성　내유이십팔기　한기추자수천인
>
> 그래서 항왕은 말에 올라타 달렸다. 휘하 장사들로서 말을 타고 따른 자가 팔백여 명이었다. 어둠 속으로 들어가 포위를 뚫고 남쪽으로 나가 내달려 도망쳤다. [날이] 밝아졌다. 그래서 한군은 이를 알고 기병 장군 관영으로 하여금 오천 기를 거느리고 그를 추격하게 했다. 항왕이 회수를 건너니 기병 중 참고 따르는 자가 백여 인뿐이었다. 항왕은 음릉에 이르러 헤매다 길을 잃자 한 농부에게 물었다. 농부는 거짓으로 말했다. "왼쪽." 왼쪽으로 갔다. 그래서 큰 소택지 한가운데 빠졌다. 때문에 한의 추격이 그들에게 미쳤다. 그래서 항왕은 다시 병사들을 이끌고 동쪽으로 향해 동성에 이르렀다. 그래서 28기가 남았다. 쫓는 자 한나라 기병의 수가 수천 인이었다.

사마천은 '어시(於是)-내(乃)'를 자주 사용한다. 혹 '어시'만 나오기도 한다. '어'는 일반적으로 '-에'라는 어조사이지만 '-로 인하여'라는 의미도 갖는다. 그러니 '어시'는 '이로 인하여' 또는 '그래서' 정도로 번역하면 된다. 사마천은 '내(乃)'도 많이 사용하는 편이다. 아니 굉장히 많이 사용한다. '내'는 글을 연결하는 기능으로 사용될 때 통상 '이에'라고들 하는데, 두루뭉술하다. 왜냐하면 '이에'의 의미가 그리고, 이리하여, 곧 바로 등 세 가지[15]이기 때문이다. 내가 보기에는 이 중에서 '이리하여'라는 구체적 의미를 선택하는 게 좋다. '이리하여'를 그대로 써도 좋지만 '그래서'가 요즘 말에 잘 호응한다고 생각한다. 앞에 나온 이유를 받는 결과를 이끄는 말이다. '내'의 앞말을 종결형으로 끝내고 '내'를 '그래서'로 번역하면 앞뒤 맥락이 분명해진다. '어시-내'나 '내'는 같다고 보면 된다. '내'는 '그래서' 외에도 너, 그, 접때 등등 여러 가지 의미가 있다. 생김새는 단순한데 너무 다양한 뜻을 품고 있어서 다루기가 버거운 글자다. 그런 만큼 묘미가 깊기는 하다.

첫 문장에서 '어시-내'를 빼고 번역하면 '항왕은 말에 올라타 달렸다'가 된다. 그런데 '어시-내'가 있기에 말에 올라타고 달리게 되는 행동은 앞에 나온 말이 이유가 된 결과가 되어야 한다. 즉 '어시-내'의 용처가 분명하기에 우리는 항우가 말에 올라타서 달리는 이유를 찾아야 할 필요가 있는 것이다. 잘 찾아지지 않아서 고민스러운 곳이다. 그래서인지 왓슨은 'then'을 넣었다. '그리고는' 정도의 뜻이다. 부드럽다. 그러나 안 이해 보인다. 항우가 한참 울다가, '그리고는' 말에 올라타는 건 너무 밋밋하지 않은가?

그러니 항우가 우미인을 죽인 사건이 필요하다. 항왕은 이제 미련 없이, 그리고 지체 없이 말에 올라탈 때가 된 것이다. 왜? 우미인이 사라졌기 때문이다. 즉 여기서 '어시-내'는 사마천이 생략한 우미인의 죽음과 항우의 탈출 사이의 인과 관계를 붙들고 있는 표현이다. 항우가 흘린 눈물은 천시에 대한 한탄만이 아니라 우미인과의 피할 수 없는 이별을 아파하는 눈물이기도 했다. 이미 그는 우미인을 죽이기로 결심했다고 나

---

15) 이희승 편, 『국어대사전』, 민중서관, 1961.

는 본다. 사랑하는 이를 죽여야 하는 그 아픔, 그것이 항우로 하여금 더 슬피 울게 한 것이다. 탈출을 위해서는 소규모의 병력만 필요하고 소규모 병력의 기동은 항우로서는 처음 해보는 일이었다. 대규모의 군영이 움직이는 가운데 우미인은 늘 함께했지만 기병만으로 이루어진 탈출 작전에 우미인이 함께할 수는 없는 일이었다. '우미인을 죽였고', 그래서 항우는 즉각 말에 올라타 달리기 시작했다. 만일 항우가 말릴 새도 없이 우미인이 스스로 목숨을 끊었다면 이때부터 놀라기 시작한 항우는 생각을 정리하기에 시간이 걸렸을 것이고 우는 행동과 말에 올라타는 행동은 이렇듯 '어시-내'로써 즉각적으로 연결될 리가 없다.

사마천이 구사하는 숫자의 음률을 주목하자. 항우를 따른 이가 최초에 팔백 인이었다. 회수를 건너자 백여 인, 동성에 이르자 이십팔 기로 줄어들었다. 우연인지는 몰라도 항량과 항우가 군대를 일으켰을 때 장강을 넘은 자가 팔천 인이었다. 해하에서 탈출한 자가 팔백, 회수를 건넜을 때 백여 기가 되었다가 동성에 이르러 이십팔이 되었다. '팔'자가 이어진다. 줄어드는 숫자를 명확히 기재하는 것만으로써 사마천은 무엇을 말하고자 하였을까? 싸움이 이어지는 가운데 줄어들었다면 늘어나는 사망자를 이야기하는 것이겠지만 싸움은 없이 도망치기만 하는 이 일련의 과정에서 줄어드는 숫자의 의미는 무엇인가? 항우를 버리는 병사들의 숫자이다. 팔백 인 중 칠백 인이, 백여 인 중 일흔두 명이 달아났다.

그런데 그 과정에 일(一)이라는 숫자가 등장한다. 내가 '한 농부'로 번역한 '일전부(一田父)'에서이다. 역사 서술에 일개 농부의 육성이 들어왔다. 이 또한 사마천의 돋보이는 점이다. '좌'라는 단 한 마디이지만 변화를 반영하고 변화를 이끄는 일개 농부의 역할을 역사 서술에 끌어들이는 시도를 사마천은 하고 있다. 단 한 명의 단 한 마디가 수많은 사람들의 천 마디 만 마디 말보다 무겁다. 칠백 명이 버리고, 일흔두 명이 버리더니 이젠 한 명이 항우를 버리는 장면이다. 여기는 물이 많은 남방이며 초나라 판도였다. 회수를 건넜다고 하지 않은가? 회수를 건넜으니 그 다음은 장강이다. 항우는 지금 회수와 장강 사이를 헤매고 있는 중이다. 항우의 백성이 항우를 버렸음을 사마천은 우리에게 보이고 있다. 큰 소택지에 빠진 항우는 민심의 향배를 깨달았을 것이다. 우미인까지 죽이고 재기를 도모했지만 항우로 하여금 그 희망을 버리게 한 건 이 사건이었다. 하찮은 농부의 한 마디 말이 항우를 꺾었다. 인심의 괴력 앞에서 산을 뽑는 힘과 세상을 덮는 기개는 한갓 티끌일 뿐이다.

여기서 '내(乃)'가 자꾸 나온다. 이 글자는 '그래서'라고 번역해야 한다고 했다. 하도 급박한 상황, 항우 인생의 막바지이자 한초 쟁패전의 최종 단계인지라 서술의 호흡이 빨라지고 '내'의 등장이 많아진다. '내'의 의미를 적절히 적용해 가면서 읽을 때 이해가 높아지고 흥미도 고양된다. 위의 문단에서 '以故漢追及之. 項王乃復引兵而東, 至東城, 乃有二十八騎(이고한추급지. 항왕내부인병이동, 지동성, 내유이십팔기)'를 예로 들어보자. 이것을 만약 '때문에 한의 추격이 거기에 이르렀다. 항왕이 이에 다시 병사들을 이끌고 동쪽으로 향해 동성에 이르니 이에 28기가 남았다.'라고 번역했다고 쳐보자. 언뜻 보면 무난해 보이지만 '이에' 사이의 인과 관계는 전혀 드러나지 않는다. 그런데 이걸 '때문에 한의 추격이 거기에 이르렀다. 그래서 항왕은 다시 병사들을 이끌고 동쪽으로 향해 동성에 이르렀다. 그래서 28기가 남았다.'로 하면 '그래서'를 가운데 둔 앞뒤 관계가 명확해진다. 원래 항우는 남쪽으로 방향을 잡고 도망쳤다. 그러다가 길을 잃었다. 한나라 추격군이 다가왔으니 더 이상 남쪽으로 가지 못하고 방향을 틀어 동쪽으로 간 것이다. 그러다가 동성에 이르렀다. 동쪽은 예상치 않던 방향이었다. 위험하게 느껴졌다. 그래서 도망친 자들이 많았고 28기만 남은 것이다.

밤에 항우가 도망쳤는데 날이 밝아서야 한군이 그 사실을 알았다는 건 해하를 둘러싸고 있는 군대가 연합군이었기 때문이었다. 한신, 팽월 등의 군대가 함께했다. 날이 밝아서야 항우 도주 사실을 알게 된 한군이 란 건 유방이 직접 거느린 군대를 의미한다.

項王自度不得脫, 謂其騎曰, 吾起兵至今八歲矣, 身七十餘戰,
항왕자탁부득탈 위기기왈 오기병지금팔세의 신칠십여전
所當者破, 所擊者服, 未嘗敗北, 遂霸有天下. 然今卒困於此,
소당자파 소격자복 미상패배 수패유천하 연금졸곤어차
此天之亡我, 非戰之罪也. 今日固決死, 願爲諸君快戰, 必三
차천지망아 비전지죄야 금일고결사 원위제군쾌전 필삼
勝之, 爲諸君潰圍, 斬將刈旗, 令諸君知天亡我, 非戰之罪也.
승지 위제군궤위 참장예기 령제군지천망아 비전지죄야
乃分其騎以爲四隊四嚮. 漢軍圍之數重.
내 분 기 기 이 위 사 대 사 향 한 군 위 지 수 중

항왕은 벗어날 수 없다고 스스로 헤아려 자기 기병들에게 말했다. "내가 군대를 일으킨 지 이제까지 여덟 해이다. 몸소 칠십여 번을 싸웠는데, 맞닥뜨린 자는 깨뜨리고 친 자는 복종시켰지. 결코 패한 적이 없어. 마침내 우두머리가 되어 천하를 가졌다. 그러나 이제 졸지에 이곳에서 어려움에 처하게 되었으니 이는 하늘이 나를 망하게 하는 것이지 용병의 잘못이 아니다. 오늘 마땅히 죽음을 각오하고 제군들을 위해 속시원히 싸워보고자 하는데, 반드시 저들을 세 번 이겨 제군을 위해 포위를 뚫어 장수를 베고 기를 잘라서 제군으로 하여금 하늘이 나를 망하게 함이지 용병의 잘못이 아님을 알게 하겠다." 그래서 자기의 기병을 나누어 네 개 무리를 만들어서 네 방향을 향했다. 한군이 그들을 여러 겹으로 에워쌌다.

항우는 완전히 희망을 접었다는 심경을 부하들에게 토로하고 있다. '하

늘 탓이지 내 탓이 아니다'는 주장이 두 번 반복된다. 패전도 하늘 탓이고 민심도 하늘 탓이다. 자신만만한 사람들에게, 그리고 최선을 다했다고 스스로 여기는 사람들에게 많이 보이는 모습이다.

본문에서 나오는 '非戰之罪' 중 '전'은 싸움이나 전쟁만이 아니라 '용병(用兵)'의 뜻을 갖는다. 군대를 운용하는 걸 용병이라고 하는데 용병에는 전술적 운용과 전략적 운용이 있다. 한 전장에서 싸움의 성패는 전술적 운용의 문제이다. 그러나 대국적 관점에서 최종적 전쟁 성패를 결정하는 건 전략적 운용에 기댄다.

항우는 전략적 운용에서 실패한 사람이고 전략 운용을 성공적으로 수행할 능력이 없는 사람이었다. 검술은 힘으로 대신한다고 쳐도 병법은 배우지 아니하면 다른 이의 머리라도 빌려야 하는데 항우는 배우지도 않았고, 범증도 버렸다.

그런 사람이 지금 하늘 탓을 하면서 전략이 아닌 전술의 묘를 부하들 앞에서 과시하고 있다. 왕, 패왕 또는 황제 재목이 할 일이 결코 아니다. 격에 맞지 않은 놀이를 위해 항우는 그나마 남은 부하 이십팔 인까지 다 죽게 할 셈인가? 그러면서도 '제군들을 위해서'란다.

그러나 사실 부하들이 다 죽지는 않았을 것이다. 이십팔 인의 부하들과 항우 사이에 있었던 말을 한군이 들었을 리도 없고 사마천이 창작했을 리도 없다. 누군가가 생존했고 그 혹은 그들이 전한 말을 사마천이 채집하여 정리한 것일 테니 말이다.

項王謂其騎曰, 吾爲公取彼一將, 令四面騎馳下, 期山東爲三
항 왕 위 기 기 왈   오 위 공 취 피 일 장   령 사 면 기 치 하   기 산 동 위 삼
處. 於是項王大呼馳下, 漢軍皆披靡, 遂斬漢一將. 是時赤泉
처   어 시 항 왕 대 호 치 하   한 군 개 피 미   수 참 한 일 장   시 시 적 천

> 侯爲騎將, 追項王, 項王瞋目而叱之, 赤泉侯人馬俱驚, 辟易
> 數里, 與其騎會爲三處. 漢軍不知項王所在, 乃分軍爲三, 復
> 圍之. 項王乃馳, 復斬漢一都尉, 殺數十百人, 復聚其騎, 亡
> 其兩騎耳. 乃謂其騎曰, 何如, 騎皆伏曰, 如大王言.

항왕이 그의 기병에 일러 말하길 "나는 그대들을 위해 저기 장군 하나를 죽이겠다." 하고 사면의 기병에 명을 내려 달려 내려가 산의 동쪽에 세 개의 자리를 만들기로 약조했다. 그리하여 항우는 크게 소리치며 달려 내려가니 한나라 군대는 모두 쓰러져 흔들렸고 마침내 한나라의 한 장군을 베었다. 그때에 적천후가 기병 장군이 되어 항왕을 추격하자 항왕은 눈을 부릅뜨고 그에게 소리를 지르니 적천후의 사람과 말은 함께 놀라 피하고 바꾸길 몇 리 했기에 [항우는] 자기의 기병들과 만나 세 자리를 만들었다. 한군은 항우가 있는 곳을 알지 못하였다. 그래서 군대를 나누어 세 개로 해서 그들을 다시 포위했다. 그래서 항왕은 달려가 다시 한나라의 도위 한 명을 베고 수십백 인을 죽이고는 또 자기의 기병을 모으니 그중 두 명의 기병만을 잃었을 뿐이었다. 그래서 자신의 기병들에게 일러 말했다. "어떤가?" 기병은 모두 엎드려 말했다. "대왕의 말씀대로입니다."

기막힌 싸움 솜씨, 힘과 기세가 모두 등장한다. 항우는 분명 이기고 있다. 그러나 한군의 포위망은 계속 좁혀지고 있다. 항우가 냉정함을 잃지 않고 훗날을 도모하기로 했다면 여기서 이런 싸움을 하고 있느니 한 발자국이라도 더 도망칠 궁리를 했을 거였다. 아니면 누군가가 항우를 도망치게 하고 대신 죽겠다고 나설 것이었다. 그런데 항우 주변에 그런 사람은 없었다.

> 於是項王乃欲東渡烏江. 烏江亭長檥船待, 謂項王曰, 江東雖
> 어시항왕내욕동도오강 오강정장의선대 위항왕왈 강동수
> 小, 地方千里, 衆數十萬人, 亦足王也. 願大王急渡. 今獨臣有
> 소 지방천리 중수십만인 역족왕야 원대왕급도 금독신유
> 船, 漢軍至, 無以渡. 項王笑曰, 天之亡我, 我何渡爲. 且籍與
> 선 한군지 무이도 항왕소왈 천지망아 아하도위 차적여
> 江東子弟八千人渡江而西, 今無一人還, 縱江東父兄憐而王
> 강동자제팔천인도강이서 금무일인환 종강동부형련이왕
> 我, 我何面目見之. 縱彼不言, 籍獨不愧於心乎. 乃謂亭長曰,
> 아 아하면목견지 종피불언 적독불괴어심호 내위정장왈
> 吾知公長者. 吾騎此馬五歲, 所當無敵, 嘗一日行千里, 不忍
> 오지공장자 오기차마오세 소당무적 상일일행천리 불인
> 殺之, 以賜公.
> 살지 이사공

그래서 항왕은 오강에서 동쪽으로 건너려 했다. 오강의 정장이 배를 대고 기다려 항왕에게 일러 말하길 "강동은 비록 작으나 지방이 천리이고 무리의 숫자가 10만 인이니 역시 왕 노릇을 하기에 충분합니다. 대왕께선 얼른 건너시기 바랍니다. 지금 홀로 신만이 배가 있으니 한군은 이르러도 써 건널 게 없습니다."라 했다. 항왕이 웃으며 말했다. "하늘이 나를 망하게 하니 내가 어찌 건널 것인가? 그리고 [항]적이 강동의 자제 팔천 인과 함께 강을 건너 서쪽으로 갔는데 지금 한 명도 돌아가지 못하니 설사 강동의 부형들이 불쌍히 여겨 나를 왕으로 삼는다 해도 내가 무슨 면목으로 그들을 볼 것인가? 설사 그들이 말하지 않는다 해도 [항]적이 홀로 마음에 부끄럽지 아니하겠는가?" 그래서 정장에게 일러 말하길 "나는 그대가 장자임을 알겠다. 나는 이 말을 5년 동안 탔는데 당하는 바 적이 없고

> 일찍이 하루에 천 리를 가기도 했으니 차마 이를 죽일 수 없기에 그대에게 선사하겠소."라 했다.

여기서 또 '어시-내'가 나온다. 왜 앞의 상황과 인과 관계인지는 쉽게 파악이 된다. 싸움에서 이겼고, 부하들도 항우의 능력을 깊이 인정했으니 다시 마음이 바뀌어 그들을 데리고 탈출을 시도하고 있는 것이다.

그런데 모순된 내용이 연속된다. 문장상으로는 이해가 된다고 해도 이미 내용 모순은 시작되었다. 탈출을 지체하고 싸움 실력을 보인 것 자체가 이미 살기를 포기한 행동이다. 그런데 강을 건너려 했다고 한다. 그래서 다행히 배를 만났는데 이젠 또 가지 않겠다고 한다. 변덕의 연속인가?

강을 건너기를 권하는 정장에 사양하면서 하는 말이 또 '하늘이 나를 망하게 했다.'이다. 하늘은 이미 자기에게 '역발산기개세'의 능력을 주었건만 하늘에 대한 원망의 말은 죽는 순간까지 입에 달고 갈 태세이다. 하늘이 들으면 크게 노할 일이다.

> 乃令騎皆下馬步行, 持短兵接戰. 獨籍所殺漢軍數百人. 項王
> 내 령 기 개 하 마 보 행 지 단 병 접 전 독 적 소 살 한 군 수 백 인 항 왕
> 身亦被十餘創, 顧見漢騎司馬呂馬童曰, 若非吾故人乎, 馬童
> 신 역 피 십 여 창 고 견 한 기 사 마 여 마 동 왈 약 비 오 고 인 호 마 동
> 面之, 指王翳曰, 此項王也. 項王乃曰, 吾聞漢購我頭千金邑
> 면 지 지 왕 예 왈 차 항 왕 야 항 왕 내 왈 오 문 한 구 아 두 천 금 읍
> 萬戶, 吾爲若德. 乃自刎而死.
> 만 호 오 위 약 덕 내 자 문 이 사
>
> 그래서 [항왕은] 기병을 모두 말에서 내려 걷게 하고 짧은 무기를 들어 근접전을 벌였다. 홀로 적이 죽인 바 한군이 수백 인이었다.

> 항왕 몸 역시 십여 군데 상처를 입었는데, 한나라 기병의 사마 여마동을 돌아보고 말하길 "너는 나의 옛 친구 아니던가?" 하자 마동은 그로부터 얼굴을 돌리고 왕예에게 보여 이르길 "여기 항왕이다."라 했다. 그래서 항우는 말했다. "내가 듣기에 한은 내 머리를 천금과 만호의 읍을 주고 산다 했으니 내 너를 위해 은혜를 베푸노라." 그래서 스스로 목을 베어 죽었다.

여기서 주목할 필요가 있는 글자가 있다. 기병들로 하여금 모두 말에서 내리게 했다는 데서 나오는 '령' 즉 명령이다. 자기 기분이 승하여 말을 남에게 주었으면 자기 혼자만 두 다리에 의지해 단병접전을 벌여도 될 것이다. 그의 부하들은 모두 기병이다. 말 위에서의 싸움에 훈련된 자들이다. 그들까지도 내리라고 '명령했다.' 시종일관 그렇게 묘사되듯이 항우의 부하들은 늘 항우의 명령에 복종한다. 보이지 않는 곳에서는 도망도 치고 명령을 어기기도 하지만 보는 앞에서 명령에 이의를 제기하는 경우는 한 번도 소개되지 않는다. 군대를 일으킬 당시 회계 태수를 죽이고 오중의 자제들을 동원했을 때, 송의를 죽이고 병권을 탈취했을 때도 부하들은 모두 복종이었고 의제를 쫓아낸다고 할 때는 심지어 '좋다(善)'고까지 맞장구를 쳤다. 28명을 데리고 게임을 할 때도 항우의 부하들은 '대왕의 말대로 되었다.'고 장단을 맞춘다.

늘 명령에 복종하는 부하들을 두었으니 항우는 행복했다 할 것인가? 부하들을 그렇게 만들었으니 능력 있는 지휘관이었다고 할 것인가? '대왕이 말을 버렸으니 나도 그리하겠다'는 자발적인 모습을 보인 부하는 없었다. 말을 주고난 후 홀로 땅 위에 서 있는 항우를 보는 게 송구해서 얼른 말에서 내린 부하도 없었다. 단지 명령이 있은 후에나 말에서 내렸다. 글쎄, 내가 보기에 이런 부하들은 위태롭다. 항우가 맨 나중에 죽기로 했다면 항우가 보는 앞에서 다 죽었을 것이다. 그러나 항우라는 절대자가 먼저 사라지면 이런 부류의 부하들 사이에서는 혼란이 생긴다.

항우가 먼저 죽기로 한다. 옛 친구를 위해서 죽기로 했단다. 앞서서 부하들에게도 한 말이지만 항우는 내가 아니라 '너를 위해서'라는 표현을 좋아하는 사람이다. 많은 사람을 죽여 왔던 항우답게 자기도 자기가 죽였다.

맨 나중에 나오는 '그래서 스스로 목을 베어 죽었다.'라는 말의 맛이 깊다. 여기서 '그래서'는 앞의 말 즉 '내가 너를 위해 은혜를 베푸노라.'와 호응하며 뒤에 나오는 '목을 베어'라는 말과 통한다. 스스로를 찔러 죽거나 그냥 목을 내놓거나 한 게 아니라 자기의 강한 힘으로 자기 목을 벤 것이다. 왓슨은 '刎'을 "목구멍을 따서(cut his own throat)"라고 번역했다. 나는 그냥 자전에 충실하게 목을 베었다고 하겠다. 싸우던 짧은 무기를 갖고 스스로 목을 베어 죽을 수 있는 행동으로 왓슨이 생각한 것처럼 목 아래를 자를 수도 있지만, 옆쪽을 그어서 경동맥을 절단할 수도 있다. 이게 더 치명적이다. 힘센 사람만이 할 수 있다. 이 대목의 맥락상 칼로 목을 찔러서 죽었을 리도 없다. '내' 즉 '그래서'라는 글자 때문이다. 항우는 옛 친구에게 자기 목을 주겠다고 했다. 그래서 자기 목을 벤 것이다. 자기 목을 노리는 사람이 얼마나 많았겠는가? 친구가 자기 목을 얼른 떼어 가지도록 돕는 방법은 최대한 자기 목을 많이 잘라주는 것이다.

여마동이 "여기 항왕이다(此項王也)."라 한 대목은 이해가 쉽지 않다. 왓슨은 항우를 자세히 본 여마동이 왕예에게 이 자가 항우라는 걸 알려주었다는 식으로 해석했다. '마동면지(馬童面之)'를 '마동이 그를 자세히 보고(eyed him carefully)'라고 번역한 것이다. 여기서 '면'은 얼굴을 뜻하며 향한다는 뜻도 있기에 그렇게 번역했다고 생각된다. 그러나 자전에는 분명히 '등지다'는 뜻이 있으며 자례로서 이 '마동면지'를 들어놓기까지 했다. 항우를 포함해서 27명이 단병접전을 벌이고 있는데 그중에 누가 항우인지 몰라서 자세히 보고서야 항우인지 안단 말인가? 그럴 리는 없다. 항우에게 면구스러워서 마동은 고개를 반대로 돌린 게 맞다.

> 王翳取其頭, 餘騎相蹂踐爭項王, 相殺者數十人. 最其後, 郎
> 왕예취기두 여기상유천쟁항왕 상살자수십인   최기후 낭
> 中騎楊喜騎司馬呂馬童郎中呂勝楊武各得其一體. 五人共會
> 중기양희기사마여마동낭중여승양무각득기일체   오인공회
> 其體, 皆是. 故分其地爲五, 封呂馬童爲中水侯, 封王翳爲杜
> 기체   개시 고분기지위오 봉여마동위중수후   봉왕예위두
> 衍侯, 封楊喜爲赤泉侯, 封楊武爲吳防侯, 封呂勝爲涅陽侯.
> 연후   봉양희위적천후   봉양무위오방후   봉여승위열양후
>
> 왕예가 그의 머리를 가졌고 나머지 기병들이 서로 짓밟으며 항왕을 다투어서 서로 죽인 자가 수십 인이었다. 그 후 최종적으로 낭중기 양희, 기병 사마 여마동, 낭중 여승과 양무가 각자 그의 몸 한 개씩 가졌다. 다섯 사람이 함께 그 몸들을 모으니 모두 맞았다. 그리하여 그 땅을 나누어 다섯 개로 하여 여마동은 봉하여 중수후로 삼고, 왕예는 봉하여 두연후로 삼고, 양희는 봉하여 적천후로 삼고, 양무는 봉하여 오방후로 삼고, 여승은 봉하여 열양후로 삼았다.

나는 『사기』 전체를 통틀어 이 대목이 가장 잔인하다고 여긴다. 처음에 이 대목을 보면 필요 이상으로 자세하다 느껴진다. 그런데 자세해야 할 이유가 사마천에게는 있었던 것 같다. 항우의 몸이 갈가리 잘라지는 모습이 잔인하다. 항우에게 야차처럼 달려들어 그의 신체 각 부위를 떼어 가려고 서로를 죽여가며 다투는 모습도 잔인하다. 더 잔인한 건 항우의

몸을 각각 차지하고 안도했을 한 사람 한 사람을 일일이 성과 이름을 갖추어 기록하고 그렇게 해서 얻은 그들의 작위까지 한 개도 빼놓지 않고 기록한 사마천의 태도이다. 이미 저항할 힘이 없는 시체에, 그것도 스스로 죽어준 시신에 달려들어 그 몸을 이리 자르고 저리 자르며 공을 탐하는 사람들의 모습은 얼마나 야비한가? 특히 옛 친구 여마동에게 주겠다던 항우의 머리를 왜 왕예가 차지하는가? 마음이 언짢은 여마동이 상관 왕예에게 항우의 머리를 양보했는가 싶었는데 그는 머리를 빼앗긴 대신 옛 친구의 팔인지 다리인지를 하나 차지했던 것 같다.

죽은 항우, 울고 가는 유방

> 項王已死, 楚地皆降漢, 獨魯不下. 漢乃引天下兵欲屠之, 爲
> 항왕이사 초지개항한 독노불하 한내인천하병욕도지 위
> 其守禮義, 爲主死節, 乃持項王頭視魯, 魯父兄乃降. 始楚懷
> 기수예의 위주사절 내지항왕두시노 노부형내항 시초회
> 王初封項籍爲魯公, 及其死, 魯最後下, 故以魯公禮葬項王穀
> 왕초봉항적위노공 급기사 노최후하 고이노공예장항왕곡
> 城. 漢王爲發哀, 泣之而去.
> 성 한왕위발애 읍지이거

> 항왕이 이미 죽고 초 땅은 모두 한에 항복했지만 홀로 노만은 굴복하지 않았다. 그래서 한은 천하의 군대를 이끌고 그들을 다 죽이려 하였으나 그들이 예와 의를 지키고 주군 때문에 절의를 위해 죽고자 한다 해서 항왕의 머리를 들어 노에 보였다. 그래서 노의 부형이 항복했다. 애초에 초의 회왕은 처음 항적을 봉하여 노공으로 삼았다. 그가 죽음에 이르러 노나라는 가장 뒤에 항복했다. 때문에 노공의 예로 항왕을 곡성에 묻었다. 한왕은 초상난 것을 발표했고 그것을 위해 울고 갔다.

다소 야릇한 대목이다. 우선 세상의 모범이 될 만한 것부터 말하자면, 노가 끝까지 항복하지 않고 노공 항우에게 의리를 지켰다는 것이다. 유방 측이 그 충절을 존중했고 노공의 예로 장사 지냈다니 갸륵해 보인다. 그리고 유방이 격식을 갖추어 울기까지 했다는 데서 승자의 아량이 돋보인다. 항우의 시신을 갖고 싸우던 자기 부하들의 추한 모습과 좋은 대조가 된다. 그런데 왜 갑자기 항우에 대한 노 사람들의 충절이 강조되는지 이상하고, 초 사람들도 다 항복했는데 노 사람들이 저항했다는 것도 이상하며, 항우를 굳이 노 땅에 묻은 것도 이상하다. 노는 작았다. 특별난 지도자가 있었던 곳도 아니었다. 최종적으로 굴복하는 행위의 주어가 되는 노의 부형들이 유방을 상대로 끝까지 항복을 거부했다고? 또 그런 작은 노나라를 '천하의 군대를 이끌고' 치려했다고? 우습지 않은가? 항우를 추격했던 관영의 기병 오천 명만 동원했어도 노를 쓸어버리기에 족했을 것이다.

'항우본기'이니 항우를 중심으로 생각하는 방식을 놓치면 안 된다. 그의 '본기' 전체를 통해서 항우가 노공으로 봉해졌다는 기록 외에 노 사람들과 항우가 어떤 관계를 가졌는지는 전혀 나오지 않았다. 예의와 범절을 중시하는 공자의 고향 노 사람들이라면 자기 상관을 죽이고 자기 황제를 죽인 항우에 대해서는 어떤 태도를 가져야 했을까? 게다가 무식함을 수치로 여기지 않는 항우가 노 땅의 지배자로 봉해진 것 자체도 어울리지 않는다고 하지 않았던가? 그리고 주공으로부터 시작되는 유구한 역사를 갖고 공자의 고향이기도 한 노나라를 멸한 건(기원전 256년) 초나라였다. 그런데 노 사람들이 항우를 위해서 끝까지 싸우고자 했다니, 사마천의 그 말을 나는 이해할 수가 없다.

단지 내가 사마천의 기술 중 이해되고 수긍이 가는 건 항우가 노 땅에 묻혔다는 사실과 그를 위해 유방이 울었다는 대목이다. 항우의 오체는 이미 분리되었다. 그의 토막난 시신은 일단 오강 변으로부터 본대가 있던 해하로 옮겨졌을 것이다. 거기는 과거 초나라의 영역이었다. 그런데 노 사람들을 깨우치기 위해서 항우의 머리가 사수를 건너 노 땅으로 갔다. 엄격한 예법으로써 장례가 치러지기 위해 나머지 팔다리도 따라갔을 것이다. 노 사람들의 저항이 없었다면 항우의 시신이 먼 여행을 해야 할 리가 없었다. 그는 제2의 고향땅 오중을 눈앞에 두고 죽었다. 초 땅 한가운데 항우가 묻혀 있는 걸 유방이 편하게 생각했을 리가 없다. 유방이 운 건 노 사람을 염두에 두고서가 아니라 천하를 보면서였다. 초나라 사람들의 인심 동향은 특히 중요했다. 이런 제스처는 필요하지 않았겠는가? 억지로 눈물을 짜내어서도 할 만한 가치가 있는 일이었다.

그렇다면 노 사람들의 충성과, 천하의 군대를 동원해 그들을 치겠다던 유방의 원래 계획은 무엇인가? 난 이 두 가지가 쇼였던 것 같다.

노 땅은 항우의 시신을 옮기고 유방의 인덕을 천하에 알리는 장소로 선택되었다고 볼 수 있다.

항우에 대한 의리를 지키기 위해 노 사람들이 저항했다는 주장은 맹랑하기 그지없다. 사마천이 거짓말을 했을 리는 없다. 혹 누군가의 거짓말을 천연덕스럽게 그대로 옮기고 있는 것일까? 아니면 사마천이 이 사기극에 속아서였을까? 혹 그냥 눈을 감아준 것일까? 아니면 유방의 진면모를 보여주기 위해 행간의 언어를 구사하고 있는 것일까?

사마천에 대한 기본적 신뢰가 있다면 이럴 때 우리는 원문을 자꾸 살펴야 한다.

그러다 보니 눈에 뜨이는 글자가 있다. '하(下)'이다. 나는 이를 '굴복하다'로 번역했다. 문맥상 문제가 없어 보인다. 왓슨은 이 부분을 'submit'라 했다. 내 번역과 별 차이가 없다. 그런데 '하'를 '함락되다'로 하여 '노나라만이 함락되지 않았다.'로 하면 어떨까? '노나라만이 무너지지 않았다.'도 좋다. 이렇게 되면 노나라가 함락되지 않은 건 노나라 사람들의 저항 탓이 아니다. 유방이 하기 나름이었을 수가 있다.

이렇게 했던 것 같다. 군대를 보내 살살 건드리면서 항복은 받지 않는다. 항우가 원래 노공이었다는 사실을 들먹이고 공자와 주공까지 끌어들이며 노나라 사람들은 예와 의에 밝다고 강조한다. 위협을 하기 위해서 맘만 먹으면 천하의 군대를 모아 평지로 밀어버릴 수 있음도 말할 수 있다.

'노 사람들이 예와 의를 지키고 주군 때문에 절의를 위해 죽고자 한다 해서 항왕의 머리를 가져다 보였다.'까지는 유방 측의 일방적 주장이다. 그 다음에 나오는 '魯父兄乃降'의 '내(乃)'는 어찌할 것인가? 어떤 인과 관계를 여기의 '내'가 받는가? 노 사람들에게 항우의 머리를 보여주었기 때문에 그래서 노가 항복했다는 말이 된다. 맞는가? 그렇지 않다. 항우가 죽은 건 이미 세상 사람들이 다 아는데 머리를 가져다 보여준 게 노 사람으로 하여금 항우의 죽음을 확인하게 한 건 아니다. 그럴 필요는 전혀 없었다. 머리를 가져다 보여준 건 노 사람들에게 항우를 거기 묻어야겠다는 유방의 의지를 보여준 행동이다. 항우 머리를 보인 문장과 노가 항복했다는 문장을 다른 말로 표현하고 연결해 보면 다음과 같다. '유방은 항우를 여기에 묻겠다고 했다.' '그래서 노가 항복했다.' 더 사실에 가깝게 말한다면 '유방은 항우를 여기에 묻겠다고 했다.' '그래서 노가 항복하게 허용했다.'는 맥락인 것이다. 이 문단의 '持項王頭視魯' 중 '視'는 '보다'라는 자동사로 쓰인다. 그러나 '보이다'라는 '示'와도 통한다. 그래서 일반적으로는 후자의 의미를 수용해 '머리를 보였다'고 번역한다. 나도 그랬다. 하지만 그냥 자동사로 번역해서 '[유방이] 항우의 머리를 쥐고 노 사람들을 쳐다보았다.'고 해도 될 것 같다. '나는 이 머리를 여기에 묻겠다'는 의사를 노 사람에게 보이는 행동인 것이다. 처음부터 하나로 연결해 보면 '노나라 사람들이 예와 의를 지키고 주군 때문에 절의를 위해 죽고자 한다고 해서 [유방이] 항우의 머리를 쥐고 노나라를 쳐다보았다. [이제 때가 되었기에] 그래서 노나라가 항복하게 허용했다.'가 된다.

그리고는 이미 공포에 질릴 대로 질려 있던 노나라 사람들 앞에서 정중하게 항우의 시신을 묻은 것이라면 맥락이 분명해진다. 옷깃을 여미고 우는 일이야 유방에겐 일도 아니었다. 그렇다면 '泣之'를 유방이 그(항우)를 위해서 울었다기보다 '그것을 위해 울고 갔다.'로 번역하는 게 정확하다 할 것이다. 그 장례식 행사를 위해 울고 갔다는 의미다.

항우는 죽어서도 유방에게 농락당하고 있던 셈이다. 앞으로 '고조본기'에서 보겠지만 유방은 심리전에 강하며 쇼맨십도 풍부하다. '항우본기'에서 이미 나온 것만을 들어보자면 성고를 지키는 항우의 장군들에게 욕을 보여 싸움을 도발한 것, 초나라 노래로써 항우의 넋이 나가게 만든 일 등에서 유방의 솜씨가 십분 발휘되었다.

> 諸項氏枝屬, 漢王皆不誅. 乃封項伯爲射陽侯. 桃侯平皐侯
> 제 항 씨 지 속   한 왕 개 불 주   내 봉 항 백 위 사 양 후   도 후 평 천 후
> 玄武侯皆項氏, 賜姓劉.
> 현 무 후 개 항 씨   사 성 유
>
> 모든 항씨 일가를 한왕은 일체 죽이지 않았다. 그래서 항백은 봉하여 사양후로 삼았다. 도후, 평천후, 현무후가 모두 항씨인데 성을 하사해 유로 했다.

여기에서도 유방의 아량이 돋보이지만 또 한편으로는 그 아량이 마냥 순수해 보이지 않는다. 항백의 공을 인정한 건 합당해 보인다. 하지만 항백은 괴로웠을 것이다. 그 외 도후, 평천후, 현무후가 누구인지는 모르겠다. 중요한 건 이들에게 유씨 성을 하사했다는 사실이다. 영향력 있는 항씨 일족에게 유씨 성을 준 것은 다른 말로 하면 그들의 성을 바꾸었다는 게 된다. 항우의 시신을 초에서 노로 옮긴 뒤에 항씨를 유씨로 만들었다. 두 행동이 모두 사람들로 하여금 항우 내지 초의 귀족 항씨를 잊게 하는 수단이었다.

사마천의 생각

太史公曰, 吾聞之周生曰, 舜目蓋重瞳子, 又聞項羽亦重瞳子.
태사공왈 오문지주생왈 순목개중동자 우문항우역중동자
羽豈其苗裔邪, 何興之暴也. 夫秦失其政, 陳涉首難, 豪傑蜂
우기기묘예야 하흥지포야 부진실기정 진섭수난 호걸봉
起, 相與並爭, 不可勝數. 然羽非有尺寸, 乘埶起隴畝之中, 三
기 상여병쟁 불가승수 연우비유척촌 승세기농무지중 삼
年, 遂將五諸侯滅秦, 分裂天下, 而封王侯, 政由羽出, 號爲霸
년 수장오제후멸진 분열천하 이봉왕후 정유우출 호위패
王, 位雖不終, 近古以來未嘗有也. 及羽背關懷楚, 放逐義帝
왕 위수부종 근고이래미상유야 급우배관회초 방축의제
而自立, 怨王侯叛己, 難矣. 自矜功伐, 奮其私智而不師古, 謂
이자립 원왕후반기 난의 자긍공벌 분기사지이불사고 위
霸王之業, 欲以力征經營天下, 五年卒亡其國, 身死東城, 尙
패왕지업 욕이력정경영천하 오년졸망기국 신사동성 상
不覺寤而不自責, 過矣. 乃引天亡我非用兵之罪也, 豈不謬哉.
불각오이불자책 과의 내인천망아비용병지죄야 기불류재

태사공이 말한다. 내가 들은 주생의 말로는 순의 눈은 아마도 동자가 두 개라 했고 또 항우 역시 동자가 두 개라 들었다. [항]우가 어찌 그의 후손이겠느냐만 일어남이 얼마나 갑작스러웠는가! 무릇 진나라가 그 정치를 그르치고 진섭이 먼저 난을 일으키니 호걸이 벌떼 같이 일어나 서로 더불어 나란히 다투는 게 수를 셀 수 없었다. 그러나 [항]우는 한 자 한 촌도 가진 게 없이 밭두둑 가운데서 세를 타고 일어난 지 삼 년에 마침내 다섯 제후를 거느리고, 진나라를 멸해 천하를 나누고 찢어 왕과 후를 봉하니 정치는 [항]우로부터 나왔기에 불러 패왕이라 했다. 지위는 비록 끝까지 가지 못했으나 근고 이래 일찍이 있었던 적이 없었다. [항]우가 관[중]을 등지고 초를 품는 데에 이르러 의제를 쫓아내고 스스로 서 왕과 제후의 원한을 사 자기에게서 돌아서게 했으니 어려워졌도다.

> 스스로 공적을 자랑하고 자기의 사사로운 꾀를 떨치되 옛것을 본받지 아니했다. 패왕의 사업이라고 말하면서도 힘으로 천하를 차지해 경영하고자 했으니 오 년이 되어 마침내 그 나라를 잃고 몸은 동성에서 죽었는데 오히려 깨닫지 못하고 스스로 책망하지 못했다. 잘못이로다. 그래서 '하늘이 나를 망하게 하는 것이지 용병의 과오가 아니다.'[는 이유]를 끌어들이니 어찌 그릇되지 않다고 하겠는가?

둘 다 들었다는 말이 강조되는 것으로 보아 사마천은 확실치도 않은 이야기임을 전제로 하며 순임금과 항우를 비교했다. 그 이유는 항우의 빠른 성장을 지적하고자 함이다. 그 속도는 초나라 귀족의 후예라는 사실만으로도 설명이 되지 않는다. 혹 순임금의 후손이라면 그 음덕이 항우를 도왔다고 할 수 있겠지만 그럴 리도 없다는 말이다. 사마천이 '한 자 한 촌'이라 한 대로 땅 한 뼘 재물 한 줌도 없던 떠돌이 항우가 일어난 지 삼 년 만에 천하를 가졌다는 건 놀라운 일일 뿐이다. '근고 이래 일찍이 없었던 일'이라는 건 성공의 속도만이 아니라 취한 땅을 사람들과 나누어 가진 일을 가리킨다. 없었던 일이 일어난 것, 그것이 바로 역사이며 그걸 행한 사람이 곧 역사적 인물인 것이다.

'근고'라는 건 글자대로만 보자면 '가까운 옛날'이다. 사마천이 살던 시절을 기준으로 할 때 '古'란 그 상한이 막연하다. 확인할 수 있는 인간사의 시대만을 추려낸 게 사마천의 역사였는데 그 상한은 오제의 첫머리인 '황제(黃帝)'의 시대였다. 그 이전은 사람과 귀신, 전설, 신화 등이 뒤섞인 옛날이다. 다시 또 그 뒤에는 또 어떤 옛날이 있을지 알 수 없다. 그러니 여기서 사마천이 말하는 '가까운 옛날'이라는 건 자기가 합리적으로 이해할 수 있는 한계까지의 과거를 말하는 것이다.

순임금의 눈동자까지 들먹여 보았지만 항우의 성공이 왜 그리 빨랐는지는 사마천으로도 명확히 말하기 힘들었던 것 같다. 그냥 슬그머니 넘어간다. 내가 보기엔 이미 '역발산혜 기개세'로 사마천은 그 이유를 충분히 밝혔다.

대신 사마천이 한 번 더 강조하여 후세 사람들을 깨우치고자 한 건 항우의 실패 이유였다. 그것은 옛것을 스승으로 삼지 않고(不師古), 힘으로써 천하를 차지해 경영하려 하고(欲以力征經營天下), 스스로 책망하지 않는(不自責) 세 가지 태도였다. 첫째 모습은 초반의 성장기에 나오고 두 번째 것은 사납게 죽이고 묻고 태우고 삶는 데서 여실히 드러난다. 절대 스스로를 책망하지 않는 태도는 몰락을 앞두고 어쭙잖은 시를 지어서 하늘만 탓하는 데까지 이르렀다.

2
한나라
— 고조본기

朝鮮

漢　　楚

南越

논리적 출생

> 高祖沛豊邑中陽里人, 姓劉氏字季. 父曰太公, 母曰劉媼. 其
> 고조패풍읍중양리인 성유씨자계 부왈태공 모왈유온 기
> 先劉媼嘗息大澤之陂, 夢與神遇. 是時雷電晦冥, 太公往視,
> 선유온상식대택지피 몽여신우 시시뢰전회명 태공왕시
> 則見蛟龍於其上. 已而有身, 遂産高祖.
> 즉견교룡어기상 이이유신 수산고조
>
> 고조는 패현의 풍읍 중양리 사람으로서 성은 유씨이고 자는 계이다. 아버지는 태공이라 불리고 어머니는 유온[유씨 아줌마]이라 불렸다. 그보다 먼저 유온이 일찍이 큰 못가에서 쉴 때 꿈에 신과 만났다. 그때에 우레가 치고 벼락이 때리며 어두워져서 태공이 가서 엿본즉 교룡이 그 위에 있는 것을 보았다. 곧 임신이 되어 마침내 고조를 낳았다.

항우와 유방 공히 태어난 곳은 현재의 강소성에 해당한다. 항우의 고향 하상은 사수의 하류, 패현은 상류에 위치한다. 사수를 건너면 산동 지역이다. 패현의 풍읍이라는 건 패의 중심지가 아니라 패현에 속한 또 하나의 도회지를 이름이다. 우리나라에서도 하나의 군 중심지가 읍이며 여기에 군청 소재지가 있지만 별도의 읍이 또 하나 있는 경우가 있다. 예를 들어 현재 예산군의 군청 소재지는 예산읍인데 예산군 내에 삽교읍도 있다.

자로 '끝 계'를 썼으니 태공에게는 유방이 막내였던 것 같다. 유방이라는 이름은 훗날 왕이 될 때 지은 이름이다.

성이 유씨라는 것 외에 아버지 이름은 나오지 않는다. 태공이란 건 유방이 왕이 된 후 주변 사람들이 그의 아버지를 높여 부르던 호칭이었다. 어머니도 그냥 위 아줌마 정도다. 항우와 달리 유방의 집안 배경이 분명하지 않다. 우 출생 배경으로 모친이 언급되지 않았지만 여기서는 어머니 얘기 나온다. 항우는 항씨 집안 즉 부계를 배경으로 하여 출생한 데 비해 방의 출생에는 모친의 역할이 컸기 때문이다. 아버지란 사람은 국와일 뿐이었다.

아버지 대 어머니를 안고 있던 건 교룡이었다. 그걸 아버지가 봤단다. 그렇다면 이 신비한 잉태가 벌어지던 상황을 증명해줄 존재는 엄마, 아버지, 교룡이었다. 꿈에서 신인을 만났다는 걸 확인해줄 사람은 엄마밖에 없다. 아버지와 어머니가 합방을 한 상태에서 꿈에 신인을 만났다면 길몽 정도로 치부할 수 있다. 그런데 두 사람은 따로 있었고 어머니는 교룡이 올라타고 있었다. 사마천은 '교룡이 그 위에 있었다'고 했는데 교룡이 자고 있던 유온 위에서 신비하게 춤추는 정도의 모습이 아니다. 우레가 치고 번개가 번쩍이는데 어떤 무감각한 여자가 아직도 잠을 자고 있겠는가? 유온과 교룡은 한 몸이 되어 있었던 것이다.

상상의 동물 교룡부터 시작해서 꿈, 신, 우레, 벼락, 어두운 날씨, 잉태 등을 모두 합쳐서 사마천이 창작한 것이라고 생각할 수 있다. 자기가 살고 있는 왕조를 세운 사람이니 암만 사실을 중시하는 사가라도 그 정도의 서비스는 기꺼이 할 수도 있지 않았을까?

그렇지 않다. 사마천은 사실을 중시했다. 단지 왕조 건국자의 탄생과 관련해서는 약간의 각색을 가하는 작업이 그에게 필요했을 뿐이었다. 민망한 출생을 가리는 기술이다. 그 시절, 모계의 유습이 남아 있고 유교적 윤리 의식도 아직 세상에 퍼지려면 멀었던 때였으며 더군다나 소택과 삼림이 가까운 자연 속에서 생존하는 농민 가정에서 태어난 자식들이 일목요연하게 한 아버지 혈통이라고 정리될 수 있는 경우가 얼마나 되었을까? 원래 그대로 서술하자니 너무 비천하고, 거짓말을 하는 건 용납되지 않으니 누구도 믿지 않을 이야기를 통해 사실을 전하는 방식을 선택한 것이다. 유방은 태공의 아들이 아니라고 말하자니 너무 직설적이다. 유방은 태공의 막내아들이었다고 말하면 거짓이다. 이 두 가지 문제를 피하는 데 신령이 동원되었다. 사마천에서 비롯된 이런 테크닉은 이후 중국은 물론 한국, 베트남 사가들에게도 적절하게 응용되었다.

은나라의 조상인 설(契)은 그의 어머니가 목욕을 하는 중에 검은 새가 알을 낳아 떨어뜨리자 그걸 삼키고 아이를 뱄다 하고, 주나라의 조상 후직(后稷)은 그 어머니가 들판에 나갔다가 거인의 발자국을 보고는 마음에 기쁨이 일어나 그것을 밟아 후직을 뱄다 하고 진나라의 조상을 낳은 어머니는 옷감을 짜고 있다가 검은 새가 낳은 알을 삼키고 애를 뱄다고 하는 이야기가 『사기』의 '은본기' '주본기' '진본기'의 첫머리를 장식하고 있다. 모두 남편이 있는 여성들이었다. 사마천이 그들의 잉태를 신비화한 것일까? 아니다. 하나같이 아버지가 불분명한 태생임을 이런 방식으로 은유하고 있는 것이다. 신비화하자면 더 신비화가 필요한 은나라보다 윗대의 왕조에 관한 기록 즉 '하본기'에는 이런 이야기가 없고, 그 윗대의 사람들을 다루는 '오제본기'에도 신비화는 없다.

사마천 시대를 기준으로 보자면 오제 시대 역시 '근고(近古)'였다고 했다. 은, 주, 진의 조상들이 모두 오제의 첫머리에 있는 황제(黃帝) 이후의 사람들이었기 때문에 사마천으로서는 그들의 출생에 대한 궁구가 그리 어렵지 않았다. 하물며 유방은 거의 사마천 시대의 사람이라고 할 수 있다. 유방보다 조금 오래된 시절의 인물인 진나라 시황제의 출생에 대해서 사마천은 명확하게 기록하고 있지 않은가, 그가 진나라 장양왕(莊襄王)이 아니라 여불위(呂不韋)의 씨라는 것을.[16] 진나라는 한나라

---

16) '진시황본기'에서는 '장양왕의 아들이다.'라고 한 데 그치고 '여불위열전'에서 사실을 밝히고 있다.

의 적이었기 때문에 사실을 밝혔지만 유방은 달랐던 게 아니다. 그는 항상 사실을 쓰고 전달했다. 단지 유방을 비롯한 몇 사람에 대해서는 치장하는 방법이 좀 더 교묘했을 뿐이다.

유방 아버지가 그날 본 것 중에서 '교룡'만 '어떤 자'로 바꾸어 놓으면 모든 게 명확해진다. 유방의 잉태는 야합(野合)의 결과였다. 장소가 연못가 제방이었으니 글자 그대로이다. 우레와 번개는 당일의 날씨가 실제 그랬다 해도 그럴듯하고 남녀의 격정을 비유한다고 해도 괜찮을 것 같다. 태공으로서는 아내가 딴 남자가 함께 있는 걸 직접 목격까지 했으니 이후 부부 관계는 정상적이었을 리가 없다. 유방의 이름이 막내가 되었을 수밖에 없었던 이유도 여기에 있었을 것이다.

그런데 유방에게는 동생이 하나 더 있으니 이름이 교(交)다. '초원왕세가(楚元王世家)'에 의하면 이 사람은 '고조와 같은 엄마(同母)를 둔 동생'이라고 되어 있다. 이것이 유방의 동생 교가 유방 어머니와 태공 사이에서 태어난 아들이라는 증거는 되지 못한다.『집해』는 판본에 따라서 교가 '고조와 같은 아버지(同父)'를 둔 사이라고 쓴 곳도 있다 하고『색은』은『한서』에 '同母'는 '同父'로 되어 있음을 지적한다. 그렇다면 유방은 태공의 자식이란 말인가? 글쎄, 이에 대한 답은 이렇다. '동모'라 했을 때 더 사실에 가깝되 '동부'라고 해도 그 사실을 뒤집지는 못한다. '같은 아버지'를 두었다고 한다면, 유방의 형제 중에는 아버지가 다른, 혹은 태공의 아들이 아닌 아들이 있었다는 말이 된다. 유방의 집안이 그랬다는 말이다. 유방과 유교가 '同父' 소생이라면 이 두 아들은 태공과 유온 사이에서 나왔어야 할 것 같다. 유방이 유온 소생임은 분명하다. 형제 중 유방과 유교의 아버지만 태공이었다는 얘기가 된다. 즉 막내와 그 위 유방만 태공 아들이라니. 그럴 가능성은 희박하다. '同父' 설을 받아들인다고 해도 단지 유방과 유교의 아버지는 한사람이란 말만 분명

할 뿐이다. 그 아버지가 꼭 태공이어야 하는 법은 없다.

호주호색

> 高祖爲人, 隆準而龍顔, 美須髥, 左股有七十二黑子. 仁而愛
> 고조위인 륭절이용안 미수염 좌고유칠십이흑자 인이애
> 人, 喜施, 意豁如也. 常有大度, 不事家人生産作業. 及壯試爲
> 인 희시 의활여야 상유대도 불사가인생산작업 급장시위
> 吏, 爲泗水亭長, 廷中吏無所不狎侮. 好酒及色. 常從王媼武
> 리 위사수정장 정중리무소불압모 호주급색 상종왕온무
> 負貰酒, 醉臥, 武負王媼見其上常有龍怪之. 高祖每酤留飮,
> 부세주 취와 무부왕온견기상상유룡괴지 고조매고류음
> 酒讎數倍, 及見怪, 歲竟, 此兩家常折券棄責.
> 주수수배 급견괴 세경 차량가상절권기채
>
> 고조는 사람됨이, 콧마루가 높이 솟았고 용의 얼굴이며 아름다운 수염이 있고 왼쪽 넓적다리에는 72개의 사마귀가 있었다. 어질고 다른 이를 사랑하며 베푸는 것을 즐기며 뜻은 활달했다. 늘 큰 헤아림이 있어 집안사람들의 생산하는 작업에 종사하지 않았다. 원기 왕성한 나이가 되어 시험을 보아 관리가 되었다. 사수의 정장을 하였다. 관아의 관리들을 업신여기고 멸시하지 않는 바가 없었다. 술과 색을 좋아해서 항상 왕온과 무부를 거느리고 외상술을 먹는데, 취하여 누우면 무부와 왕온은 그 위에 항상 용이 있음을 보아 그것을 괴이하게 여겼다. 고조가 매번 머물러 술을 사 마시면 술값이 여러 곱이었지만, 괴이함을 보고는 연말에 이 두 집은 항상 외상 장부를 부러뜨려 빚을 없앴다.

고조의 외모 묘사에 용이 또 등장했다. 교룡의 아들이라니 얼굴이 아버지 닮은 건 당연해 보인다. 그러나 뒤집어 생각하면 그의 얼굴이 상상 속의 용을 닮았기에 사마천은 유방의 아버지를 용으로 설정했을 수도 있다.

두 여인이 보았다는 용은 유방의 어머니 위에 있던 용과 성격이 다르다. 이 용은 사마천이 아니라 유방이 만들어냈을 가능성이 높다. 이후로 유방의 행적과 관련해서 신령스런 존재들이 등장하는데 맥락을 궁구해 보면 유방의 창안물이라는 생각이 든다. 이에 대해서는 차차 논하기로 하자.

유방은 시험을 보아 관리가 되었다. 진나라 시대였으니 가능한 일이었다. 집안 배경과 항량 덕에 일약 무리의 2인자가 되었던 항우와 비교된다. 시험에 합격하기 위한 자기 노력이 있었을 것이다. 고조와 같은 날 같은 동네에서 태어난 노관의 행적이 담긴 '한신노관열전(韓信盧綰列傳)'에 의하면 두 사람은 서로 친하게 지내며 자라서 '함께 글을 배웠다(俱學書)'고 했다.

유방이 외상술을 먹는 장면에서 유심히 살펴야 할 것이 왕온과 무부의 존재이다. 일반적으로 이 두 여성은 나이 든 주모 정도로 이해된다. '온'이 할미, 어미, 계집이라는 뜻이 있는데 거기서 할미를 취하고, 무부 중 '부'에 할미라는 뜻이 있기 때문이다. 그러니 유방은 외상술 좋아하는 술꾼인 데다가 취하여 아무 데나 쓰러져 자는 건달 같은 자였고 왕온과 무부는 술값을 속여먹는 늙은 주모라는 게 그럴듯하다. 그런데 난 이 여성들이 설사 나이 든 여성이었다고는 할지라도 술 파는 사람만은 아니었다고 생각한다.

사마천은 유방이 술과 색을 좋아한다고 했다. 술값 따지지 않고 외상 술 좋아하는 건 호주가의 행동으로 어울린다. 헌데 술집에서 쓰러져 자고, 용이 그 위에 어른거리는 장면까지 전부 '호주'와 관련된 것으로 보면 '호색'의 사례가 설 곳이 없다. 난 이 두 여성이 유방의 호색 대상이라고 본다. '색'이란 빛깔이다. 빛깔은 젊음이다. 여성이 피어나는 나이가 된다는 건 빛깔이 피어나고 아름다워진다는 걸 뜻한다. 그걸 더 강조하기도 하고 색이 시든 걸 감추고 가장하기 위해 화장을 하는 것이니 화장이 색의 조합인 건 이 때문이다. 그런데 색을 좋아한다는 말은 색의 선택 범위가 다양할뿐더러 색의 밝기 범위도 다양하다는 말이다. 특히 그 성격이 '호색'이라고 평가될 때 그러하다. 유방은 색을 좋아한 나머지 나이 든 여성까지도 즐겼다. 의도적일 수도 있었다. 나이가 들었다고 해서 이 두 여성은 색깔이 완전히 빠진 노인은 아닐 것이고 유방을 잉태한 '유온'이 그랬듯 '왕온'도, 그리고 '무부'도 남녀 관계는 가능한 나이였다. 유방의 호색 기질이 자기 아버지로부터(교룡이든 그 누구든) 물려받은 것이라면 그 아버지가 유온 정도의 여성을 안듯 유방도 왕온으로 표현되는 나이 정도의 여성을 마다했을 리 없다.17)

유방이 술에 취해 누웠다는 건 거기서 술을 마시다가 왕온이든 무부든 함께 잤다는 말로 해석하는 게 적절하다. '여자를 좋아했다'는 유방의 행각을 소개하는 게 바로 이 대목이다. 잘생긴 젊은 사내가 성격도 어질다. 남을 사랑하는 마음도 크다. 나이 든 자기를 자주 찾는다. 유방은 노래도 잘했고 악기도 다룰 줄 알았다. 여자들로서는 유방이 은근히 좋아질 수가 있다. 처음엔 바가지도 몇 번 씌워 보지만 결국 술도 거저

---

17) 대장군 위청(衛靑)의 이야기를 담은 '위장군표기열전(衛將軍驃騎列傳)'에 의하면 위청의 아버지 정계(鄭季)가 평양후(平陽侯) 집의 급사로 있을 때 평양후의 첩 '위온(衛媼)'과 사통해서 본 아이가 위청이라 한다. 그 시절에는 이렇듯 어미의 성을 따르는 경우가 많았다. 사마천은 유방의 모친을 '유온'이라 부르고 있음을 기억하자. 위청은 무제 때 사람이었다. 『색은』은 '온'이 여자를 지칭함에 노소(老少)를 구분하지 않는 말이었다고까지 주장한다. 그러나 젊다고(少) 해서 아주 새파란 처녀는 아닐 것이고 자식을 몇 둔 여성인 것 같다. 위청의 모친은 위청 위로 아들과 딸이 여럿 있었고 유방 위로도 유온은 이미 자식들을 두고 있었지 않은가? '고조본기'에는 여후의 아버지가 여공, 어머니가 여온이다. 아내가 남편 성을 따라 불리는 것 같다. 하지만 부부가 같은 성이었을 가능성도 있다.

주고 몸도 허하는 것이다.

 자 이제, 자기에게 푹 빠진 두 여성들에게 용 이야기를 슬슬 해주는 유방을 상상해 보자. 내 얼굴이 용을 닮은 건 이유가 있는 것이고(교룡 잉태설은 사마천이 아니라 이미 유방이 창작했을 가능성도 있겠다.) 나를 수호하는 용은 요즘도 종종 나를 찾는다. 어젯밤에 내 위에 어른거리는 용을 본 것 같은데…. 아니면 몽롱한 상태에서 옆에 누워 있는 여성에게 어 저게 뭔고?(고대의 밤은 어둡다.) 등등의 말을 툭툭 던지다 보면 이 잘생긴 젊은 남자에 매혹된 여성들은 반복되는 이야기에 의해 착각을 하기 시작하고, 용의 아들과 동침하는 자기가 자랑스러워지고, 설사 착각까지 가지 않더라도 유방의 선전술에 기꺼이 가담하는 데까지 이르지 않았겠는가 말이다. 술만 파는 역할을 했을 일개 주모들이었다면 사마천이 이들을 성씨까지 다 찾아 기록했을 리가 있겠는가?

 우리는 사마천이 사실을 그대로 쓸 수 없었던 사정을 이해한다. 그래도 사실은 써야 한다고 판단된다면 사마천으로서는 적절한 각색이 필요했을 것이다. 이 작업을 통해 사마천은 유방이 호주하고 호색하는 데 더해 호계(好計)하는 사람이란 사실을 후세에 전하고 있다고 나는 생각한다.

 유방의 관직이 정장이었다. 정장이란 무엇인가? 정은 역참이다. 마을로 번역되기도 한다. 역참이란 고대 사회에서 여행 중에 말을 바꾸어 타는 곳이고 숙박 시설도 겸했다. 진나라가 군현제를 시행한 후 중앙과 지방의 왕래가 활발해지면서 역참의 중요성은 커졌다. 『정의』에서는 진나라 법에 '10리는 1정이고 10정을 1향이라 했다(十里一亭, 十亭一鄉)'고 하여 정장을 『정의』의 필자가 살았던 당나라 시대의 이장(里長)에 해당한다고 했으니 이에 따르면 유방의 직책은 일정 크기 마을을, 혹은 열 개 마을을 관할하는 우두머리였다. 왓슨도 이렇게(village head) 보았다.

그런데 나는 정장을 역참 관리 책임자라고 보는 입장이다. 얼마 전에 우리는 '항우본기' 말미에서 정장을 하나 만났다. 배를 몰고 와서 항우에게 타고 건너기를 권한 사람이 오강의 정장이었다. 일반적으로 정에는 말이 있다. 헌데 물이 많은 지역에서는 배가 필요하다. 그래서 나는 오강의 정장이란 건 오강을 건너는 시설을 관리하는 역참의 우두머리라고 생각한다. 역참에서 배를 독점하고 있었고 그 역참의 장이 나섰기에 오직 항우를 위해서만 배를 띄울 수 있었던 것이다.

그리고 정장의 존재에서 우리는 역사성을 읽는다. 진대에 중앙집권화를 위해서 역참의 중요성이 부각되었고 수효가 늘어났다. 그리고 중앙집권화를 기도하는 어느 시대에나 역참의 중요성은 큰지라 역참의 장은 비록 급이 낮긴 하지만 정부의 정식 임명을 받는 자리였다. 아무리 진대에 군현제를 실시했다 해도 마을 우두머리 정도까지 시험을 쳐서 임명했겠는가? 전통 시대에 중앙집권화가 진행될 대로 진행된 18, 19세기 조선, 중국, 베트남에서 마을의 우두머리까지 시험을 쳐서 임명하는 제도가 있었다는 말은 들어본 적이 없다. 그렇다면 진나라의 법을 근거로 한 『정의』의 주장은 어찌할 것인가? 나는 '10리는 1정이고 10정을 1향이라 한다'를 『정의』와 다른 방식으로 번역할 필요가 있다고 생각한다. '10리마다 1정이 있고 10개 정마다 1개의 고을이다'는 어떤가?[18] 이

---

18) 『漢韓大字典』(민중서림)에는 『후한서』를 출전으로 밝히며 똑같은 자례 '十里一亭, 十亭一鄕'을 소개하는데 여기서 '정'은 역참을 뜻하는 것으로 보고 있다. 자례에 올라 있는 '정장' 역시 '역참의 장'이라 하고 있다. 일본의 『大漢和辭典』에서 정장은 '宿驛의 장'[역참의 장]과 '향촌의 장' 두 가지 의미가 있는 것으로 본다. 그런데 대부분 전자의 사례들을 들고 있으며 항우가 만난 정장도 역참의 장으로 이해하고 있다. 그러나 유방의 사례는 나오지 않는 걸로 보아 편찬자 역시 유방의 직책에 대해서는 판단이 조심스러웠던 것 같다. 사실 10리에 하나씩 정이 있다고 한다면 역참이 너무 촘촘하게 배치되어 있다고 느껴지기도 한다.

렇게 할 때 정 즉 역참은 군현제, 중앙집권화와 관련되는 제도이며[19] 유방의 입신 역시 진나라가 실시한 개혁의 한 반영물이었다고 할 수 있다. 정장 시절 유방이 친하게 지낸 사람이 하후영이었다. 그의 일대기를 그린 '번력등관열전'에 의하면 하후영은 현청의 수레를 모는 사람으로서 사객(使客) 즉 지방에 사절로 가는 사람들을 태워다 주고 돌아올 때면 유방에게 들러 이야기를 나누며 시간 가는 줄 몰랐다고 한다. 정장이란 직책이 교통과 관련되었다는 걸 엿볼 수 있는 대목이다.

---

19) 정약용이 한때 충청도 금정(金井)의 역참 관리자로 좌천된 적이 있다. 이때 그의 나이 34세, 직책은 도부승지였다. 이처럼 역참은 조정의 관리직급 체제 안에 있었던 공적 공간이었다. 암행어사가 출두할 때 역졸이 동원될 수 있는 것도 이 때문이었다. 이에 반해 리가 되었든 촌이 되었든 그리고 혹 사(社)가 되었든 현 아래 단위에서 백성을 관리하는 우두머리는 정부 조직 체계 바깥에 있었다.

야심

> 高祖常繇咸陽, 縱觀, 觀秦皇帝, 喟然太息曰, 嗟乎, 大丈夫當
> 고조상요함양 종관 관진황제 위연태식왈 차호 대장부당
> 如此也.
> 여차야
>
> 고조가 일찍이 함양으로 요역을 가서, 멋대로 돌아보다가 진나라 황제를 보게 되자 크게 한숨 쉬며 말했다. "아! 대장부가 마땅히 저 같아야 하리."

항우와 유방의 어법이 비교되는 장면이다. 항우의 말 "저거, 빼앗아 대신할 만하구나."를 시황제가 듣는다면 그건 삼족을 멸할 죄에 해당한다. 그런데 시황제가 아무리 신경을 곤두세우고 유방의 말을 분석한다 한들 '대장부 마땅히 저 같아야 하리.'라는 말은 알쏭달쏭하기만 할 뿐이었을 것이다.

동지를 얻다

單父人呂公善沛令, 避仇從之客, 因家沛焉. 沛中豪桀吏聞令
선부인여공선패령 피구종지객 인가패언 패중호걸리문령

有重客, 皆往賀. 蕭何爲主吏主進, 令諸大夫曰, 進不滿千錢,
유중객 개왕하 소하위주리주신 령제대부왈 신불만천전

坐之堂下. 高祖爲亭長, 素易諸吏, 乃紿爲謁曰, 賀錢萬, 實不
좌지당하 고조위정장 소이제리 내태위알왈 하전만 실부

持一錢. 謁入, 呂公大驚, 起迎之門. 呂公者, 好相人, 見高祖
지일전 알입 여공대경 기영지문 여공자 호상인 견고조

狀貌, 因重敬之, 引入坐. 蕭何曰, 劉季固多大言, 少成事. 高
상모 인중경지 인입좌 소하왈 유계고다대언 소성사 고

祖因狎侮諸客, 遂坐上坐, 無所詘.
조인압모제객 수좌상좌 무소굴

선부 사람 여공이 패의 현령과 친하여 원수를 피해 그를 따라 객이 되었기에 패에 살게 되었다. 패중의 호걸과 관리들이 현령에게 귀중한 손님이 왔다는 소식을 듣고 모두 가서 인사하였다. 소하가 서기가 되어 선물 올리는 일을 책임졌는데, 벼슬아치들에게 명하길 "선물이 일천 전에 미치지 못하면 그를 당 아래 앉히라."고 말했다. 고조는 정장으로서 평소 여러 관리들을 가벼이 여겼다. 그래서 거짓으로 명함을 만들어 이르길 "축하하는 돈 일만 전"이라고 했지만 실제로는 일 전도 들고 오지 않았다. 명함이 들어가자 여공이 크게 놀라 일어나 맞으러 문으로 갔다. 여공이란 자는 사람의 관상을 잘 보았는데, 고조의 모습을 보고는 [그로] 인하여 그를 정중히 공경하고 이끌어 들여와 앉게 했다. 소하가 말하길 "유계는 늘 큰소리만 많고 이루는 일은 적다."고 했지만 고조는 [이로] 인해 모든 손님들을 업신여겨 마침내 상좌에 앉아서 굽히는 바가 없었다.

여기 까다로운 서기로 나오는 소하는 훗날 한나라의 승상이 될 사람이다.

> 酒闌, 呂公因目固留高祖. 高祖竟酒, 後. 呂公曰, 臣少好相人,
> 주란 여공인목고류고조 고조경주 후 여공왈 신소호상인
> 相人多矣, 無如季相, 願季自愛, 臣有息女, 願爲季箕帚妾. 酒
> 상인다의 무여계상 원계자애 신유식녀 원위계기추첩 주
> 罷, 呂媼怒呂公曰, 公始常欲奇此女與貴人, 沛令善公, 求之不
> 파 여온노여공왈 공시상욕기차녀여귀인 패령선공 구지불
> 與, 何自妄許與劉季. 呂公曰, 此非兒女子所知也. 卒與劉季.
> 여 하자망허여유계 여공왈 차비아녀자소지야 졸여유계
> 呂公女乃呂后也, 生孝惠帝魯元公主.
> 여공여내여후야 생효혜제노원공주
>
> 술이 한창일 때 여공은 눈짓으로써 고조를 꼭 머물게 했다. 고조가 술을 다 마시고 뒤에 남았다. 여공이 말했다. "제가 사람 관상 보는 걸 좀 좋아하는지라 관상 본 사람이 많습니다만, 계의 관상만한 게 없었으니, 원컨대 계는 스스로 아끼시기 바랍니다. 제게 딸이 있으니 계의 쓰레받기와 빗자루를 드는 종이 되기를 바랍니다." 술자리가 끝나고, 여온이 화를 내며 여공에게 말했다. "당신은 처음부터 늘 이 딸을 기이하게 여겨 귀한 사람에게 주려 했고 패의 현령이 당신과 친하기에 얘를 구했으나 주지 않았는데, 어찌 스스로 망령되이 유계에게 주기를 허락합니까?" 여공이 말하길 "이는 아녀자가 알 바 아니오."라 하고는, 마침내 유계에게 주었다. 여공의 딸 그가 여후이며 효혜제와 노원공주를 낳았다.

여기서 주의해 보아야 할 건 여공 아내의 말이다. 남편을 원망하는 가운데 여공이 딸을 '기이하게 여겼다'고 했다. 사랑했다거나 아꼈다거나가

아니라 '기차녀(奇此女)'였다. '기'에는 '기이하다' 외에도 뛰어나다, 범상치 않다는 뜻도 있지만 이 대목에서는 세 가지가 다 하나로 통한다. 현령이 달라고 해도 거절한 건 그에게 감당이 되지 않는 여성이었기 때문이다. 이 단어 '기'가 훗날 있을 여후의 행적을 암시하고 있다. 사마천은 '여태후본기'에 그녀의 성격을 '강의(剛毅)'하다고 썼다. 자전에 나오는 강의의 의미는 '강직하여 굴하지 아니함'이지만 '강'은 '억세다'라는 뜻이 있고, '의'는 '굳세다' '성을 발끈 내다' 등의 뜻이 있다.

유방의 입장에서 보자면, 자색이 뛰어난 것도 아닌 여공의 딸을 왜 받아들였을까? 자기를 알아준 여공에 대한 답례였을까? 그럴 수도 있겠다. 하지만 그보다 유방은 실력 있는 후원자가 필요했을 것이다. 여공은 현령과 친한 사이인 데다가 돈까지 있었다.

전원에서 만난 사람

高祖爲亭長時, 常告歸之田. 呂后與兩子居田中耨, 有一老父
過請飮, 呂后因餔之. 老父相呂后曰, 夫人天下貴人. 令相兩
子, 見孝惠曰, 夫人所以貴者, 乃此男也. 相魯元亦皆貴. 老父
已去, 高祖適從旁舍來, 呂后具言, 客有過, 相我子母皆大貴.
高祖問, 曰未遠, 乃追及, 問老父. 老父曰, 鄕者夫人嬰兒皆似
君, 君相貴不可言. 高祖乃謝曰, 誠如父言, 不敢忘德. 及高
祖貴, 遂不知老父處.

고조가 정장이었을 때, 휴가를 얻어 전원으로 돌아간 적이 있었다. 여후가 두 아이와 함께 밭 한가운데 머물며 김을 매는데, 지나는 한 노인이 있어 마실 물을 청한지라 여후는 그에게 음식을 먹였다. 노인이 여후의 상을 보더니 말했다. "부인은 천하의 귀인이오." 두 아이 관상을 보게 했더니 효혜를 보고 말하길 "부인이 귀하게 되는 까닭 그것은 이 아들입니다."라고 했다. 노원을 보고도 역시 모두 귀하다고 했다. 노인이 이미 가고 고조가 마침 곁의 작은 집으로부터 오자 여후가 갖추어 말했다. "지나는 객이 있어 우리 어미와 자식 관상을 보더니 다 크게 귀하다고 하네요." 고조가 물어보니 "아직 멀리가지 않았어요."라고 말했다. 그래서 쫓아가 만나 노인에게 물었다. 노인이 말했다. "아까 부인과 아이들이 모두 그대와 비슷한데 그대 관상의 귀함은 말하지 못하겠소." 그래서 고조는 사례하여 이르길 "만약 그대의 말과 같아지면 감히 은덕을 잊을 수 없

> 을 것이오."라 했다. 고조가 귀해져서도 끝내 노인이 있는 곳을 몰랐다.

처자식이 밭에서 김을 매는 동안에 유방은 농막 같은 곳에 있었다는 건 그가 집안일 즉 농사짓는 일에 관심이 없었다는 앞의 말과 통한다. 여기까지는 있을 수 있는 이야기였다.

그런데 관상 이야기를 믿을 것인가? 지나가던 노인이 등장하는 데부터 마지막 문장까지는 사실 여부를 확인해 줄 사람이 아무도 없다. 노인은 영영 찾지 못했다니 그에게 물어볼 길도 없다. 노인이 했다는 말은 여후, 효혜와 노원, 그리고 유방만이 확인해 줄 수 있다. 앞으로 천하를 차지할 유방 가족 네 명이다. 이들 외에 노인을 만난 사람은 없다.

이 일화는 정황상 조작일 가능성이 높다. 사마천의 조작일까, 유방의 조작일까? 이 장면에서 어린 효혜와 노원을 빼면 유방과 여후만 남는다. 큰 뜻을 품고 있던 유방과 범상치 않은 이 여성 사이에 어떤 대화가 오고갔을지 짐작이 된다. 주막 이야기와 연결을 시키자면, 유방은 나이 든 두 여성을 동원해 용을 보게 했고 젊은 여후를 이용해 가상의 노인을 만나게 한 것이다. 사마천은 그냥 들은 바를 적었을 뿐이다. 판단은 독자에게 맡기기로 하고.

한 가지 더 이상한 게 있다. 사마천은 노인이 여후, 효혜, 노원의 관상 본 것에 대해 이미 다 설명을 했다. 그러니 유방이 나타났을 때 여후가 '갖추어 말했다.'라고 해도 충분할 것이다. 그런데 굳이 여후의 입을 빌려 그 사실을 직접 화법으로 한 번 더 독자에게 전하고 있다. 사마천에게는 노인의 말이 중요한 게 아니라 여후의 말이 더 중요하지 않았을까? 이건 여후가 낸 최초의 육성이었다.

이 최초 육성 내용의 진위를 짐작하게 해 줄 여후의 육성이 두 개 더 있다. 그 하나는 "계가 있는 곳 위에는 항상 구름 기운이 있어요. 그래서 따라 가면 항상 계를 잡아요."이다. 조금 뒤에 이 이야기가 나올 것이다. 그 다음으로 한왕 10년 팽월을 잡을 때 세 번째 육성이 나온다. '위표팽월열전'에 따르면, 여후가 팽월을 속여 유방에게 끌고 와서는 유방에게 다음과 같이 말했다고 한다. "팽왕은 장사인데 지금 그를 촉으로 옮기면 우환을 남기는 것이니 그를 아예 죽이는 게 낫습니다. 첩이 삼가 더불어 함께 왔습니다." 이 사건의 전말은 '고조본기' 후반에 있다.

우연인지 몰라도 세 개의 육성이 모두 유방을 향한 것이었다. 첫째는 자기들이 귀하게 될 상이라는 이야기이고 그다음엔 유방이 있는 곳마다 상서로운 기운이 보인다는 말이다. 다시 말하지만 이건 모두 부부 사이의 말일 뿐이다. 세 번째는 자기들의 지위를 안전히 유지하기 위해서 팽월을 죽여야 한다는 말이었다. 팽월을 끌고 온 건 여후의 속임수 덕이었다. 그래서 노인의 관상 운운, 구름 기운 운운한 여후의 말에서도 나는 거짓이 느껴지는 것이다.

여후와 아이들이 밭에서 김을 매고 있었다는 건 흥미롭다. 그녀는 여공의 귀한 딸에서 전원의 농부(農婦)로 변신했다. 여공이 딸을 여종으로 유방에게 주겠다고 했으니 여종으로서의 역할에 충실한 모습이라기보다는 자발적 노동으로 이해된다. 앞서 사마천이 유방의 태도를 말할 때 '집안사람들의 생산하는 작업에 종사하지 않았다.'고 했다. '큰 뜻을 품은' 유방만 생산 작업을 하지 않았을 뿐이지 집안사람들은 모두 농사일에 매달리던 형편이었다. 여후 역시 그중 한 명이었다. 직접 농구를 들고 여후와 아이들이 노동을 하고 있었다. '공무'에 바쁜 유방을 대신해 가정(家政)을 책임지고 있는 여성의 모습이다. 이런 노동의 경험, 서민 생활의 체험이 훗날 여후로 하여금 간난신고를 이겨내고 천하까지 차지하게 하는 힘이 되었으리라 본다. 여후가 잔혹했음은 분명하지만 그녀의 치세 동안 중국은 안정되었다. '여태후본기' 말미에 사마천은 효혜와 여후의 시대에 백성들은 싸움판의 고통에서 벗어날 수 있었으며 천하가 편안했고 형벌도 죄인도 적었으며 백성들은 농사에 힘쓰는 가운데 입고 먹는 게 늘어났다고 평가했다.

몰두

> 高祖爲亭長, 乃以竹皮爲冠, 令求盜之薛治之. 時時冠之, 及
> 고조위정장　내이죽피위관　령구도지설치지　시시관지　급
> 貴常冠, 所謂劉氏冠乃是也.
> 귀상관　소위유씨관내시야
>
> 고조는 정장이었다. 그래서 대나무 껍질로써 갓을 만들었다. 정에 속한 포졸로 하여금 설에 가서 그것을 배우도록 하였다. 때때로 그것을 썼는데, 귀하게 되어서도 항상 쓰니 소위 유씨 관 그것이 이것이다.

앞에 나온 '내'를 놓치면 '유방이 정장이었을 때 갓을 만들었다.' 정도로 되어, 이 기사 내용은 한 개 일화로 이해되기 쉽다. 그 경우에는 그가 굳이 갓을 만든 이유가 궁구되어야 할 것이다. 그런데 '내'를 인과 관계를 나타내는 단어로 정확히 번역하면 유방이 갓을 만들어 쓴 건 필연이 된다. 갓은 벼슬을 상징했다. 벼슬은 남 위에 서는 일이었다. 대나무 갓과 황제의 관은 통한다.

설은 패현에서 볼 때 사수 건너편에 있다. 설은 노나라 또는 제나라의 땅이었다. 제나라의 맹상군(孟嘗君)이 이곳에 봉지가 있어 설공(薛公)이라 불렸던 바 있다.

법망 밖으로

> 高祖以亭長爲縣送徒酈山, 徒多道亡. 自度比至皆亡之, 到豊
> 고조이정장위현송도여산 도다도망 자탁비지개망지 도풍
> 西澤中止飮, 夜, 乃解縱所送徒曰, 公等皆去, 吾亦從此逝矣.
> 서택중지음 야 내해종소송도왈 공등개거 오역종차서의
> 徒中壯士願從者十餘人.
> 도중장사원종자십여인
>
> 고조가 정장으로서 현을 위해 죄수를 여산에 보냈는데, 도중에 죄수들이 많이 도망갔다. 스스로 생각하기에 이들을 모두 잃을 지경에 이를 것이라 여기고 풍의 서쪽 늪지 한가운데 이르러 멈추어서 술을 마셨다. 밤이 되었다. 그래서 호송하던 죄수들을 풀어 놓고 말했다. "여러분, 다 가시오. 나도 여기서 떠나리다." 죄수 중 장사로서 따르기를 원하는 자가 열 명 정도 되었다.

유방이 관직을 버리는 장면이다. 진나라 체제와의 결별이기도 했다. 그 이유는 죄를 짓게 되어서였다. 그를 따르는 최초의 부하들은 자기가 풀어 준 죄수 약 열 명이었다. 호송하던 죄수를 풀어서 부하로 삼은 건 적을 벗으로 삼은 셈이다. 항우와는 정반대이다. 항우는 태수 및 그의 사람들을 죽이고 몸을 일으켰지만 유방은 사람들을 살리고 추종자를 얻었다.

죄수를 호송해 가고자 하던 목적지 여산은 시황제의 무덤 공사가 진행되던 곳이었다. 나라 각처의 사람들이 이곳으로 끌려가 중노동에 시달렸는데 한번 가면 돌아올 희망은 거의 없었다. 호송 중에 죄수들은 필사적으로 탈출을 했고 진나라 조정은 그것을 막기 위해 호송자의 책임을 가혹하게 물었다.

高祖被酒, 夜徑澤中, 令一人行前. 行前者還報曰, 前有大蛇
當徑, 願還. 高祖醉曰, 壯士行, 何畏, 乃前拔劍擊斬蛇. 蛇遂
分爲兩, 徑開. 行數里, 醉因臥. 後人來至蛇所, 有一老嫗夜
哭. 人問何哭, 嫗曰人殺吾子, 故哭之. 人曰嫗子何爲見殺, 嫗
曰吾子白帝子也, 化爲蛇當道, 今爲赤帝子斬之, 故哭. 人乃
以嫗爲不誠, 欲告之, 嫗因忽不見. 後人至, 高祖覺. 後人告高
祖, 高祖乃心獨喜自負. 諸從者日益畏之.

고조는 술을 많이 마시고 늪지 한가운데 밤길을 가며 한 사람을 시켜 앞서 가게 하였다. 앞서 간 자가 돌아와 알리기를 "앞에 큰 뱀이 길을 지키고 있으니 돌아가길 바랍니다."고 말했다. 고조가 취하여 말했다. "장사가 가는데 무엇이 두려울까?" 그래서 앞으로 나가 칼을 빼어 뱀을 쳐서 베었다. 뱀이 마침내 나뉘어 두 개가 되니 길이 열렸다. 몇 리를 가서는 취하여 잠이 들었다. 뒷사람이 와서 뱀의 자리에 이르니 한 노파가 밤에 울고 있었다. [그] 사람이 왜 우는지 묻자 노파가 말하길 "누가 내 자식을 죽였기 때문에 그것을 운다."고 했다. [그] 사람이 말했다. "노파의 자식이 어째서 죽임을 당했는가?" 노파가 말했다. "내 아들은 백제의 아들인데 변하여 뱀이 되어 길을 지키고 있었더니 지금 적제의 아들 된 자가 그를 베었기에 운다오." 그래서 [그] 사람은 노파가 진실되지 않다고 여겨 꾸짖으려 하자 노파는 홀연히 사라져 보이지 않았다. 뒷사람이 도착하자 고조는 깨었다. 뒷사람이 고조에게 고했다. 그래서 고조는 마음에 혼자 기뻐하며 스스로를 믿었다. 따르는 사람이

> 모두 날로 더 그를 어려워하였다.

 여기서 또 이상한 이야기가 나온다. 여후와 아이들이 있던 곳에서는 남자 노인이었던 데 반해 여기서는 늙은 여인이 등장했다.
 물이 많은 소택지에서 커다란 뱀이 길을 막고 있는 건 있을 수 있는 이야기였다. 유방이 뱀을 베었다. 칼이 있으니 어려운 일이 아니다. 더군다나 열 명 정도 되는 힘센 자들이 그와 함께했지 않은가?
 혹, 뱀을 죽인 건 유방이 아니라 장사들이었을 수도 있다. 앞서 유방이 죄수 중 장사 열 명 정도를 얻었고, 이 문단의 두 번째 인용문 중 '장사'를 '장사들'로 번역하면 내 장사들에게 무엇이 두렵겠느냐 정도의 뜻이며 유방이 그런 말을 하자 이들이 앞으로 나가 뱀을 죽였다는 게 된다.
 항우는 직접 수많은 생명을 죽였던 데 비해 유방에게서는 그런 모습을 찾아볼 수 없다. 그런 유방이라면 자기가 직접 뱀을 죽이는 것보다 사람을 시키는 게 더 어울린다. 비록 뱀이지만 다른 사람으로 하여금 상대를 해치우게 하는 유방의 첫 명령으로 이해할 필요가 있지 않을까 하는 생각이 든다. 그는 훗날 '세 척 길이의 칼로써 천하를 얻었다'고 했는데 그 칼은 피를 묻히는 무기라기보다 지휘하는 도구였다.
 그런데 백제니 적제니 했다는 노파의 이야기는 맹랑하다. 그 말을 전한 건 뒤에 온 사람이다. 이 사람이 왜 뒤에 왔는지는 이유가 분명치 않다. 말을 전한 건 이 한 사람이었으니 사실 여부는 그 사람만 안다.
 뱀을 발견한 사람, 즉 앞서 간 사람이 있었고 뒤에 온 사람이 있어서 노파 이야기를 전했다. 앞과 뒤가 호응하면서 조리가 있어 보이지만 앞의 것은 보았고 뒤의 것은 들었다. 사마천은 사실을 적고 있다. 그런 말을 들었다는 것만 사실이었다.

秦始皇帝常曰, 東南有天子氣, 於是因東游以厭之. 高祖卽自
진시황제상왈 동남유천자기 어시인동유이염지 고조즉자
疑亡匿, 隱於芒碭山澤巖石之閒. 呂后與人俱求, 常得之. 高
의망닉 은어망탕산택암석지간 여후여인구구 상득지 고
祖怪問之. 呂后曰, 季所居上常有雲氣, 故從往常得季. 高祖
조괴문지 여후왈 계소거상상유운기 고종왕상득계 고조
心喜. 沛中子弟或聞之, 多欲附者矣.
심희 패중자제혹문지 다욕부자의

진시황제가 항상 말하길 "동남쪽에 천자의 기운이 있다."고 했다. 그래서 동쪽으로 행차함으로써 그것을 눌렀다. 고조가 즉시 스스로 의심하고는 도망쳐 망과 탕 산택의 바위 사이에 숨었다. 여후가 사람들과 더불어 함께 찾으면 늘 그를 잡았다. 고조가 이상하게 여겨 그것을 물었다. 여후가 말했다. "계가 있는 곳 위에는 항상 구름 기운이 있어요. 그래서 따라 가면 항상 계를 잡아요." 고조가 마음에 기뻤다. 패현 안의 자제 중 혹 그것을 듣고는 따르고자 하는 자가 많았다.

시황제가 한 말도 사실이고 유방이 숨은 것도 사실이다. 그런데 이 둘 사이의 직접적인 관련성은 없다. 시황제가 의심한 곳은 동남쪽인데 유방의 패현이 있던 곳은 시황제가 있던 함양에서 보자면 약간 북쪽으로 올라간 동쪽 방향이다. 그런데 유방이 숨었다는 망과 탕은 패현보다 남쪽으로서 함양에서 보면 약간 동남쪽이 된다. 그러니 유방은 자기 혼자 의심하고 도망쳐 숨은 것이다. 이 역시 쇼다.

여기에 또 여후가 가담한다. 사람들하고 함께 찾으러 다녔다는데 구름 기운 운운하는 건 여후뿐이다. 여전히 사마천은 사실을 적고 있다.

유방의 선전술은 점차 성과가 나타났다. 그래서 이즈음부터 패현의 자제들 중에 그를 따르고자 하는 자가 많아졌다. 이 역시 사실이었다.

죽이게 하고 서다

> 秦二世元年秋, 陳勝等起蘄, 至陳而王, 號爲張楚. 諸郡縣皆多
> 진이세원년추 진승등기기 지진이왕 호위장초 제군현개다
> 殺其長吏以應陳涉. 沛令恐, 欲以沛應涉. 掾主吏蕭何曹參乃
> 살기장리이응진섭 패령공 욕이패응섭 연주리소하조참내
> 曰, 君爲秦吏, 今欲背之, 率沛子弟, 恐不聽, 願君召諸亡在外
> 왈 군위진리 금욕배지 솔패자제 공불청 원군소제망재외
> 者, 可得數百人, 因劫衆, 衆不敢不聽. 乃令樊噲召劉季. 劉季
> 자 가득수백인 인겁중 중불감불청 내령번쾌소유계 유계
> 之衆已數十百人矣.
> 지중이수십백인의

진나라 2세 원년 가을[기원전 209]에 진승 등이 기에서 일어나 진(陳) 땅에 이르러 왕이 되니 불러서 장초라고 하였다. 여러 군현에서 모두 많이들 자기 관장을 죽임으로써 진섭에 호응했다. 패의 현령이 두려워하여 패로써 섭에 호응하려 했다. 그래서 연리[하급관리]·주리[서기]인 소하와 조참이 말했다. "나리께서는 진나라의 관리인데 지금 등을 돌리고 패의 자제를 이끌려고 하시면 듣지 않을까 염려 됩니다. 원컨대 나리께서 바깥으로 도망친 사람들을 부르면, 수백 명을 얻을 수 있으니 [그들로써] 무리를 위협하면 무리가 감히 듣지 않을 수가 없을 것입니다." 그래서 번쾌로 하여금 유계를 부르게 했다. 유계의 무리는 이미 수십백 인이었다.

번쾌, 소하, 조참 등 앞으로 유방을 도울 사람들이 나왔다. 소하와 조참은 패현의 관리였고 번쾌는 이때 이미 유방을 따라다니고 있었다. 당시 유방은 법망 바깥의 소택과 삼림 지대를 오가며 세를 불리고 있었다. 하지만 아직 백 명도 채 되지 않은 무리이니 그다지 주목할 세력은 아니었다. 유방을 성안으로 끌어들여 갑자기 성장하게 만든 건 소하와 조참이

었다.

'수십백 인'은 '항우본기' 초반에도 나온 바 있다. 항우가 회계 태수를 죽이고 나서 순식간에 때려죽인 자가 '수십백 인'이었다. 몸을 일으킬 무렵 항우는 수십백 인을 죽였고 유방은 수십백 인을 모았다. 사마천의 솜씨가 멋지다.

於是樊噲從劉季來, 沛令後悔, 恐其有變, 乃閉城城守, 欲誅
어시번쾌종유계래 패령후회 공기유변 내폐성성수 욕주
蕭曹. 蕭曹恐, 踰城保劉季. 劉季乃書帛射城上, 謂沛父老曰,
소조 소조공 유성보유계 유계내서백사성상 위패부로왈
天下苦秦久矣, 今父老雖爲沛令守, 諸侯並起, 今屠沛, 沛今
천하고진구의 금부로수위패령수 제후병기 금도패 패금
共誅令, 擇子弟可立者立之, 以應諸侯, 則家室完, 不然, 父子
공주령 택자제가립자립지 이응제후 즉가실완 불연 부자
俱屠無爲也. 父老乃率子弟共殺沛令, 開城門迎劉季, 欲以爲
구도무위야 부로내솔자제공살패령 개성문영유계 욕이위
沛令.
패령

그래서 번쾌가 유계를 따라 오자, 패령이 후회해 혹 변고가 있을까 두려워 성을 닫고 오로지 지키면서 소[하]와 조[참]를 죽이려 했다. 소와 조가 두려워서 성을 넘어 유계를 도왔다. 그래서 유계는 비단에 글을 써서 성 위로 쏘았다. 패의 부로들에게 일러 말했다. "천하가 진에게 고통당함이 오래되었는데 지금 부로들이 비록 패의 현령을 위해서 지키지만 제후들이 함께 일어나니 곧 패를 도륙할 것이오. 패가 지금 함께 현령을 죽이고 자제 중 세울 만한 자를 세워서 제후들에게 호응하면 집안이 온전할 것이되, 그렇지 아니하면 아비와 아들이 함께 죽는 건 저절로 이루어집니다." 그래서 부로들은 자제들을 이끌고 함께 패의 현령을 죽이고는 성문을 열고 유계를 맞아 패의 수령으로 삼으려고 했다.

유방을 데리고 오라고 번쾌를 보냈는데 번쾌는 유방을 따라왔다. 그걸 본 현령은 번쾌가 어느 편인지를 확실히 알게 되었다. 유방은 다른 사람들로 하여금 현령을 죽이게 했다. 글로써 사람들을 설득한 건 대단한 능력이다. 항우는 글 배우기를 싫어했고 칼로써 태수를 죽였다. 이에 반해 유방은 글로써 패현 부로의 마음을 움직여 현령을 죽였으며 그들로 하여금 자기를 지도자로 추대하게 만들었다. 무기가 아니라 글로써 몸을 일으키는 모습이 인상적이다.

劉季曰, 天下方擾, 諸侯並起, 今置將不善, 壹敗塗地, 吾非敢
유계왈 천하방요 제후병기 금치장불선 일패도지 오비감
自愛, 恐能薄不能完父兄子弟, 此大事, 願更相推擇可者. 蕭
자애 공능박불능완부형자제 차대사 원갱상추택가자 소
曹等皆文吏自愛, 恐事不就後秦種族其家, 盡讓劉季. 諸父老
조등개문리자애 공사불취후진종족기가 진양유계 제부로
皆曰, 平生所聞劉季諸珍怪, 當貴, 且卜筮之, 莫如劉季最吉.
개왈 평생소문유계제진괴 당귀 차복서지 막여유계최길
於是劉季數讓.
어시유계수양

유계가 말했다. "천하가 지금 어지럽고 제후들이 모두 일어났으니 이제 좋은 우두머리를 세우지 않으면 한 번 패배로 땅에 골수와 내장을 바를 겁니다. 나는 감히 스스로 아끼는게 아니오. 능력이 적어서 부형과 자제들을 온전히 하지 못할 게 두렵습니다. 이는 대사이니 원컨대 다시 적당한 이를 서로 추천해 택하기 바랍니다." 소와 조 등은 모두 문관으로서 스스로 아끼는 데다 일이 이루

> 어지지 않으면 나중에 진나라가 자기 집안을 멸족할 게 두려워서
> 한사코 유계에게 양보했다. 여러 부로들이 모두 말했다. "평소 들
> 은 바 유계는 모든 게 희귀하고 괴이하니 마땅히 귀하게 될 것이
> 며 또 이를 두고 점을 쳐보니 유계가 가장 상서로웠습니다." 그래
> 서 유계는 거듭거듭 사양했다.

 글로써 성안에 들어와서는 말(言)이 이어진다. 말에서 유방의 진면목이 드러난다. 겸양하는 태도를 견지한 채 골수니 내장 운운하며 부로들을 위협하기도 한다. 현령을 죽이는 일도 그러했듯 자기를 세우는 일도 다른 사람들을 통해 이루는 모습이다.

 유방을 흐뭇하게 만드는 말이 마침내 부로들의 입에서 나왔다. 이를 위해 여태껏 얼마나 많은 공을 들였던가? 교룡, 용, 여후가 만났다는 노인, 뱀, 노파, 구름 기운 등이 만들어낸 유방의 최종적 이미지가 '희귀하고 괴이한' 면모로 정리된 것이다. 유방으로서 아직 흡족하지는 않은 이미지이지만 성과는 확인이 되었다. 부로들이 '평소 들은 바'라고 한 건 주목할 만하다. 본 사람은 아무도 없다. 단지 들은 바였다. 유방이 노린 건 '아버지뻘의 늙은 사람들(부로)'이라고 두루뭉술하게 칭해지는 이 노인들의 귀였다.

> 衆莫敢爲, 乃立季爲沛公. 祠黃帝祭蚩尤於沛庭, 而釁鼓旗幟
> 중 막 감 위 내 립 계 위 패 공 사 황 제 제 치 우 어 패 정 이 흔 고 기 치
> 皆赤. 由所殺蛇白帝子殺者赤帝子, 故上赤.
> 개 적 유 소 살 사 백 제 자 살 자 적 제 자 고 상 적
>
> 사람들이 [누구도] 감히 하려 하지 않았다. 그래서 계를 세워 패공

> 으로 삼았다. 패의 [관청] 마당에서 황제와 치우에게 제사지내고 북과 깃발, 휘장에 피칠을 하여 모두 붉게 했다. 죽인 뱀이 백제의 아들이고 죽인 자가 적제의 아들이었기 때문에 붉은 색을 숭상한 것이다.

소문을 내는 일뿐만 아니라 이젠 보여주는 일도 중요했다. 그것을 위해 황제, 치우, 붉은 피가 동원되었다. 백제, 적제의 기억도 불러왔다. 황제는 '오제본기' 중 최초의 인물이라 했다. 중국 최초의 왕이라 할 만하며 최초로 천자라 불린 사람이었다.

'오제본기'에 의하면 신농씨의 치세가 쇠퇴하고 치우가 제일 포악스러웠다. 황제는 신농과 싸워 이겨 뜻을 이루었고 치우와 싸워 그를 잡아 죽였다고 했다.

유방이 행한 제의를 정확히 풀어보자면 '사황제' 했고 '제치우' 했다. '사'나 '제'나 똑같이 '제사를 지낸다'는 말이지만 차이가 있다. 또 각 글자 안에서도 다양한 뜻으로 분화된다. 맥락을 명확히 해주는 의미만 취해보자면 전자는 조상에게 지내는 제사며 고기 같은 희생물이 없다. 그래서 조상 위패를 모신 곳을 사당(祠堂)이라 한다. 후자는 고기를 바치고 지내는 제사로서 짐승을 잡고 피를 뿌린다. 신이 그 대상이며 제를 통해 신과 인간이 교접하는 의식이다. 황제는 인간의 반열이자 왕의 선조이기 때문에 '사'이고 치우는 신이기 때문에 '제'를 지낸 것이다.

이 제의를 통해서 유방은 인간으로서 황제를 계승하며 신령의 계보로는 치우에 닿아 있음을 과시했다고 본다. 인간 황제와 신 치우가 유방에게 합일되고 황제의 덕과 치우의 무력이 유방 안에서 겸비됨을 알리는 의식이었다. 떠들썩한 제의가 치러지고 유방은 더 신비화되어 갔다.

이렇게 보여진 바는 다시 귀와 입을 통해 사방으로 퍼져가게 될 터였다.

> 於是少年豪吏如蕭曹樊噲等皆爲收沛子弟二三千人, 攻胡陵
> 어 시 소 년 호 리 여 소 조 번 쾌 등 개 위 수 패 자 제 이 삼 천 인 공 호 릉
> 方與還守豊.
> 방 여 환 수 풍
>
> 그리하여 젊고 강건한 관리로 소, 조, 번쾌 같은 자들이 모두 패의 자제 이삼천 인을 얻어 호릉과 방여를 공격하고 돌아와 풍을 지켰다.

신격을 빌어 지도자가 된 유방이 수천의 병력을 동원해 행한 첫 작전이 나온다. 화려한 성공으로 시작된 것 같지는 않다. 돌아와 지켰다는 풍은 유방의 고향이라는 풍읍을 말한다. 유방이 패공이라 칭하며 우두머리가 되어 온 것을 풍읍 사람들은 어떻게 받아들였을까? 명망 있는 집안 자제라면 자기 고향에서 우두머리 행세를 하는 게 유리하다. 그러나 집안 배경이 그다지 화려하지 않은 사람의 경우는 고향에서 더 힘들다. 그 집안 내력, 해당 인물의 출생 및 성장 과정을 훤히 아는 사람이 많아서이다.

항우와 함께

> 秦二世二年, 陳涉之將周章軍西至戲而還. 燕趙齊魏皆自立
> 진이세이년 진섭지장주장군서지희이환 연조제위개자립
> 爲王, 項氏起吳.
> 위왕 항씨기오
>
> 진 2세 2년 진섭의 장군 주장의 군대가 서쪽으로 가서 희에 이르렀다가 돌아왔다. 연, 조, 제, 위가 모두 스스로 서 왕이 되었고 항씨는 오에서 일어났다.

이해부터 진 제국이 파탄난 걸 보여주고 있다. 진섭은 진승이라 했다. 그가 세운 나라의 장군 주장이 희까지 갔다는데, 희는 함곡관 넘어 진나라 안을 흐르는 희수로서 항우가 함양을 태운 후 제후들과 천하를 나눈 곳이다. 이미 진나라의 방어선이 뚫렸다는 걸 보여준다. 주장의 군대를 물리치는 데 공을 세운 사람이 장함이었다.

사마천은 각국의 시말을 '세가'에 담았다. 본문에 나오는 네 나라를 위해 '연소공세가(燕召公世家)' '조세가(趙世家)' '제태공세가(齊太公世家)' '위세가(魏世家)'가 쓰였다. 소공은 주공과 더불어 주나라를 잘 다스린 사람으로서 연나라에 봉해져 시조가 되었고 조나라의 시조는 진(秦)나라의 시조와 같은 조상을 두었다. 태공은 무왕을 도와 주나라를 건국하는 데 공이 컸으며 위나라의 조상은 주나라의 조상과 같았다. 그런데 이 나라들은 다 진나라에 멸망당했다.

여기서 연, 조, 제, 위가 스스로 서 왕이 되었다는 건 진나라에 의해 망했던 왕실의 후손들이 다시 왕이 되었다는 게 아니다. 연과 조에서는 한광(韓廣)과 무신(武臣)이, 제나라와 위나라에서는 전담(田儋)과 위구(魏咎)가 왕이 되었다. 한광은 무신의 휘하였으며 무신은 진승의 부

하였다. 이런 사실은 '진섭세가'에 나온다. 전담은 전씨의 제나라[20] 왕실 일가였고 위구는 위나라 왕실의 자손이었다.

> 秦泗川監平將兵圍豊, 二日, 出與戰, 破之. 命雍齒守豊, 引兵
> 진 사천감 평 장병 위 풍 이일 출여전 파지 명옹치수풍 인병
> 之薛. 泗川守壯敗於薛, 走至戚, 沛公左司馬得泗川守壯, 殺
> 지설 사천수장 패어설 주지척 패공좌사마득사천수장 살
> 之.
> 지
>
> 진나라의 사천감 평이 군사를 거느리고 풍을 포위하여 이틀이 되었을 때 [유방의 군대가] 나가 싸워 그들을 깨뜨렸다. 옹치에게 명하여 풍을 지키게 하고 [패공은] 군대를 이끌고 설로 갔다. 사천 태수 장은 설에서 패하고 도망가 척에 이르니 패공의 좌사마가 사천 태수 장을 잡아 죽였다.

'진시황본기'에 의하면 진나라는 36개 군에 수(守), 위(尉), 감(監)을 두었다. 이 기사에 딸린 『집해』는 36개 군 이름을 나열하고 있는데, 사천은 없고 사수(泗水)가 나온다. 유방이 '사수의 정장'이 되었다는 데서 나오는 사수와 같다. 패현은 사수군 산하 일개 현이었다. 유방 집단이 패의 현령을 죽이고 풍읍까지 점령했으니 상위 기관인 사수군 태수의 군대가 출동한 것이다. 그 지휘는 감찰을 담당했던 평이라는 사람이 맡았다.

풍읍을 포위했던 평을 이기고 유방은 설로 갔다. 설은 과거 유방이 정장 시절에 부하를 시켜 갓을 만드는 법을 배워 오게 했던 곳이다.

---

20) 태공의 후손이 다스리던 제나라는 전씨(田氏)에 의해 망하고 전씨의 제나라는 진나라에 망했다. 전씨의 제나라에 대한 시말을 적은 게 '전경중완세가(田敬仲完世家)'다.

> 沛公還軍亢父, 至方與, 未戰. 陳王使魏人周市略地. 周市使
> 패공환군항보 지방여 미전 진왕사위인주불략지 주불사
> 人謂雍齒曰, 豊故梁徙也. 今魏地已定者數十城. 齒今下魏,
> 인위옹치왈 풍고량사야 금위지이정자수십성 치금하위
> 魏以齒爲侯守豊. 不下, 且屠豊. 雍齒雅不欲屬沛公, 及魏招
> 위이치위후수풍 불하 차도풍 옹치아불욕속패공 급위초
> 之, 即反爲魏守豊. 沛公引兵攻豊, 不能取. 沛公病, 還之沛.
> 지 즉반위위수풍 패공인병공풍 불능취 패공병 환지패
>
> 패공이 돌아와 항보에 진치고 방여에 이르렀으나 아직 싸우지 않고 있었다. 진왕이 위나라 사람 주불로 하여금 땅을 경략하게 했다. 주불은 사람을 시켜 옹치에게 일러 말하길 "풍은 옛 양나라가 옮긴 땅이다.[21] 지금 위나라 땅 중 이미 평정된 곳이 수십 개 성이다. 치가 지금 위나라에 항복하면 위는 치로써 후를 삼아 풍을 지키게 할 것이다. 항복하지 아니하면 곧 풍을 도륙할 것이다."고 했다. 옹치는 본디 패공을 따르고자 하지 않았기에 위가 자기를 부르는 데 이르자 즉각 돌이켜 위를 위해 풍을 지켰다. 패공이 병사를 이끌고 풍을 공격했으나 이길 수가 없었다. 패공이 병이 들어 패로 돌아갔다.

여기서 진왕은 진승을 가리킨다. 장초를 세운 사람이라 초왕이라고도 한다. 중심지를 과거 진(陳)나라의 수도에 두었기 때문에 장초는 사마천의 기술에서 종종 진으로도 표기된다. 그는 위나라 사람 주불로 하여금 북방을 경략하게 했다. 진승의 수도에서 보면 풍읍은 북쪽이다. 훗날 주불이 위나라 왕실의 후손을 세워 나라를 부흥시키고 자신은 승상이 되었다. 주불이 풍읍을 위나라의 판도로 끌어들이고자 했던 것이다.

---

21) 『집해』에 따르면, 양나라가 진(秦)나라에 멸망당한 후 잔존 세력이 동쪽의 풍으로 옮겨가 근거지를 마련한 바 있기에 이런 표현이 나온것이라 한다.

옹치가 지휘하는 풍읍의 방위는 만만치 않았다. 유방은 마음이 상해 병까지 났다. 패는 거병의 근거지였으나 코앞의 자기 고향 풍 사람들은 적대 세력이 되었다. 고향이란 종종 그러하다. 예수도 고향을 찾았다가 심한 고초를 겪었다. 그 후 예수가 한 말이 다음과 같다. "선지자가 고향에서 환영을 받는 자가 없느니라."(누가복음, 4:24) 유방 시절보다 약 200년 지난 때였다.

> 沛公怨雍齒與豊子弟叛之, 聞東陽甯君秦嘉立景駒爲假王在
> 패 공 원 옹 치 여 풍 자 제 반 지 문 동 양 영 군 진 가 립 경 구 위 가 왕 재
> 留, 乃往從之, 欲請兵以攻豊. 是時, 秦將章邯從陳別將司馬尼
> 류 내 왕 종 지 욕 청 병 이 공 풍   시 시 진 장 장 함 종 진 별 장 사 마 니
> 將兵北定楚地, 屠相至碭. 東陽甯君沛公引兵西, 與戰蕭西, 不
> 장 병 북 정 초 지 도 상 지 탕 동 양 영 군 패 공 인 병 서 여 전 소 서 불
> 利, 還收兵聚留, 引兵攻碭三日, 乃取碭. 因收碭兵, 得五六千
> 리 환 수 병 취 류 인 병 공 탕 삼 일 내 취 탕 인 수 탕 병 득 오 륙 천
> 人, 攻下邑拔之, 還軍豊.
> 인 공 하 읍 발 지 환 군 풍
>
> 패공은 옹치와 풍의 자제들이 자기에게 등돌린 걸 원망했다. 동양 영군과 진가가 경구를 세워 가왕으로 삼고 류에 머문다는 소식을 들었다. 그래서 가서 그들을 따르고 병사를 청하여 풍을 공격하려고 했다. 그때에 진나라 장군 장함은 진의 별장 사마니를 좇아 군대를 이끌고 북으로 가 초나라 땅을 평정하고는 상을 빼앗고 탕에 이르렀다. 동양 영군과 패공은 병사를 이끌고 서쪽으로 가서 소의 서쪽에서 함께 싸웠으나 이롭지 못하였기에 돌아와 병사를 수습하여 류에 머물렀다가 병사를 이끌고 탕을 삼 일 공격했다. 그래서 탕을 얻었다. 탕의 병사를 받아들임으로써 오륙천 인을 얻어 하읍을 공격해 그것을 함락한 후 돌아와 풍에 군대를 주둔시켰다.

풍의 저항을 원망하던 패공에게 희망이 생겼다. 그는 진가에게 달려가 협력할 것을 약속하고 대신 군대를 지원해 달라고 했다. 진가는 진섭과 원래 한편이었다가 독립한 인물이었다. 진섭이 죽자 새 왕을 세웠다. 유방은 일단 진가의 군대와 함께 진나라 군대를 몇 곳에서 이긴 후에 군대를 이끌고 다시 풍으로 갔다.

> 聞項梁在薛, 從騎百餘往見之. 項梁益沛公卒五千人, 五大夫
> 문항량재설 종기백여왕견지 항량익패공졸오천인 오대부
> 將十人, 沛公還引兵攻豊.
> 장십인 패공환인병공풍
>
> 항량이 설에 있음을 듣고, 기병 백여 인을 거느리고 가서 그를 만나니 항량은 패공에게 오천의 병사와 오대부장군 열 명을 더해 주었다. 패공이 돌아와 병사를 이끌고 풍을 공격했다.

진가의 군대를 증원한 것만으로도 풍 공격은 성공하지 못했던가 보다. 유방은 항량의 군이 가까운 설에 있음을 듣고는 달려가 오천의 병사를 더 얻었다. 싸움은 길어지고 유방의 군대는 점차 늘어나는데 풍읍은 함락되지 않았다. 그 과정에서 생길 수밖에 없던 양측 사이의 적대감은 점차 깊어 갔겠다. 『집해』에 따르면, 결국 풍읍은 함락되었고 옹치는 위나라로 달아났다. 『사기』 중 표(表)에 이 기사가 있다고 해서 확인해 보니 사실이다. 이해 4월 기사 원문은 다음과 같다. "擊豊拔之 雍齒奔魏"

從項梁月餘, 項羽已拔襄城還. 項梁盡召別將居薛, 聞陳王定
종항량월여 항우이발양성환 항량진소별장거설 문진왕정
死, 因立楚後懷王孫心爲楚王, 治盱台, 項梁號武信君. 居數
사 인립초후회왕손심위초왕 치우이 항량호무신군 거수
月, 北攻亢父, 救東阿, 破秦軍. 齊軍歸, 楚獨追北, 使沛公項
월 북공항보 구동아 파진군 제군귀 초독추북 사패공항
羽別攻城陽屠之. 軍濮陽之東, 與秦軍戰, 破之.
우별공성양도지 군복양지동 여진군전 파지

항량을 따른 지 한 달이 좀 지나 항우가 양성을 함락하고 돌아왔다. 항량은 별장들을 모두 불러 설에 머물렀는데, 진왕이 분명히 죽었다 들었기에 초나라 후예인 회왕의 손자 심을 세워 초나라 왕으로 삼았다. 우이에 도읍을 두고 항량은 무신군을 칭하였다. 수개월 있다가 북쪽으로 항보를 공격하고 동아를 구원하여 진나라 군대를 깼다. 제나라 군대가 돌아가니 초는 홀로 북으로 추격했고 패공과 항우로 하여금 별도로 성양을 공격해 도륙하게 했으며 복양의 동쪽에 주둔하고 진나라 군대와 싸워 깨뜨렸다.

이때부터 유방은 항우와 협력해 진나라 군대와 싸웠다. 항량이 오래 머물렀다는 설의 위치를 다시 보자. 사수는 북에서 남으로 동남 방향을 타고 비스듬히 흘러 회수로 들어간다. 사수의 서쪽에 패현이 있고 사수 동쪽에 설이 있다. 풍읍은 패현의 서남부에 위치한다. 항량은 설에 머물면서 그 이북의 성양, 복양, 동아를 공략했다. 초로 치면 상당히 북쪽으로 간 셈인데, 황하 아래쪽 제나라의 땅을 휘젓고 있는 중이었다.

> 秦軍復振, 守濮陽, 環水. 楚軍去而攻定陶, 定陶未下, 沛公
> 진군부진 수복양 환수 초군거이공정도 정도미하 패공
> 與項羽西略地, 至雍丘之下, 與秦軍戰, 大破之, 斬李由. 還
> 여항우서략지 지옹구지하 여진군전 대파지 참이유 환
> 攻外黃, 外黃未下.
> 공외황 외황미하
>
> 진의 군대가 다시 떨쳐서 복양을 지키며 물로 둘러쳤다. 초나라 군대는 떠나서 정도를 공격했다. 정도를 함락하지 못한채 패공과 항우는 서쪽으로 가면서 땅을 경략하여 옹구 아래 이르러 진군과 싸워 크게 깨뜨렸고 이유를 베었다. 돌아와 외황을 공격했으나 외황은 함락시키지 못했다.

복양의 수비가 견고했다. 정도, 외황 공격 주체는 항우와 유방이었다. 이들이 성공한 건 옹구에서뿐이었다.

> 項梁再破秦軍, 有驕色. 宋義諫, 不聽. 秦益章邯兵, 夜銜枚
> 항량재파진군 유교색 송의간 불청 진익장함병 야함매
> 擊項梁, 大破之定陶, 項梁死. 沛公與項羽方攻陳留, 聞項梁
> 격항량 대파지정도 항량사 패공여항우방공진류 문항량
> 死, 引兵與呂將軍俱東. 呂臣軍彭城東, 項羽軍彭城西, 沛公
> 사 인병여여장군구동 여신군팽성동 항우군팽성서 패공
> 軍碭.
> 군탕
>
> 항량은 다시 진나라 군을 깨뜨리자 교만한 기색이 생겼다. 송의가 간했으나 듣지 않았다. 진나라는 장함의 군대를 증강시켰고 밤에 [병사들의 입에] 나무 막대기를 물리고 항량을 공격하여 정도에서 크게 깨니 항량이 죽었다. 패공과 항우는 진류를 공격하고 있다가 항량이 죽었음을 듣자 군대를 이끌고 여 장군과 더불어 나란

> 히 동쪽으로 갔다. 여신은 팽성 동쪽에 군대를 주둔시켰고 항우는 팽성 서쪽에 군대를 주둔시켰으며 패공은 탕에 군대를 주둔시켰다.

항량이 진나라 군을 깨뜨렸다는 말은 정도에서의 승리를 가리킨다. 유방과 항우는 실패한 곳이었는데 항량이 가서 성공했단 말이 '항우본기'에 나왔다. 거기에 더해 옹구의 승리가 있었기에 항량이 더욱 진나라 군대를 얕잡아 보게 되었다고 했다. 항량은 정도에 있다가 장함이 지휘하는 진나라의 공격을 받아 패사했다. 여신은 원래 진승 조정의 환관이었다.

> 章邯已破項梁軍, 則以爲楚地兵不足憂, 乃渡河, 北擊趙, 大
> 장함이파항량군 즉이위초지병부족우 내도하 북격조 대
> 破之. 當是之時, 趙歇爲王, 秦將王離圍之鉅鹿城, 此所謂河
> 파지 당시지시 조헐위왕 진장왕리위지거록성 차소위하
> 北之軍也.
> 북지군야
>
> 장함은 이미 항량의 군대를 깼으니 초나라 땅의 군대는 근심하기에 족하지 않다고 여겼다. 그래서 황하를 건너서 북쪽으로 가 조나라를 쳐 크게 이겼다. 그때를 당하여 조헐이 왕이 되었고 진나라 장군 왕리가 거록성에서 그를 포위했으니 이것이 소위 하북의 전투였다.

'항우본기' 해설에서 언급한 대로 장이와 진여가 원래 조나라 왕의 후예인 조헐을 찾아내 왕으로 앉혔다는 게 이때였다.

'이것이 소위 하북의 전투였다.'는 '此所謂河北之軍也'의 번역이다. 그런데 '항우본기' 중 이 장면에서 나온 똑같은 표현을 나는 '이것이 소위 하북의 군사였다.'고 번역했다. 진여가 거느린 수만의 병사들은 제·대·연·조 연합군을 가리키는 것이라('장이진여열전') 하북 즉 황하 북쪽의 군대라 할 수 있다. 상황과 문장 표현이 동일하기 때문에 똑같이 번역하기 쉽다. 왓슨도 그렇게 했다.("This was the so-called Army North of the River.") 그런데 지금 보고있는 원문의 문장과 맥락을 자세히 살피면 그렇게 번역될 도리가 없다. 그래서 나는 '軍'이라는 글자가 갖는 의미 중 '전투'를 번역에 적용했다.

秦二世三年, 楚懷王見項梁軍破, 恐, 徙盱台都彭城, 幷呂臣
진 이세 삼년 초 회 왕 견 항 량 군 파 공 사 우 이 도 팽 성 병 여 신
項羽軍自將之, 以沛公爲碭郡長, 封爲武安侯, 將碭郡兵, 封
항 우 군 자 장 지 이 패 공 위 탕 군 장 봉 위 무 안 후 장 탕 군 병 봉
項羽爲長安侯, 號爲魯公, 呂臣爲司徒, 其父呂靑爲令尹.
항 우 위 장 안 후 호 위 노 공 여 신 위 사 도 기 부 여 청 위 영 윤

진나라 2세 3년에 초 회왕은 항량의 군대가 깨지는 걸 보고 두려웠기에 우이에서 옮겨 팽성을 수도로 삼고 여신과 항우 군대를 합쳐 스스로 거느렸다. 패공은 탕군장으로 하여 무안후로 봉했으며 탕군의 병사를 거느리게 하고, 항우를 장안후로 봉해 노공이라 부르고 여신을 사도로 삼았으며, 그 아비 여청을 영윤으로 삼았다.

'항우본기' 내용이 거의 반복되었다.

약속

> 趙數請救, 懷王乃以宋義爲上將軍, 項羽爲次將, 范增爲末將,
> 조수청구 회왕내이송의위상장군 항우위차장 범증위말장
> 北救趙, 令沛公西略地入關, 與諸將約, 先入定關中者王之.
> 북구조 령패공서략지입관 여제장약 선입정관중자왕지
>
> 조나라가 여러 차례 구원을 청했다. 그래서 회왕은 송의로써 상장군을 삼고 항우를 차장으로 하고 범증을 말장으로 삼아 북으로 보내 조나라를 돕고, 패공으로 하여금 서쪽으로 가서 땅을 경략하고 입관하게22) 했는데, 여러 장수들과 더불어 약속하기를 "먼저 들어가 관중을 평정하는 자를 그곳의 왕으로 삼는다."고 했다.

항우와 유방 사이에서 두고두고 언급되는 약속이 여기 나온다. 그런데 이건 논란의 여지가 있다. 다음 기사를 보면 그렇다.

> 當是時, 秦兵彊, 常乘勝逐北, 諸將莫利先入關. 獨項羽怨秦
> 당시시 진병강 상승승축북 제장막리선입관 독항우원진
> 破項梁軍, 奮, 願與沛公西入關. 懷王諸老將皆曰, 項羽爲人
> 파항량군 분 원여패공서입관 회왕제로장개왈 항우위인
> 慓悍猾賊, 項羽嘗攻襄城, 襄城無遺類, 皆阬之, 諸所過無不
> 표한활적 항우상공양성 양성무유류 개갱지 제소과무불
> 殘滅. 且楚數進取前, 陳王項梁皆敗, 不如更遣長者扶義而
> 잔멸 차초수진취전 진왕항량개패 불여경견장자부의이
> 西, 告諭秦父兄. 秦父兄苦其主久矣, 今誠得長者往, 毋侵暴
> 서 고유진부형 진부형고기주구의 금성득장자왕 무침포
> 宜可下. 今項羽慓悍, 今不可遣. 獨沛公素寬大長者, 可遣. 卒
> 의가하 금항우표한 금불가견 독패공소관대장자 가견 졸

---

22) 여기서 관은 함곡관, 무관 등 함양으로 들어가는 관문을 말한다.

不許項羽, 而遣沛公西略地, 收陳王項梁散卒. 乃道碭至成陽
불허항우 이견패공서략지 수진왕항량산졸 내도탕지성양
與杠里, 秦軍夾壁, 破二軍. 楚軍出兵擊王離, 大破之.
여강리 진군협벽 파이군 초군출병격왕리 대파지

그때를 당하여 진나라 군대가 강해 늘 승기를 타고 북으로 내달으니 모든 장군들은 먼저 입관하길 탐하지 않았다. 홀로 항우만이 진나라가 항량의 군대를 깨뜨린 데 원한을 품고 분격하여 패공과 더불어 서쪽으로 가 입관하고자 하였다. 회왕과 여러 나이 든 장군들이 모두 말했다. "항우는 사람됨이 날쌔고 사나우며 교활하여 남을 해치니, 항우가 일찍이 양성을 공격했을 때 양성에는 하나도 남기지 않고 모두 파묻었으며 지나가는 모든 곳에서 다 죽이고 부수지 않음이 없었다. 그리고 [진승 및 회왕의] 초나라는 수차례 진격하여 얻으며 앞으로 나갔으나 진왕과 항량 모두 패하였으니, 고쳐서 장자를 보내 의를 붙들고 서쪽으로 가 진나라의 부형들을 설득하게 하는 게 낫다. 진나라 부형들은 자기들 주인에게 고통 받은 지가 오래이니, 지금 만약 장자를 얻어 가게 하여 침범하고 포악을 떠는 일이 없게 하면 마땅히 항복시킬 수 있다. 지금 항우는 날쌔고 사나워서 지금은 보낼 수 없다. 오직 패공만이 평소 관대한 장자이니 보낼 만하다." 끝내 항우는 허락하지 아니하고, 패공을 보내 서쪽으로 가서 땅을 경략하고 진왕과 항량의 흩어진 병사들을 수습하게 했다. 그래서 [유방은] 탕으로부터 길을 밟아 성양과 강리에 이르니 진나라 군대가 성을 끼고 있어서 두 개 군대를 깨뜨렸다. 초군은 출병하여 왕리를 공격해 크게 깨뜨렸다.

이미 회왕과 신하들이 긴 논의 끝에 유방을 선택해 먼저 함양으로 가게 한 것이다. 대신 항우는 송의를 따라 조나라를 구원하러 가게 했다.

함양으로의 여정

沛公引兵西, 遇彭越昌邑, 因與俱攻秦軍, 戰不利. 還至栗,
패공인병서 우팽월창읍 인여구공진군 전불리 환지율
遇剛武侯, 奪其軍, 可四千餘人, 幷之. 與魏將皇欣魏申徒武
우강무후 탈기군 가사천여인 병지 여위장황흔위신도무
蒲之軍, 幷攻昌邑. 昌邑未拔, 西過高陽. 酈食其監門曰, 諸
포지군 병공창읍 창읍미발 서과고양 역이기감문왈 제
將過此者多, 吾視沛公大人長者. 乃求見說沛公.
장과차자다 오시패공대인장자 내구견세패공

패공이 군대를 이끌고 서쪽으로 가 창읍에서 팽월을 만났기에 더불어 함께 진군을 공격했으나 싸움이 불리했다. 돌아와 율에 이르러 강무후를 만나 그의 군대를 빼앗으니 사천여 인쯤이라 그들을 합치고 위나라 장군 황흔과 위나라의 신도[23] 무포의 군대와 더불어 창읍을 함께 공격했다. 창읍은 함락시키지 못하고, 서쪽으로 가 고양을 지났다. 역이기가 [문 지키는] 감문으로서 말하길 "여러 장수 중 이곳을 지나간 사람들이 많은데 내가 보니 패공이 대인이며 장자다."라 했다. 그래서 패공을 만나 설득하려고 했다.

답답한 진군이 계속되고 있었다. 그러던 중에 유방은 역이기를 만났다.

沛公方踞床, 使兩女子洗足. 酈生不拜, 長揖曰, 足下必欲誅
패공방거상 사량여자세족 역생불배 장읍왈 족하필욕주
無道秦, 不宜踞見長者. 於是沛公起, 攝衣謝之, 延上坐. 食其
무도진 불의거견장자 어시패공기 섭의사지 연상좌 이기
說沛公襲陳留, 得秦積粟. 乃以酈食其爲廣野君, 酈商爲將,
세패공습진류 득진적속 내이역이기위광야군 역상위장

---

[23] 관직명으로서 사도(司徒)의 다른 말임.

將陳留兵, 與偕攻開封, 開封未拔, 西與秦將楊熊戰白馬, 又
장진류병 여해공개봉 개봉미발 서여진장양웅전백마 우
戰曲遇東, 大破之. 楊熊走之滎陽, 二世使使者斬以徇. 南攻
전곡우동 대파지 양웅주지형양 이세사사자참이순 남공
潁陽, 屠之. 因張良遂略韓地轘轅.
영양 도지 인장량수략한지환원

패공이 마침 침상에 걸터앉아 두 여자로 하여금 발을 씻게 하고 있었다. 역생이 절하지 아니하고 오랫동안 읍을 하며 말했다. "족하24)께서는 반드시 무도한 진을 주벌하려 하실지니 걸터앉아 장자를 보면 아니 되옵니다." 그래서 패공이 일어나서 옷을 여미고 그에게 사과하며 윗자리로 인도하였다. 이기가 패공을 설득해 진류를 습격하고 진나라의 비축된 식량을 얻으라고 하였다. 그래서 역이기로써 광야군을 삼고 역상을 장군으로 삼아 진류의 군대를 거느려 더불어 함께 개봉을 공격하였다. 개봉을 함락시키지 못한 채, 서쪽으로 가서 진나라 장군 양웅과 백마에서 싸우고, 다시 곡우의 동쪽에서 싸워 크게 깨뜨렸다. 양웅은 달아나 형양으로 가니 2세가 사자를 보내 참하여 [시신을] 두루 돌렸다. [패공의 군대는] 남쪽으로 가서 영양을 공격해 도륙했다. 그리하여 장량이 나아가 한(韓)의 땅 환원을 경략했다.

역이기가 유방에게 식량의 중요성을 일깨우고 있다. 역이기의 공으로 진류는 얻은 것 같다. 거기서 다시 개봉을 쳤는데 그건 실패했다. 그러나 유방은 개의치 않고 서진하여 형양까지 차지했다.

---

24) 족하(足下 발아래), 각하(閣下 대궐 아래), 전하(殿下 궁전 아래), 폐하(陛下 섬돌 또는 층계 아래)가 모두 자기를 낮추는 태도로써 상대를 높이는 데 사용되던 호칭이었다.

유방은 장량을 앞세워 환원을 경략하게 했다. 한(韓)의 부흥을 위해 노력하던 장량이 적절하게 활용되었다.

當是時, 趙別將司馬卬方欲渡河入關, 沛公乃北攻平陰, 絶河津. 南戰雒陽東, 軍不利, 還至陽城, 收軍中馬騎, 與南陽守齮戰犨東, 破之. 略南陽郡, 南陽守齮走, 保城守宛. 沛公引兵過而西. 張良諫曰, 沛公雖欲急入關, 秦兵尙衆, 距險. 今不下宛, 宛從後擊, 彊秦在前, 此危道也. 於是沛公乃夜引兵從他道還, 更旗幟, 黎明, 圍宛城三匝.

그때를 당하여 조나라의 별장 사마앙이 막 황하를 건너 입관하려 하고 있었다. 그래서 패공은 북으로 가 평음을 공격하고 황하의 나루를 끊었다. 남쪽으로 가 낙양의 동쪽에서 싸웠는데 군세가 불리하여 돌아와 양성에 이르러 군중의 기병을 수습하여 남양 태수 의와 주의 동쪽에서 싸워 깨뜨렸다. 남양군을 경략함에 남양 태수 의는 달아나 원에서 오로지 성을 지키는 데만 의지했다. 패공이 군사를 이끌고 지나쳐 서쪽으로 갔다. 장량이 간하여 말했다. "패공께서 비록 얼른 입관하고자 하시나 진나라의 군대는 오히려 많고 험한 곳을 막고 있습니다. 지금 원을 이기지 않으면 원은 뒤로부터 공격하고 강한 진나라는 앞에 있으니 이는 위험한 길입니다." 그래서 패공은 밤에 군사를 이끌고 다른 길을 따라 돌아왔다. 기치를 바꾸고 새벽에 원성을 세 겹으로 포위했다.

조나라는 당시 초나라와 협조하고 있었다. 조나라를 구하기 위해 송의와 항우가 떠났지 않은가? 그 조나라의 별동대가 황하를 건너 남쪽으로 와서 입관하려고 한다기에 유방은 서둘러서 조나라의 행군로를 끊은 것이다.

원은 회수 남쪽, 그것도 회수에서 한참 떨어진 내륙에 있다. 유방의 군대가 원을 지나쳐 진군하고 있다는 건 굉장히 남쪽으로 돌아서 진나라의 수도를 향하고 있다는 말이 된다.

南陽守欲自剄, 其舍人陳恢曰, 死未晚也. 乃踰城見沛公曰,
남양수욕자경 기사인진회왈 사미만야 내유성견패공왈
臣聞足下約, 先入咸陽者王之. 今足下留守宛. 宛大郡之都
신문족하약 선입함양자왕지 금족하류수원 원대군지도
也, 連城數十, 人民衆, 積蓄多, 吏人自以爲降必死, 故皆堅
야 연성수십 인민중 적축다 리인자이위항필사 고개견
守乘城. 今足下盡日止攻, 士死傷者必多, 引兵去宛, 宛必
수승성 금족하진일지공 사사상자필다 인병거원 원필
隨足下後, 足下前則失咸陽之約, 後又有彊宛之患. 爲足下
수족하후 족하전즉실함양지약 후우유강원지환 위족하
計, 莫若約降, 封其守, 因使止守, 引其甲卒與之西. 諸城未
계 막약약항 봉기수 인사지수 인기갑졸여지서 제성미
下者, 聞聲爭開門而待, 足下通行無所累.
하자 문성쟁개문이대 족하통행무소루

남양 태수가 스스로 목을 베어 죽으려 하자 그의 집안 일 보던 사람 진회가 말했다. "죽는 것은 아직 늦지 않습니다." 그래서 [진회는] 성을 넘어 패공을 만나 말했다. "신은 먼저 함양에 들어가는 자가 그곳의 왕 노릇 하기로 족하가 약속했다고 들었습니다. 이제 족하는 머물러 원을 지키고 있습니다. 원은 큰 군의 도읍으로서 성 수십 개가 이어져 있고 사람이 많으며 비축이 많은 데다 벼슬

> 아치들은 항복하면 반드시 죽을 것이라 스스로 여기기 때문에 모두 견고히 지키느라 성에 올라타 있습니다. 이제 족하가 온종일 오로지 공격을 하면 병사들 중 죽고 다치는 자가 반드시 많을 것이고, 병사를 이끌고 원을 떠나면 원은 반드시 족하의 뒤를 쫓을 것이니 족하는 앞으로는 함양의 약속을 잃을 것이고 뒤로는 또 강한 원을 두는 우환이 있습니다. 족하를 위하여 궁리한다면, 항복을 약속하게 하고 태수를 봉하여 지키는 데만 그치게 하면서 그 병졸을 이끌고 더불어 서쪽으로 가는 게 더 낫습니다. 아직 떨어지지 않은 모든 성이 소리를 듣고 다투어 문을 열고 기다릴 테니 족하는 통행에 걱정될 바가 없을 것입니다."

원을 통해서 진나라로 들어가려면 무관(武關)을 통해야 한다. 진나라 입장에서 보면 동쪽으로는 함곡관, 남쪽으로는 무관이 있었다. 유방은 함곡관으로 들어가는 대신 무관을 통해 함양으로 갈 생각이었다.

> 沛公曰, 善. 乃以宛守爲殷侯, 封陳恢千戶. 引兵西, 無不下者.
> 패공왈 선 내이원수위은후 봉진회천호 인병서 무불하자
> 至丹水, 高武侯鰓襄侯王陵降西陵. 還攻胡陽, 遇番君別將
> 지단수 고무후새 양후왕릉항서릉 환공호양 우파군별장
> 梅鋗與皆降析酈. 遣魏人甯昌使秦. 使者未來, 是時章邯已
> 매현여개항석력 견위인영창사진 사자미래 시시장함이
> 以軍降項羽於趙矣.
> 이군항항우어조의

패공이 "좋다."고 말했다. 그래서 원의 태수를 은후로 삼고 진회를 천호에 봉했다. 군대를 이끌고 서쪽으로 가니 항복하지 않는 자가

없었다. 단수에 이르러 고무후 새, 양후 왕릉이 서릉을 갖고 항복했다. 돌아와 호양을 공격하고 파군 별장 매현을 만나 더불어 석과 력을 모두 항복시켰다. 위나라 사람 영창을 진나라에 사자로 보냈다. 사자가 아직 오지 않았는데, 그때 조에서 장함이 이미 군대를 이끌고 항우에게 항복했다.

양후 왕릉은 훗날 한 조정의 승상이 되는 사람이다. '진승상세가'에 따르면 그는 남양에 있으면서 패공에 저항했다고 한다. 패현 사람이며 옹치와 친했다.

파군의 별장 매현은 앞으로 항우에 의해 십만 호 후로 봉해질 사람이다. 파군은 오예로서, 백월 병사를 이끌고 항우를 도왔던 사람이라고 소개한 바 있다.

初, 項羽與宋義北救趙, 及項羽殺宋義, 代爲上將軍, 諸將黥
초, 항우여송의북구조, 급항우살송의, 대위상장군, 제장경
布皆屬, 破秦將王離軍, 降章邯, 諸侯皆附. 及趙高已殺二世,
포개속, 파진장왕리군, 항장함, 제후개부. 급조고이살이세,
使人來, 欲約分王關中. 沛公以爲詐, 乃用張良計, 使酈生陸
사인래, 욕약분왕관중. 패공이위사, 내용장량계, 사역생육
賈往說秦將, 啗以利, 因襲攻武關破之. 又與秦軍戰於藍田
가왕세진장, 담이리, 인습공무관파지. 우여진군전어남전
南, 益張疑兵旗幟. 諸所過毋得掠鹵, 秦人憙, 秦軍解, 因大
남, 익장의병기치. 제소과무득약로, 진인희, 진군해, 인대
破之. 又戰其北, 大破之. 乘勝, 遂破之.
파지. 우전기북, 대파지. 승승, 수파지.

원래 항우가 송의와 더불어 조나라를 구하러 북쪽으로 가다가 항우가 송의를 죽이고 대신 상장군이 되는 데 이르자 모든 장군들과

> 경포가 다 복종하였고, 진나라 장군 왕리의 군대를 깨뜨리고 장함을 항복시키니 제후가 모두 귀부했다. 조고가 이미 2세를 죽인 데 이르러 사절이 와서 [유방에게] 관중을 나누어 왕이 되기를 약속하고자 했다. 패공은 속임수라 여겼다. 그래서 장량의 계책을 써서 역생과 육가를 보내 진의 장군을 설득하고 잇속으로 꼬드기게 하고는 무관을 기습 공격하여 깨뜨렸다. 또한 진군과 남전의 남쪽에서 싸웠는데, 가짜 병사와 기치를 늘려 펼쳤다. 지나가는 모든 곳에서 약탈을 하지 못하게 하니 진나라 사람들이 기뻐하고 진의 병사들은 해이해졌기 때문에 그들을 크게 깨뜨렸다. 다시 그 북쪽에서 싸워 그들을 크게 깨뜨렸다. 승세를 타고 전진하며 그들을 깨뜨렸다.

역시 무관으로 들어간 게 여기에서 확인된다. 이 중요한 대 우회 기동과 그 이유를 사마천이 왜 설명하지 않았는지 알 수 없다. 단지 군대의 움직임에 따르는 지명의 나열로써 해설을 대신하고 있다. 역사를 이해하는 데 지리 지식이 중요하다는 걸 실감하게 해준다. 함양을 향해 승승장구하는 유방 군대의 모습을 사마천은 마지막 기술에서 '파(破)'를 세 번 반복적으로 사용해 효과적으로 그려내고 있다.

욕심 절제

漢元年十月, 沛公兵遂先諸侯至霸上. 秦王子嬰素車白馬, 係
頸以組, 封皇帝璽符節, 降軹道旁. 諸將或言誅秦王. 沛公曰,
始懷王遣我, 固以能寬容, 且人已服降, 又殺之, 不祥. 乃以秦
王屬吏, 遂西入咸陽. 欲止宮休舍, 樊噲張良諫, 乃封秦重寶
財物府庫, 還軍霸上. 召諸縣父老豪桀曰, 父老苦秦苛法久
矣, 誹謗者族, 偶語者棄市. 吾與諸侯約, 先入關者王之, 吾當
王關中. 與父老約法三章耳. 殺人者死, 傷人及盜抵罪. 餘悉
除去秦法. 諸吏人皆案堵如故. 凡吾所以來, 爲父老除害, 非
有所侵暴, 無恐. 且吾所以還軍霸上, 待諸侯至而定約束耳.

한 원년 시월, 패공의 군대는 마침내 제후들보다 먼저 패상에 도착했다. 진왕 자영은 흰 수레와 백마에 끈으로 목을 걸고 황제의 도장과 부절을 봉한 채 지도 옆에서 항복했다. 여러 장군 중 어떤 사람들은 진왕을 죽여야 한다고 아뢨다. 패공이 말했다. "원래 회왕이 나를 보낸 건 진실로 [우리가] 관용할 수 있음으로써이다. 저 사람이 이미 항복했는데도 그를 죽이는 건 상서롭지 아니하다." 그래서 진왕과 벼슬아치들을 데리고 서쪽으로 가 마침내 함양에 들어갔다. 궁에 머물고 집에서 쉬려고 했으나 번쾌와 장량이 간했다. 그래서 진나라의 귀중한 보화와 재물이 있는 창고를 봉하고 군대를 패상으로 돌렸다. 모든 현의 부로와 호걸을 불러 말했다.

> "부로들은 진나라의 가혹한 법에 고통받은 지 오래다. 비방하는 자는 삼족을 멸했고 대답하는 자는 죽여서 시체를 시장 거리에 두었다. 나는 제후들과 약속하길 먼저 입관한 자가 이곳의 왕이 된다고 하였으니 내가 마땅히 관중의 왕이 된다. 부로와 더불어 [나는] 법 삼장만을 약속할 뿐이다. 사람을 죽인 자는 죽고, 사람을 상하게 한 자와 도적질한 자는 죄에 해당한다. 나머지는 다 진나라의 법을 없앨 것이다. 관리들은 모두 사는 곳에서 이전처럼 편히 지내시오. 무릇 내가 온 까닭은 부로를 위해 해로움을 없애는 것이지 침범하고 포악을 떠는 바가 있지 않을 것이니 두려워하지 마시오. 또한 내가 패상으로 군대를 돌린 까닭은 제후들이 도착하기를 기다려 약속을 확실히 하고자 할 따름이오."

함양은 위수의 북쪽이며 패상은 위수의 남쪽이다. 함양에서 보면 패상은 동쪽에 치우쳐 있다. 진왕이 패상까지 와서 유방에게 항복했다.

진왕 자영은 조고를 이미 처치했다. 기개로 보아서는 끝까지 싸울 인물이었던 것 같은데 가장 낮은 자세로 항복을 했다니 의아하다. 혹 유방과 진왕 사이에 모종의 거래나 약속이 있었는데 기술이 생략된 게 아닌가 하는 의심이 든다.

함양으로 들어간 유방이 궁에 머물고 집에서 쉬려 했는데 번쾌와 장량이 간했다고 한다. 무엇을 간했다는 말일까? 장량의 행적을 담은 '유후세가'에 그 이유가 상세하다. 패공이 진나라 궁에 들어가니 궁실 안에 귀한 보물과 여자가 많았기에 거기서 머물려고 했다는 것이다. 그러자 나가서 머물러야 한다고 번쾌가 간했으나 유방은 듣지 않았다. 장량이 나섰다. 이때 그가 유방을 달래며 한 말이 다음과 같았다. '충성된 말은 귀에 거슬리나 행동에 이익이 되고 독한 약은 입에 쓰나 병에는 이롭다.' 하니 부디 번쾌의 간언을 들으라는 거였다. 그래서 유방은 궁을 나가 패상으로 돌아갔다.

패상으로 떠나면서 부로들을 모아 놓고 유방이 발표한 게 유명한 '약법삼장'이었다. 인간이 모여 사는 곳에서 벌어지는 죄악 중 용서할 수 없는 최소치가 이 세 가지라 할 수 있다. 살인, 상해, 도적질이다. 앞의 두 가지가 인간, 세 번째 것은 물건에 대한 것이다. 인간 중심적이고 현실적인 사회답게 신성모독죄라든가 윤리 관련 언급은 없다.

이때부터 사마천은 한나라를 중심으로 해서 연도를 기록했다. 이해에 진나라가 멸망하고 유방이 한왕이 될 것이기에 한 원년이 되었다.

> 乃使人與秦吏行縣鄉邑, 告諭之. 秦人大喜, 爭持牛羊酒食獻
> 내 사 인 여 진 리 행 현 향 읍   고 유 지   진 인 대 희   쟁 지 우 양 주 사 헌
> 饗軍士, 沛公又讓不受曰, 倉粟多, 非乏, 不欲費人. 人又益喜,
> 향 군 사   패 공 우 양 불 수 왈   창 속 다   비 핍   불 욕 비 인   인 우 익 희
> 唯恐沛公不爲秦王.
> 유 공 패 공 불 위 진 왕

그래서 [유방은] 사람들을 시켜 진나라 관리들과 함께 [각] 현의 향리를 돌며 이를 알리고 깨우쳤다. 진나라 사람들이 크게 기뻐하여 다투어 소, 염소, 술, 밥을 가져와 군사를 먹이라고 바치니 패공이 또 사양하여 받지 않고 말했다. "창고에 곡식이 많아 부족하지 않으니 사람들이 비용을 치르게 하고 싶지 않소." 사람들은 다시 더욱 기뻐서 오직 패공이 진나라 왕이 되지 않을까 걱정할 뿐이었다.

유방의 인기가 치솟고 있다.

은밀한 계책

> 或說沛公曰, 秦富十倍天下, 地形彊. 今聞章邯降項羽, 項羽
> 혹세패공왈 진부십배천하 지형강 금문장함항항우 항우
> 乃號爲雍王, 王關中. 今則來, 沛公恐不得有此. 可急使兵守
> 내호위옹왕 왕관중 금즉래 패공공부득유차 가급사병수
> 函谷關, 無內諸侯軍, 稍徵關中兵以自益距之. 沛公然其計,
> 함곡관 무내제후군 초징관중병이자익거지 패공연기계
> 從之. 十一月中, 項羽果率諸侯兵西, 欲入關, 關門閉. 聞沛
> 종지 십일월중 항우과솔제후병서 욕입관 관문폐 문패
> 公已定關中, 大怒, 使黥布等攻破函谷關. 十二月中, 遂至戲.
> 공이정관중 대노 사경포등공파함곡관 십이월중 수지희
>
> 어떤 자가 패공을 설득하여 말했다. "진나라의 부유함이 천하의 열 배이며 지형은 강성합니다. 지금 듣건대 장함이 항우에게 항복했고, 그래서 항우는 [장함을] 옹왕으로 부르고 관중의 왕을 삼았다고 합니다. 지금 오고 있으니, 패공은 이를[관중을] 갖지 못할까 두렵습니다. 급히 군대로 함곡관을 지키게 하여 제후군을 들이지 말고 차차 관중의 병사를 징발함으로써 스스로 더하여 이에 맞서는 것도 좋을 것입니다." 패공은 그 계책이 옳다 여겨 좇았다. 11월 중순에 항우는 과연 제후 군대를 이끌고 서쪽으로 가 입관하려 했으나 관문이 닫혀 있었다. 패공이 이미 관중을 안정시켰다는 말을 듣고 [항우는] 크게 노하여 경포 등을 시켜 함곡관을 공격해 깨뜨리게 하였다. 12월 중순[기원전 206]에 마침내 희에 이르렀다.

'항우본기'에서 '추생'이라고 일컬어지던 자가 여기서는 '어떤 자'가 되었다. 앞에서도 죽 보아왔고 앞으로도 그럴 것이지만 유방에게 와서 설득하는 사람 중 사마천이 이름을 밝히지 않는 경우가 없다. '어떤 자'는 유방이 끝까지 이름을 밝히지 않은 그 어떤 인물이다. '어떤 자' 대신 '유방'을 넣어 보자. 첫 문장은 '유방이 패공을 설득하여 말했다.'가 된다. 그럴듯하다. 그리고 주목할 구절이 있다. '패공은 이를 갖지 못할까 두렵습니다.'이다. 이 말을 하는 주어는 '어떤 자'였다. 그런데 '갖지 못할까 두려워하는' 주체는 '패공'이다. 주어가 슬그머니 바뀌었다. 사마천은 여기에 진실을 담아 둔 것이다. 게다가, 앞서 역이기와 진회는 유방을 '족하'라고 불렀다. 장량이 '패공'이라 부른 적이 있으니 그 '어떤 자'는 장량만큼 직위가 높은 자였을까? 그렇다면 사마천은 그를 '어떤 자'라고 모호하게 처리했을 리가 없다.

화해

沛公左司馬曹無傷聞, 項王怒欲攻沛公, 使人言項羽曰, 沛公欲王關中, 令子嬰爲相, 珍寶盡有之, 欲以求封. 亞父勸項羽擊沛公, 方饗士, 旦日合戰. 是時項羽兵四十萬, 號百萬. 沛公兵十萬, 號二十萬, 力不敵. 會項伯欲活張良, 夜往見良, 因以文諭項羽, 項羽乃止. 沛公從百餘騎, 馳之鴻門, 見謝項羽. 項羽曰, 此沛公左司馬曹無傷言之. 不然, 籍何以生此. 沛公以樊噲張良故, 得解歸. 歸立誅曹無傷.

패공의 좌사마인 조무상은 항왕이 노하여 패공을 공격하려 한다는 걸 듣고 사람을 시켜 항우에게 여쭈어 "패공이 관중의 왕이 되고자 하고 자영을 승상으로 삼고 진귀한 보물을 모두 가졌습니다."라고 말하게 함으로써 봉함을 구하고자 하였다. 아부가 항우에게 패공을 치라고 권하니, 바야흐로 병사를 먹이고 다음 날 이른 아침에 싸움을 벌이려고 하였다. 그때 항우의 군대는 40만인데 백만을 칭했다. 패공의 병사는 10만인데 20만을 칭했다. [패공은] 힘으로 당할 수가 없었다. 마침 항백이 장량을 살리려 하여 밤에 가서 장량을 만남으로 인해 그럴듯한 말로 항우를 깨우쳤다. 그래서 항우가 멈추었다. 패공은 백여 기를 거느리고 홍문으로 달려가 항우를 만나 사죄했다. 항우가 말했다. "이는 패공의 좌사마 조무상이 말했소. 그렇지 않으면 [항]적이 어찌 이 일을 생기게 했겠소?" 패공은 번쾌와 장량으로 인해 풀려 돌아올 수 있었다. 돌아와서

> 즉시 조무상을 죽였다.

백만, 20만 운운하는데 혹 이게 중국식의 병력 수 셈법이 아닌가 한다. 대략 실제보다 두 배이다. 함곡관은 황하 변에 있다. 강 남쪽이다. 여기서 상류로 올라가면 위수가 황하로 흘러드는 곳을 만난다. 거기서 위수를 따라 올라가면 함양에 이르기 전에 희와 패상이 있다.

항우의 마음

> 項羽遂西, 屠燒咸陽秦宮室, 所過無不殘破. 秦人大失望, 然
> 항우수서 도소함양진궁실 소과무불잔파 진인대실망 연
> 恐不敢不服耳.
> 공불감불복이
>
> 항우는 마침내 서쪽으로 가 함양을 도륙하고 진나라 궁실을 태웠는데, 지나가는 곳마다 죽이고 부수지 않은 게 없었다. 진나라 사람들은 크게 실망하였으나 두려워서 감히 불복하지 않을 뿐이었다.

여기서부터 한동안 항우의 행적이 그려진다. 연속적으로 주어는 항우다. 이미 '항우본기'에 나온 내용들이다.

> 項羽使人還報懷王. 懷王曰, 如約. 項羽怨懷王不肯令與沛公
> 항우사인환보회왕 회왕왈 여약 항우원회왕불긍령여패공
> 俱西入關而北救趙, 後天下約. 乃曰, 懷王者, 吾家項梁所立
> 구서입관이북구조 후천하약 내왈 회왕자 오가항량소립
> 耳, 非有功伐, 何以得主約. 本定天下, 諸將及籍也. 乃詳尊
> 이 비유공벌 하이득주약 본정천하 제장급적야 내양존
> 懷王爲義帝, 實不用其命.
> 회왕위의제 실불용기명
>
> 항우는 사람을 시켜 돌아가 회왕에게 알리게 했다. 회왕은 "약속대로 하라."고 말했다. 항우는 회왕이 [자기를] 패공과 더불어 서쪽으로 함께 가 입관하게 하지 않고 북으로 가서 조나라를 구하게 하여 [자기가] 천하를 향한 약속에서 뒤쳐지게 된 것을 원망하였다. 그래서 말했다. "회왕이란 자는 우리 집안의 항량이 세운 바일 뿐이지 공훈이 있지 않으니 어찌 약속을 주관할 수 있는가? 본디 천하를 평정한 건 여러 장수들과 [항]적이다." 그래서 거짓된 꾸밈

> 으로 추대하여 회왕을 의제로 삼았지만 실은 그의 명을 듣지 않았다.

항우가 회왕을 원망하는 이유가 여기에 나온다. '항우본기'에는 없던 내용이다. 회왕이 신하들과 더불어 유방을 함양으로 먼저 보낼 논의를 하는 장면이 '고조본기'에 자세히 나오다 보니 이 내용도 '항우본기'가 아니라 여기로 온 것 같다.

한왕이 되다

正月, 項羽自立, 爲西楚霸王, 王梁楚地九郡, 都彭城. 負約,
정월 항우자립 위서초패왕 왕량초지구군 도팽성 부약
更立沛公爲漢王, 王巴蜀漢中, 都南鄭. 三分關中, 立秦三將,
경립패공위한왕 왕파촉한중 도남정 삼분관중 립진삼장
章邯爲雍王, 都廢丘, 司馬欣爲塞王, 都櫟陽, 董翳爲翟王,
장함위옹왕 도폐구 사마흔위새왕 도력양 동예위적왕
都高奴. 楚將瑕丘申陽爲河南王, 都洛陽. 趙將司馬卬爲殷
도고노 초장하구신양위하남왕 도낙양 조장사마앙위은
王, 都朝歌. 趙王歇徙王代. 趙相張耳爲常山王, 都襄國. 當
왕 도조가 조왕헐사왕대 조상장이위상산왕 도양국 당
陽君黥布爲九江王, 都六. 懷王柱國共敖爲臨江王, 都江陵.
양군경포위구강왕 도육 회왕주국공오위임강왕 도강릉
番君吳芮爲衡山王, 都邾. 燕將臧荼爲燕王, 都薊. 故燕王韓
파군오예위형산왕 도주 연장장도위연왕 도계 고연왕한
廣徙王遼東. 廣不聽, 臧荼攻殺之無終. 封成安君陳餘河間
광사왕요동 광불청 장도공살지무종 봉성안군진여하간
三縣, 居南皮. 封梅鋗十萬戶. 四月, 兵罷戲下, 諸侯各就國.
삼현 거남피 봉매현십만호 사월 병파희하 제후각취국

정월에[기원전 206] 항우는 스스로 서서 서초 패왕이 되어 양과 초의 땅 아홉 군 왕이 되고 팽성에 도읍을 두었다. 약속을 버리고 다시 고쳐 패공을 세워 한왕으로 삼아 파, 촉, 한중의 왕 노릇 하게 하였으며 남정에 도읍을 두었다. 관중은 셋으로 나누어 진나라의 세 장수를 세워 장함을 옹왕으로 삼아 폐구에 도읍을 두었고, 사마흔을 새왕으로 삼아 력양에 도읍을 두었으며 동예를 적왕으로 삼고 고노에 도읍을 두었다. 초의 장군 하구 신양을 하남왕으로 삼아 낙양에 도읍했고 조나라 장군 사마앙을 은왕으로 삼아 조가에 도읍했다. 조나라 왕 헐은 옮겨 대의 왕 노릇 하게 하고 조나라 재상 장이는 상산왕으로 삼아 양국에 도읍했다. 당양군 경포는 구

> 강왕이 되었고 육에 도읍했다. 회왕의 주국 공오가 임강왕이 되어 강릉에 도읍했다. 파군 오예는 형산왕이 되어 주에 도읍했다. 연나라 장군 장도는 연나라 왕이 되어 계에 도읍했다. 연나라의 옛 왕 한광은 옮겨 요동의 왕을 삼았다. 광이 듣지 않자 장도가 공격해 그를 무종에서 죽였다. 성안군 진여에게 하간의 세 개 현을 봉하고 남피에서 살게 했다. 매현은 십만호에 봉했다. 4월에 군대가 희수가에서 흩어져 제후들은 각자 나라로 갔다.

'항우본기'에서는 항우가 패왕이 되었다는 게 맨 나중에 나오는데 여기서는 제일 먼저 나온다. 이후 공적은 생략되고 분봉 내용만 간략하게 나오니 항우 시절 중국의 판도가 일목요연하다.

신속한 결단

漢王之國, 項王使卒三萬人從, 楚與諸侯之慕從者數萬人. 從
杜南入蝕中, 去輒燒絶棧道, 以備諸侯盜兵襲之, 亦示項羽無
東意. 至南鄭, 諸將及士卒多道亡歸, 士卒皆歌思東歸. 韓信
說漢王曰, 項羽王諸將之有功者, 而王獨居南鄭, 是遷也. 軍
吏士卒皆山東之人也, 日夜跂而望歸, 及其鋒而用之, 可以有
大功. 天下已定, 人皆自寧, 不可復用. 不如決策東鄕, 爭權
天下.

한왕은 나라로 가니 항왕은 병졸 3만으로 좇게 하였는데 초와 제후들의 [무리 중에] 흠모하여 따르는 자가 수만 인이었다. 두의 남으로부터 식의 안으로 들어가, 떠날 때면 번번이 다리 길을 불태워 없앴으니 제후와 도적떼의 군대가 그곳으로 침범함을 방비하고자 함인 동시에 동쪽으로 갈 뜻이 없음을 항우에게 보이는 것이었다. 남정에 이르니 여러 장수 및 사졸이 많이 도중에 달아나 돌아갔고 사졸들은 모두 동쪽으로 돌아갈 생각의 노래를 불렀다. 한신이 한왕을 설득해 말했다. "항우가 여러 장수 중 공이 있는 자들을 왕으로 삼았는데, 왕은 홀로 남정에 머물게 되었으니 이는 내쫓은 것입니다. 군리와 사졸이 모두 산 동쪽 사람들이어서 밤낮으로 발돋움하며 돌아가길 바라니, 그 뾰족한 곳에 이르러[25] 그것을

---

25) 돌아가길 바라는 마음이 극한에 이를 때라는 걸 이렇게 표현했다. 대단히 문학적이다.

> 쓰면 큰 공이 있을 수 있을 것입니다. 천하가 이미 안정되고 사람들이 모두 스스로 편안하다면 다시 쓸 수 없습니다. 방책을 결정하여 동쪽으로 향해 천하를 두고 권리를 다툼이 더 낫습니다."

유방이 지배하게 된 곳은 파, 촉, 한중이었다. 한중에 있는 남정으로 들어가는 일만도 이렇게 힘이 들었는데, 그보다 더 서쪽에 있는 촉과 파는 당시 사정이 오죽했겠는가? 남정에 도달했을 때 도망친 자가 많았다고 했다. 훗날의 대장군 한신 역시 그런 사람들 중의 하나였다.

여기 나오는 한신은 대장군 한신과 동명이인이다. 그래서 독자들은 종종 혼동을 하게 된다. 대장군 한신을 위해서 사마천은 '회음후열전'을 두었고 이곳에 나오는 한신은 유방의 친구 노관과 더불어 '한신노관열전'에 행적이 기록되어 있다. 여기 한신은 장량의 한나라 왕실의 후예로서 유방을 따른 사람이었다.

한신은 병사들의 고달픔을 말했지만 패현 출신의 유방이나 소하, 그리고 회수 변 회음현 출신 대장군 한신, 한(韓) 출신의 장량과 지금 이 한신에게도 한중은 너무 고향에서 먼 곳이었다. 함양에서까지는 참고 살아볼 만했을 것이나 줄곧 잔도 즉 험한 골짜기를 건너기 위해 높은 곳에 다리처럼 매어 단 길을 하나하나 불태우고 들어가야 한다는 한중 땅은 봉지가 아니라 유배지였다.

항우에 맞서는 사람들

項羽出關, 使人徙義帝曰, 古之帝者, 地方千里, 必居上游. 乃
使使徙義帝長沙郴縣, 趣義帝行, 群臣稍倍叛之, 乃陰令衡山
王臨江王擊之, 殺義帝江南. 項羽怨田榮, 立齊將田都爲齊王.
田榮怒, 因自立爲齊王, 殺田都而反楚, 予彭越將軍印, 令反
梁地. 楚令蕭公角擊彭越, 彭越大破之. 陳餘怨項羽之弗王
己也, 令夏說說田榮, 請兵擊張耳. 齊予陳餘兵, 擊破常山王
張耳, 張耳亡歸漢. 迎趙王歇於代, 復立爲趙王, 趙王因立陳
餘爲代王. 項羽大怒, 北擊齊.

항우가 [함곡]관을 나가서 사람을 시켜 의제를 옮기며 이르길 "옛날 제는 지방 천리이고 반드시 상류에 거했다."고 했다. 그래서 사절로 하여금 의제를 장사의 침현에 옮기게 하고 의제가 떠나기를 재촉했다. 신하들의 무리가 차차 그를 등졌다. 그래서 [항우는] 형산왕과 임강왕에게 은밀히 명하여 그를 치게 하니 [두 사람은] 의제를 강남에서 죽였다. 항우는 전영을 원망해 제나라 장군 전도를 세워 제왕으로 삼았다. 전영이 노하여 스스로 서서 제왕이 되어 전도를 죽이고 초를 거역해 팽월에 장군 인을 주고 양 땅에서 거역하라고 지시했다. 초는 소공각에게 명하여 팽월을 치라 하니 팽월이 그를 크게 깨뜨렸다. 진여는 항우가 자기를 왕으로 삼지 않았음을 원망하여, 하열로 하여금 전영을 설득하게 해 장이를 칠 군대를 청했다. 제나라는 진여에게 군대를 주니 [진여가] 상산왕 장

> 이를 쳐서 깨뜨렸다. 장이는 도망가 한에 귀부했다. [진여는] 조왕 헐을 대에서 맞아 회복해 세워 조왕으로 삼으니 조왕은 인하여 진여를 세워 대왕으로 삼았다. 항우가 크게 노하여 북쪽으로 가서 제나라를 쳤다.

'항우본기'에 나온 이야기다. 단지 진여가 항우를 괴롭힌 이유가 자기를 왕으로 삼지 않았기 때문이라는 말은 새롭다.

도전

> 八月, 漢王用韓信之計, 從故道還, 襲雍王章邯. 邯迎擊漢陳倉,
> 팔월 한왕용한신지계 종고도환 습옹왕장함 함영격한진창
> 雍兵敗, 還走, 止戰好時, 又復敗, 走廢丘. 漢王遂定雍地, 東
> 옹병패 환주 지전호치 우부패 주폐구 한왕수정옹지 동
> 至咸陽, 引兵圍雍王廢丘, 而遣諸將略定隴西北地上郡. 令將
> 지함양 인병위옹왕폐구 이견제장략정농서북지상군 령장
> 軍薛歐王吸出武關, 因王陵兵南陽, 以迎太公呂后於沛. 楚聞
> 군설구왕흡출무관 인왕릉병남양 이영태공여후어패 초문
> 之, 發兵距之陽夏, 不得前, 令故吳令鄭昌爲韓王, 距漢兵.
> 지 발병거지양하 부득전 령고오령정창위한왕 거한병

팔월에 한왕은 한신의 계책을 써서 옛길을 통해 돌아와 옹왕 장함을 습격했다. [장]함이 한을 진창에서 맞아 공격했으나 옹의 군대는 패해 돌이켜 달아나다가 멈추어 호치에서 싸웠지만 또다시 패하여 폐구로 도망쳤다. 한왕은 나아가 옹 땅을 평정하고 동쪽으로 가서 함양에 이르렀고 병사를 이끌어 폐구의 옹왕을 포위하고는 여러 장군들을 보내 농서, 북지, 상군을 평정했다. 장군 설구와 왕흡을 시켜 무관을 나가 남양의 왕릉 군대에 의지하여 패에서 태공과 여후를 맞아오게 했다. 초가 그것을 듣고 군대를 보내 양하에서 그들을 막아 앞으로 나갈 수 없게 했으며 옛 오의 현령 정창을 한왕(韓王)으로 삼아 한의 군대를 막게 했다.

유방은 관중의 일부를 공략하고 일부 병력을 먼저 무관을 통해 나가게 했다. 그 이유는 가족을 데려오기 위해서였다. 태공과 여후라지만 모친과 자녀들까지 함께 있었을 것이다. 그렇다면 유방은 한중으로 갈 때 가족을 데리고 가지 않았단 말인가? 전쟁이 시작되고 나서야 가족을 챙기는 게 현실적이지 않아 보인다. 더군다나 패현은 항우가 있던 팽성과 가

깝지 않은가?

왕릉의 이름이 또 나온다. 유방이 남양의 원을 통해 무관으로 들어올 때 항복을 받았던 사람이다. 남양에서 유방에게 저항했던 사람이니 그곳 사정을 잘 알았을 것이다. 게다가 그는 패현 사람이라서 그에게 자기 가족 구출 작업을 맡겼나 보다. 왕릉은 유방에게 항복을 하긴 했어도 그를 따라 관중에 들어가거나 한중까지 간 게 아니라 그냥 남양에 있었던 것 같다.

옛 오나라의 현령을 왕으로 봉했다는 한은 장량의 고국이다. 함양으로부터 함곡관을 통해 나갈 때 만나는 지역이다. 항우는 원 한왕을 죽였지만 이번에 다른 사람을 한왕으로 삼아 유방 군대의 동진을 저지하려 했다.

二年, 漢王東略地, 塞王欣翟王翳河南王申陽皆降. 韓王昌
이년 한왕동략지 새왕흔적왕예하남왕신양개항 한왕창
不聽, 使韓信擊破之. 於是置隴西北地上郡渭南河上中地郡,
불청 사한신격파지 어시치농서북지상군위남하상중지군
關外置河南郡. 更立韓太尉信爲韓王. 諸將以萬人若以一郡
관외치하남군 경립한태위신위한왕 제장이만인약이일군
降者, 封萬戶. 繕治河上塞, 諸故秦苑囿園池, 皆令人得田之.
항자 봉만호 선치하상새 제고진원유원지 개령인득전지
正月, 虜雍王弟章平. 大赦罪人.
정월 로옹왕제장평 대사죄인

2년에 한왕이 동쪽으로 가 땅을 경략하니 새왕 흔, 적왕 예, 하남왕 신양이 모두 항복했다. 한왕(韓王) 창은 듣지 않아 한신을 시켜 그를 때려 부수었다. 그리하여 농서, 북지, 상군, 위남, 하상, 중지군을 두고 관 바깥에는 하남군을 두었다. 한(韓) 태위 신을 고쳐 세워 한왕(韓王)으로 삼았다. 모든 장군 중 만 명을 또는 한 개

> 군을 항복하게 하는 자는 만호에 봉했다. 하상의 요새를 수리하되 진나라의 모든 옛 사냥터와 정원과 동산, 연못 등은 다 사람들로 하여금 밭으로 경작할 수 있게 하였다. 정월에 옹왕의 동생 장평을 사로잡았다. 죄인들을 대거 사면했다.

한왕 창을 쳤다는 한신은 회음후 한신이 아니라 장량의 고향 사람 한신이다. 그 사람을 세워서 한왕으로 삼았다는 말이다. 유방은 진나라가 북방 경영을 위해 만든 요새는 보존하고 수리하되 백성의 고혈을 짜내 조성한 위락 시설은 모두 백성에게 돌려주어 생산지로 전환했다. 죄인들도 풀어주어 민심을 다독였다.

> 漢王之出關至陝, 撫關外父老還. 張耳來見, 漢王厚遇之.
> 한왕지출관지섬 무관외부로환 장이래현 한왕후우지
> 한왕이 관문을 나가 섬에 이르러 관문 바깥의 부로들을 위무하고 돌아왔다. 장이가 와서 뵈니 한왕은 그를 후히 대접했다.

사마천은 유방이 부로들을 활용했음을 중시하고 있다. 그와 부로의 만남, 대화 등이 여러 차례 소개된다. 천하를 얻고 지배하는 데 부로의 존재가 중요하다는 걸 강조하기 위함이었던가? 부로, 기로, 장로에 대해서는 '남월열전'에서 좀 더 설명하겠다.

장이는 조나라를 섬겼던 사람이고 항우에 의해 상산왕에 봉해졌다. 진여가 항우에 대항하여 일어나 장이를 쳤다. 그러자 장이는 유방에게 귀부한 것이다. '장이진여열전'에 따르면 그가 외황에 살며 돈 많은 과부와 결혼해 여유 있는 생활을 하고 있을 때 아직 벼슬길에 오르지 못한 처지였던 유방이 여러 차례 장이를 따라다녔고, 몇 달 동안 장이의 집에 머물렀던 적이 있었다고 한다.

사직을 세우다

> 二月, 令除秦社稷, 更立漢社稷.
> 이월   령제진사직   경립한사직
>
> 2월에[기원전 205] 영을 내려 진나라의 사직을 없애고 한의 사직으로 고쳐 세웠다.

사는 토지 신이고 직은 곡식 신이다. 오랜만에 유방이 갖고 있던 제의에의 관심을 보게 되는 대목이다. 황제와 치우에 제사지내며 시작된 유방의 거병은 자기 왕조의 사와 직을 세움으로써 한 단락이 지어진다. 아니, 새로운 시작이라 할 것이다. 황제와 치우에 고하며 일어섰던 유방은 이제 토지와 곡식 신에 제사지내며 나라를 만들기 시작하고 있다.

진군

三月, 漢王從臨晉渡, 魏王豹將兵從. 下河內, 虜殷王, 置河內
　　　삼 월　 한왕종임진도　　위왕표장병종　　하하내　　로은왕　　치하내
郡. 南渡平陰津, 至雒陽. 新城三老董公遮說漢王以義帝死
군　　남도평음진　　지낙양　　신성삼로동공차세한왕이의제사
故. 漢王聞之, 袒而大哭. 遂爲義帝發喪, 臨三日. 發使者告諸
고　　한왕문지　 단이대곡　　수위의제발상　　임삼일　　발사자고제
侯曰, 天下共立義帝, 北面事之. 今項羽放殺義帝於江南, 大
후왈　 천하공립의제　　북면사지　　금항우방살의제어강남　　대
逆無道. 寡人親爲發喪, 諸侯皆縞素. 悉發關內兵, 收三河士,
역무도　　과인친위발상　　제후개호소　　실발관내병　　수삼하사
南浮江漢以下, 願從諸侯王擊楚之殺義帝者.
남부강한이하　　원종제후왕격초지살의제자

3월에 한왕은 임진을 통해 [황하를] 건넜고, 위왕 표가 군대를 이끌고 따랐다. 하내를 함락하고 은왕을 잡았으며 하내군을 두었다. 남쪽으로 가서 평음진을 건너 낙양에 이르렀다. 신성의 삼로인 동공이 가로막고 의제 죽은 연고로 한왕을 설득했다. 한왕이 그것을 듣자 어깨를 드러내고 크게 울었다. 나아가 의제를 위해 초상난 걸 발표했고 3일을 머물렀다. 사자를 보내 제후들에게 말했다. "천하가 함께 의제를 세워 북면하고 그를 섬겼다. 지금 항우가 멋대로 의제를 강남에서 죽이니 대역무도하다. 과인은 몸소 초상난 것을 알리노니 제후들도 모두 흰옷을 입으시라. 관내의 군대를 모두 일으키고 삼하의 군사를 모아 남으로 장강과 한수를 타고 내려가 원컨대 여러 제후 및 왕들과 합쳐서 초의 [신하로서] 의제를 죽인 자를 칠 것이다."

유방은 함곡관을 나온 후 황하를 건넜다. 하내는 거기에 있다. 황하 남

쪽은 하남이다. 여기에 하동을 더해 삼하라고 한다. 낙양에 이르렀다는 건 다시 황하를 건너 남쪽으로 갔다는 말이다.

의제가 죽은 걸 이제서야 유방이 알았을 리는 없다. 동공의 설득으로 의제의 죽음에 애도를 표하는 게 필요하다고 판단했을 따름이다. 앞서 '항우본기' 말미에 유방이 항우를 위해 '발애(發哀)'한 것과 지금 의제를 위해 '발상(發喪)'한 것은 통한다. 제의의 활용이다.

유방이 제후들에게 보낸 편지에 나와 있는 예상 기동로가 독자를 어리둥절하게 한다. 함곡관으로 나와서 낙양에 와 있다면 예상되는 유방의 동진로는 그가 서진했을 때의 길을 되밟아 가는 것이다. 그런데 자기가 남쪽으로 한수와 장강을 타고 동쪽으로 가겠단다. 굉장히 돌아가는 길이다. 사마천은 왜 이런 말을 기록했을까?

> 是時, 項王北擊齊, 田榮與戰城陽. 田榮敗, 走平原, 平原民殺
> 시시 항왕북격제 전영여전성양 전영패 주평원 평원민살
> 之. 齊皆降楚. 楚因焚燒其城郭, 係虜其子女. 齊人叛之. 田
> 지 제개항초 초인분소기성곽 계로기자녀 제인반지 전
> 榮弟橫立榮子廣爲齊王, 齊王反楚城陽. 項羽雖聞漢東, 旣已
> 영제횡립영자광위제왕 제왕반초성양 항우수문한동 기이
> 連齊兵, 欲遂破之而擊漢. 漢王以故得劫五諸侯兵, 遂入彭城.
> 련제병 욕수파지이격한 한왕이고득겁오제후병 수입팽성
> 項羽聞之, 乃引兵去齊, 從魯出胡陵, 至蕭, 與漢大戰彭城靈壁
> 항우문지 내인병거제 종노출호릉 지소 여한대전팽성령벽
> 東睢水上, 大破漢軍, 多殺士卒, 睢水爲之不流. 乃取漢王父
> 동수수상 대파한군 다살사졸 수수위지불류 내취한왕부
> 母妻子於沛, 置之軍中以爲質. 當是時, 諸侯見楚彊漢敗, 還
> 모처자어패 치지군중이위질 당시시 제후견초강한패 환
> 皆去漢復爲楚. 塞王欣亡入楚.
> 개거한부위초 새왕흔망입초
>
> 그때 항왕이 북으로 가 제를 치니, 전영이 성양에서 더불어 싸웠

다. 전영이 패하여 평원으로 도망갔고 평원 사람들이 그를 죽였다. 제나라는 모두 초에 항복했다. 초가 그들의 성곽을 불사르고 그들의 자녀들을 붙잡으니 제나라 사람들이 그에게 등을 돌렸다. 전영의 동생 횡이 영의 아들 광을 세워 제왕으로 삼았다. 제왕은 성양에서 초에 거역했다. 항우는 비록 한이 동쪽으로 향했다는 걸 들었을지라도 이미 제나라 군대와 접하고 있었기에 이를 완전히 깨뜨리고 나서 한을 공격하려 했다. 이 때문에 한왕은 다섯 제후의 군대를 을러서 마침내 팽성으로 들어갈 수 있었다. 항우가 그것을 들었다. 그래서 군대를 이끌고 제를 떠나 노를 통해 호릉으로 나가 소에 이르러 팽성과 영벽 동쪽 수수 강변에서 한과 크게 싸워 한군을 대파하고 병사들을 많이 죽여 수수가 이 때문에 흐르지 않았다. 그래서 한왕의 부모처자를 패에서 붙잡아 군중에 두어 인질로 삼았다. 그때를 당하여 제후들은 초가 강하고 한이 패한 것을 보고 돌아서 모두 한을 떠나 다시 초를 도왔다. 새왕 흔은 도망가 초로 들어갔다.

이때 항우는 성양을 함락시키지 못하고 있었다. 그래서 유방의 동진 소식을 들었음에도 불구하고 제나라와의 싸움을 먼저 마무리하고자 했던 것이다. 그사이에 유방의 군대가 팽성에 입성했다.

다섯 제후는 누구인가? 의제를 위한 발상을 하면서 제후들에게 보낸 편지에서는 만나서 합치자고 호소했다. 그런데 이 호소에 응해 유방에게 온 사람은 찾을 수 없고 다섯 제후를 을렀다는 말만 나온다. 유방에 항복한 제후로 새왕 흔, 적왕 예, 하남왕 신양이 있었다. 여기에 위왕 표가 더해진다. 나머지 한 명은? 유방이 한수와 장강을 따라 내려간 흔적

진군 • 249

도 없고 제후들이 호응하여 유방 휘하로 들어온 사례도 없으니 그가 천하에 돌렸다는 서신은 무엇이란 말인가?

> 呂后兄周呂侯爲漢將兵, 居下邑. 漢王從之, 稍收士卒, 軍碭.
> 여후형주여후위한장병   거하읍   한왕종지   초수사졸   군탕
> 漢王乃西過梁地, 至虞. 使謁者隨何之九江王布所曰, 公能令
> 한왕내서과량지   지우   사알자수하지구강왕포소왈   공능령
> 布擧兵叛楚, 項羽必留擊之, 得留數月, 吾取天下必矣. 隨何
> 포거병반초   항우필류격지   득류수월   오취천하필의   수하
> 往說九江王布, 布果背楚. 楚使龍且往擊之.
> 왕세구강왕포   포과배초   초사용저왕격지
>
> 여후의 오빠 주여후가 한을 위해 군대를 거느리고 하읍에 있었다. 한왕이 그와 합쳐서 차츰 병졸을 수습해 탕에 주둔했다. 그래서 한왕은 서쪽으로 가 양 땅을 지나 우에 이르렀다. 사절 수하로 하여금 구강왕 포가 머문 곳에 가게하며 말했다. "그대가 능이 포로 하여금 군사를 일으켜 초에 등을 돌리게 하면 항우는 반드시 머물러 그를 칠 것이다. 몇 개월을 머물게 할 수 있으면 내가 천하를 얻는 건 틀림없다." 수하가 가서 구강왕 포를 설득하자 포는 과연 초를 등졌다. 초는 용저로 하여금 가서 그를 치게 했다.

유방이 구강왕 경포를 설득해 항우를 버리게 한 건 묘수였다. 장강 변의 경포가 항우에 맞서면 항우의 남방은 모두 상실될 위험에 처한다. 이미 북쪽의 제나라, 서쪽의 유방이 항우에 도전했고 남쪽만 온전했다. 그런데 경포 또한 항우와 맞서면 항우는 사방이 적으로(동쪽의 바다를 포함해서) 둘러쳐지는 것이다. 구강왕이 있던 곳은 '경포열전'에 의하면 회남이었다고 한다. 회수의 남쪽이자 장강의 북쪽이다. 경포는 유방에 투항한 뒤 회남왕에 봉해졌다.

漢王之敗彭城而西, 行使人求家室, 家室亦亡, 不相得. 敗後
한 왕 지 패 팽 성 이 서　행 사 인 구 가 실　가 실 역 망　불 상 득　패 후
乃獨得孝惠, 六月, 立爲太子, 大赦罪人. 令太子守櫟陽, 諸侯
내 독 득 효 혜　육 월　립 이 태 자　대 사 죄 인　령 태 자 수 력 양　제 후
子在關中者皆集櫟陽爲衛. 引水灌廢丘, 廢丘降, 章邯自殺.
자 재 관 중 자 개 집 력 양 위 위　인 수 관 폐 구　폐 구 항　장 함 자 살
更名廢丘爲槐里. 於是令祠官祀天地四方上帝山川, 以時祀
경 명 폐 구 위 괴 리　어 시 령 사 관 사 천 지 사 방 상 제 산 천　이 시 사
之. 興關內卒乘塞.
지　흥 관 내 졸 승 새

한왕이 팽성에서 패해 서쪽을 향했는데, 가면서 사람을 시켜 가족을 찾게 했으나 가족 역시 도망쳤기에 서로 만나지 못했다. 그래서 패한 후에 효혜만 찾았을 뿐이었다. 유월에 세워 태자로 삼았고 죄인들을 크게 사면했다. 태자로 하여금 력양을 지키게 했다. 제후의 자식들 중 관중에 있는 자들은 모두 력양에 모여 [태자를] 보호하게 했다. 물을 끌어들여 폐구에 대니 폐구는 항복하고 장함은 자살했다. 폐구의 이름을 고쳐 괴리라고 했다. 그리하여 사관을 시켜 천지사방 상제산천에 제사 지내고 [이후로도] 때에 맞추어 그것들에 제사 지내게 했다. 관내의 병졸들을 일으켜 변경을 지키게 했다.

우리는 기억한다, 유방이 한중으로부터 관중에 들어와 제일 먼저 장함을 쳤으나 그를 잡지 못한 채 동진했다는 것을. 이제 팽성까지 갔다가 돌아온 유방이 한숨을 돌리고 장함을 제거했다. 관중 땅 전체가 비로소 유방의 수중에 들어왔다.

유방은 이 온전한 자기 영역에서 하늘과 땅, 네 방향, 상제, 산과 강에 제사 지내는 의식을 시작했다. 여기 또 제의다. 때에 맞추어 하게 하였

으니 앞으로 연례행사가 될 것이다.

> 是時, 九江王布與龍且戰, 不勝, 與隨何閒行歸漢. 漢王稍收士
> 시시 구강왕포여용저전 불승 여수하간행귀한 한왕초수사
> 卒, 與諸將及關中卒益出, 是以兵大振滎陽, 破楚京索閒.
> 졸 여제장급관중졸익출 시이병대진형양 파초경색간
>
> 그때, 구강왕 포는 용저와 싸워 이기지 못하고 수하와 함께 샛길로 걸어 한왕에게 귀부했다. 한왕은 차차 병사들을 모아 여러 장군 및 관중의 병사들과 함께 더욱 더 전진하니 이로써 군사가 형양에서 크게 떨쳐 경과 색 사이에서 초를 깨뜨렸다.

경포는 패했으나 시간은 벌었다. 그사이에 병사를 모아서 유방은 다시 동진했다.

> 三年, 魏王豹謁歸視親疾, 至卽絶河津, 反爲楚. 漢王使酈生
> 삼년 위왕표알귀시친질 지즉절하진 반위초 한왕사역생
> 說豹, 豹不聽. 漢王遣將軍韓信擊, 大破之, 虜豹, 遂定魏地,
> 세표 표불청 한왕견장군한신격 대파지 로표 수정위지
> 置三郡, 曰河東太原上黨. 漢王乃令張耳與韓信遂東下井陘
> 치삼군 왈하동태원상당 한왕내령장이여한신수동하정형
> 擊趙, 斬陳餘趙王歇. 其明年立張耳爲趙王.
> 격조 참진여조왕헐 기명년립장이위조왕
>
> [한] 3년, 위왕 표는 부모가 아프니 돌아가 살피겠다고 아뢰었는데, 도착해서 즉시 황하의 나루를 끊고 거꾸로 초를 도왔다. 한왕이 역생을 보내 표를 설득했지만 표가 듣지 않았다. 한왕은 장군 한신을 보내 치게 하여 크게 깨뜨리고 표를 사로잡았다. 마침내 위

땅을 평정하고 3군을 설치했으니 하동, 태원, 상당이라 이른다. 그래서 한왕은 장이와 한신으로 하여금 오로지 동쪽으로 가서 정형을 함락시키고 조나라를 치게 하여 진여와 조왕 헐을 베었다. 그 다음해 장이를 세워 조나라 왕으로 삼았다.

위왕 표를 잡은 사람이나 장이와 함께 조나라를 치게 한 한신은 모두 대장군 한신이다. 애초에 유방이 의제 초상을 치르고 천하에 돌린 서신 내용과 정반대로 유방 군은 북쪽으로 우회해 항우를 공격하고 있다.

漢王軍滎陽南, 築甬道屬之河, 以取敖倉. 與項羽相距歲餘.
한 왕 군 형 양 남   축 용 도 촉 지 하   이 취 오 창   여 항 우 상 거 세 여
項羽數侵奪漢甬道, 漢軍乏食, 遂圍漢王. 漢王請和, 割滎陽
항 우 수 침 탈 한 용 도   한 군 핍 식   수 위 한 왕   한 왕 청 화   할 형 양
以西者爲漢. 項王不聽. 漢王患之, 乃用陳平之計, 予陳平金
이 서 자 위 한   항 왕 불 청   한 왕 환 지   내 용 진 평 지 계   여 진 평 금
四萬斤, 以間疏楚君臣. 於是項羽乃疑亞父. 亞父是時勸項
사 만 근   이 간 소 초 군 신   어 시 항 우 내 의 아 부   아 부 시 시 권 항
羽遂下滎陽, 及其見疑, 乃怒, 辭老, 願賜骸骨歸卒伍, 未至彭
왕 수 하 형 양   급 기 견 의   내 노   사 로   원 사 해 골 귀 졸 오   미 지 팽
城而死.
성 이 사

한왕이 형양 남쪽에 군대를 주둔시키고, 용도를 만들어 그것을 황하에 연결시킴으로써 오창을 가졌다. 항우와 더불어 서로 1년 넘게 겨루었다. 항우는 여러 번 한의 용도를 범해 빼앗았고 한나라 군대가 식량이 부족해지자 마침내 [항우 군은] 한왕을 포위했다. 한왕이 화친을 청하며 형양 이서 것을 잘라 한으로 하겠다고 했다. 항왕은 듣지 않았다. 한왕은 이를 걱정했다. 그리하여 진평의 계책

을 써서 진평에게 금 4만 근을 주어 초나라의 왕과 신하들을 이간질했다. 그래서 항우는 아부를 의심했다. 아부는 그때 항우에게 오로지 형양을 함락시키라고 권했으나 자기가 의심을 받기에 이르렀다. 그래서 노하여, 늙었음을 이유로 해골이 병졸의 대오로 돌아가게 은덕을 베풀어 주길 원한다고 했다. 팽성에 이르지 못해 죽었다.

형양은 함양과 팽성 중간에 위치한 곳으로서 황하 남쪽에 있다. 오창에는 식량 저장 창고가 있었다. 유방 측은 형양에서 용도 즉 담장이 있는 길을 만들어 황하에 연결시킨 후 오창을 확보해 안전하게 식량을 공급받았다. 이 보급로를 항우가 차단했다.

漢軍絕食, 乃夜出女子東門二千餘人被甲, 楚因四面擊之. 將
한 군 절 식 내 야 출 여 자 동 문 이 천 여 인 피 갑 초 인 사 면 격 지 장
軍紀信乃乘王駕, 詐爲漢王, 誑楚, 楚皆呼萬歲, 之城東觀, 以
군 기 신 내 승 왕 가 사 위 한 왕 광 초 초 개 호 만 세 지 성 동 관 이
故漢王得與數十騎出西門遁. 令御史大夫周苛魏豹樅公守滎
고 한 왕 득 여 수 십 기 출 서 문 둔 령 어 사 대 부 주 가 위 표 종 공 수 형
陽. 諸將卒不能從者, 盡在城中. 周苛樅公相謂曰, 反國之王
양 제 장 졸 불 능 종 자 진 재 성 중 주 가 종 공 상 위 왈 반 국 지 왕
難與守城, 因殺魏豹.
난 여 수 성 인 살 위 표

한군은 식량이 떨어졌다. 그래서 밤에 여자 2천여 명에 갑옷을 입혀 동문으로 내보내니까 초가 사방에서 공격했다. 그래서 장군 기신은 왕의 가마를 타고 거짓으로 한왕 노릇을 해 초를 속이자 초는 모두 만세를 부르고 성 동쪽으로 가서 보았다. 이로써 한왕은

수십 기와 더불어 서문을 나가 도망칠 수 있었다. 어사대부 주가, 위표, 종공으로 하여금 형양을 지키게 했다. 따르지 못한 여러 장수와 병졸은 모두 성 안에 있었다. 주가와 종공은 서로 일러 말했다. "나라에 거역한 왕과 더불어 성을 지키기 어렵다." 그래서 위표를 죽였다.

'항우본기'에 나온 얘기다.

漢王之出滎陽入關, 收兵欲復東. 袁生說漢王曰, 漢與楚相距
한 왕 지 출 형 양 입 관　수 병 욕 부 동　원 생 세 항 왕 왈　한 여 초 상 거
滎陽數歲, 漢常困. 願君王出武關, 項羽必引兵南走, 王深壁
형 양 수 세　한 상 곤　원 군 왕 출 무 관　항 우 필 인 병 남 주　왕 심 벽
令滎陽成皐間且得休. 使韓信等輯河北趙地, 連燕齊, 君王乃
령 형 양 성 고 간 차 득 휴　사 한 신 등 집 하 북 조 지　련 연 제　군 왕 내
復走滎陽, 未晩也. 如此則楚所備者多, 力分, 漢得休, 復與之
부 주 형 양　미 만 야　여 차 즉 초 소 비 자 다　력 분　한 득 휴　부 여 지
戰, 破楚必矣. 漢王從其計, 出軍宛葉閒, 與黥布行收兵.
전　파 초 필 의　한 왕 종 기 계　출 군 원 엽 간　여 경 포 행 수 병

한왕이 형양을 나가 입관해서 병력을 수습해 다시 동쪽으로 가려 했다. 원생이 한왕을 설득하여 말했다. "한과 초가 형양에서 서로 버티는 몇 년 동안 한이 항상 어려웠습니다. 원컨대 왕께서 무관으로 나가시면 항우는 반드시 군대를 이끌고 남쪽으로 달릴 것이니 왕은 성을 두텁게 하시고 형양과 성고 사이도 쉴 수 있게 하십시오. 한신 등으로 하여금 황하 북쪽의 조나라 땅을 모으고 연, 제와 닿게 하십시오. 그리하여 왕께서 다시 형양으로 달려도 아직 늦지 않습니다. 이같이 하면 초는 대비할 게 많아 힘이 분산되지

> 만 한은 쉴 수 있으니 다시 그들과 싸우면 반드시 초를 깰 것입니다." 한왕은 그 계책을 따라 원과 엽 사이로 군대를 나가게 하여 경포와 함께 다니면서 병사들을 모았다.

성고는 형양보다 서쪽에 있다. 그다음이 낙양이며 거기서 조금 더 가면 함곡관이다. 형양으로부터 성고, 함곡관을 거쳐 돌아왔던 유방은 군사를 모아 다시 이 길을 밟아 형양으로 가려 했다. 원생은 이를 말리면서 차라리 무관을 통해 남쪽으로 나가 항우를 유인하고 형양과 성고는 쉬게 하며 한신 등으로 하여금 북으로 멀리 돌아 항우를 위협하자고 제안하고 있다. 제안 내용은 그럴듯하나 성공을 보장한다는 건 아니다. 항우가 대비하는 게 많아 바빠진다고 하지만 유방의 역량도 분산된다.

> 項羽聞漢王在宛, 果引兵南. 漢王堅壁不與戰. 是時彭越渡睢
> 항우문한왕재원 과인병남 한왕견벽불여전 시시팽월도수
> 水, 與項聲薛公戰下邳. 彭越大破楚軍. 項羽乃引兵東擊彭越.
> 수 여항성설공전하비 팽월대파초군 항우내인병동격팽월
> 漢王亦引兵北軍成皐. 項羽已破走彭越, 聞漢王復軍成皐,
> 한왕역인병북군성고 항우이파주팽월 문한왕부군성고
> 乃復引兵西, 拔滎陽, 誅周苛樅公, 而虜韓王信, 遂圍成皐.
> 내부인병서 발형양 주주가종공 이로한왕신 수위성고
>
> 항우는 한왕이 원에 있다는 걸 듣고 과연 군대를 이끌어 남쪽으로 갔다. 한왕은 성을 견고히 하고 더불어 싸우지 않았다. 그때 팽월은 수수를 건너 항성, 설공과 하비에서 싸웠다. 팽월이 초군을 크게 무찔렀다. 그래서 항우는 군대를 이끌고 동쪽으로 가 팽월을 쳤다. 한왕 역시 군대를 이끌고 북으로 가 성고에 주둔했다. 항우는 이미 팽월을 깨 도주시켰는데, 한왕이 다시 성고에 진을 쳤다

> 는 걸 들었다. 그래서 다시 군대를 이끌고 서쪽으로 가서 형양을 함락시키고 주가, 종공을 죽였으며 한왕 신을 사로잡고는 드디어 성고를 포위했다.

항우에게 사로잡혔다는 한왕(韓王) 신은 한중에서 유방을 설득해 동진하자던 사람이었다. 이때 세부득이 항우에게 항복했지만 탈출하여 다시 한왕에게 돌아왔다고 '한신노관열전'은 전한다.

> 漢王跳, 獨與滕公共車出成皐玉門, 北渡河, 馳宿脩武. 自稱使者, 晨馳入張耳韓信壁, 而奪之軍. 乃使張耳北益收兵趙地, 使韓信東擊齊. 漢王得韓信軍, 則復振. 引兵臨河, 南饗軍小脩武南, 欲復戰. 郎中鄭忠乃說止漢王, 使高壘深塹, 勿與戰. 漢王聽其計, 使盧綰劉賈將卒二萬人騎數百, 渡白馬津, 入楚地, 與彭越復擊破楚軍燕郭西, 遂復下梁地十餘城.

한왕이 도망쳐 등공과만 함께 수레를 타고 성고 옥문을 나가 북으로 가서 황하를 건너 달려가 수무에서 묵었다. 스스로 사자라고 일컫고는 새벽에 장이와 한신의 진지로 달려 들어가 그들로부터 군사를 빼앗았다. 그래서 장이를 시켜 북으로 가 조나라 땅에서 병사를 더 모으게 하고 한신을 시켜 동쪽으로 가 제를 치게 하였다. 한왕은 한신의 군대를 얻으니 다시 기세를 떨쳤다. 군대를 이끌고 황하에 임하여 남쪽으로 가서 소수무 남쪽에서 군사를 먹이고 다시 싸우고자 하였다. 그래서 낭중 정충은 멈추자고 한왕을 설득하며 보루를 높이, 해자를 깊게 하되 더불어 싸우지 말라 했다. 한왕이 그 계책을 듣고 노관과 유가로 하여금 2만의 병졸과 기병 수백을 이끌고 백마진을 건너 초 땅으로 들어가게 하니 팽월과 함께 다시 쳐서 초군을 연나라[26] 성곽의 서쪽에서 깨뜨리고 마침내 양나라 땅 10여 개 성을 다시 함락했다.

원생이란 자의 계책은 유방의 진을 넓게 펴 항우를 허둥대게 하자고 했던 것이지만 결과는 그 반대였다. 무관으로 나갔던 유방은 성고로 돌아갔다가 항우에 포위되었다. 형양은 잃었다. 하후영의 수레를 타고 혼자서 간신히 도망쳐 북쪽으로 갔다. 여기서 다시 전열을 가다듬어 성고를 되찾고자 남진하고 있다.

淮陰已受命東, 未渡平原, 漢王使酈生往說齊王田廣, 廣叛楚, 與漢和, 共擊項羽. 韓信用蒯通計, 遂襲破齊. 齊王烹酈生, 東走高密. 項羽聞韓信已擧河北兵破齊趙, 且欲擊楚, 則使龍且周蘭往擊之. 韓信與戰, 騎將灌嬰擊, 大破楚軍, 殺龍且. 齊王廣犇彭越. 當此時, 彭越將兵居梁地, 往來苦楚兵, 絶其糧食.

---

26) 『색은』에 의하면 이곳은 옛날 남연(南燕) 땅이었다고 한다.

> 회음후가 이미 명을 받아 동쪽으로 가서 평원을 아직 건너지 못했을 때, 한왕은 역생을 사절로 보내 가게 하여 제나라 왕 전광을 설득하게 하니 광이 초에 등돌려 한과 친하고 함께 항우를 공격했다. 한신은 괴통의 계책을 써서 나아가 제를 습격해 깨뜨렸다. 제나라 왕이 역생을 삶고 동쪽으로 가 고밀로 달아났다. 항우는 한신이 이미 하북의 군대를 이기고 제와 조를 깨뜨린 데 더해 곧 초를 공격하려 한다는 걸 듣고는 용저와 주란으로 하여금 가서 그를 치게 했다. 한신이 더불어 싸움에 기병 장군 관영이 공격해 초군을 크게 무찌르고 용저를 죽였다. 제나라 왕 광은 팽월에게 도망갔다. 그때를 당하여 팽월은 군대를 거느리고 양 땅에 있으면서 왔다 갔다 하며 초의 군대를 괴롭히고 그들의 양식을 끊었다.

역생은 역이기다. 유방이 발을 씻으며 앉아서 맞았다는 사람이다. '역생 육가열전'은 역이기와 육가를 다루고 있다. 이에 의하면 유방 측은 한신의 군대가 제나라를 금방 제압할 수 없다고 판단해 역이기를 제나라로 보내 전광과 담판해 연합하기로 했다고 한다.

  화친이 성립된 걸 안 한신이 공격을 그만두려 하였지만 받은 명령은 제나라를 치는 것이었을 뿐이었다는 사실을 일깨운 사람이 있었으니 그가 괴통이었다. 그래서 한신은 공격을 단행했다. 결국 유방이 제나라를 속인 게 된 셈이다. 유방으로서는 역이기를 잃고 한신에게도 신뢰감을 잃었다.

四年, 項羽乃謂海春侯大司馬曹咎曰, 謹守成皐. 若漢挑戰,
愼勿與戰, 無令得東而已. 我十五日必定梁地, 復從將軍. 乃
行擊陳留外黃睢陽, 下之. 漢果數挑楚軍, 楚軍不出, 使人辱
之五六日, 大司馬怒, 度兵汜水. 士卒半渡, 漢擊之, 大破楚軍,
盡得楚國金玉貨賂. 大司馬咎長史欣皆自剄汜水上. 項羽至
睢陽, 聞海春侯破, 乃引兵還. 漢軍方圍鍾離眛於滎陽東, 項
羽至, 盡走險阻.

4년, 그래서 항우는 해춘후 대사마 조구에게 일러 말하길 "근실히 성고를 지키시오. 만일 한이 싸움을 걸면 조심하되 더불어 싸우지 말고 동쪽으로 가지 못하게만 하면 되오. 난 15일이면 반드시 양 땅을 평정하고 다시 장군과 합류하겠소."라 했다. 그래서 행군하여 진류와 외황, 수양을 쳐 함락시켰다. 한은 과연 여러 차례 초군에 싸움을 걸었으나 초군은 나가지 아니하니, 사람들로 하여금 대 엿새 동안 그들을 욕보이자 대사마가 화내 병사들로 사수를 건너게 했다. 사졸들이 반 건넜을 때 한이 쳐 초군을 크게 깨뜨리고 초국의 금옥 재화를 모두 얻었다. 대사마 구, 장사 흔은 모두 사수 변에서 스스로 목을 베었다. 항우가 수양에 이르러 해춘후가 깨졌다는 걸 들었다. 그래서 군대를 이끌고 돌아왔다. 마침 한군이 종리매를 형양의 동쪽에서 둘러치고 있었는데 항우가 이르자 모두 험한 곳으로 달아났다.

'항우본기'에 이미 나온 내용들을 합친 것이다. '항우본기'에서는 사수 변에서 자결한 사람이 대사마 구, 장사 예, 새왕 흔이었다. 그런데 여기서는 대사마 구와 장사 흔뿐이다. 그러니 '대사마 구, 장사 [예], [새왕] 흔'이라 번역해도 되고 '대사마 구, 장사 흔'이라 해도 무방하다. 사마흔은 장함을 위해 조고를 만나러 갔을 때 '장사 흔'으로 불리던 사람이었다. 장사 예는 동예(董翳)다. 항우가 분봉할 때 적왕(翟王)이 된 사람이었다. 원래 그는 사마흔과 더불어 장함 휘하에 있었다. 장사는 관직명이다.

韓信已破齊, 使人言曰, 齊邊楚, 權輕, 不爲假王, 恐不能安齊.
한신이파제 사인언왈 제변초 권경 불위가왕 공불능안제
漢王欲攻之. 留侯曰, 不如因而立之, 使自爲守. 乃遣張良操
한왕욕공지 유후왈 불여인이립지 사자위수 내견장량조
印綬立韓信爲齊王.
인수립한신위제왕

한신이 제나라를 깨뜨리고 나서 사람을 보내 여쭈어 말했다. "제는 초나라 옆인데 권한이 가벼우니 임시 왕을 하지 않으면 제나라를 안돈시킬 수가 없을까 두렵습니다." 한왕이 그를 치려 했다. 유후[장량]가 "[이로] 말미암아 그를 세워서 스스로 지키게 하는 것이 낫습니다."라 말했다. 그래서 도장과 인끈을 쥔 장량을 보내 한신을 세워 제왕으로 삼았다.

곤경에 처해 있던 상황에서 한신이 왕이 되고자 하는 마음을 표시하자 유방은 크게 화내며 욕지거리를 했다고 '회음후열전'은 전한다. 그러나 장량이 사세의 급박함을 들어 이를 말리자 진정한 유방은 그렇다면 임시 왕이 아니라 진짜 왕으로 봉하겠다 하고 장량을 보냈다. 헌데 진짜 왕으로 봉하겠다는 말을 하면서 유방이 또 욕했다고 사마천은 기록했다. 그 욕의 의미가 깊다.

> 項羽聞龍且軍破, 則恐, 使盱台人武涉往說韓信. 韓信不聽.
> 항우문용저군파 즉공 사우이인무섭왕세한신 한신불청
>
> 항우는 용저군이 깨진 걸 듣고는 두려워서 우이 사람 무섭으로 하여금 가게 하여 한신을 설득했다. 한신은 듣지 않았다.

유방과 한신 사이에 긴장감이 감지되고 용저, 조구, 동예, 사마흔이 잇따라 죽음으로써 곤경에 처한 항우가 한신에게 손을 내민 건 적절한 선택이었다. 항우가 제거되면 그다음은 당신 차례라는 경고를 하면서 무섭은 한신이 항우와 협력하기를 권했다. 그러나 '회음후열전'에 따르면 한신의 대답은 "설령 죽어도 바꿀 수 없다(雖死不易)."였다.

죽음의 문턱

楚漢久相持未決, 丁壯苦軍旅, 老弱罷轉饟. 漢王項羽相與臨
초 한 구 상 지 미 결 정 장 고 군 려 노 약 피 전 향 한 왕 항 우 상 여 임
廣武之閒而語. 項羽欲與漢王獨身挑戰. 漢王數項羽曰, 始與
광 무 지 간 이 어 항 우 욕 여 한 왕 독 신 도 전 한 왕 수 항 우 왈 시 여
項羽俱受命, 懷王曰先入定關中者王之, 項羽負約, 王我於蜀
항 우 구 수 명 회 왕 왈 선 입 정 관 중 자 왕 지 항 우 부 약 왕 아 어 촉
漢, 罪一. 項羽矯殺卿子冠軍而自尊, 罪二. 項羽已救趙, 當還
한 죄 일 항 우 교 살 경 자 관 군 이 자 존 죄 이 항 우 이 구 조 당 환
報, 而擅劫諸侯兵入關, 罪三. 懷王約入秦無暴掠, 項羽燒秦
보 이 천 겁 제 후 병 입 관 죄 삼 회 왕 약 입 진 무 포 략 항 우 소 진
宮室, 掘始皇帝冢, 私收其財物, 罪四. 又彊殺秦降王子嬰,
궁 실 굴 시 황 제 총 사 수 기 재 물 죄 사 우 강 살 진 항 왕 자 영
罪五. 詐阬秦子弟新安二十萬, 王其將, 罪六. 項羽皆王諸將
죄 오 사 갱 진 자 제 신 안 이 십 만 왕 기 장 죄 육 항 우 개 왕 제 장
善地, 而徙逐故主, 令臣下爭叛逆, 罪七. 項羽出逐義帝彭城,
선 지 이 사 축 고 주 령 신 하 쟁 반 역 죄 칠 항 우 출 축 의 제 팽 성
自都之, 奪韓王地, 幷王梁楚, 多自予, 罪八. 項羽使人陰弑
자 도 지 탈 한 왕 지 병 왕 량 초 다 자 여 죄 팔 항 우 사 인 음 시
義帝江南, 罪九. 夫爲人臣而弑其主, 殺已降, 爲政不平, 主約
의 제 강 남 죄 구 부 위 인 신 이 시 기 주 살 이 항 위 정 불 평 주 약
不信, 天下所不容, 大逆無道, 罪十也. 吾以義兵從諸侯誅殘
불 신 천 하 소 불 용 대 역 무 도 죄 십 야 오 이 의 병 종 제 후 주 잔
賊, 使刑餘罪人擊殺項羽, 何苦乃與公挑戰. 項羽大怒, 伏弩
적 사 형 여 죄 인 격 살 항 우 하 고 내 여 공 도 전 항 우 대 노 복 노
射中漢王.
사 중 한 왕

초와 한이 서로 오래 붙들고 결판을 내지 못하니 장정들은 군역에 힘들고 노약자들은 군량 운송에 지쳤다. 한왕과 항우가 서로 함께 광무의 사이에 임해서 이야기를 나누었다. 항우는 혼자 몸으로 한왕에게 싸움을 돋우고자 했다. 한왕이 항왕을 꾸짖어 세어가며 말했다. "원래 항우와 함께 명을 받을 때 회왕이 말하길 '관중에 먼저

들어가 평정한 자로 그곳 왕을 삼겠다.'고 했는데 항우는 약속을 어기고 나를 촉한에 왕으로 삼았으니 죄 하나라. 항우는 멋대로 경자관군을 죽이고 스스로 높였으니 죄 둘이다. 항우는 조나라를 구하고서는 마땅히 돌아가 보고해야 했건만 멋대로 제후들의 군대를 을러 입관했으니 죄 셋이다. 진으로 들어가면 난폭하게 빼앗음이 없을 것이라고 회왕은 약속했지만 항우는 진의 궁실을 불태우고 진시황의 무덤을 파냈으며 사사로이 그 재물을 가졌으니 죄 네 번째다. 또 진나라의 항복한 왕 자영을 무리하게 죽인 건 다섯 번째 죄다. 진의 자제 20만을 속여 신안에서 묻고 그 장군을 왕으로 삼은 것은 여섯 번째 죄다. 항우는 장군들을 모두 좋은 땅에 왕으로 앉히고 옛 주인들을 내쫓아 옮겨서 신하들로 하여금 다투어 반역하게 했으니 일곱 번째 죄이다. 항우는 의제를 팽성에서 쫓아내고 자기가 스스로 거기에 도읍했고 한(韓)왕의 땅을 빼앗아 양과 초를 합쳐 왕 노릇을 했으니 스스로에게 준 게 많은 것이 여덟 번째 죄다. 항우는 사람을 시켜 의제를 강남에서 몰래 죽였으니 아홉 번째 죄다. 무릇 다른 사람의 신하가 되어 그 주인을 시해하고 이미 항복한 자를 죽이고 정사를 행함이 공평하지 않고 주인이 약속한 걸 신뢰 없게 했으니 천하가 용납하지 못할 바이며 대역무도하다. 그 죄 열 번째이다. 나는 의로운 군대로 제후들과 합쳐서 잔학한 도적을 베고 형여죄인[27]으로 하여금 항우를 쳐 죽이려 하니 무엇이 힘들어서 그대와 더불어 싸움을 돋우겠는가?" 항우가 크게 노해 숨겼던 쇠뇌를 쏘아 한왕을 맞혔다.

---

[27] 형을 받고 목숨을 보전한 자들이란 뜻이다. 죽어야 할 자인데 목숨이 붙어

유방이 생각하는 항우의 죄과가 자세히 나열되었다. 설득력이 있는 것도 있고 없는 것도 있다. 특히 여덟 번째 죄로 들어진 사례 중 '스스로에게 준 게 많다'는 건 억지스럽다.

마지막 말 즉 '형여죄인' 운운은 항우에게 대단히 모욕적이었겠다. 너는 군인 같지도 않은 자들로도 쳐 죽일 수 있다는 말이다.

유방은 과도하다 싶을 정도로 오래, 그리고 모진 말로 떠들어대다가 항우에게 맞았다. 사마천은 '맞혔다.'고 했다. 숨긴 쇠뇌이니 큰 무기야 아니었을 것이고, 유방은 안전거리를 확보하고 있었을 테니 가깝지는 않았을 것이다. 하지만 서로 간에 목소리가 들려야 하는 정도이니 아주 멀 수도 없었겠다. 뒤에 곧 나오듯 '한왕이 가슴을 다쳤'고 '상처로 병을 얻어' 눕기까지 했다면 맞는 순간 꽤 큰 충격이 있었으리라.

> 漢王傷匈, 乃捫足曰, 虜中吾指. 漢王病創臥, 張良彊請漢王
> 한왕상흉   내문족왈 노중오지 한왕병창와 장량강청한왕
> 起行勞軍, 以安士卒, 毋令楚乘勝於漢. 漢王出行軍, 病甚,
> 기행로군 이안사졸 무령초승승어한   한왕출행군 병심
> 因馳入成皐.
> 인치입성고
>
> 한왕은 가슴을 다쳤다. 그래서 발을 더듬으며 말했다. "놈이 내 발가락을 맞혔군!" 한왕은 상처로 병이 나 누웠으나 장량은 한왕에게 강력하게 청하길 일어나 돌아다니며 군사들을 위로함으로써 사졸들을 안정시켜 초가 한에 대해 승리[의 기세]를 타지 못하게 하라고 했다. 한왕은 나가서 군영을 돌아다녔다. 병이 심해졌기 때문에 빨리 성고로 들어갔다.

있다면 사마천처럼 거세되었다든가 죄의 대가를 감옥이 아니라 군대 근무로 대신 치르는 사람을 뜻한다.

여기서 맨 앞 구절 '한왕상흥, 내문족왈, 노중오지'는 절창이다. '항우본기'에서 나는 '초병호성동천'과 '역발산혜 기개세—'를 절창으로 꼽았다. 그런데 여기 이 구절은 운율도 없는 단순한 서술체인데도 불구하고 주는 감동의 크기는 훨씬 더하다. 유방이 항우를 이기는 이유의 핵심은 이 열두 글자에 들어 있으며 이 글자들이 '고조본기' 전체를 덮는다고 해도 과언이 아니다. '초병호성동천'과 '역발산혜 기개세—'는 소란스럽다. 그 소란스러움 속에서 글자의 운율이 춤을 추며 감동을 준다. 그러나 '한왕상흥—'에서는 침묵 속에 오직 침착한 유방의 소리만이 우뚝하다.

행동은 태산 같다. 유방이 종종 거짓말도 하는 사람이지만 여기서는 거짓말도 태산 같다. 지혜, 권모, 천명 등과 더불어 유방을 승리자로 만든 건 바로 여기에서 보이는 유방의 무시무시한 힘과 의지였다는 걸 알게 해준다.

'내문족왈'에서 '내' 또한 묘미가 깊다. 이 글자를 그냥 적당하게 앞뒤 맥락에 맞추어 번역하면 '그러나' 혹은 그 정도 뉘앙스를 갖는 표현을 선택하기 십상이다. '이에'라고 하면 맥락이 흐리다. 왓슨의 번역은 '그러나(but)'이다. 나는 이 글자의 원뜻인 '그래서'로 번역했다. 가슴을 맞았으니 '그래서'로 한다면 가슴 만지는 게 맞고 다리를 만졌으면 다리를 맞았어야 '그래서'가 된다고 생각할 것이다. 그런데 나는 '가슴을 맞았기에 다리를 만졌다'는 식으로 번역하고 해석하겠다는 말이다.

'그러나' 정도의 번역을 선택하면 유방이 왜 가슴이 아니라 발을 문질렀는지가 모호해진다. 맞았으면 정신이 아찔할 충격이 올 것이고 순간 어디에 맞았는지 알 수 없을 때가 있다. 그러니 유방이 발을 문지른 건 정신없는 상태에서의 행동으로 이해될 수가 있다. 이 사람이 때로는 약간 엉뚱하기도 하니 그럴 수도 있겠다 싶을 것이다. 유방을 약간 희화화하기도 적당한 사례가 된다.

그런데 '그래서'로 하면 발을 문지른 건 유방이 의도한 행동이 된다. 양군 수십만 명이 주목하고 있는 한가운데서 불의에 화살을 맞았다. 몸이 휘청거릴 정도로 충격적이고 정신도 아득할 것이다. 순간적으로 가슴에 손이 갔어야 한다. 그런데 유방은 초인적인 힘을 발휘해 발을 문질렀다. 항우는 남을 이기는 데 무적이지만 유방은 자기를 이기는 사람이라는 게 여기서 드러난다.

그리고는 굳이 한마디한다, '노중오지'라고. '노'는 '놈'이라고 번역했지만 욕 잘하던 유방으로서는 더 심한 말을 뱉어냈을 것이다. 보잘것없는 항우 같은 xxx가(또는 이) 몰래 쇠뇌를 감추어서 쏴 맞혔다고 한 게 내 발가락 정도라는 말이다. 이 말은 앞서 10개의 죄를 열거할 때 너 같은 건 형편없는 자들로 쳐 죽이겠다는 모욕과 호응한다.

가슴을 맞고, 그걸 확인하듯 가슴을 쥐는 장면이 연출되었을 때 유방군의 동요가 어떠했을까는 바로 뒤에 나오는 장량의 강권과 유방의 진땀나는 노력을 보면 충분히 짐작할 수 있다. 유방이 치명상을 입었다는 게 보였으면 항우 군대가 사기가 올라 당장 공격해 들어왔을 것이다. 꼼짝 못 하고 누운 유방에게 나가라고 강권하는 장량이나 아무 일도 없었던 듯 군사들 사이를 돌아다니며 그들을 위무하는 유방의 초인적 면모 앞에 항우의 '역발산혜 기개세'는 오히려 초라하다.

재도전

> 病愈, 西入關, 至櫟陽, 存問父老, 置酒, 梟故塞王欣頭櫟陽市.
> 병유 서입관 지력양 존문부로 치주 효고새왕흔두력양시
> 留四日, 復如軍, 軍廣武. 關中兵益出.
> 류사일 부여군 군광무 관중병익출

병이 낫자, [한왕은] 서쪽으로 가 입관하여 력양에 이르러 부로들을 위문하고 술을 냈다. 옛 새왕 흔의 머리를 력양의 저자거리에 효수했다. 나흘을 머물고 다시 군대로 가서 광무에 주둔했다. 관중의 군대가 더 나왔다.

사마흔은 원래 력양의 옥리였다고 했다. 항량에게 은혜를 베풀고 세상에 나갔다가 왕이 되어서 돌아온 바 있다. 력양이 새왕의 도읍이 되었기 때문이다.

> 當此時, 彭越將兵居梁地, 往來苦楚兵, 絶其糧食. 田橫往從
> 당차시 팽월장병거량지 왕래고초병 절기양식 전횡왕종
> 之. 項羽數擊彭越等, 齊王信又進擊楚. 項羽恐, 乃與漢王約,
> 지 항우수격팽월등 제왕신우진격초 항우공 내여한왕약
> 中分天下, 割鴻溝而西者爲漢, 鴻溝而東者爲楚. 項王歸漢王
> 중분천하 할홍구이서자위한 홍구이동자위초 항왕귀한왕
> 父母妻子, 軍中皆呼萬歲, 乃歸而別去.
> 부모처자 군중개호만세 내귀이별거

그때를 당하여 팽월이 군대를 거느리고 양 땅에 있으면서 왔다 갔다 하며 초나라 군대를 괴롭히고 그들의 양식을 끊었다. 전횡이 가서 그에 합류했다. 항우는 수차례 팽월 무리를 쳤으되 제나라 왕 [한]신 또한 나아가 초를 쳤다. 항우는 두려웠다. 그래서 한왕과 약조길 천하를 반으로 나누어 홍구를 갈라 서쪽은 한으로 하고

홍구[를 갈라] 동쪽은 초로 삼았다. 항왕은 한왕의 부모처자를 돌려보내니 군대 안에서 모두 만세를 불렀다. 그래서 돌아가 각자 떠났다.

項羽解而東歸, 漢王欲引而西歸, 用留侯陳平計, 乃進兵追項
항우해이동귀 한왕욕인이서귀 용유후진평계 내진병추항
羽. 至陽夏南止軍, 與齊王信建成侯彭越期會而擊楚軍. 至
우 지양하남지군 여제왕신건성후팽월기회이격초군 지
固陵, 不會. 楚擊漢軍, 大破之. 漢王復入壁, 深塹而守之. 用
고릉 불회 초격한군 대파지 한왕부입벽 심참이수지 용
張良計, 於是韓信彭越皆往. 及劉賈入楚地, 圍壽春, 漢王敗
장량계 어시한신팽월개왕 급유가입초지 위수춘 한왕패
固陵, 乃使使者召大司馬周殷擧九江兵而迎武王, 行屠城父.
고릉 내사사자소대사마주은거구강병이영무왕 행도성보
隨劉賈齊梁諸侯皆大會垓下. 立武王布爲淮南王.
수유가제량제후개대회해하 립무왕포위회남왕

항우가 풀고 동쪽으로 돌아가자 한왕은 이끌고 서쪽으로 돌아가려고 하다가 유후와 진평의 계책을 썼다. 그래서 군대를 보내 항우를 쫓게 했다. 양하 남쪽에 이르자 멈추어서 군대를 주둔시키고 제왕 신, 건성후 팽월과 더불어 만나 초군을 치자고 기약했다. 고릉에 이르렀으나 모이지 않았다. 초가 한군을 쳐 크게 깨뜨렸다. 한왕은 다시 성벽으로 들어가 해자를 깊이 파고 지켰다. 장량의 계책을 사용했다. 그래서 한신과 팽월이 모두 갔다. 유가가 초나라 땅으로 들어가 수춘을 포위하기에 이르렀을 때 한왕은 고릉에서 패했었다. 그래서 사자를 보내 [초의] 대사마 주은을 불러 구강의 군대를 이끌고 무왕 [경포]을 맞게 했고 가서 성보를 공격해 도륙하

게 했었다. 유가를 좇아 제나라, 양나라 제후가 모두 다 해하에 모였다. 무왕 포를 세워 회남왕으로 삼았다.

웬일인지 여기는 심하게 요약이 되어 있다. '항우본기'의 같은 대목을 참고해야만 이해할 수 있다.

五年, 高祖與諸侯兵共擊楚軍, 與項羽決勝垓下. 淮陰侯將三十萬自當之, 孔將軍居左, 費將軍居右, 皇帝在後, 絳侯柴將軍在皇帝後. 項羽之卒可十萬. 淮陰先合, 不利, 卻. 孔將軍費將軍縱, 楚兵不利, 淮陰侯復乘之, 大敗垓下. 項羽卒聞漢軍之楚歌, 以爲漢盡得楚地, 項羽乃敗而走, 是以兵大敗. 使騎將灌嬰追, 殺項羽東城. 斬首八萬, 遂略定楚地. 魯爲楚堅守不下. 漢王引諸侯兵北, 示魯父老項羽頭, 魯乃降. 遂以魯公號葬項羽穀城. 還至定陶, 馳入齊王壁, 奪其軍.

5년에 고조는 제후의 군대와 함께 초군을 공격했고 항우와 결전을 벌여 해하에서 이겼다. 회음후는 30만을 거느리고 직접 그 [항우]를 담당하고 공 장군은 왼쪽에 있고 비 장군은 오른쪽에 있었으며 황제는 뒤에, 강후와 시 장군은 황제 뒤에 있었다. 항우의 병사는 10만 정도였다. 회음후가 먼저 붙었으나 불리하여 물러났다. 공 장군, 비 장군이 군사를 풀자 초의 군대가 불리해지니 회음후는 다시 거기에[그 기세에] 올라타 해하에서 크게 패주시켰다. 항우가 마침

> 내 한군의 초나라 노래를 듣게 되자 한이 초나라 땅을 모두 얻었다고 여겼다. 그래서 항우는 무너져 도망가니 그로써 군대는 크게 패했다. 기병 대장 관영을 시켜 쫓게 해 동성에서 항우를 죽였다. 8만의 목을 베었으며 마침내 초나라 땅을 평정하였다. 노나라는 초를 위해서 굳게 지키고 항복하지 않았다. 한왕은 제후들의 군대를 이끌고 북으로 가서 노의 부로들에게 항우의 머리를 보였다. 그래서 노나라는 항복했다. 마침내 [한왕은] 소리 내어 울며 항우를 노공으로써 곡성에 장사지냈다. 돌아와 정도에 이르러 제나라 왕의 진지에 달려 들어가 그의 군대를 빼앗았다.

사마천이 자세히 그려 놓은 진형은 완벽한 양익포위 전술이다. 이게 수전에서 응용되면 소위 학익진이다. 『정의』에 의하면 공 장군과 비 장군은 모두 한신의 휘하 장수였다고 한다.

항우의 병사가 10만 명이었다고 하는데, 목을 벤 자가 8만이라니, 참혹하기 그지없는 학살극 아닌가?

해하의 전면전에서 예술 같은 승리의 주역은 한신이건만 이 문단의 종결부는 한신의 군대를 유방이 빼앗는 장면으로 마무리되었다. 유방의 입장에서 보자면 해하의 승리는 항우를 죽이고, 옮기고(노나라로), 곡을 해주는 데가 아니라 제왕 한신을 이겨내는 데까지 가야만 마무리가 되는 거였다.

편의를 위한 황제

> 正月, 諸侯及將相, 相與共請尊漢王爲皇帝. 漢王曰, 吾聞帝
> 정월 제후급장상 상여공청존한왕위황제 한왕왈 오문제
> 賢者有也, 空言虛語, 非所守也, 吾不敢當帝位. 羣臣皆曰, 大
> 현자유야 공언허어 비소수야 오불감당제위 군신개왈 대
> 王起微細, 誅暴逆, 平定四海, 有功者輒裂地而封爲王侯. 大
> 왕기미세 주포역 평정사해 유공자첩열지이봉위왕후 대
> 王不尊號, 皆疑不信. 臣等以死守之. 漢王三讓, 不得已曰, 諸
> 왕부존호 개의불신 신등이사수지 한왕삼양 부득이왈 제
> 君必以爲便, 便國家. 甲午, 乃卽皇帝位氾水之陽.
> 군필이위편 편국가 갑오 내즉황제위범수지양
>
> 정월에[기원전 202] 여러 후와 장군, 재상이 서로 더불어 한왕을 높여 황제로 할 것을 함께 청했다. 한왕이 이르기를 "내가 듣기에 어진 사람이 황제 자리를 갖는다고 하던데, 비고 헛된 말은 [내가] 지키는 바가 아니니 나는 감히 황제 자리를 맡지 못하오."라 했다. 여러 신하들이 모두 말했다. "대왕은 미천한 데에서 일어났고 포악한 역도들을 베었고 사해를 평정했으며 공이 있는 자는 번번이 땅을 찢어 봉해 왕과 제후로 삼았습니다. 대왕이 호칭을 높이지 아니하면 모두 의심하고 믿지 않을 것이니 신등은 죽음으로써 이를 지키고자 합니다." 한왕이 세 번 사양하다가 어쩔 수 없이 말하길 "여러분은 [그렇게 하는 것이] 반드시 편하다고 여기니, 국가를 편하게 하겠소."라고 했다. 그래서 갑오일 범수의 북쪽에서 황제 자리에 올랐다.

유방의 욕심과 신하들의 진심이 부딪치고 절충되고 조화되는 장면이다. 이 장면에서 우리는 유방 집단의 성격을 본다. 거칠며 솔직하다.

황제 자리에 오르라는 권유를 받고 유방은 다음과 같은 말을 듣고 싶

었다. 즉 '어진 사람이 황제 자리를 갖는다.'는 거였다. 교룡의 아들이라는 건 본인의 선전술로 충분히 조작해낼 수 있지만 '어진 사람'[28]은 전적으로 타인의 평판이다.

넌지시 자기의 마음을 열어 보였지만 신하들은 단호했다. 신하들은 존호를 높이지 않으면 왕과 제후 통제가 불가능하다며 '신등은 죽음으로써 이를 지키고자 합니다.'라고 고집을 부렸다. 여기서 '이'는 황제에 오르라는 제안이기도 하고 제후 통제가 불가능하다는 이유이기도 하다. 세 번을 사양하며 기회를 주었는데도 신하들의 이유는 변함이 없었는가 보다. 특히 효혜와 노원을 안고 수레를 몰아야 했던 하후영의 심경은 복잡했겠다. 게다가 유방이 욕 잘하는 건 잘 알려진 바였고, 그는 유학자를 좋아하지 않아서 유관(儒冠)을 쓰고 자기를 보러 오는 자가 있으면 벗겨서 거기에 오줌을 누었다는 말을 사마천은 '역생육가열전'에 적어 놓고 있다. '유후세가'에는 사마천이 유방을 두고 하고 싶었던 말이 또 있다. 사마천은 유방이 존경했다는 네 명의 처사를 동원했다. 그들의 입을 빌려 정리된 유방의 단점은 "선비를 가벼이 여기고 욕을 잘한다(輕士善罵)."였다. '위표팽월열전'에서 위왕 표는 유방이 "제후와 신하들에 욕하는 게 종에게 욕하듯 할 뿐"이라 했다. 세상 사람들에게서 이런 평가를 받고 있던 유방이 '어진 사람'이라는 말을 듣고 싶어 했으니 과했다.

'현자'라는 말을 듣기 포기한 유방은 입맛이 썼겠다. 그는 신하들의 이유를 잘 정리해서 '편'이라 했다. 신하들이 보기에 유방이 황제 자리에 올라야 하는 이유는 편의를 위함일 뿐이었다. 그런 와중에도 유방은

---

[28] '賢'은 '어질다'가 일반적인 훈독이지만 '어질 인(仁)'과 의미가 같지 않다. '현'은 지혜 및 재능도 포함한다. 그래서 자전적 의미로 '현인'은 단순히 어진 사람이 아니라 '성인(聖人) 다음 가는 사람'이다.

그 편의성이 왕과 제후 통제가 아니라 나라를 편하게 하기 위한 것이라면서 최대한 자기를 이타적 존재로 미화했다. 그 정도에서 절충이 이루어졌다.

> 皇帝曰, 義帝無後, 齊王韓信習楚風俗, 徙爲楚王, 都下邳. 立
> 建成侯彭越爲梁王, 都定陶. 故韓王信爲韓王, 都陽翟. 徙衡
> 山王吳芮爲長沙王, 都臨湘. 番君之將梅鋗有功, 從入武關,
> 故德番君. 淮南王布燕王臧荼趙王敖皆如故.

황제가 이르기를 "의제는 후사가 없는데, 제왕 한신이 초의 풍속에 익도다." 하여 옮겨 초왕으로 삼고 하비를 도읍으로 했다. 건성후 팽월을 세워 양왕으로 삼고 정도에 도읍했다. 옛 한왕 신은 한왕으로 삼고 양적에 도읍했다. 형산왕 오예를 옮겨 장사왕으로 삼고 임상에 도읍했다. 파군[오예]의 장군 매현이 공이 있고 좇아서 무관에 들어갔기 때문에 파군에게 은혜를 베푼 것이다. 회남왕 포와 연왕 장도, 조왕 오는 모두 예전 같았다.

'고조본기'에서 여태껏 전혀 행적이 보이지 않던 오예를 장사왕에 봉한 건 의외다. 그의 장군 매현이 공이 있어서라는 게 이유라고 하지만 형산보다 장사는 양자강 너머 더 남쪽이기 때문에 오예에게는 반드시 잘 된 일이라고는 볼 수 없다.

> 天下大定. 高祖都雒陽, 諸侯皆臣屬. 故臨江王驩爲項羽叛漢,
> 천하대정 고조도낙양 제후개신속 고임강왕환위항우반한
> 令盧綰劉賈圍之, 不下. 數月而降, 殺之雒陽.
> 령 노관 유 가 위 지 불하 수월이항 살지낙양
>
> 천하가 크게 평정되었다. 고조는 낙양을 도읍으로 삼았으니 제후들이 모두 신하로 복종했다. 옛 임강왕 환이 항우를 위해 한에 등을 돌리자 노관과 유가로 하여금 그를 포위하게 했으나 이기지 못했다. 몇 개월이 지나 항복했는데, 낙양에서 그를 죽였다.

도읍으로서 낙양이 처음 나온다. 낙양은 과거 은나라의 중심지로서 황하 남쪽에 있다. 형양과 함곡관 중간 지점이다. 형양의 홍구를 경계로 해 동쪽과 서쪽을 각각 초와 한으로 하자는 제안을 상기한다면 동쪽으로 항우의 핵심 지역은 현 강소성에 해당하는 곳이다. 즉 회수와 황하 사이의 지역이다. 유방의 핵심 영역은 함곡관 이동의 일부 땅과 관중이었다. 돌이켜보면 초와 한 사이 수많은 싸움의 공간은 이 두 곳이다. 낙양은 이 두 지역의 중간에서 약간 서쪽에 위치한다. 그 도읍에서 발생한 첫 번째 중요한 사건으로 기록된 게 반란자를 잡아와 죽이는(항복했는데도) 일이었다. '현자'로 대접받고 싶어 했던 유방으로서는 어울리지 않는다. 역시 복종을 위한 '편의'에 충실한 모습이다. 이후 그의 도읍에서는(곧 관중으로 옮겨감) '반역자'의 피가 마를 날이 없었다.

> 五月, 兵皆罷歸家. 諸侯子在關中者復之十二歲, 其歸者復之
> 오월 병개파귀가 제후자재관중자복지십이세 기귀자복지
> 六歲, 食之一歲.
> 육세 사지일세

> 5월에 병사들은 모두 흩어져 집으로 돌아갔다. 제후의 자식으로 관중에 머무는 자는 12년 [세금과 요역을] 면해주고 돌아가는 자는 6년을 면해주었으며 1년을 먹였다.

당시 시점에서 관중에 머물기로 한 자와 봉지로 떠나기로 한 자에 대한 이야기를 하는 것 같다. 그런데 전에 있었던 일과 관련된 조치 같기도 하다. 앞서 제후의 자제들로 하여금 관중에서 태자 효혜를 시위하라고 했다는 기사를 본적이 있다. 그들 중에서 머무는 자와 떠나는 자에 대한 보상의 차이를 말한 것일 수도 있다.

> 高祖置酒雒陽南宮. 高祖曰, 列侯諸將無敢隱朕, 皆言其情.
> 고조치주낙양남궁 고조왈 열후제장무감은짐 개언기정
> 吾所以有天下者何, 項氏之所以失天下者何. 高起王陵對曰,
> 오소이유천하자하 항씨지소이실천하자하 고기왕릉대왈
> 陛下慢而侮人, 項羽仁而愛人. 然陛下使人攻城略地, 所降下
> 폐하만이모인 항우인이애인 연폐하사인공성략지 소항하
> 者因以予之, 與天下同利也. 項羽妬賢嫉能, 有功者害之, 賢
> 자인이여지 여천하동리야 항우투현질능 유공자해지 현
> 者疑之, 戰勝而不予人功, 得地而不予人利, 此所以失天下也.
> 자의지 전승이불여인공 득지이불여인리 차소이실천하야
> 高祖曰, 公知其一, 未知其二. 夫運籌策帷帳之中, 決勝於千
> 고조왈 공지기일 미지기이 부운주책유장지중 결승어천
> 里之外, 吾不如子房. 鎭國家, 撫百姓, 給餽饟, 不絶糧道, 吾
> 리지외 오불여자방 진국가 무백성 급궤향 부절량도 오
> 不如蕭何. 連百萬之軍, 戰必勝, 攻必取, 吾不如韓信. 此三
> 불여소하 련백만지군 전필승 공필취 오불여한신 차삼
> 者, 皆人傑也, 吾能用之, 此吾所以取天下也. 項羽有一范增
> 자 개인걸야 오능용지 차오소이취천하야 항우유일범증
> 而不能用, 此其所以爲我擒也.
> 이불능용 차기소이위아금야

고조가 낙양의 남궁에서 술을 베풀었다. 고조가 말했다. "모든 제후와 장군들은 짐에게 감히 감추지 말고 모두 그 뜻을 말하시오. 내가 천하를 갖게 된 이유는 무엇이며 항씨가 천하를 잃은 건 어째서인가?" 고기와 왕릉이 대답하여 가로되 "폐하는 거만하고 남을 깔보는데 항우는 어질고 남을 사랑했습니다. 그러나 폐하는 사람을 시켜 성을 공격하고 땅을 경략할 때 빼앗는 바의 것으로 인하여 써 그들에게 주었으니 천하와 이익을 함께한 것이었습니다. 항우는 어진 사람을 질투하고 능력 있는 자를 싫어했으며 공이 있는 자는 해쳤고 어진 자를 의심했으며 전쟁에서 이기면 다른 이에게 공을 주지 아니했고 땅을 얻어도 다른 이에게 이익을 주지 않았으니 이것이 천하를 잃은 이유입니다."라 했다. 고조가 말했다. "그대들은 하나만 알고 둘은 아직 모른다. 무릇 군막 안에서 계책을 운용하여 천리 바깥에서 승리하는 걸 결정하는 건 자방[장량]이 나보다 낫다. 국가를 안돈시키고 백성을 위무하며 양식을 공급하고 식량 보급선이 끊이지 않게 하는 건 소하가 나보다 낫다. 백만의 군대를 합쳐 싸우면 반드시 승리하고 공격하면 반드시 빼앗는 건 한신이 나보다 낫다. 이 세 사람은 모두 인걸인데 나는 능히 그들을 쓰니 이것이 내가 천하를 얻은 이유요. 항우는 범증 하나가 있었지만 쓰지 못했으니 이것이 그가 내게 잡힌 이유였지."

널리 알려진 이야기다. 그러나 신중히 읽을 필요가 있다. 신하들은 여기서 유방이 결코 '어진 사람'이 아니라는 걸 짚는다. 감추지 말고 솔직하게 말하라 했으니 그리한 것이다. '거만하고 남을 깔본다'는 이 성격은 패현 젊은이 때부터 이날까지 고쳐지지 않는 유방의 성격이었다. 신하들의 항우에 대한 평가는 곧 유방에 대한 경고이기도 했을 것이다. 유방은 이에 아랑곳하지 않고 항우를 낮추고, 신하를 낮추며 대신 자기를 높이고 있다. "그대들은 하나만 알고 둘은 아직 모른다."니, 이 얼마나 '거만하고 남을 깔본다'는 평가에 부합되는가? 얼마 가지 않아 유방도 신하들이 그린 항우의 행태를 따라 하는 걸 우리는 보게 될 것이다.

> 高祖欲長都雒陽, 齊人劉敬說, 及留侯勸上入都關中, 高祖是
> 고조욕장도낙양 제인유경세 급유후권상입도관중 고조시
> 日駕, 入都關中. 六月, 大赦天下.
> 일가 입도관중 육월 대사천하
>
> 고조가 오래도록 낙양을 도읍으로 삼고자 했으나 제나라 사람 유경이 설득하고, 들어가서 관중에 도읍하자고 유후가 상에게 권하는 데 이르러 고조는 당일로 수레를 타고 들어가 관중에 도읍을 두었다. 유월에는 천하에 크게 사면령을 내렸다.

관중 안으로 도읍을 옮겼다. 장량의 권유를 듣고 당장 그날로 움직이는 유방의 결단력이 돋보인다. 함양이 위수 이북인데, 유방의 새 도읍은 위수 이남의 장안에 두어졌다. 장량의 설득 내용은 '유후세가'에 자세히 나온다.

어떤 곳을 도읍으로 정할 때 늘 이유는 그럴듯하다. 그러나 장단점은 다 있다. 나라를 지키든가 잃는 건 지세니 수리니의 탓이 아니라 사람 탓일 뿐이다. '손자오기열전(孫子吳起列傳)'에서 오기가 "재덕부재험(在德不在險)"이라 했다. 덕에 있는 것이지 험함에 있는 게 아니라는 뜻으로서 산천의 험함이 나라의 안전을 보장해주는 게 아니라 다스리는 자의 덕이 있고 없음에 따라 나라의 안위가 좌우된다는 말이다.

단지 도읍을 정할 당시의 형편을 짐작하는 데는 그 이유가 유용하다. 장량이 지적한 낙양의 약점 중 하나는 4면으로 적에 노출될 수 있다는 것이다. 관중의 강점으로 뽑힌 이유 중 하나는 3면이 막히고 오로지 동쪽만 트인 지세였다. 천혜의 방어선에 둘러쳐진 땅이 널리 펼쳐 있다 하여 관중을 소위 '금성천리(金城千里)'라 한다고 장량은 말했다. 종합해 보면 당시는 방어 문제가 최우선적으로 고려되어야 할 형편이었다. 천하를 평정했다고 하지만 도전의 위협은 상존했다.

불안한 사람들

> 十月, 燕王臧荼反, 攻下代地. 高祖自將擊之, 得燕王臧荼. 卽
> 십월 연왕장도반 공하대지 고조 자장격지 득연왕장도 즉
> 立太尉盧綰爲燕王. 使丞相噲將兵攻代.
> 립태위노관위연왕 사승상쾌장병공대
>
> 시월에 연왕 장도가 거역하여 대의 땅을 공격해 함락했다. 고조가 스스로 거느리고 쳐서 연왕 장도를 붙잡고 즉시 태위 노관을 세워 연왕으로 삼았다. 승상 번쾌로 하여금 군대를 이끌고 대를 공격하게 했다.

장도는 원래 항우 편이었다. 연나라는 먼 땅이었기 때문에 그냥 내버려 두었다가 이제 한이 간섭을 시작하니 반발했을 것이다. 그래서 '叛'이 아니고 '反'이었다. 유방은 장도의 땅을 빼앗아 어린 시절부터의 친구 노관에게 주었다.

> 其秋, 利幾反, 高祖自將兵擊之, 利幾走. 利幾者, 項氏之將.
> 기추 리기반 고조자장병격지 리기주 리기자 항씨지장
> 項氏敗, 利幾爲陳公, 不隨項羽, 亡降高祖. 高祖侯之潁川. 高
> 항씨패 리기위진공 불수항우 망항고조 고조후지영천 고
> 祖至雒陽, 擧通侯籍召之, 而利幾恐, 故反.
> 조지낙양 거통후적소지 이리기공 고반
>
> 그해 가을, 리기가 거역했기에 고조가 몸소 군대를 이끌고 그를 공격하자 리기는 달아났다. 리기란 자는 항씨의 장군이었다. 항씨가 패하자 진공이었던 리기는 항우를 따르지 않고 도망쳐 고조에게 항복하니 고조는 그를 영천의 후로 삼았다. 고조가 낙양에 이르러 모든 제후의 명단을 갖고 그를 부르니 리기가 두려웠던 고로

> 거역한 것이다.

또 거역이다. 이 역시 유방이 먼저 자극을 했기 때문이다. 장도를 죽인 유방이 도읍지에서 얼마 되지 않은 영천 즉 과거 한(韓)나라 땅을 지배하는 리기를 그냥 두기 곤란했을 것 같다. 이 사건의 결과에 대해서는 언급이 없다. 그런데 좀 더 생각해 보면 리기를 영천후로 삼았다는 것도 이상하다. 한(韓)에 대한 충성심이 극진한 장량이 그걸 그냥 보고 있었을까? 유방이 리기에게 영천을 맡긴 건 일시적 방편이었을 것이다. 단지 리기를 거기에 묶어 두고자 함이었지 유방이 리기를 자기편으로 여긴 건 아니었다고 본다. 그래서 '叛'이 아니라 '反'인 것이다.

六年, 高祖五日一朝太公, 如家人父子禮. 太公家令說太公曰,
육년 고조오일일조태공 여가인부자례 태공가령세태공왈
天無二日, 土無二王. 今高祖雖子, 人主也, 太公雖父, 人臣也.
천무이일 토무이왕 금고조수자 인주야 태공수부 인신야
奈何令人主拜人臣. 如此則威重不行. 後高祖朝, 太公擁篲,
내하령인주배인신 여차즉위중불행 후고조조 태공옹수
迎門卻行. 高祖大驚, 下扶太公. 太公曰, 帝人主也, 奈何以我
영문각행 고조대경 하부태공 태공왈 제인주야 내하이아
亂天下法. 於是高祖乃尊太公爲太上皇, 心善家令言, 賜金五
란천하법 어시고조내존태공위태상황 심선가령언 사금오
百斤.
백근

6년, 고조가 닷새에 한 번 태공을 문안함이 가족 내 부자의 예와 같았다. 태공의 집사가 태공을 설득해 말했다. "하늘에 두 개의 해가 없고 땅에는 두 개의 왕이 없습니다. 지금 고조가 비록 아들이지만 사람들의 주인이고 태공은 비록 아버지이나 신하된 사람이

> 니 어찌 사람들의 주인으로 하여금 신하된 사람에게 절하게 할 수 있겠습니까? 이와 같으면 위엄의 무거움이 발휘될 수 없습니다." 후에 고조가 문안하자 태공은 빗자루를 들고 문에서 맞으며 뒤로 물러났다. 고조가 크게 놀라 내려와 태공을 부축하니 태공이 말했다. "[황]제는 사람들의 주인이시니, 어찌 나로써 천하의 법을 어지럽히겠습니까?" 그래서 고조는 태공을 올려 태상황으로 삼았고, 마음에 집사의 말을 좋게 여겨 금 오백 근을 내렸다.

천둥과 벼락의 어둠 속에 선 태공, 큰 도마 위에 묶인 태공을 거쳐 빗자루를 들고 있는 태공을 소개함으로써 사마천은 태공이 유방의 친아버지가 아니라는 암시를 한 번 더 했다.

태공과 유방 사이의 부자 관계가 비정상적이었고, 유방과 효혜 사이도 그랬다. 3대로 이어지는 이런 어색한 관계가 한나라 초기 왕실의 사정이었다.

동아시아 역사에서 '상황'의 초출은 여기다. 진시황이 선대 장양왕을 태상황으로 올렸다는 기록이 '진시황본기'에 있다. 그러나 이는 죽은 장양왕에 대한 조치였다. 나중에 베트남과 한국에서는 태공의 경우처럼 살아있는 상황(왕)도 출현한다.

직접 화법에서 '고조'라는 호칭이 나오는 건 이상하다. 사마천이야 과거사 서술에서 묘호인 고조를 사용할 수 있다 하겠지만 태공의 집사 입에서 '고조'라는 말이 나올 수가 없다. 사마천의 실수일까, 후세에 있었던 가필의 흔적일까?

十二月, 人有上變事告楚王信謀反, 上問左右, 左右爭欲擊之.
用陳平計, 乃僞遊雲夢, 會諸侯於陳, 楚王信迎, 卽因執之.
是日大赦天下. 田肯賀, 因說高祖曰, 陛下得韓信, 又治秦中.
秦形勝之國, 帶河山之險, 縣隔千里, 持戟百萬, 秦得百二焉.
地勢便利, 其以下兵於諸侯, 譬猶居高屋之上建瓴水也. 夫齊
東有琅邪卽墨之饒, 南有泰山之固, 西有濁河之限, 北有渤海
之利. 地方二千里, 持戟百萬, 縣隔千里之外, 齊得十二焉. 故
此東西秦也, 非親子弟, 莫可使王齊矣. 高祖曰, 善. 賜黃金
五百斤.

12월에[기원전 201] 초왕 한신이 모반한다는 변사를 올려 고하는 사람이 있어 상이 좌우에 물으니 좌우가 다투어 그[한신]를 치려 했다. 진평의 계책을 썼다. 그래서 거짓으로 운몽에 여행을 해 제후들을 진에 모았는데 초왕 신이 마중나오자 바로 그를 잡았다. 그날 천하에 크게 사면령을 내렸다. 전긍이 축하하면서 고조를 설득해 말했다. "폐하는 한신을 붙잡았고 진나라에서 다스립니다. 진은 형세가 뛰어난 나라로서 강물과 산의 험함을 끼고 격리되어 있는 게 천리며 군사가 백만이니 진은 천하 백 중 둘을 갖고 있습니다. 지세는 편리하니 제후들에게 군대를 내려 보내는 것으로써 비유하자면 높은 집 위에 있으면서 동이의 물을 놓아 둔 것과 같습니다. 무릇 제는 동쪽으로 낭야와 즉묵의 풍요로움이 있고 남쪽으로는 태산의 견고함이, 서쪽으로는 황하의 막힘이 있는 데다가

> 북으로는 발해의 이로움이 있습니다. 땅이 2천 리에 병사가 백만, 격해 있는 게 천리 이상이니 제는 열에 둘을 가졌습니다. 그래서 이것들이 동쪽과 서쪽 진이니 친아들이나 친동생이 아니면 제나라 왕 노릇을 시킬 수 없습니다." 고조가 "옳다."고 말하며 황금 오백 근을 내렸다.

'反'이 '叛'과 통할 때가 있다. 모반의 경우도 그러하다. 謀反은 謀叛으로도 쓰이며 나라를 뒤집거나, 왕을 제거하는 일을 의미한다. 왓슨은 '반란을 모의하다(plot a revolt)'라는 의미로 번역했다. 초나라 왕으로 봉한 한신을 잡고 한신이 그전에 왕이었던 제나라의 중요성에 대해서 논하는 장면이 나온다. 전긍은 성씨를 보건대 제나라 전씨의 일족인 것 같다. 험지로 방어되는 관중의 땅이 천리라는 건 장량이 관중을 말할 때 '금성천리'라 한 것과 호응한다. 반면 제나라는 황하, 태산, 발해로 이어진 땅이 2천 리라는 말이다. 관중이 요해처이나 제나라가 강하고 풍요로우니 타성에게 그 땅을 맡길 수 없다는 말이다.

'백 중 둘'과 '열에 둘'에 대해서는 『집해』에서 수많은 해석을 소개하고 있다. 여기서는 글자대로만 번역하는 데 그치겠다. 그렇게 해놓고 보면 말의 맥락이 대충은 이해된다.

> 後十餘日, 封韓信爲淮陰侯, 分其地爲二國. 高祖曰, 將軍劉賈
> 후십여일 봉한신위회음후 분기지위이국 고조왈 장군유가
> 數有功, 以爲荊王, 王淮東, 弟交爲楚王, 王淮西, 子肥爲齊王,
> 수유공 이위형왕 왕회동 제교위초왕 왕회서 자비위제왕
> 王七十餘城, 民能齊言者皆屬齊. 乃論功, 與諸列侯剖符行
> 왕칠십여성 민능제언자개속제 내논공 여제열후부부행

> 封. 徙韓王信太原.
> 봉 사한왕신태원
>
> 후에 열흘이 조금 지나서, 한신을 봉해 회음후로 삼고 그의 땅을 나눠 두 개 나라로 만들었다. 고조가 말했다. "장군 유가는 몇 차례 공이 있었으니 형왕으로 삼아 회수의 동쪽에서 왕 노릇 하게 하라. 동생 교는 초왕으로 삼아 회수의 서쪽을 지배하게 하고 아들 뚱뚱이는 제왕으로 삼아 70여 개 성의 왕 노릇 하게 하는데, 백성으로서 제나라 말을 하는 자는 모두 제에 속하게 한다." 그래서 공을 논하고 여러 제후들과 더불어 부절을 쪼개 분봉을 행했다. 한왕 신은 태원으로 옮겼다.

이성 제후 및 왕의 땅을 빼앗아 유씨네 땅으로 삼기 시작하는 장면이다. 앞서 제후를 봉할 때 한신을 제나라에서 초나라 왕으로 옮겼지만 제나라 왕은 아직 봉하지 않았다. 이 자리에 큰 아들 뚱뚱이를 왕으로 임명했다.

제나라 말을 하는 사람은 모두 제나라에 속하게 한다는 조치는 흥미롭다. 말이 그만큼 달랐다는 사실도 그러려니와 말과 나라를 일치시킨다는 발상도 새롭다. 전쟁 때문에 많은 사람이 표류했던 관계로 이들을 다시 원래 고향에 돌린다는 게 이 조치의 의미라고 『집해』는 '한서음의(漢書音義)'를 인용해 설명하고 있다. 하지만 이와 반대로 제나라 말을 하는 사람이 있는 곳까지를 제나라의 영역으로 삼겠다는 의미일 수도 있다. 나라의 경계가 사람을 따라 이동하고 확산된다는 뜻이다. 나라의 힘만 있다면 영토 확장에 대단히 유용하게 쓰일 판도 인식 방법이다.

유방은 한신의 초나라를 둘로 나누어 하나는 유가, 하나는 유교에게 주었다. 유가는 원래 항우 편 사람이었지만 해하의 싸움 직전에 유방 편으로 돌아선 인물이다. 줄곧 이 사람의 이름이 나오는데 유방과 어떤 관계가 있었던 사람인지는 모르겠다. 사마천도 이 사람이 유씨는 유씨로되 유방과의 관계가 어떻게 되는지는 알 수 없다고 '형연세가(荊燕世家)'에 적었다. 한신은 왕에서 후로 격을 낮추었다. 그래서 회음후가 되었다. 고향 회음현 정도의 지배자라는 의미인데 한신으로서는 치욕적인 조치였다.

얼마 전에 한왕으로 봉했던 한신은 태원으로 옮겼다. 거기서 무슨 일이 벌어질까?

> 七年, 匈奴攻韓王信馬邑, 信因與謀反太原. 白土曼丘臣王黃
> 칠년 흉노공한왕신마읍 신인여모반태원 백토만구신왕황
> 立故趙將趙利爲王以反, 高祖自往擊之. 會天寒, 士卒墮指者
> 립고조장조리위왕이반 고조자왕격지 회천한 사졸타지자
> 什二三. 遂至平城, 匈奴圍我平城, 七日而後罷去. 令樊噲止
> 십이삼 수지평성 흉노위아평성 칠일이후파거 령번쾌지
> 定代地, 立兄劉仲爲代王.
> 정대지 립형유중위대왕

> 7년, 흉노가 한왕 신을 마읍에서 공격하자 신은 [그들과] 더불어 태원에서 모반했다. 백토의 만구신과 왕황이 옛 조나라 장군 조리를 세워 왕으로 삼고 거역하니 고조가 몸소 가서 쳤다. 마침 추워져서 사졸 중 손발가락이 떨어진 자들이 열에 두셋이었다. 마침내 평성에 이르자 흉노가 우리를 평성에서 포위했다가 이레 후에 풀고 떠났다. 번쾌로 하여금 머물러 대 땅을 평정케 했고, 형 유중을 세워 대의 왕으로 삼았다.

한왕 신의 반란 사건은 요약이 심해 이해가 힘들다. 전후 사정을 파악하기 위해서는 '한신노관열전'을 들추어야 한다. 흉노가 침입하자 화친을 도모하기 위해 한신과 흉노 사이에 사절이 여러 번 오갔다. 유방이 그것을 두고 한신이 흉노와 내통한다고 의심하기 시작했고 한신은 두려워 흉노와 연합해 유방을 향해 무기를 든 것이다. 유방이 마침내 도착했다는 평성이 바로 그가 흉노에 포위되어 7일을 먹지 못하다가 진평의 계책으로 빠져나왔다는 곳이다. 조나라가 반기를 들었다니 여기도 곧 평정될 것이요 이웃한 대나라는 이미 유씨의 나라가 되었다.

> 二月, 高祖自平城過趙雒陽至長安. 長樂宮成, 丞相已下徙治
> 이 월   고 조 자 평 성 과 조 낙 양 지 장 안   장 락 궁 성   승 상 이 하 사 치
> 長安.
> 장 안
> 2월에 고조는 평성으로부터 조와 낙양을 거쳐 장안에 이르렀다. 장락궁이 만들어져 승상은 이미 관청을 장안으로 내려 옮겼다.

승상이 관청을 내려 옮겼다는 건 무슨 말일까? 한왕 10년 10월의 기사 내용을 설명하는 『정의』에 의하면 장안에 궁궐이 지어지기 전 유방의 거처가 력양의 옛 궁이었다. 이 궁은 진나라 헌공(獻公) 때 지어졌다고 한다. 위수 북쪽에 있었다. 소하도 여기에 있다가 위수를 건너 장안으로 간 것이다.

> 八年, 高祖東擊韓王信餘反寇於東垣.
> 팔 년   고 조 동 격 한 왕 신 여 반 구 어 동 원
> 8년, 고조는 동쪽으로 가서 한왕 신의 반란 도적떼 잔당을 동원에서 쳤다.

동원은 조나라 지역이다. 반란군 소탕에 황제가 줄곧 직접 나서고 있다. 독특한 모습이다. 천하를 평정했다는 게 한왕 5년(기원전 202)이었다. 그때부터 3년이 지났는데 여전히 유방은 몸소 군대를 지휘했다. 더군다나 흉노와 접경인 태원이나 조나라는 유방이 소싯적에 가보지 못한 곳이었다. 혹 이런 지역에서 유방의 군사 작전은 지역민에게 자기를 알리고 현지 사정을 파악하는 일종의 순수(巡狩) 또는 순행(巡幸) 기능을 했는지도 모르겠다. 줄곧 '편의'에 충실한 모습이다.

> 蕭丞相營作未央宮, 立東闕北闕前殿武庫太倉. 高祖還, 見宮
> 소 승 상 영 작 미 앙 궁   립 동 궐 북 궐 전 전 무 고 태 창   고 조 환   견 궁
> 闕壯甚, 怒謂蕭何曰, 天下匈匈苦戰數歲, 成敗未可知, 是何
> 궐 장 심   노 위 소 하 왈   천 하 흉 흉 고 전 수 세   성 패 미 가 지   시 하
> 治宮室過度也. 蕭何曰, 天下方未定, 故可因遂就宮室, 且夫
> 치 궁 실 과 도 야   소 하 왈   천 하 방 미 정   고 가 인 수 취 궁 실   차 부
> 天子以四海爲家, 非壯麗無以重威, 且無令後世有以加也. 高
> 천 자 이 사 해 위 가   비 장 려 무 이 중 위   차 무 령 후 세 유 이 가 야   고
> 祖乃說.
> 조 내 열
>
> 소 승상이 미앙궁을 건설하며 동궐, 북궐, 전전, 무고, 태창을 세웠다. 고조가 돌아와 궁궐의 장대함이 심함을 보고 노하여 소하에게 일러 말하길 "천하가 소란스럽고 전쟁에 여러 해 고달프며 성패를 아직 알 수 없는데 어찌 이리 궁실을 과도하게 짓는가?" 하자 소하가 말했다. "천하가 지금 아직 평정되지 아니했기 때문에 인하여 나아가 궁실을 이룰 수 있는 것입니다. 또 무릇 천자는 사해로써 집안을 삼으니 크고 아름답지 않으면 위엄을 무겁게 할 수 없습니다. 또한 후세로 하여금 [이것으로]써 업신여김이 있지 않게 하는 것입니다." 그래서 고조는 기뻤다.

황제의 권위에서 무고는 중요하다. 무기를 저장하는 창고라는 뜻이지만 의미가 세월의 흐름에 따라 확대되었다. 저장하는 무기는 보통 무기가 아니라 가장 뛰어난 무기 또는 신무기일 것이다. 신무기는 귀중했다. 새로 발명되기도 하고, 발견되기도 하며, 외국에서 들어오기도 했다. 무기와 더불어 관련 귀중품도 이곳에 보관하게 된다. 그러다 보니 무고는 황제의 귀중한 물품을 보관하는 곳이 되었다.

> 高祖之東垣, 過柏人, 趙相貫高等謀弑高祖, 高祖心動, 因不留.
> 고조지동원 과백인 조상관고등모시고조 고조심·동 인불류
>
> 고조가 동원에 가며 백인에 들렀는데, 조나라의 승상 관고 등이 고조를 시해할 것을 모의했지만 고조는 마음이 움직였기 때문에 머물지 않았다.

유방이 분봉할 때 조나라 왕 오(敖)는 원래대로 그냥 두었다고 했다. 오는 장이의 아들이다. 한신과 장이가 진여를 치고 조왕 헐을 제거했다. 장이가 조나라 왕이 되었고 그의 사후 아들 오가 왕위를 계승했다. 그런데 오는 노원공주의 남편이었다.

 조나라 승상 관고 등은 장이의 문객들로서 충성심이 대단했다. 그런데 장오는 장인 유방에 대한 태도가 극진했다. 유방이 조나라에 들렀을 때 장오가 성심껏 유방을 접대했다. 그러나 유방의 태도가 오만하다 하여 분격한 관고 등이 유방을 죽이고자 했던 것이다. 이 사건의 시말은 '장이진여열전'에 자세하다.

> 代王劉仲棄國亡, 自歸雒陽, 廢以爲合陽侯.
> 대왕유중기국망 자귀낙양 폐이위합양후
>
> 대왕 유중이 나라를 버리고 도망쳐 멋대로 낙양으로 돌아오자 폐하여 합양후로 삼았다.

그릇이 되지 않은 사람을 왕으로 앉혔으니 역할을 제대로 감당할 리 없었다. 유방의 잘못된 인사를 사마천은 엄중히 지적하고 있다.

> 九年, 趙相貫高等事發覺, 夷三族. 廢趙王敖爲宣平侯.
> 구년 조상관고등사발각 이삼족 폐조왕오위선평후
>
> 9년, 조나라 승상 관고 등의 일이 발각되어 삼족을 멸했다. 조왕 오를 폐하여 선평후로 삼았다.

역시 조나라 왕 오는 제거되었다. 이 사람은 관고 등이 반란을 권할 때 듣지 않았다. 그럼에도 불구하고 살아남은 것만 해도 다행인 형편이었다. 여후도 나서 말렸지만 유방은 의심을 풀지 않았고 문초를 받던 관고가 죽어가면서도 장오는 결백하다고 주장하는 걸 보고서야 마음을 돌렸다. 하지만 장오는 조나라 왕으로 복귀하지 못했다. 대신 유방이 사랑하던 척 부인의 아들 여의가 조나라 왕이 되었다. 여후의 심정이 어땠을까 짐작할 만하지 않은가?

> 是歲, 徙貴族楚昭屈景懷齊田氏關中.
> 시세 사귀족초소굴경회제전씨관중
>
> 그해에 귀족으로서 초나라의 소, 굴, 경, 회, 제나라의 전씨를 관중으로 옮겼다.

초나라와 제나라 귀족들을 모두 관중에 옮겨 살게 했다는 데서 유방이 당시 가장 큰 잠재적 위협 세력으로 여기던 게 이 두 나라 사람들이었다는 걸 알 수 있다.

> 未央宮成. 高祖大朝諸侯羣臣, 置酒未央前殿. 高祖奉玉巵,
> 미앙궁성 고조대조제후군신 치주미앙전전 고조봉옥치
> 起爲太上皇壽曰, 始大人常以臣無賴, 不能治産業, 不如仲力.
> 기위태상황수왈 시대인상이신무뢰 불능치산업 불여중력
> 今某之業所就孰與仲多. 殿上羣臣皆呼萬歲, 大笑爲樂.
> 금모지업소취숙여중다 전상군신개호만세 대소위락
>
> 미앙궁이 완성되었다. 고조는 제후와 신하들을 크게 모으고 미앙궁의 앞쪽 전에 술자리를 벌였다. 고조는 옥잔을 받치고 일어서 태상황을 위해 축수하며 말했다. "이전에 대인께서는 항상 제가 무뢰배로서 생업을 다스리지 못하여 [유]중의 힘이 더 낫다고 했습니다. 지금 그 아무개의 사업을 이룬 바가 중과 비교해 누가 많습니까?" 전 위에 있던 신하들의 무리가 모두 만세를 부르고 크게 웃으며 즐거워했다.

무뢰에 대한 정의 및 연구는 대단히 많다. 『집해』의 설명만 소개하자면 무뢰는 무리(無利)와 같아 집안에 이로울 게 없다는 뜻이다. 또 장강과 회수 사이에서 거짓말 잘하고 교활한 아이들을 일러 무뢰라 한다는 말도 전한다.

태공은 유방더러 무뢰라 하고 유방은 효혜더러 자기를 닮지 않았다고 했다. 자기와 닮지 않은 아들을 보는 아버지의 마음이 대물림되는 모습이다. 혹 조손이 닮기도 하지만 사마천의 글에서 그런 걸 엿볼 수 있는 단서는 없다. 사마천은 효혜가 자비롭고 어질며 약하다고 했는데 혹 그런 면모들이 태공과 닮았다고 할까? 그도 아닐 것이다. 태공이 자비롭고 어진 아버지였다면 아들더러 무뢰라고 하지 않았을 테니까.

태공이란 노인은 일개 집사의 말에 빗자루를 들고 문 앞에 서는 사람이었다. 이런 소심한 태공이 태상황이란 자리에 앉아 있다. 태공을 닮았을 가능성이 높은 자가 유중일 텐데 그는 왕 자리가 버거워 도망친 사람이다. 유방이 묻는 말에 태상황의 반응이 어떠했는지는 언급하지 않고 신하들이 웃고 즐거워했다고만 쓴 사마천의 뜻을 읽을 필요가 있다.

十年十月, 淮南王黥布梁王彭越燕王盧綰荊王劉賈楚王劉交
십년시월 회남왕경포양왕팽월연왕노관형왕유가초왕유교
齊王劉肥長沙王吳芮皆來, 朝長樂宮. 春夏無事.
제왕유비장사왕오예개래 조장락궁 춘하무사

10년 시월에 회남왕 경포, 양왕 팽월, 연왕 노관, 형왕 유가, 초왕 유교, 제왕 유비, 장사왕 오예가 모두 와 장락궁에서 배알했다. 봄, 여름에 아무 일도 없었다.

경포, 팽월, 노관, 유가, 유교, 유 뚱뚱이, 오예가 모였다. 일곱 명이다. 황제가 될 즈음 분봉했을 때에 비해 유씨가 많아졌다. 이들을 내려다보는 유방의 눈에 유씨 아닌 자가 네 명 보인다.

七月, 太上皇崩櫟陽宮. 楚王梁王皆來送葬. 赦櫟陽囚. 更名
칠월 태상황붕력양궁 초왕양왕개래송장 사력양수 경명
酈邑曰新豐.
여읍왈신풍

7월에[기원전 197] 태상황이 력양궁에서 돌아가셨다. 초왕, 양왕

> 이 모두 와서 장례에 참여했다. 력양의 죄수들을 사면했다. 여읍 이름을 고쳐 가로되 신풍이라고 했다.

태공이 살았던 곳은 장안이 아니고 력양이었다. 태상황이 되기 전에는 가까이 살았기 때문에 유방이 매일 문안을 드렸을 것이나 력양으로 옮겨갔다면 그렇게 할 수도 없었고 할 필요도 없었겠다. 아버지를 태상황으로 삼은 건 올린 일이지만 력양궁으로 옮긴 건 멀리한 처사였다. 여읍은 태상황이 있던 곳이다.

유방이 황제가 된 이후 죽기까지의 주제는 반란 진압 내지 경쟁 세력 제거다. 그런데 태공 이야기가 자꾸 끼어든다. 왜일까? 태공이 이야기의 재미를 더하는 소품이었을 리는 없다. 사마천은 태공을 유방에 위협시되던 일군의 무리에 포함시킨 것이다. 태공에 대한 유방의 대응 역시 그 세력에의 대응과 같은 맥락으로 이해할 필요가 있을 것 같다. 그러고 보면 태공은 유방을 근본부터 흔들 수 있는 존재 아니던가? 잠든 유온 위에 있는 교룡을 보았다는 태공의 입은 황제가 된 유방에게 큰 근심거리가 아닐 수 없다. 그 입이 영원히 다물어진 데서 유방이 얼마나 안도했을까 짐작된다. '아버지'의 죽음 앞에 애도하는 '아들'의 모습은 여기 보이지 않는다. 사마천이 기술한 유방의 행동은 사면과 개명 뿐이었다. 사면은 의례적이고 이름을 고친 건 신속했다.

> 八月, 趙相國陳豨反代地. 上曰, 豨嘗爲吾使, 甚有信. 代地吾
> 팔월 조상국진희반대지 상왈 희상위오사 심유신 대지오
> 所急也, 故封豨爲列侯, 以相國守代, 今乃與王黃等劫掠代地.
> 소급야 고봉희위열후 이상국수대 금내여왕황등겁략대지

代地吏民非有罪也, 其赦代吏民. 九月, 上自東往擊之. 至
대 지 리 민 비 유 죄 야   기 사 대 리 민   구 월   상 자 동 왕 격 지 지

邯鄲, 上喜曰, 豨不南據邯鄲而阻漳水, 吾知其無能爲也.
한 단   상 희 왈   희 불 남 거 한 단 이 조 장 수   오 지 기 무 능 위 야

聞豨將皆故賈人也, 上曰, 吾知所以與之. 乃多以金啗豨將,
문 희 장 개 고 고 인 야   상 왈   오 지 소 이 여 지   내 다 이 금 담 희 장

豨將多降者.
희 장 다 항 자

8월에, 조나라의 승상 진희가 대 땅에서 거역했다. 상(上)이 말했다. "희는 일찍이 나를 위해 사신으로 갔을 때 매우 신의가 있었다. 대 땅은 내가 중요하게 생각하는 바다. 그래서 희를 봉하여 열후로 삼았고 상국을 시킴으로써 대 땅을 지켰는데, 지금 그가 왕황 등과 함께 대 땅을 노략질하고 있다. 대 땅의 관리와 백성들은 죄가 없으니 이 대나라 땅의 관리와 백성들은 용서하겠다." 9월에 상이 몸소 동쪽으로 가서 그를 쳤다. 한단에 이르러 상은 기뻐하며 말하길 "희가 남쪽으로 한단에 근거하지 않고 장수(漳水)에 기대었으니 그가 할 줄 아는 게 없음을 내가 알겠다."고 했다. 희의 장수들이 모두 원래 장사꾼이었다는 걸 듣고 상이 말했다. "[그들이] 그[진희]와 함께하는 까닭을 나는 안다." 그래서 많은 금으로써 희의 장수들을 먹이니 희의 장군들이 항복하는 자가 많았다.

아직 이때까지 조나라 왕 자리는 채우지 않고 비워 두었다는 걸 알 수 있다.

十一年, 高祖在邯鄲誅豨等未畢, 豨將侯敞將萬餘人游行, 王
십 일 년   고 조 재 한 단 주 희 등 미 필   희 장 후 창 장 만 여 인 유 행   왕

黃軍曲逆, 張春渡河擊聊城. 漢使將軍郭蒙與齊將擊, 大破之.
황 군 곡 역   장 춘 도 하 격 료 성   한 사 장 군 곽 몽 여 제 장 격   대 파 지
太尉周勃道太原入, 定代地. 至馬邑. 馬邑不下, 卽攻殘之.
태 위 주 발 도 태 원 입   정 대 지   지 마 읍   마 읍 불 하   즉 공 잔 지

11년에 고조가 한단에 있으면서 희 등을 아직 죽이지 못하고 있는데, 희의 장군 후창이 만여 명을 거느리고 돌아다녔고 왕황은 곡역에 주둔하고, 장춘은 황하를 건너 료성을 공격했다. 한은 장군 곽몽으로 하여금 제나라 장군과 더불어 치게 하여 그들을 크게 깨뜨렸다. 태위 주발이 태원으로 길을 밟아 들어가 대나라 땅을 평정하고 마읍에 이르렀다. 마읍이 항복하지 않자 즉시 공격하여 그곳을 멸했다.

주발은 패현 사람이었다. 유방을 도와 혁혁한 공을 세우고 그 이름은 세가의 반열에 올랐다. '강후주발세가(絳侯周勃世家)'에 의하면 진희를 잡아 벤 사람은 주발이었다.

豨將趙利守東垣, 高祖攻之, 不下. 月餘, 卒罵高祖, 高祖怒.
희 장 조 리 수 동 원   고 조 공 지   불 하   월 여   졸 매 고 조   고 조 노
城降, 令出罵者斬之, 不罵者原之.
성 항   령 출 매 자 참 지   불 매 자 원 지

희의 장수 조리가 동원을 지키니 고조가 그를 공격했지만 항복하지 않았다. 한 달쯤 지났는데 병졸들이 고조에게 욕을 하자 고조가 화냈다. 성이 항복하니 욕한 자는 찾아내서 베고 욕하지 않은 자는 놓아주라고 했다.

황제가 직접 군대를 끌고 반란군을 치러 다니던 중 적군의 병졸들로부터 욕까지 들었다. 욕을 잘 활용하던 유방이 욕으로 당한 것이다. 민망하다. 그런데 자기에게 욕한 자만 가려내어 베게 하는 유방의 태도는 더 민망하다. 욕하지 않은 자들은 '놓아주라고' 했다지만 그냥 놓아준 건 아니었다. '한신노관열전'을 보면, '욕하지 않은 자들은 묶을 뗐다.'고 한다.

> 於是乃分趙山北, 立子恆以爲代王, 都晉陽.
> 어 시 내 분 조 산 북 립 자 항 이 위 대 왕 도 진 양
>
> 그래서 조나라 산 북쪽을 나누어 아들 항을 세워서 대의 왕으로 삼고 진양을 도읍으로 삼았다.

아들 항은 박(薄) 부인의 소생으로서 유방에게는 넷째 아들이다. 이 사람이 훗날 문제(文帝)가 된다. 어떤 사람을 왕으로 삼을 때는 '立-爲-'로 표현해 왔는데, 사마천은 유독 여기서만 '以'를 추가해서 '立- 以爲-'로 썼다. 혹 특별한 이유가 있는지 궁금할 뿐이다.

> 春, 淮陰侯韓信謀反關中, 夷三族.
> 춘 회 음 후 한 신 모 반 관 중   이 삼 족
>
> 봄에[기원전 196] 회음후 한신이 관중에서 모반했다. 삼족을 멸했다.

한신은 회음후로 강등된 후 장안에 잡혀 있던 상태였다. '회음후열전'에 의하면 장안에 있던 한신은 진희가 조나라로 떠날 때 이미 유방을 칠 것을 약조했다고 한다. 진희가 군사를 일으키자 한신도 움직이다가 체포되었다.

유방이 돌아와 한신이 죽은 걸 보고 "그걸 기뻐하기도 하고 불쌍해하기도 했다(且喜且憐之)."고 한다.

이때 한신을 잡는 데 공을 세웠던 사람이 한신을 유방에 추천하는 데 앞장섰던 소하였다. '소상국세가(蕭相國世家)'에 따르면 이 공으로 소하는 유방에게 큰 상을 받았다. 그러나 다음에는 자기가 위험하다는 주변 사람의 경고가 있자 받은 걸 다 반납하고 있던 재산까지 유방에게 바친 후 최대한 몸을 낮추고 살았다. 그럼에도 불구하고 결국 유방의 의심을 받아 죽음 앞에까지 갔다가 겨우 살아났다.

> 夏, 梁王彭越謀反, 廢遷蜀, 復欲反, 遂夷三族. 立子恢爲梁王,
> 하 양왕팽월모반 폐천촉 부욕반 수이삼족 립자회위양왕
> 子友爲淮陽王.
> 자우위회양왕
>
> 여름에 양왕 팽월이 모반했다. 폐하여 촉으로 옮겼으나 다시 거역하려 하자 마침내 삼족을 멸했다. 아들 회를 세워 양왕으로 삼고 아들 우를 회양왕으로 삼았다.

팽월도 이렇게 사라졌다. 유방은 팽월의 땅을 나누어 다섯째 아들 회와 여섯째 아들 우에게 주었다. 아들 여덟 중에 일곱째와 여덟째가 아직 왕이 아니다. 이들에게는 어느 나라를 줄 것인가?

> 秋七月, 淮南王黥布反, 東幷荊王劉賈地, 北渡淮, 楚王交走
> 추칠월 회남왕경포반 동병형왕유가지 북도회 초왕교주
> 入薛. 高祖自往擊之. 立子長爲淮南王.
> 입설 고조자왕격지 립자장위회남왕

불안한 사람들 • 297

> 가을 7월에 회남왕 경포가 거역하여 동쪽으로 형왕 유가의 땅을 병합하고 북으로 회수를 넘으니 초왕 교[유방의 동생]는 달아나 설로 들어갔다. 고조가 몸소 가서 그[경포]를 쳤다. 아들 장을 세워 회남왕으로 삼았다.

이때쯤 유방의 몸이 병으로 쇠약해 있었다. 그럼에도 불구하고 몸소 가서 경포를 치고 그 땅은 일곱째 아들 유장에게 주었다. 이 아들의 엄마는 원래 노원공주의 남편 장오의 여성이었다. 장오가 조나라 왕이었을 때 왕궁의 미인(美人, 미인은 직위임)이었는데 이곳에 들른 유방이 그녀를 취하여 본 아들이었다. '회남형산열전(淮南荊山列傳)'에 그 내용이 나온다.

경포가 반기를 든 건 유방이 보낸 팽월의 육장(肉醬)을 봤기 때문이라고 '경포열전'은 전하고 있다. 육장이란(원문에는 해醢) 무엇인가? 고기를 떠낸 걸 포라고 한다. 그걸 소금에 절여 발효시킨 게 육장이다. 유방은 팽월을 죽여 육장을 만들어서 제후들에게 돌렸다.

그렇다면 팽월은 왜 그리 참혹한 처분을 받았나? '위표팽월열전'은 고조의 의심 때문이었다고 말한다. 거기에 여후도 한몫했다. 유방이 팽월을 낙양에 가두었다가 촉으로 보냈는데 가는 도중 장안에서 오는 여후를 만났다. 팽월은 울면서 결백을 호소했다. 여후는 자기가 돕겠다고 팽월과 함께 낙양으로 왔다. 그리곤 유방에게 팽월을 촉에 두면 위험하니 죽여야 한다고 건의했고 다른 이를 시켜 팽월이 다시 반란을 도모한다고 무고하게 했다.

> 十二年十月, 高祖已擊布軍會甄, 布走, 令別將追之.
> 십이년십월 고조이격포군회추 포주 령별장추지

> 12년 시월에 고조가 포의 군대를 회추에서 치고 나서, 포가 도망치자 별장들로 하여금 그를 쫓게 했다.

경포와의 싸움이 끝나지 않았지만 자기는 돌아오기로 했다. 다쳤기 때문이었다. 돌아오는 길에 유방은 대업의 출발 지점이었던 패현에 들렀다.

> 高祖還歸, 過沛留, 置酒沛宮, 悉召故人父老子弟縱酒, 發沛
> 고조환귀 과패류 치주패궁 실소고인부로자제종주 발패
> 中兒得百二十人, 敎之歌. 酒酣, 高祖擊筑, 自爲歌詩曰, 大風
> 중아득백이십인 교지가 주감 고조격축 자위가시왈 대풍
> 起兮雲飛揚, 威加海內兮歸故鄕, 安得猛士兮守四方. 令兒皆
> 기혜운비양 위가해내혜귀고향 안득맹사혜수사방 령아개
> 和習之. 高祖乃起舞, 慷慨傷懷, 泣數行下.
> 화습지 고조내기무 강개상회 읍수행하

고조가 돌이켜 돌아갈 때 패에 들러 머물면서 패궁에 술을 두고 아는 사람들과 부로 자제들을 모두 불러 술을 풀었으며 패 안의 아이들을 뽑아 120인을 얻어 그들에게 노래를 가르쳤다. 술자리가 익었을 때 고조는 축을 치며 스스로 노래 가사를 지었는데 이른즉 "큰 바람이 부는구나, 구름이 날아오르고. 위세는 천하에 미쳐 고향에 돌아왔구나. 어찌하면 사나운 장사들을 얻어 사방을 지킬 것인가?"였다. 아이들로 하여금 모두 함께 그것을 따라 하며 익히게 했다. 그래서 고조가 일어나서 춤을 추다가 마음이 상하고 슬픈 감정에 울어 눈물이 뚝뚝 떨어졌다.

패현의 현청 뜰에서 피를 바르고 제사를 지낸 후 떠난 유방은 천하를 차

지하고 돌아와 잔치를 벌이고 있다. 외상술을 먹던 처지에서 공짜 술을 푸는 형편으로 바뀌었다. 항우가 좋아했던 금의환향이다. 그러나 유방은 잠시 머물기만 한 게 달랐다.

잠시 머무는 시간이지만 여기서 유방의 천하 경영 작업은 여전히 분주하다. 사마천은 항우와 유방이 공히 시를 짓는 모습을 자기의 역사서에 포함시켰다. 둘 다 감정이 격해 눈물을 흘리는 것도 같다. "읍수행하(泣數行下)"라는 표현도 똑같다. 그런데 유방이 하는 일이 뭔가? 아이들을 가려 뽑아 노래를 가르치는 거였다. 자라나는 세대에게 자기를 찬양하는 노래를 가르치고 그걸 세상에 퍼지게 하고자 했다. 황제와 치우에게 제사 지내면서는 자신이 적제의 적통임을 선전했던 유방이 이제 오랜만에 돌아와 같은 자리에서 '국가 안보'의 중요성을 지역민과 천하와 후세에 역설하고 있다, 손수 악기를 연주하고 춤까지 추어 가면서.

해하의 싸움에서 항우의 의지를 꺾은 효과를 본 건 초나라 노래였다. 그 노래는 유방이 가르친 것이든가 가르치게 지시한 것이다. 지금 여기서도 유방은 노래를 가르친다. 노래가 갖는 효과를 십분 활용한 건 유방의 지혜요 능력이다. 노래로 세상을 바꾸었고 세상을 지키려 했다. 이런 행동은 역사적이다.

유방이 노래 부르는 장면이 『사기』 중에 한 번 더 있다. 그가 패현에 들렀다가 장안으로 돌아가서였다. 유방은 태자 효혜를 폐하고 척 부인의 아들 여의를 태자로 삼고자 했었다. 여후의 필사적인 노력에 장량의 도움이 더해져 끝내 유방은 마음을 돌렸다. 우는 척 부인을 앞에 두고 유방은 "나를 위해서 초나라 춤을 추어다오, 나는 너를 위해 초나라 노래를 부르련다."라 했다. 노래의 가사는 다음과 같다. "큰 고니가 높이 날면 한 번에 천리를 가는데, 깃촉이 이미 나아가면 사해를 가로 끊는구나. 사해를 가로 끊는데, 어찌해야 할꼬? 비록 줄을 맨 화살이 있어[서

고니를 잡아]도 오히려 어찌 [그놈을] 버릴 것인가?"29) "노래는 여러 차례 멈추고 척 부인은 탄식하며 눈물을 흘리는데, 상은 일어나 떠나고 술자리는 파했다."30) '유후세가'에 나온다. 항우와 우미인 사이에 있었던 장면과 흡사하다. 사랑이 있고 술이 있으며 노래와 눈물이 있다. 남자는 떠나고 여자는 죽는 것도31) 같다. "노래는 여러 번 멈추고(歌數闋)"라는 정황도 똑같다. 항우의 비가를 짜낸 사람이 유방이었다면 유방의 초가를 짜낸 이는 여후였다. 앞서 패현에서 유방은 자기가 차지한 '해내(海內)'며 '사방(四方)'을 어떻게 지킬 것인가 근심했다. 두 글자를 합성하면 '사해(四海)'가 된다. 지금 이 노래의 내용 중에 유방의 '사해'를 절단 낸다는 '큰 고니'가 나온다. 나는 이 고니가 여후라고 생각한다. 늙고 쇠한 유방에게 여후는 감당하기 버거운 존재로 다가오고 있었다. 패현에서 흘린 유방의 눈물 뒤에는 여후가 어른거리고 있었다. 유방은 일찍이 여후의 두 아이를 달리는 수레 밖으로 차버렸다. 효혜를 폐위하려 한 건 여후를 죽는 길로 가게 하는 거나 진배없었다. 게다가 유방은 흉노와의 관계를 무마하기 위해 흉노 선우에게 노원공주를 시집보내려 했다가 여후가 밤낮으로 울며 사정하자 겨우 그만두었다. 이런 노원공주를 장이의 아들 장오에게 시집보냈던 건데 유방은 사위를 의심해 죽이려 했다. 이때도 여후는 유방을 말리느라 필사의 노력을 기울였다. 여후에게 유방은 어떤 존재였을지 우리는 짐작할 만하다. 태자 교체 문제를 놓고 벌어지던 갈등의 시말은 '유후세가'에 자세하며 노원공주를 흉노 선우

---

29) 鴻鵠高飛, 一擧千里. 羽翮已就, 橫絶四海. 橫絶四海, 當可奈何. 雖有矰繳, 尙安所施. (홍곡고비, 일거천리, 우핵이취, 횡절사해. 횡절사해, 당가내하, 수유증작, 상안소시.)
30) 歌數闋, 戚夫人噓唏流涕, 上起去, 酒罷. (가수결, 척부인허희류체, 상기거, 주파.)
31) 우미인은 항우가 죽였고 척 부인은 여후가 죽였다.

에게 시집보내려 한 이야기는 '유경숙손통열전(劉敬叔孫通列傳)'에 있다.

> 謂沛父兄曰, 游子悲故鄉. 吾雖都關中, 萬歲後吾魂魄猶樂思
> 위 패 부 형 왈   유 자 비 고 향   오 수 도 관 중   만 세 후 오 혼 백 유 락 사
> 沛. 且朕自沛公以誅暴逆, 遂有天下, 其以沛爲朕湯沐邑, 復
> 패   차 짐 자 패 공 이 주 포 역   수 유 천 하   기 이 패 위 짐 탕 목 읍   복
> 其民, 世世無有所與. 沛父兄諸母故人日樂飮極驩, 道舊故爲
> 기 민   세 세 무 유 소 여   패 부 형 제 모 고 인 일 락 음 극 환   도 구 고 위
> 笑樂.
> 소 락
>
> 패의 부형에게 일러 말했다. "떠돌아다니는 자식이 고향을 그리워하니 내 비록 관중에 도읍을 두었으되 만세 후에도 내 혼백은 오히려 패를 추억하길 즐길 것이오. 또한 짐은 패공으로서 포악한 역도를 베었고 마침내 천하를 차지했으니 이 패로써 짐의 탕목 읍을 삼아 그 백성들에게는 [세금과 요역을] 면해주어 대대로 내는 바가 없도록 하겠소." 패의 부형과 어미들, 인연이 있는 사람들은 매일 즐거이 마시며 지극히 기뻐하여 옛 아는 이에 대해 말하는 걸로 웃고 즐겼다.

탕목 읍이라는 건 왕의 사유지를 말한다. 탕목은 더운 물에 목욕한다는 뜻이다. 더운 물에 하는 목욕이 편안한 만큼 가장 안정감을 느끼는 왕의 땅이라는 말이다. 왕과 인연이 깊은 곳을 사유지로 하고 그곳에서 나는 수입은 전적으로 개인 용도로 사용할 수 있었다. 목욕이라는 건 그 지극히 개인적인 용도를 상징한다. 탕목 읍에 대해서는 국가의 세금과 요역이 면해졌다. 유방은 탕목 읍으로 지정한 패에서 개인적 수입을 포기하겠다고 선언한 것이다. 그러니 패현 사람들의 기쁨이 클 수밖에 없었다.

유방이 젊은 시절 신세를 졌던 왕온과 무부도 이 즐거운 잔치에 함께했을까? 한신은 초나라 왕이 된 후 고향 회음을 찾아 자기가 굶주리던 시절 밥을 먹여준 여성에게 사례를 했다는 걸 사마천은 '회음후열전'에 적어 놓았다. 글자대로만 보자면 술값 외상 장부를 없앴다는, 즉 술을 공짜로 먹여 주었다는 두 여인을 유방이 찾아볼 만도 한데 그런 이야기는 없다.

> 十餘日高祖欲去, 沛父兄固請留高祖. 高祖曰, 吾人衆多, 父兄
> 십여일고조욕거 패부형고청류고조   고조왈 오인중다 부형
> 不能給. 乃去. 沛中空縣皆之邑西獻, 高祖復留止, 張飮三日.
> 불능급 내거 패중공현개지읍서헌 고조부류지 장음삼일
>
> 십여 일이 되어 고조가 떠나려 하자 패의 부형이 한사코 고조에게 머물기를 청했다. 고조가 말했다. "우리는 무리가 많아서 부형들이 먹일 수가 없소." 그래서 떠났다. 패 안에서는 현을 비우고 모두 고을의 서쪽으로 가 [술을] 바치니 고조는 다시 머물며 [장막을] 펼치고 삼 일을 마셨다.

술이다. 내내 술이다. 유방이 술을 좋아하는 사람이기도 했지만 패현 사람들은 또 다른 이유가 있어서 여기까지 따라 나온 것 같다. 삼 일 동안 유방에게 술을 먹이고 나서 내놓은 용건은 다음과 같았다.

> 沛父兄皆頓首曰, 沛幸得復, 豊未復, 唯陛下哀憐之. 高祖曰,
> 패부형개돈수왈 패행득복 풍미복 유폐하애련지 고조왈
> 豊吾所生長, 極不忘耳, 吾特爲其以雍齒故反我爲魏. 沛父兄
> 풍오소생장 극불망이 오특위기이옹치고반아위위 패부형

> 固請, 乃幷復豊比沛. 於是拜沛侯劉濞爲吳王.
> 고청 내병복풍비패 어시배패후유비위오왕
>
> 패의 부형이 모두 머리를 조아리고 말했다. "패는 다행스럽게도 면제될 수 있었으나 풍은 아직 면제받지 못했으니 오직 폐하께서 그들을 불쌍히 여겨주십시오." 고조가 말했다. "풍은 내가 태어나고 자란 곳이어서 참으로 잊을 수 없을 따름이지만 내가 그리하는 건[우대하지 않는 건] 단지 옛날 옹치가 위나라를 위해 나를 거역했기 때문이오." 패의 부형들이 한사코 청했다. 그래서 풍도 아울러 면하여 패와 같이 했다. 그래서 패후 유비는 배수하여 오왕으로 삼았다.

패의 부형들이 유방에게 매달리며 하고 싶었던 말은 유방이 태어나고 자란 풍까지 면제될 수 있도록 해달라는 거였다. 왜 패 사람들이 풍 사람들까지 신경을 쓰는가? 유방의 덕이 손상될까 염려해서일까?

누군가 조종을 했든가 이익이 있었기 때문이다. 둘 다였을 수도 있다. 세금과 요역을 면제받는 건 굉장한 이권이다. 눈앞에 기회가 왔는데 이걸 놓치는 건 어리석다. 풍 사람 중에 단 한 사람이라도 뜻이 있다면 패의 부형들을 앞세워 삼 일 동안의 술과 음식을 다 대주는 데 더해 웃돈까지 주고서라도 유방에게 조르는 일을 도모해볼 만하다.

유방은 옹치와의 관계를 떠올리며 자기의 섭섭함을 토로했다. '고조본기'의 초반에 나오는 팽읍 사람들이 유방을 밀어냈던 일, 그걸 다시 찾으려고 유방이 노심초사 했던 일을 우리는 기억한다. 그 한가운데 옹치가 있었다. 그 이후로 '고조본기'에는 단 한 차례도 옹치에 대한 언급이 없었다. 그러다가 지금 처음 나오는 건데 사실 옹치는 어디에선가 살아서 활동하고 있었다. 항우 편이었는지, 어느 시점에 유방 편으로 돌아섰는지, 아니면 독자적인 세력으로 남아 있었는지는 모르겠다.

옹치에 대한 이야기는 '유후세가'에 나온다. 천하를 평정한 이후 분봉하는 일이 더뎌 장수들의 불만이 많아졌고 그들 중에서는 과거 자기의 허물로 인해 처벌될까 두려워하는 사람들도 있었다. 반란이 일어날 수도 있었다. 이를 우려의 눈으로 바라보던 장량은 유방에게 인생에서 가장 미워하는 사람 하나를 들라 했다. 유방은 옹치를 말했다. 그러자 장량은 당장 옹치를 봉하라고 권해서 유방이 그를 십방후(什方侯)로 삼자 장수들이 안정되었다고 한다. 이 과정에서 유방이 장량에게 고백한 말을 보면 옹치는 유방이 일어나기 훨씬 전부터 사이가 좋지 않았던 사람이다. 혹 어린 시절부터 그랬는지 모른다. 태어나고 자란 고향은 좋은 곳이라지만 다 좋은 건 아니다. 그 안에는 싫은 사람도 있다. 그래서 고향을 등지는 사람도 있는 것이고, 돌아가기를 부담스러워하고 심지어 두려워하는 사람도 많은 법이다.

어쨌거나 유방은 어려운 결정을 내렸다. 풍읍 역시 패현에서처럼 세금과 요역을 면제해 주기로 했다.

그런데 유방이 풍읍 사람들의 세금과 요역을 면제해 준 것과 유비를 오왕에 배수한 것 사이에 어떤 인과 관계가 있길래 '乃'가 나오는가? 유비는 대나라에서 왕 노릇 하다가 낙양으로 도망쳤다는 유방의 형 유중의 아들이다. 이 사람에 대해서는 '오왕비열전(吳王濞列傳)'이 있다. 유비는 유방을 좇아 경포 진압에 따라나서 공을 세우고 있었다. 형양왕 유가가 경포에게 죽고 후사가 없었기에 그 나라 이름을 오나라로 바꾸고 유비에게 왕 자리를 준 것이다. 유비가 패후(沛侯)였다면 패에서 나오는 소출을 먹었다는 의미이다. 패는 풍읍까지를 포함했다. 그런데 패현 지역만 면제하면 유비가 먹는 땅은 풍뿐이다. 풍까지 포함해서 패현 전체를 다 유방의 탕목 읍으로 하면 유비의 것은 하나도 없다. 없으니 유방은 조카에게 다른 곳을 주어야 할 것이다. 그래서 오나라를 주었다는 말이다. 훗날 유비는 한나라 전체를 다 가지고 싶어 하게 된다. '오초칠국의 난'에서 선두에 섰던 오나라 왕이 바로 그다.

> 漢將別擊布軍洮水南北, 皆大破之, 追得斬布鄱陽.
> 한장별격포군조수남북 개대파지 추득참포파양
>
> 한의 장군들이 별도로 포의 군대를 조수 남북에서 공격하여 모두 크게 깨뜨렸고 쫓아가서 포를 파양에서 벨 수 있었다.

파양은 오예가 봉해진 장사(長沙) 땅에 있었다. 오예는 경포의 사위였다고 했다. '경포열전'에 의하면 장사의 애왕(哀王)이 경포를 유인하여 죽게 했다. 『색은』은 애왕이 오예의 아들이었다고 한다. 『집해』에는 아들이 아니라 손자였다는 주장도 소개된다.

> 樊噲別將兵定代. 斬陳豨當城.
> 번쾌별장병정대 참진희당성
>
> 번쾌는 별도로 군대를 이끌고 대 땅을 평정했다. 진희를 당성에서 베었다.

번쾌가 대나라 왕 항을 도와 나라를 안돈시켰다는 말인 것 같다. 그 사이에 진희가 죽음으로써 한왕 10년 8월 진희의 '반(反)'으로부터 시작해서 이듬해 11년 봄 회음후 '모반(謀反)' 여름의 팽월 '모반(謀反)' 가을 경포 '반(反)'에 이르기까지 내전이 일단락되었다. 유방을 도와 한을 세우는 데 공을 세웠던 대표적인 무장 한신, 팽월, 경포가 사라졌다. 유방과는 고향이 다른 사람들이었다.

十一月, 高祖自布軍至長安. 十二月, 高祖曰, 秦始皇帝楚隱
王陳涉魏安釐王齊緡王趙悼襄王皆絶無後, 予守冢各十家,
秦皇帝二十家, 魏公子無忌五家. 赦代地吏民爲陳豨趙利所
劫掠者, 皆赦之.

십일월에[기원전 195] 고조는 포 [토벌] 군영으로부터 장안으로 왔다. 12월에 고조가 말했다. "진시황제, 초 은왕, 진섭, 위나라 안리왕, 제나라 민왕, 조의 도양왕은 모두 후손이 끊어졌으니 무덤을 지키게 열 가구씩, [단] 진나라 황제는 스무 가구, 위나라 공자 무기는 다섯 가구를 주라." 대나라 땅 벼슬아치와 백성으로서 진희와 조리에 의해 위협되어 빼앗긴 자들은 용서하여 그들을 모두 사면했다.

자못 어진 정치를 펴는 것 같아 보인다.

陳豨降將言, 豨反時, 燕王盧綰使人之豨所, 與陰謀. 上使
辟陽侯迎綰, 綰稱病. 辟陽侯歸, 具言綰反有端矣. 二月, 使
樊噲周勃將兵擊燕王綰. 赦燕吏民與反者. 立皇子建爲燕王.

진희의 항복한 장군이 희가 거역했을 때 연왕 노관이 사람을 보내 희의 처소로 가게 하여 더불어 은밀히 논의했다고 아뢨다. 상은 피양후를 보내 관을 맞아 오게 하였으나 관이 병을 칭했다. 피양후가 돌아와 갖추어 아뢰길 관이 거역할 조짐이 있다고 했다.

> 2월에 번쾌와 주발로 하여금 군대를 거느리고 연왕 관을 치게 했
> 다. 연의 관리와 백성들로서 함께 거역한 자들은 용서했다. 황제
> 의 아들 건을 세워 연왕으로 삼았다.

의심의 단추만 슬쩍 건드리면 유방의 반응은 즉각적이다. 노관은 유방의 오랜 친구였음에도 이성 왕으로서의 운명에서 자유롭지 못했다. 황제의 아들 건은 여덟째다. 이로써 유방은 막내아들까지 왕으로 만들었다.

몇 년 전에 낙양에 모였던 경포, 팽월, 노관, 유가, 유교, 유비, 오예 등 이성의 왕 네 명 중 세 명이 제거되고 그 자리는 유씨가 차지했다. 이제 유방의 할 일은 다 끝난 것 같다. 유방은 천하의 주인이 되었고, 오랜 벗과 동료들 중 나라를 주었던 자들은 다 제거했다. 그 땅은 다 자기 피붙이로 채웠다. 유방의 의심을 피한 오예에 대해서는 조금 뒤에 이야기하겠다.

오제 이래 중국이라는 울타리 안에서 분봉한 모든 나라 왕이 한집안 사람으로 채워지는 건 초유의 일이었다. 진나라 때 갑자기 시행한 군현제는 곧 파산했지만 한나라가 서고 분봉과 군현을 함께 시행했다. 후세 사람들은 이를 군국제라고 부르기도 한다. 이건 훗날 직접 지배체제로 가는 과도기적 모습이었다. 진시황에 의해 갑자기 생겼다가 곧 사라진 군현제가 유방의 성취로 인해 다시 등장할 수 있는 길이 열리게 되었다. 경제(景帝, 기원전 156-141) 때 왕들의 봉지를 줄이기 시작함에 따라 그에 대한 반발로 오초칠국의 난이 일어났으나 진압되고 이후 한나라는 무제(武帝, 기원전 141-87) 때에 이르러 군현제에 기초한 중앙집권 체제를 완성했다.

오예의 장사국만이 무사했다. 앞서 본 바대로 오예는 그사이에 죽었

고 그의 아들 혹은 손자가 장사왕이었다. 장사왕은 경포를 제거하는 데 큰 공을 세웠다. 게다가 장사왕이 지배하던 땅은 유방에게 너무 먼 곳이었다. 왕을 봉했다 뿐이지 확실한 자기 판도로 이해되기는 다소 어려웠다. 그럼에도 불구하고 아들이 하나 더 있었든지 수명이 더 길었더라면 유방은 장사 땅도 유씨의 땅으로 만들 궁리를 했을 것이다.

장사국 너머에는 동월과 남월이, 북쪽에는 흉노와 조선이 있었다. 거기는 외국이었다. 유방 때부터 여후, 문제, 경제 때에 이르기까지 이 나라들은 외국이되 중국 입장에서는 봉국이었다. 다시 중국 천하 질서 속에 이성의 봉국들이 생긴 것이다. 무제 시기에 동월, 남월, 조선이 멸망하면서 이성의 봉국이 한의 군현 체제로 편입되었다. 오예의 적손이 끊어졌다는 이유로 문제(文帝, 기원전 180-157) 때에 이미 장사국도 사라졌다.

불가피한 사망

高祖擊布時, 爲流矢所中, 行道病. 病甚, 呂后迎良醫. 醫入見,
高祖問醫. 醫曰, 病可治. 於是高祖嫚罵之曰, 吾以布衣提三
尺劍取天下, 此非天命乎, 命乃在天, 雖扁鵲何益. 遂不使治
病, 賜金五十斤罷之. 已而呂后問, 陛下百歲後, 蕭相國卽死,
令誰代之. 上曰, 曹參可. 問其次, 上曰, 王陵可. 然陵少戇, 陳
平可以助之. 陳平智有餘, 然難以獨任. 周勃重厚少文. 然安
劉氏者必勃也, 可令爲太尉. 呂后復問其次, 上曰, 此後亦非
而所知也.

고조가 경포를 칠 때 빗나간 화살에 맞았는데, 길을 가다 병이 났다. 병이 심해지자 여후가 좋은 의사를 맞아 왔다. 의원이 들어가 보자, 고조가 의원에게 물었다. 의원이 말하길 "병은 치료될 수 있습니다."라 했다. 그러자 고조가 업신여기고 욕하며 말하길 "내가 벼슬하지 않은 자로서 삼 척의 칼을 지니고 천하를 손에 넣었으니 이는 천명이 아니겠느냐? 그래서 명운은 하늘에 있는 것이니 비록 편작이라도 무슨 더함이 있겠느냐?"라 하며 끝내 병을 치료하게 하지 않고 금 오십 근을 내리고는 그를 물리쳤다. 얼마 뒤 여후가 물었다. "폐하가 백 살이 넘은 뒤 소 상국이 죽었으면 누구로 하여금 그를 대신하게 할 겁니까?" 상이 말했다. "조참이 가하오." 그다음을 묻자 상이 말했다. "왕릉이 가하지만 약간 외고집이니 진평으로써 그를 돕게 하면 되지. 진평은 지혜로움이 [차고도] 남음이

> 있지만 혼자 맡기긴 힘들어. 주발은 무겁고 후덕스러우나 배움이 적네. 그러나 유씨를 편안히 할 자는 반드시 발이니 태위로 삼을 만하오." 여후가 다시 그다음을 묻자 상은 말했다. "그 후는 당신도 알 바가 아니오."

죽을 때를 아는 사람이 있다. 항우의 화살을 정통으로 맞고도 의지가 있으면 사는 것이고 길 잃은 살에 맞아 생긴 대수롭지 않은 상처라도 내버려두면 사람을 죽일 수 있다.

말 위에서 평생을 지낸 유방에게는 싸움터에서 생긴 상처로 죽는 게 어울린다. 수많은 동료를 죽인 자기로서는 적당할 때 죽는 게 마음이 편할 수도 있었겠다. 함양의 궁궐에 앉아 마구 사람을 죽였던 시황제는 영원히 살고 싶어 했다. 그러나 전쟁터에서 숱한 죽음을 봐 왔으며 죽음의 고비를 여러 차례 넘겼던 유방에게 죽음은 때가 오면 겸허하게 받아들여야 하는 손님이었다.

그런데 여후가 '좋은 의사를 모셔 왔다'는 데서 유방이 죽기로 한 이유가 심상치 않다고 생각할 수 있는 여지가 생긴다.

어찌 보면 지금 유방은 빠져나가기 불가능한 막다른 골목에 몰렸다고 할 수 있다. 인생에서 가장 암담한 순간이다. 늘 주변에 들끓던 범 같은 부하들과 지혜로운 참모들도 더 이상 보이지 않는다. 오로지 여후만이 있다. 유방에게 시집올 무렵 '기이한' 처녀였던 여후는 이제 무서운 할망구가 되어 남편을 독점하고 있었다. 유방도 잔인했지만 여후가 유방보다 더 잔인하고 간계에 능하다는 건 팽월을 속여 낙양으로 다시 데리고 왔을 때 증명되었다. 소하가 큰 역할을 하긴 했다 해도 한신의 목숨을 끊은 사람은 여후였다. 제후 왕 중 가장 강한 자 세 명이 한신, 팽월, 경포였는데, 이 중 두 사람이 여후의 계교로 제거되었다.

유방은 여후가 어떤 사람인지 잘 안다. 천하의 주인이 될 욕심이 있는 여성이다. 지금 여후가 좋은 의원이라면서 몸을 맡기라고 권한다. 유방의 머릿속이 복잡해졌을 것이다. 효혜가 황제가 되면 천하를 얻는 거고 그렇지 못하면 죽을 게 뻔한 형편의 여후로서는 어떻게 해서든지 효혜가 황제 자리에 앉아야 했다. 남편이 살아있다가는 앞으로 무슨 변덕을 부려 후계자를 바꿀지 모를 일이었다. 이미 효혜가 후계자로 공포된 이상 여후로서는 유방이 오래 살기 바랄 리가 없었다. 항우를 이겨 천하를 얻었고, 한신과 팽월에 이어 경포, 노관까지 제거되었으니 여후로 볼 때 유방의 쓰임은 다했다. 우리가 여태까지 보아온 대로 의심과 궁리가 많은 유방이 여후를 보면서 그런 생각을 하지 않았다면 이상하지 않겠는가?

유방이 배치한 왕들은 자기 집안을 보호하고 왕조를 유지하는 데 공헌할 피붙이들이었지만, 여후 입장에서 보자면 자기 배로 낳지 않은 제후왕은 자기 아들 효혜의 잠재적 경쟁자이며 아들은 물론 자기 목숨까지도 빼앗을 궁리를 할 사람들이다. 본능에 반하거나 그것을 억제하는 인륜을 강조하는 공자의 문생들을 유방은 멀리해 왔다. 그랬던 시절에 예법과 도리에 대한 기대도 무망하다.

유방으로서는 여후가 들인 의원에게 몸을 맡기면 죽을 길로 갈 가능성이 높았다. 그런데 이를 피해 갈 방도가 여의치 않다. 다른 의원을 들이라고 해도 여후의 간섭을 피할 수 없을 뿐더러 조강지처를 의심한다고 여후 및 주변 사람들이 펄펄 뛰면 그도 성가시다. 다시 남는 선택은 여후의 말을 듣는 것이다. 하지만 그건 아무리 생각해도 내키지 않는다. 최종적으로 집을 수 있는 카드라고는 상처를 핑계대고 스스로 죽는 것뿐이다. 유방으로서는 아내에 의해 죽는 수치스러운 종말을 피하고 싶었을 것이다. 의원의 치료를 받다가 죽은 뒤 생길 천하의 의심 속에 여후가 곤경에 빠지고 나라가 혼란스러워지는 것도 유방이 바라는 바는 아니었다고 본다.

유방은 의원에게 욕하며 자기를 죽일 사람은 하늘뿐이라고 했다. 항우에게 활을 맞고서 대응하던 입과 손가락의 놀림이 거의 유사하다. 자기에게 뜻밖의 공격을 가한 자에게 지독한 욕을 해대면서도 가리키는 손가락은 엉뚱한 곳을 향한다. 욕설의 대상은 사실 의원이 아니라 그 뒤에 앉은 여후다. 그런데 손가락은 하늘을 가리킨다. 가슴에 화살을 맞고도 발가락을 가리키는 것만큼이나 대단한 자기 통제 능력이다.

그 뒤에 이어지는 부부 간의 대화는 숨이 막힐 정도로 치열하다. 여후는 얼마나 집요하며 유방은 얼마나 천연덕스러운가? 이건 유방과 여후의 마지막 한판 승부다. 어차피 죽을 유방에게 여후가 먼저 목을 조르며 다가온다. 유씨의 나라 살림을 맡길 인물을 알려달라는 건 자기가 죽일 사람을 대라는 거나 마찬가지다. 조참, 왕릉, 진평, 주발의 이름이 차례로 나온다. 유방은 망설이지 않는다. 당신이 할 수 있다면 이들을 다 죽여보라는 태도일 것이다. 아울러 유방이 그들에게 보내는 신뢰와 당부의 메시지이기도 하다. 어떻게 해서든지 이 대화는 그들에게 전해질 것이었기 때문이다.

누가 더 있느냐고 물으니 그다음은 당신도 알 바 아니라고 대답했는데, 이 말도 음미할 만하다. 언뜻 들으면 이 네 사람이 차례로 승상 일을 맡다 보면 나이 든 여후도 죽을 때가 될 거라는 말 같다. 그러나 내가 생각하는 실제는 이렇다. 당신이 이 넷을 다 죽이겠다는 마음이 있을지 모르지만, 죽이다 보면 다하기 전에 당신이 먼저 죽임을 당할 수 있을 거라는 말이다. 유방의 절묘한 반격이었다. 여후의 가슴에 던져 놓은 엄정한 말 폭탄이라고 할 수 있다.

정치 게임은 고차원적이다. 선왕의 당부는 지켜져야 했다. 그러니 이들에게 승상 자리를 맡기지 않을 수는 없다. 그러나 허물을 잡아서 죽이면 된다. 여후는 허물을 잡기 위해 눈에 불을 켜게 되었고, 반면 이들은 어떻게든 살아남기 위해 최선을 다했다.

유방 사후 여후가 유방의 아들들을 죽이고 천하가 여씨 일족의 것이 되어가고 있었다. 조참 등은 돌아가며 승상 자리를 맡고 좌승상 우승상 자리도 나누어 맡아가면서도 왕릉을 제외하고는 누구 하나 유씨를 위해 여후를 간한 자가 없었다. 이런 자들을 유방이 신뢰했다는 것 자체가 의아스러울 정도이다. 왕릉이 노여워 사석에서 진평과 주발을 나무랐다. 그러나 두 사람은 다음과 같이 말했다. "지금 조정에서 마주 대하고 다투는 건 그대가 우리보다 낫소. 무릇 사직을 온전히 하고 유씨의 후손을 안정시키는 건 그대가 우리에게 미치지 못하지요." '여태후본기'에 나오는 말이다. 왕릉은 병이 나서 낙향했지만 진평과 주발은 조정에서 버티고 있다가 유씨 부흥을 이루어냈다.

> **盧綰與數千騎居塞下, 候伺幸上病愈自入謝.**
> 노 관 여 수 천 기 거 새 하   후 사 행 상 병 유 자 입 사
>
> 노관이 수천 기와 더불어 변경에서 머물며, 다행히 상의 병이 좀 나아지면 스스로 들어와서 사죄하고 싶다며 안부를 물었다.

어린 시절부터 동고동락한 정이 깊어서인가? 유방에의 미련을 놓지 않고 있는 노관의 모습이 안쓰럽다.

해명을 하고 무조건 사죄를 하고 용서를 받은들 그 결과는 무엇일까? 왕으로 복귀될 리는 없을 것이고 기껏해야 후 정도 작위를 받고 일단은 장안에 머물 것이다. 그러다가 죽더라도 친구 옆에 있고 싶었던가 보다.

'한신노관열전'을 보면 거의 같은 대목이 나오는데 '새하' 대신 '장성하(長城下)' 즉 장성 아래라고 되어 있다. 연나라의 장성이 있었는데 그 바깥은 흉노 천지였다.

> 四月甲辰, 高祖崩長樂宮. 四日不發喪. 呂后與審食其謀曰,
> 사월갑신 고조붕장락궁 사일불발상 여후여심이기모왈
> 諸將與帝爲編戶民, 今北面爲臣, 此常怏怏, 今乃事少主, 非
> 제장여제위편호민 금북면위신 차상앙앙 금내사소주 비
> 盡族是, 天下不安. 人或聞之, 語酈將軍. 酈將軍往見審食其
> 진족시 천하불안 인혹문지 어역장군 역장군왕견심이기
> 曰, 吾聞帝已崩, 四日不發喪, 欲誅諸將. 誠如此, 天下危矣.
> 왈 오문제이붕 사일불발상 욕주제장 성여차 천하위의
> 陳平灌嬰將十萬守滎陽, 樊噲周勃將二十萬定燕代, 此聞帝
> 진평관영장십만수형양 번쾌주발장이십만정연대 차문제
> 崩, 諸將皆誅, 必連兵還鄕以攻關中. 大臣內叛, 諸侯外反, 亡
> 붕 제장개주 필련병환향이공관중 대신내반 제후외반 망
> 可翹足而待也. 審食其入言之, 乃以丁未發喪, 大赦天下.
> 가교족이대야 심이기입언지 내이정미발상 대사천하

4월 갑신[기원전 195], 고조가 장락궁에서 돌아가셨다. 4일 동안 초상을 알리지 않았다. 여후가 심이기와 모의해 말하길 "여러 장수들은 황제와 같이 평민들이었으되 이제 북면하여 신하가 되었는데 이들은 항상 불만스러워하지요. 그래서 이제 젊은 군주를 섬기게 됨에 그들을 모두 가족까지 죽이지 않으면 천하가 불안해요."라고 했다. 어떤 사람이 이를 듣고 역 장군에게 알리자 역 장군이 가서 심이기를 만나 말했다. "내가 듣기에 황제가 이미 돌아가셨는데 나흘을 발상하지 않고 여러 장수들을 죽이려 든다고 한다. 만약 이와 같으면 천하가 위험하오. 진평, 관영은 10만을 거느리고 형양을 지키고 있으며 번쾌와 주발은 20만을 데리고 연과 대를 평정하고 있소. 그들이 황제가 사망하고 장군들이 모두 죽임을 당하리라는 걸 들으면

불가피한 사망 • 315

> 반드시 군사를 합하여 고향으로 돌아가 관중을 칠 것이요. 대신들
> 이 안에서 등을 돌리고 제후가 밖에서 거역하면 망하는 건 발돋움
> 하고 기다리는 거라 할 수 있소." 심이기가 들어가 이를 아뢨다. 그
> 래서 정미 [날]에 초상을 알리고 천하에 대사면령을 내렸다.

유방의 시신을 옆에 두고 여후와 속삭이는 심이기라는 자는 누구인가? 유방이 도망치느라 급해서 아들과 딸을 수레에서 걷어차고 그들을 구하고자 하던 하후영을 죽이겠다며 추태를 부리고 있던 즈음 여후와 태공을 데리고 탈출로를 찾아 헤매던 이가 그였다. 그 후 여후가 항우 군에 붙들려 있었으니 심이기는 여후와 오랜 시간 고난을 함께한 사람이었다. 진평의 이야기를 담은 '진승상세가(陳丞相世家)'에 이 사람에 대한 이야기가 약간 언급되는데 그는 유방이 일어난 패현 사람으로서 여후의 집안일 보는 사람(舍人)이었다. 훗날 후에 봉해져[32] "여태후의 사랑을 받았다(幸於呂太后)."고 하며 그러다가 승상까지 되었단다. '사랑을 받았다'고 번역한 '행(幸)'이란 글자는 자전에 '총애함. 제왕이 여자를 사랑하여 침석(枕席)[잠자리]에 들게 함'이란 뜻이 있다.

　좋은 방법은 아니지만 앞뒤를 분간 못하고 강한 데다 교활하기까지 한 사람에게는 강함만이 통할 때가 있다. 역 장군[33]이 취한 방법은 적절했다. 도리로써 설명하며 시간을 낭비하기 보다는 번쾌와 주발을 들먹이며 여후와 심이기를 위협했다. 효과는 즉각적이었다.

---

32) 노관이 거역할 조짐이 있다고 보고했던 피양후가 심이기라 한다(『정의』). 노관 제거에도 여태후의 역할이 있었음이 짐작된다.
33) 『집해』는 『한서』에서 역 장군을 역상(酈商)이라 한다고 전한다. 역상은 역이기가 광야군이 되었을 때 장군으로 임명된 사람이었다.

> 盧綰聞高祖崩, 遂亡入匈奴.
> 노관문고조붕 수망입흉노
>
> 노관은 고조가 돌아가셨다는 걸 듣고 마침내 도망가 흉노로 들어갔다.

흉노로 간 노관은 거기서 동호노왕(東胡盧王)으로 임명되었다. 한 제국에서 연나라 왕이었던 것처럼 거기서도 왕이었다. 그렇다면 노관을 왕으로 임명한 흉노의 선우는 중국의 천자급이었다. 적어도 유방 때는 흉노가 우위에 있었다. 한신을 잡으러 유방이 나섰을 때 그는 한신과 손잡은 흉노 군사의 포위에 목숨을 잃을 뻔했다. 간신히 빠져나와서는 딸을 흉노 선우에게 시집보내려 했으며 매년 조공품도 바쳤다. 이에 더해 유방은 스스로 동생을 칭하면서 화친을 구했다는 말이 '흉노열전'에 나온다.

> 丙寅, 葬. 己巳, 立太子, 至太上皇廟, 群臣皆曰, 高祖起微細,
> 병인 장 기사 립태자 지태상황묘 군신개왈 고조기미세
> 撥亂世反之正, 平定天下, 爲漢太祖, 功最高. 上尊號爲高皇
> 발난세반지정 평정천하 위한태조 공최고 상존호위고황
> 帝. 太子襲號爲皇帝, 孝惠帝也. 令郡國諸侯各立高祖廟, 以
> 제 태자습호위황제 효혜제야 령군국제후각립고조묘 이
> 歲時祠.
> 세시사
>
> 병인 [날]에 매장했다. 기사 [일]에 태자를 세웠는데 태상황 사당에 이르러 신하들이 모두 말하길 "고조는 한미한 신분에서 일어나 난세를 다스리고 그것을 바른 곳으로 돌려 천하를 평정해 한나라 태조가 되었으니 그 공이 가장 높습니다. 존호를 높여 고황제로 합시다."라 했다. 태자는 호칭을 이어받아 황제가 되었으니 효혜제다. 군과 나라의 제후들로 하여금 모두 고조 사당을 세워 때에

> 따라 제사지내라고 했다.

유방은 살아서 열심히 제사 지내더니 죽어서는 천하 각처에서 제사를 받게 되었다.

> 及孝惠五年, 思高祖之悲樂沛, 以沛宮爲高祖原廟. 高祖所敎
> 급효혜오년 사고조지비락패 이패궁위고조원묘 고조소교
> 歌兒百二十人, 皆令爲吹樂, 後有缺, 輒補之.
> 가아백이십인 개령위취악 후유결 첩보지
>
> 효혜 5년이 되어, 고조가 패를 그리워하고 패에서 즐기던 걸 생각해 패궁을 고조의 으뜸 사당으로 삼았다. 고조가 가르친 노래하는 아이들 120명은 모두 악기를 불게하고, 훗날 결원이 생기면 즉시 보충하게 했다.

유방은 산 사람들을 향해 노래를 부르게 하기 위해 아이들을 가르쳤거늘, 아들은 그 아이들에게 죽은 유방을 위해 악기를 불라고 명했다. 역시, 서로 잘 맞지 않는 부자다.

> 高祖八男, 長庶齊悼惠王肥, 次孝惠, 呂后子, 次戚夫人子趙
> 고조팔남 장서제도혜왕비 차효혜 여후자 차척부인자조
> 隱王如意, 次代王恆, 已立爲孝文帝, 薄太后子, 次梁王恢, 呂
> 은왕여의 차대왕항 이립위효문제 박태후자 차양왕회 여
> 太后時徙爲趙共王, 次淮陽王友, 呂太后時徙爲趙幽王, 次淮
> 태후시사위조공왕 차회양왕우 여태후시사위조유왕 차회
> 南厲王長, 次燕王建.
> 남여왕장 차연왕건

> 고조는 아들이 여덟인데 큰아들 서자는 제나라 도혜왕 뚱뚱이고 다음은 효혜로서 여후의 아들이며 다음은 척 부인의 아들 조나라 은왕 여의며 다음은 대나라 왕 항으로서 이미 서서 효문제가 되었으며 박 태후의 아들이고 다음은 양나라 왕 회인데 여태후 때 옮겨 조나라 공왕으로 삼았고 다음은 회양왕 우로서 여태후 때 옮겨 조 유왕으로 삼았고 다음은 회남 여왕 장이며 다음은 연왕 건이다.

동쪽으로 제, 북쪽으로 연나라와 조나라 왕좌까지 아들로 채웠다. 남쪽으로 아들의 땅은 회수 아래까지였다. 그보다 남쪽인 양자강 하류 오나라 왕은 조카에게 맡겼다. 여기까지가 유방 당시 한의 지배력이 미치던 범위였다고 할 수 있다. '한흥이래제후왕연표(漢興以來諸侯王年表)'에 의하면 고조는 자기의 자제들로 아홉 나라의 왕을 삼았고 오직 장사국만이 다른 성이라고 했다. 유씨의 아홉 나라까지가 실질적으로 유씨의 판도였다. 열 개의 나라 중 큰 나라는 지배하는 군이 5-6개에 이르는 곳도 있었고 황제가 직접 지배하던 군의 숫자는 15개였다고 사마천은 전하고 있다.

사마천의 생각

> 太史公曰, 夏之政忠, 忠之敝, 小人以野, 故殷人承之以敬. 敬
> 태사공왈 하지정충 충지폐 소인이야 고은인승지이경 경
> 之敝, 小人以鬼, 故周人承之以文. 文之敝, 小人以僿, 故救僿
> 지폐 소인이귀 고주인승지이문 문지폐 소인이새 고구새
> 莫若以忠. 三王之道若循環, 終而復始. 周秦之間, 可謂文敝
> 막약이충 삼왕지도약순환 종이부시 주진지간 가위문폐
> 矣. 秦政不改, 反酷刑法, 豈不繆乎. 故漢興, 承敝易變, 使人
> 의 진정불개 반혹형법 기불무호 고한흥 승폐역변 사인
> 不倦, 得天統矣. 朝以十月, 車服黃屋左纛. 葬長陵.
> 불권 득천통의 조이십월 거복황옥좌독 장장릉
>
> 태사공이 말한다. 하나라의 정치 [요체]는 충실하고 우직함이었는데 충실하고 우직함이 비루해지자 소인들에 의해 야만스러움이 되었다. 그래서 은나라 사람들은 공경으로써 그것을 이었다. 공경이 비루해지자 소인들에 의해 귀신 섬기듯 해졌다. 그래서 주나라 사람들은 글로써 그것을 이었다. 글이 비루해지자 소인들에 의해 자질구레하고 무질서해졌다. 그렇다면 자질구레하고 무질서함을 구해내는 건 충실하고 우직함으로써가 낫다. 삼왕의 도는 순환하듯 하여서, 끝났지만 다시 시작한다. 주와 진 사이에 글이 비루해졌다고 말할 수 있다. 진나라의 정치 [요체]는 바뀌지 아니하고 오히려 형벌과 법을 가혹하게 했으니 어찌 잘못이 아니라 하겠는가? 고로 한이 일어나 비루함을 이어서 바꾸되 사람들을 고달프지 않게 하여 하늘의 법통을 얻었다. 시월에 [왕들로부터] 조공을 받았고 수레는 황옥좌독을 탔다. 장릉에 묻혔다.

사마천은 충-경-문의 순서로 이루어지는 순환의 역사 구조를 말하고 있다. 세세하게 각 왕조와 인물을 논하면서도 하·은·주 삼대의 덕목과 폐

해를 각각 하나의 단어 및 개념으로 정리하는 그의 거시적 안목과 조어 능력이 대단하다.

사마천이 보기에 진나라가 놓친 정치 요체는 충이었다. 충 대신 법을 가혹하게 했으니 순환의 구조에서 벗어났다는 말이다. 새로 일어난 한이 하늘의 법통을 잇는 방법은 충실하고 우직함을 진작시키는 것이었다. 유방이 백성들에게 적용되던 가혹한 법을 없애고 덕을 베푼 건 요체를 제대로 잡은 행동이었다고 사마천은 보았던 것 같다.

그런데 충이 비루해지면 야만스러움이 되는 추이는 유방이 잘 보여주었다. 임협적 성격을 갖는 그의 부하들은 유방을 충성의 대상으로 삼고 있었다. 이 충성은 윤리나 사상에 근거한 게 아니다. 인간적 친밀성에 더해 상호 이해관계에 기초한 것이다. 소위 '후견인-피후견인(patron-client) 관계'다. 충성의 대상이 허를 노출하면 충성은 거두어지거나 다른 곳으로 옮겨 간다. 보는 관점에 따라서 그런 모습이 우선 비루하고 야만스럽다고 여겨질 수 있겠다. 유방도 마찬가지다. 그가 자기를 따랐던 실력자들을 제거하는 건 부하들로부터 충을 확보하기 위한 몸부림이었을 것이다. 그 역시 비루하고 야만스럽지 않은가?

유방이 갖는 태생적 약점도 컸다. 유방에 대한 충성이 자동적으로 효혜에게 이어질 만큼 유방 집안의 토대가 견고하지도 않았다. 그런 의미에서 여후의 우려는 맞았다고 할 수 있다. 장군들이 평민 출신이라는 건 그만큼 더 본능적이라는 말이다. 유방 역시 평민 출신이라고 했다. 거기다가 아버지가 누구인지도 불명이다. 유방에 이르러 평민 출신이 천하를 차지한 건 위대한 역사적 사례였다. 그러나 그런 집안의 후계자가 갖는 권위는 극히 미약할 수밖에 없었다.

3
남월
— 남월열전

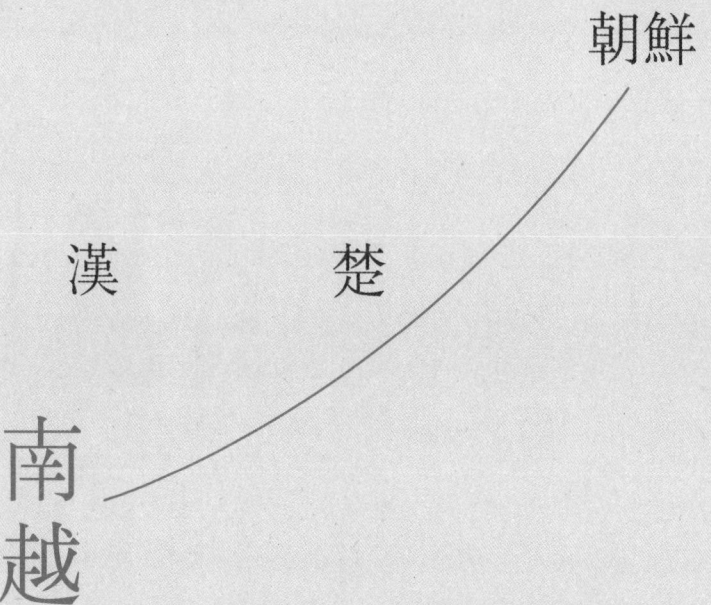

조타의 등장

> 南越王尉佗者, 眞定人也, 姓趙氏. 秦時已幷天下, 略定楊越,
> 남월왕위타자　진정인야　성조씨　진시이병천하　략정양월
> 置桂林南海象郡, 以謫徙民, 與越雜處十三歲. 佗秦時用爲南
> 치계림남해상군　이적사민　여월잡처십삼세　타진시용위남
> 海龍川令.
> 해용천령
>
> 남월의 왕 위타라는 자는 진정 사람이며 성은 조씨다. 진나라 때에 천하를 병합한 후 양월을 침범하여 평정하고 계림, 남해, 상군을 두어 귀양보내는 것으로써 백성을 옮겨 월과 섞여 살게 한 게 13년 되었다. [조]타는 진나라 때 임용되어 남해의 용천 현령이 되었다.

'위타'는 '태위 (조)타'의 줄임말이다. 진정 사람이라고 했다. 진정은 '고조본기'에 몇 차례 등장하는 조나라 동원(東垣) 땅이다. 상산(常山)이라고도 한다. 조나라 땅이어서 조씨 성을 가진 사람이 많았다. 훗날 '삼국지연의'에서 유명한 조자룡도 이곳 사람이었다. 조타는 진나라 때 관리가 되어 남부 경략을 주도하였고 현령이 되어 있었다. 그가 태위가 되는 경위는 곧 나온다.

시황제(기원전 246-210) 때 진나라가 천하를 한 개 나라로 하고 나서 그걸 구획하여 36개 군을 설치했다(기원전 222). 이로부터 7년 뒤 진의 군대는 백월 지역으로 진출하여 3개 군을 추가했다. 남해, 계림, 상군은 현 중국의 광동과 광서 지역에 해당한다. 이민족 지역에 설치한 군과 현이라는 건 각급 관청이 있는 성이 중심지이고 그 주변은 대부분 이민족의 전통적 지배자들의 영역이었기 때문에 각 군의 지배지 범위가 어디까지였는가를 말하고, 더구나 지도에 그려 넣기까지 하는 일은 여러 가지 오해를 불러일으킨다. 남해와 계림의 중심지는 현 광동과 광서 지역 어딘가에 있었음이 분명해 보이지만 상군은 늘 논란의 대상이 된다.

이름에서 알 수 있듯, 남해는 바다에 면한 곳이자 함양에서 보자면 남쪽 끝 바다에 닿은 곳이라는 인상을 반영한다. 계림은 계피나무 숲이라는 말이니 내륙에 삼림이 우거진 곳이다. 상군은 남방 사람들이 잘 부리는 코끼리의 서식지로 인상적인 곳이었다. 역시 내륙이다.

이 땅에 중국인을 옮겨 현지인과 섞여 살게 한 지 13년이 될 때쯤 유방이 황제 자리에 올랐다. 한 제국 성립 당시의 국제 형세를 살핀다는 의미에서 이때가 강조된 것 같다.

처음엔 주로 군인과 소수의 관리들이 월 땅에 갔을 것이고, 죄수들이 뒤를 따랐다. 여성도 간 것 같다. '회남형산열전'에는 조타의 초기 행적에 대해 다음과 같이 나온다. 시황제가 "위타를 시켜 오령을 넘어 백월을 공격하게 했다."는 것이다. 위타 즉 조타는 돌아오지 않고 그곳에 머물러 왕 노릇을 했으며 남편이 없는 여성 3만 명을 보내 남자들 옷 꿰매는 일을 시키자고 시황제에게 청했다. 황제는 1만5천 명을 허락했다고 한다. 조타가 시황제 생전에 이미 왕 노릇 했다는 건 시간적 착오라고 할 수 있지만 여자들을 보내 달라고 한 건 있을 수 있는 일이다.

오령은 현재의 호남, 복건, 광동, 강서 등지에 걸친 험준한 산들을 말한다. 그중 대유령(大庾嶺), 월성령(越城嶺), 도방령(都龐嶺), 맹저령(萌渚嶺), 기전령(騎田嶺)이 오령이다.

至二世時, 南海尉任囂病且死, 召龍川令趙佗語曰, 聞陳勝等
作亂, 秦爲無道, 天下苦之, 項羽劉季陳勝吳廣等州郡各共興
軍聚衆, 虎爭天下, 中國擾亂, 未知所安, 豪傑畔秦相立. 南海
僻遠, 吾恐盜兵侵地至此, 吾欲興兵絶新道, 自備待諸侯變,
會病深. 且番禺負山險, 阻南海, 東西數千里, 頗有中國人相
輔, 此亦一州之主也, 可以立國. 郡中長吏無足與言者, 故召
公告之. 卽被佗書, 行南海尉事.

2세 때에 이르러 남해군의 태위 임효가 병들어 곧 죽게 되자 용천현령 조타를 불러 말했다. "진승 등이 난을 일으켰다고 들었소. 진나라가 무도함을 행하니 천하가 그것을 고통스럽게 여겨 항우, 유계[유방], 진승, 오광 등의 나라와 군이 각자 모두 군사를 일으키고 무리를 모아 호랑이같이 천하를 다툰다오. 중국이 어지러워 편안한 바를 알지 못하게 되자 호걸들은 진나라에 반대하여 서로 섰지요. 남해는 떨어져서 멀리 있으나 도둑 떼 군대가 땅을 침략하여 이곳에 이를지 몰라 나는 두렵소. 나는 군사를 일으키고 새로 난 길을 끊어 스스로 방비하여 제후들의 변고를 대비하고자 하지만 마침 병이 깊군. 이 반우는 산의 험함을 등지고 남해로 막혀 있으며 동서 수천 리에 중국인들도 좀 있어서 서로 도우면 여기 또한 한 지역을 거느리는 주인으로서 나라를 세울 수가 있소. 군 안에 높은 관리들 중에는 더불어 말할 사람이 없기에 그대를 불러 이를 알리는 것이오." 곧 타를 위해 문서를 주어 남해위 일을 하게 했다.

한 개 군에는 수(守), 위(尉), 감(監) 따위가 있었다고 했다. 큰 군에는 태수를 두지만 중요도가 덜하거나 멀리 있는 곳에는 군사 지도자인 태위를 관리자로 두었다. 진나라 때 설치된 남해군 수장 임효는 태위였다.

남해는 현재의 광동 지역에 해당하며 백월의 땅이었다. 임효의 말대로 함양에서 보자면 멀되, 넓은 이 지역에 중국 사람이 좀 있고 기층민은 월인이었다. 반우는 현재의 광동성 성도인 광주(廣州) 지역이다. 그런데 이곳에 성도가 있었으니 '반우'는 성읍만이 아니라 남해군의 판도를 지칭하는 것이라고 볼 수도 있다. 제나라가 2천 리라고 했다. 임효는 반우의 판도가 수천 리란다. 대략이나마 그 규모를 가늠할 수 있겠다.

항우는 회계군의 태수를 죽였고, 유방은 패현의 현령을 죽게 했다. 그런데 조타는 남해군 태위의 권유와 비호 속에서 나라의 주인이 되었다. 권력을 잡은 과정이 평화적이다. 유방과 조타 공히 진나라의 관리였다. 유방은 관직을 버리고 성밖으로 달아났고 조타는 성안에서 나라를 가졌다.

임효가 끊자고 했던 새로 난 길이란 진나라가 오령을 넘어오면서 새로 연 길을 말한다. 길은 물자와 사람이 통하면서 나라를 확대하는 데 공헌했다.

囂死, 佗卽移檄告橫浦陽山湟谿關曰, 盜兵且至, 急絶道聚兵
효사 타즉이격고횡포양산황계관왈 도병차지 급절도취병
自守. 因稍以法誅秦所置長吏, 以其黨爲假守. 秦已破滅, 佗
자수 인초이법주진소치장리 이기당위가수 진이파멸 타
卽擊幷桂林象郡, 自立爲南越武王.
즉격병계림상군 자립위남월무왕

효가 죽자 타는 즉시 격문을 횡포, 양산, 황계관에 돌려 이르길 "반란군이 곧 올 것이니 급히 길을 끊고 병사들을 모아 스스로 지키

> 라."고 했다. 그리고는 차차 법으로 [옭아매어] 진나라가 두었던 고급 관리들을 죽이고 자기 사람들로써 임시 수령을 삼았다. 진나라가 깨져 멸망하자 타는 즉시 계림과 상군을 쳐 병합하고 스스로서 남월무왕이 되었다.

세 개의 군이 합쳐졌다면 규모가 큰 나라였다. 진나라와 최후까지 싸웠던 초나라가 망한 후 그 판도에 세 개의 군이 두어졌다고 한다.

> 高帝已定天下, 爲中國勞苦, 故釋佗弗誅. 漢十一年, 遣陸賈
> 고 제 이 정 천 하　위 중 국 노 고　고 석 타 불 주　한 십 일 년　견 육 가
> 因立佗爲南越王, 與剖符通使, 和集百越, 毋爲南邊患害. 與
> 인 립 타 위 남 월 왕　여 부 부 통 사　화 집 백 월　무 위 남 변 환 해　여
> 長沙接境.
> 장 사 접 경
>
> 고제가 천하를 평정하고 나서는 중국이 수고롭고 고난스러웠기 때문에 조타를 용서하고 죽이지 않았다. 한 11년 육가를 보내 타를 세워서 남월왕으로 삼고 쪼갠 부절을 주어 사절을 통하고 백월을 화목하게 모으게 하였으며 남쪽 변경에 근심과 해가 되지 않게 하였다. 장사와 경계를 접했다.

유방이 항우를 이긴 다음 얼마나 더 바빠졌는지는 '고조본기'에서 충분히 살폈다. 남월은 외국으로 인식되었다. 장안에서 보자면 가장 남쪽에 있는 장사국, 그 너머에 남월이 있었다.

　한나라 남쪽에는 두 개의 독립 왕국이 있었으니 동월과 남월이었다. 동월은 현 복건성 지역에 거주하던 백월 집단이 중심이 되었다. 이 나라

조타의 등장 • 329

에 대해서는 '동월열전'에 기록이 상세하다. 이 나라 역시 한나라와는 책봉 관계를 통해 외교 관계가 수립되었다. 북쪽의 조선과도 마찬가지 방식이 적용되었다. 즉 유방 때 한나라 판도 내부는 장사국만 제외하고 모두 유씨의 나라들로 이루어졌고, 주변은 남월, 동월, 조선이 제후 왕국으로 인식되었으며 흉노는 형제국이었다. 동월은 바다만 제외하고는 막혀 있는 나라였기 때문에 그 사정이 중국인들의 눈에 들어왔겠지만 남월과 조선은 각각 인도차이나 반도와 한반도 쪽 즉 진나라 때까지도 전혀 중국인의 세계 인식 속에 들어오지 않던 지역으로까지 세력을 확대하고 있었기 때문에 중앙 조정으로서는 동향 파악이 잘 되지 않던 나라들이었다.

고조가 사신으로 보냈다는 육가는 유방의 측근이다. 그에 대해서는 '역생육가열전'이 있고 그 안에 육가와 조타가 만나 이야기를 나누는 장면이 꽤 길게 서술되었다.

조타와 육가의 만남이 기록된 사료로서 베트남의 『대월사기전서(大越史記全書)』도 있다. 베트남 역사를 편년체로 기록한 15세기의 사서다. 『사기』는 한나라의 기원을 오제 중의 황제에 두었지만 베트남 15세기 왕조는 자신들의 기원을 오제 앞 삼황 중 하나로서 황제가 도전해 이겼다는 염제(炎帝) 신농씨에 두었다.

『대월사기전서』는 순서대로 홍방씨기(鴻厖氏紀), 촉씨기(蜀氏紀), 조씨기(趙氏紀), 속서한기(屬西漢紀), 속동한기(屬東漢紀)를 두었다. 10세기에 독립하고 11세기 장기 왕조가 들어서면서 13세기까지의 이기(李紀), 15세기까지의 진기(陳紀)를 차례로 배치해 조씨 즉 조타 및 그의 자손들이 왕 노릇 하던 남월을 자신들의 역사 속(조씨기)에 포함시켰다.

황제가 되다

高后時, 有司請禁南越關市鐵器. 佗曰, 高帝立我, 通使物, 今
高后聽讒臣, 別異蠻夷, 隔絶器物, 此必長沙王計也, 欲倚中
國, 擊滅南越而幷王之, 自爲功也. 於是佗乃自尊號爲南越武
帝, 發兵攻長沙邊邑, 敗數縣而去焉. 高后遣將軍隆慮侯竈往
擊之. 會暑溼, 士卒大疫, 兵不能踰嶺. 歲餘, 高后崩, 卽罷兵.
佗因此以兵威邊, 財物賂遺閩越西甌駱役屬焉, 東西萬餘里.
迺乘黃屋左纛, 稱制與中國侔.

고후[여후] 때에 담당 관리가 청하여 남월이 국경 관문에서 철기 거래하는 걸 금지했다. 타가 말했다. "고제가 나를 세워 사절과 물자를 통하게 했는데 이제 고후가 헐뜯는 신하[의 건의]를 들어 오랑캐를 나누고 구별해 기물을 막고 끊으니 이는 필시 장사왕의 계교로서 중국에 의지해 남월을 쳐 멸망시키고 붙여 거기의 왕 노릇해 스스로 공을 삼으려는 것이다." 그래서 타는 스스로 호칭을 높여 남월무제라 하고 군대를 보내 장사의 변방 고을을 공격해 여러 현을 패배시키고 돌아갔다. 고후가 장군 융려후 조를 보내 가서 그를 치게 했다. 마침 덥고 습해 사졸이 크게 병드니 군대는 고개를 넘지 못했다. 한 해가 지나서 고후가 돌아가시자 즉시 군대를 해산했다. 타는 이로 인해 군대로써 변방에 위세를 떨치고 재물로써 민월과 서구, 락에 뇌물을 보내 복종시키니 동서 만여 리였다. 그래서 황옥좌독을 탔고 제(制)를 칭하여 중국과 똑같이 하였다.

철기는 무기와 농구 제작에 중요하다. 중국으로부터 남월로 철기가 팔려나가는 걸 여후가 금지했다는 말이다.

조타가 왜 장사왕 탓을 했는지는 분명하지 않으나 짐작은 된다. 남월은 북쪽으로 동월, 장사에 접했다. 접한 나라끼리는 분쟁이 많다.

한나라 군대의 원정은 실패했고, 한과의 싸움을 위해 준비했던 남월의 군사력은 주변국 공략에 활용되었다. 민월은 동월의 전신이며(동월국이라는 국명은 무제 때 등장함) 서구는 광서 지역의 한 백월 집단(동구는 복건 지역에 있었음)이었다. 락은 베트남의 홍하 델타에 자리 잡은 백월 집단을 말한다. 락월이라고도 한다. 서구가 남하하여 낙월을 병합해 어우락(Âu Lạc 甌駱 구락, 기원전 208-179)이 섰다. 어우락은 서구의 구(어우)와 락월의 락(락)이 합쳐진 말이다. 조타는 이 어우락을 멸망시키고 2개 군을 두었다. 즉 교지(交趾), 구진(九眞)으로서 그 범주는 현 베트남 북·중부까지 이른다. 이렇게 해서 확보된 남월의 크기가 만여 리가 되었다는 것이다.

제(制)는 천자의 명을 칭하는 말이다. 시황제 때부터 짐(朕)이니 조(詔)니 하는 용어와 더불어 사용되기 시작했다.

남월에 황제가 등장한 건 이후 베트남 지배자들이 황제를 칭하게 되는 기원이 되었다. 베트남 즉 월남이란 이름도 남월에서 유래했다. 아시아 대륙의 동부를 당시 하늘 위에서 내려 본다고 할 때 북쪽에 흉노의 대제국이 있고 그 아래 제국 한나라가 있으며, 또 그 남쪽에 남월이라는 또 하나의 제국이 있는 모양새였다. 이 중 같은 한자 문화권인 중국과 남월이 제국으로 병립하는 모습이 20세기까지 이어졌다. 황제 호칭의 출현은 중국이 30-40년 일렀고, 사라진 건 베트남이 34년 늦었다(중국은 1911년, 베트남은 1945년).

절충과 타협

> 及孝文帝元年, 初鎭撫天下, 使告諸侯四夷從代來卽位意, 喩
> 급 효 문 제 원 년 초 진 무 천 하 사 고 제 후 사 이 종 대 래 즉 위 의 유
> 聖德焉. 乃爲佗親冢在眞定, 置守邑, 歲時奉祀. 召其從昆弟,
> 성 덕 언 내 위 타 친 총 재 진 정 치 수 읍 세 시 봉 사 소 기 종 곤 제
> 尊官厚賜寵之. 詔丞相陳平等擧可使南越者, 平言好畤陸賈,
> 존 관 후 사 총 지 조 승 상 진 평 등 거 가 사 남 월 자 평 언 호 치 육 가
> 先帝時習使南越. 迺召賈以爲太中大夫, 往使因讓佗自立爲
> 선 제 시 습 사 남 월 내 소 가 이 위 태 중 대 부 왕 사 인 양 타 자 립 위
> 帝, 曾無一介之使報者.
> 제 증 무 일 개 지 사 보 자
>
> 효문제 원년, 처음 천하를 진압하고 위무하면서 [문제의] 사절들이 제후와 사방의 야만인에게 [문제가] 대로부터 와 즉위했던 뜻을 알리며 성스러운 덕을 깨우쳐 주었다. 그래서 진정에 있는 타의 부모 묘소를 위해 보살피는 마을을 두고 매년 때에 맞추어 제사를 받들게 하였다. 그의 일가 형제를 불러 관직을 높이고 후하게 베풀어 그들을 사랑하였다. 승상 진평 등에게 일러 남월에 사절로 보낼 만한 자를 천거하라 하니 평은 호치에 있는 육가가 선대 황제 때에 남월에 사신가는 걸 익혔다고 아뢨다. 그래서 육가를 불러 태중대부로 삼아 사신으로 가게 해서 타가 스스로 서 황제가 되었고 일찍이 단 한 번도 사절을 보내 보고한 게 없음을 꾸짖게 했다.

문제가 대나라로부터 나와 즉위한 뜻이라는 건 원래 대나라 왕이었던 유방의 아들 항이 대신들의 추대를 받아 황제가 된 경과를 말한다. 육가가 다시 불려 나왔다. 두 번째 남월행이다.

'역생육가열전'에 의하면, 조타가 육가를 좋아하게 되어서 여러 달

동안 함께 술을 마셨고, 돌아갈 때는 천금의 돈을 두 차례나 주었다고 한다. 육가는 여후 시대 위험한 조정을 떠나 이 돈의 반으로 옹주의 호치에 땅을 사서 다섯 아들과 더불어 안온한 생활을 영위했다.

　　육가는 두 가지 말로 유명한 사람이다. 그 한 가지는 '말 타고 천하를 얻을 수 있지만 어찌 말 위에서 천하를 다스리겠느냐?'고 유방을 달래고 꾸짖는 말이다. 또 한 가지는 여후와 그 일가의 소행에 어떻게 대응해야 할까를 승상 진평이 고민하고 있었을 때 호치에 있던 육가가 진평을 찾아가 던진 말 '천하가 편안할 때는 승상을 주목하고 천하가 위태할 때는 장군을 주목한다.'였다. 이로써 진평과 주발의 상호 협조를 끌어냈고 한 왕실의 중흥을 가능케 했다. 남월의 2천금이 유씨를 살렸다고 할 수 있지 않겠는가?

> 陸賈至南越, 王甚恐, 爲書謝, 稱曰, 蠻夷大長老, 夫臣佗, 前日高后隔異南越, 竊疑長沙王讒臣, 又遙聞高后盡誅佗宗族, 掘燒先人冢, 以故自棄, 犯長沙邊境. 且南方卑溼, 蠻夷中閒. 其東閩越, 千人衆號稱王, 其西甌駱裸國亦稱王. 老臣妄竊帝號, 聊以自娛, 豈敢以聞天王哉. 乃頓首謝, 願長爲藩臣, 奉貢職. 於是乃下令國中曰, 吾聞兩雄不俱立, 兩賢不並世. 皇帝賢天子也. 自今以後, 去帝制黃屋左纛. 陸賈還報, 孝文帝大說. 遂至孝景時, 稱臣使人朝請. 然南越其居國竊如故號名, 其使天子, 稱王朝命如諸侯. 至建元四年卒.

> 육가가 남월에 이르자 왕은 매우 두려워서 글을 써 사과하며 [자신을] 만이대장로라 칭하고 말했다. "무릇 신 타는 전날에 고후가 남월을 막고 차별하자 장사왕이 신을 헐뜯었다고 몰래 의심하고 또한 고후가 타의 일가친척을 모두 죽였으며 선조의 무덤을 파내고 불태웠다고 멀리서 들었기에 스스로 포기하고 장사의 변경을 범했습니다. 또한 남방은 [땅이] 낮고 습기찬데다가 야만인 사이에서 그 동쪽으로 민월은 천 사람의 무리가 왕을 부르고 그 서쪽으로는 구락의 벌거벗은 나라 역시 왕을 칭하니 늙은 신하가 망령되이 황제의 칭호를 훔쳐 재미 삼아 스스로 장난한 것을 어찌 감히 천왕에게 알릴 수 있었겠습니까? 그래서 머리를 숙여 사과하고 오래도록 번신이 되어 공물을 바칠 것을 원합니다." 그래서 [타는] 나라에 영을 내려 이르길 "나는 두 영웅이 함께 설 수 없고 두 어진 이가 한 세상에 함께할 수 없다고 들었다. 황제는 어진 천자이다. 지금 이후 제(帝), 제(制), 황옥좌독을 버리겠다."고 했다. 육가가 돌아가 알리니 효문제가 크게 기뻐하였다. 마침내 효경제 때가 되어서 신하를 칭하고 사람을 보내 봄, 가을로 알현했다. 그러나 남월은 나라 안에서 몰래 호칭과 이름을 예전과 같이 했으며 천자에게 사신을 보낼 때는 조정의 명령에 대해 왕을 칭하기를 제후와 같이 하였다. 건원 4년에 죽었다.

이 부분에는 조타가 포장한 명의와 사마천이 남겨 전하고자 한 실재가 솜씨 있게 섞여 있다. 사료적 가치가 매우 높은 대목이다.

우선 '만이대장로라 칭했다.'를 보자. 일반적으로는 이 부분을 '만이대장이라 칭했다.'로 번역한다. (왓슨은 'a barbarian chief) 내가 '무릇

절충과 타협 • 335

신 타는(夫臣佗)'이라 한 것은 '늙은이 신 타는(老夫臣佗)'이란 식으로(왓슨은 'Your aged subject') 번역된다. 그런데 '大將'이라면 모를까 여기처럼 '大長'이라는 칭호는 전에도 없고 후에도 없다. 게다가 나이가 적고 많고 간에 신하를 칭할 때는 그냥 신이라고 하든가 노신이라고 하지 노부 신이란 말은 자연스러워 보이지 않는다. 대장로라고 해야 의미가 통한다. 만이대장로는 오랑캐 땅 장로들 중의 우두머리라는 뜻이다. '사마상여열전(司馬相如列傳)'에는 촉의 '장로들(蜀長老)'이 소개된다. '장로'가 출현하는 부근에 부로(父老), 기로(耆老)라는 말도 나온다. 세 단어의 뜻이 맞구 떨어지게 동일한 건 아니지만 덕망 있고 세력 있는 어르신들이라는 공통점이 있다. '효문제본기(孝文帝本紀)'에는 문제의 치적을 나열하며 그가 "장로들을 상주고 고아와 과부들을 거두어 진휼했다(賞賜長老收恤孤獨)."는 데서도 장로라는 말이 나온다.

"구락의 벌거벗은 나라"라는 말이 있는데, 여기서 벌거벗었다는 건 나체라는 말이 아니라 윗몸을 노출한 상태를 뜻한다.

효문제를 가리켜 조타는 슬그머니 천왕이라는 호칭을 사용했다. 천왕과 천자는 비슷하지만 의미가 크게 다르다. 개개의 글자만 놓고 보자면 천왕이 천자보다 높임말 같기도 하다. 그러나 그 반대이다. 천왕을 하늘의 왕이라 한다면 그건 이미 현세에서 의미가 없어진다. 천자의 개념이 있는 중국인에게 하늘의 지배자는 천왕이 아니라 천제였다. 그 천제의 아들이 천자인 것이다. 천왕은 천자를 왕급으로 낮춘 말이다. 『사기』 안에서는 주나라 시대 왕실이 피폐하고 패자들이 득세할 때 종종 천자를 천왕이라고 부를 때가 있었다.

『춘추』에서도 주나라 왕을 지칭하는 말로 천왕이 나온다. 여기에 근거해 설사 천자와 천왕은 동격이라고 하더라도 천자와 황제는 동격이면서도 동격이 아니었다. 주나라 왕을 천자라고도 부른다. 그러나 황제라는 칭호 사용은 진나라 시황제 때부터였다. 이때부터 나라의 범주와 권력의 크기가 주나라 왕의 그것과 비교되지 않을 정도로 확장되었다. 다시 말하자면 주나라 왕은 천자 및 천왕이라고 불릴 수 있었으되 진, 한의 황제는 설사 천자라고는 칭해질 수 있어도, 천왕으로 불리는 건 전대 주나라 왕 정도의 격으로 간주되는 것으로 해석될 수 있다는 말이다. 바로 뒤에 조타가 다시 고쳐서 '황제는 어진 천자이다.'라고 했듯 이 시대 중국 지배자에 대한 적절한 호칭은 황제 및 천자인 것이다.

조타와 육가는 사이가 좋았으니 정중한 서신 작성은 어렵지 않았을 것이다. 외교술의 역할이 그런 것 아니겠는가? 사절을 높이고 사절을 보낸 이를 만족시키면 성공인 것이다. 그래서 조타는 기꺼이 황제 칭호를 버리겠다고 약속했다. 공물도 챙겨 보내겠다고 했다.

그런데 남월에서 한나라로 조공 사절이 가는 건 언제인가? 육가가 두 번째로 남월에 온 때는 문제 즉위 초로서 기원전 180년 언저리였다. 그런데 사마천은 남월로부터 한나라 조정에 사절이 온 게 언제라고 기록하고 있는가? 기원전 157년 때부터 시작되는 경제 때라고 했다. 경제 즉위 즉시 보냈다고 해도 육가가 남월을 방문했다가 돌아간 지 23년이 지나서였다. 약속은 지켜진 게 아니었다.

게다가 조타는 나라 안에서 여전히 황제를 칭하고 있었다. 중국과의 관계에서는 왕을 칭하고 내적으로, 그리고 주변 국가에는 황제를 칭하는 이 전통은 베트남으로 이어져 19세기까지 지속되었다. 이 사실을 알고도 묵인하는 것, 그것 역시 중국 역대 왕조의 전통이었다.

조타가 죽었다는 건원 4년은 기원전 137년이었다. 시황제가 오령을 넘어 군대를 보냈을 때가 기원전 215년이며 그때 지휘관 중 한 명이었던 조타 나이가 20세였다고 해도 98세까지 살았다는 말이다. 같은 방식으로 나이를 추측할 때 육가 앞에서 '대장로' 운운할 때는 55세쯤이었다.

절충과 타협 • 337

한무제의 관심

佗孫胡爲南越王. 此時閩越王郢興兵擊南越邊邑, 胡使人上
타손호위남월왕   차시민월왕영흥병격남월변읍 호사인상
書曰, 兩越俱爲藩臣, 毋得擅興兵相攻擊. 今閩越興兵侵臣,
서왈 양월구위번신 무득천흥병상공격   금민월흥병침신
臣不敢興兵, 唯天子詔之. 於是天子多南越義守職約, 爲興
신불감흥병 유천자조지 어시천자다남월의수직약 위흥
師, 遣兩將軍往討閩越. 兵未踰嶺, 閩越王弟餘善殺郢以降,
사 견양장군왕토민월 병미유령 민월왕제여선살영이항
於是罷兵.
어시파병

타의 손자 호가 남월왕이 되었다. 그때 민월왕 영이 군사를 일으
켜 남월의 변방 고을을 치니 호가 사람을 [황제에게] 보내 글을 올
려 말했다. "양월이 함께 번신이 되었으니 멋대로 군사를 일으켜
서로 공격하면 안될 것입니다. 지금 민월이 군사를 일으켜 신을
침노했지만 신은 감히 군사를 일으킬 수 없으니 오직 천자께서 저
들을 가르치소서." 그러자 천자는 남월왕이 의롭고 공물 바치는
약속을 지킨다 칭찬하고 군사를 일으켜 두 장군을 보내 민월을 토
벌하게 했다. 군대가 아직 고개를 넘지 않았을 때 민월왕의 동생
여선이 영을 죽이고 항복하자 군대를 해산했다.

왜 아들이 아니라 손자가 조타를 계승했을까? 사마천은 설명이 없다. 조
타가 너무 오래 살았으니 아들이 먼저 죽었을 수도 있다.

또 다른 이유는 『대월사기전서』에서 찾을 수 있다. 조타의 아들은 중
시(仲始)였다. 남월과 어우락 사이에 전쟁이 그치지 않았을 때 남월 왕
자 중시와 어우락 공주 미주(媚珠)가 결혼했다. 그런데 중시가 어우락
왕의 비밀 병기를 망가뜨리고 남월로 돌아갔다. 다시 일어난 전쟁에서

남월이 어우락을 이기고 미주는 아버지에게 죽었다. 이를 슬퍼한 중시 역시 따라 죽었다는 이야기다. 『사기』에 조타의 아들에 대한 언급이 없는 걸 『대월사기전서』의 필자가 교묘히 파고들어 만들어낸 이야기 같기도 하고 사마천은 놓쳤지만 베트남인 사이에 전해오던 기록이 정리된 것일 수도 있다.

남월 2대 황제 때 한나라의 황제는 무제였다. 그가 민월을 징벌하기 위해 보냈다는 두 지휘관은 왕회(王恢)와 한안국(韓安國)이라고 '동월열전'은 전한다. 한나라의 팽창이 시작된 때에 남월은 조심스러워질 수밖에 없었다.

天子使莊助往諭意南越王, 胡頓首曰, 天子乃爲臣興兵討閩
천자사장조왕유의남월왕   호돈수왈   천자내위신흥병토민
越, 死無以報德, 遣太子嬰齊入宿衛. 謂助曰, 國新被寇, 使者
월   사무이보덕   견태자영제입숙위   위조왈   국신피구   사자
行矣. 胡方日夜裝入見天子. 助去後, 其大臣諫胡曰, 漢興兵
행의   호방일야장입현천자   조거후   기대신간호왈   한흥병
誅郢, 亦行以驚動南越. 且先王昔言, 事天子期無失禮, 要之
주영   역행이경동남월   차선왕석언   사천자기무실례   요지
不可以說好語入見. 入見則不得復歸, 亡國之勢也. 於是胡
불가이열호어입현   입현즉부득복귀   망국지세야   어시호
稱病, 竟不入見. 後十餘歲, 胡實病深, 太子嬰齊請歸. 胡薨,
칭병   경불입현   후십여세   호실병심   태자영제청귀   호훙
諡爲文王.
시위문왕

천자가 장조로 하여금 가서 [자기가] 남월왕을 의심한다는 걸 깨우치게 했다. 호는 머리를 조아려 말했다. "천자께서 접때 신을 위해 군대를 일으켜 민월을 토벌했으니 은혜를 죽음으로써도 갚을 길이 없습니다. 태자 영제를 보내 황제 옆에서 숙직하고 지키는 일에 들이겠습니다." 조에게 일러 말하길 "최근에 나라가 노략질

을 당해 사자께서 오셨구려. 호는 곧 밤낮으로 채비를 차려 들어가 천자를 알현하겠소."라 했다. 조가 떠난 후 그의 대신이 호에게 간하여 말했다. "한이 군대를 일으켜 영을 벤 것은 행함으로써 남월이 놀라 움직이게 함이기도 합니다. 그리고 선왕이 전에 말하길 '천자를 섬기는 데는 예를 잃지 않기를 바랄 일이지 좋은 말에 기뻐하여 들어가 알현하면 안 된다는 게 중요하다. 들어가 알현하면 돌아올 수 없으니 나라를 잃는 길이다.'라고 했습니다." 그러자 호는 병을 칭하고 끝내 들어가 알현하지 않았다. 10여 년 뒤에 호가 진짜 병이 심해져 태자 영제가 돌아갈 것을 청했다. 호가 죽자 시호를 문왕이라 했다.

한나라 무제가 남월을 건드리기 시작했다. 남월왕의 대처는 신중해 보인다. 아들을 보내 인질로 잡혔다.

규씨 여자

> 嬰齊代立, 卽藏其先武帝璽. 嬰齊其入宿衛在長安時, 取邯鄲
> 영제대립 즉장기선무제새 영제기입숙위재장안시 취한단
> 樛氏女, 生子興. 及卽位, 上書請立樛氏女爲后興爲嗣. 漢數
> 규씨녀 생자흥 급즉위 상서청립규씨녀위후흥위사 한수
> 使使者風諭嬰齊, 嬰齊常樂擅殺生自恣, 懼入見要用漢法比
> 사사자풍유영제 영제상낙천살생자자 구입현요용한법비
> 內諸侯, 固稱病, 遂不入見. 遣子次公入宿衛, 嬰齊薨, 諡爲
> 내제후 고칭병 수불입현 견자차공입숙위 영제훙 시위
> 明王.
> 명왕
>
> 영제가 대신 서서 즉시 선대 무제의 도장을 숨겼다. 영제는 자신이 황제 옆에서 숙직하고 지키는 일에 들어가 장안에 있을 때 한단의 규씨 여자를 얻어 아들 흥을 낳았다. 즉위하자 글을 올려 규씨 여자를 세워 왕비로, 흥을 계승자로 삼기를 청했다. 한은 수차례 사자를 보내 영제를 가르쳤으나 영제는 오히려 멋대로 살생하는 걸 즐기고 스스로 방자하였으며, 들어가 알현하면 [한 조정이] 한나라의 법을 긴요하게 이용하여 중국 안의 제후들과 나란히 만들 것을 두려워해 한사코 병을 핑계대고 종내 들어와 알현하지 않았다. 아들 차공을 보내 황제 옆에서 숙직하고 지키는 일에 들였다. 영제가 죽자 시호를 명왕이라 하였다.

조타의 증손 영제가 사랑한 여자가 한단의 규씨였다. 한단은 조나라 땅으로서 황하 북쪽에 있다. 거기서부터 회수, 장강을 건너 오령을 넘는 광동까지 여정은 너무 멀다. 남편을 따라 간 여인으로서는 남월 땅에 정붙여 살기가 쉽지 않았을 것이다. 게다가 남편까지 죽은 바에야.

太子興代立, 其母爲太后. 太后自未爲嬰齊姬時, 嘗與霸陵人
安國少季通. 及嬰齊薨後, 元鼎四年, 漢使安國少季往諭王王
太后以入朝比內諸侯, 令辯士諫大夫終軍等宣其辭, 勇士魏
臣等輔其缺, 衛尉路博德將兵屯桂陽, 待使者.

태자 홍이 대신 서고 그의 모친은 태후가 되었다. 태후가 아직 영제의 여자가 되기 전부터 일찍이 패릉인 안국소계와 관계가 있었다. 영제가 죽고 나서 원정 4년 한나라는 안국소계로 하여금 가서 왕과 왕태후를 깨우쳐 입조케 하고 중국 안의 제후와 나란히 하고자 했으니, 변사 간대부 종군 등에게 시켜 그 말을 널리 알리고 용사 위신 등에게 그 빠진 부분을 돕게 하였으며 위위 로박덕은 병사들을 거느려 계양에서 주둔하고 사자를 기다리게 했다.

어떻게 찾았는지 규씨의 옛 연인을 사자로 보낸 무제의 처사가 민망하다. 설사 이런 사실이 있다고 해도 피해야 함이 점잖은 태도일 텐데 말이다. 무제는 사자를 보낸 동시에 내지화의 당위성을 선전하게 하고 또 한편으로는 군대를 동원해 남월에 압력을 가하고 있다.

王年少, 太后中國人也, 嘗與安國少季通, 其使復私焉. 國人
頗知之, 多不附太后. 太后恐亂起, 亦欲倚漢威, 數勸王及群
臣求內屬. 卽因使者上書, 請比內諸侯, 三歲一朝, 除邊關.
於是天子許之, 賜其丞相呂嘉銀印及內史中尉大傅印, 餘得

> 自置. 除其故黥劓刑, 用漢法, 比內諸侯. 使者皆留塡撫之. 王
> 자치 제기고경의형 용한법 비내제후 사자개류진무지 왕
> 王太后飭治行裝重齎, 爲入朝具.
> 왕태후칙치행장중자 위입조구
>
> 왕은 나이가 어리고 태후는 중국인인 데다 일찍이 안국소계와 관계가 있었으니 이 사절행에 다시 [그들은] 사통했다. 나라 사람들이 두루 그것을 알게 되어 많이들 태후를 따르지 않았다. 태후는 난리가 일어날까 두려웠고 한나라의 위세에 기대고도 싶어서 여러 차례 왕과 신하들에게 내속을 구걸하자고 권면했다. 얼마 안 가 사자를 통해 글을 올려 중국 안의 제후들과 나란히 하고 3년에 한 번 조공을 하며 국경 관문을 없애자고 청했다. 그러자 천자는 이를 허락하고 승상 여가에게 은으로 만든 도장을, 내사와 중위, 대부에게까지 도장을 내렸다. 나머지는 알아서 둘 수 있었다. 얼굴에 묵을 뜨고 코를 베는 그들의 옛 형벌을 없애고 한나라의 법을 사용하며 중국 내의 제후들과 나란히 하였다. 사자는 모두 머물러 그들을 누르고 어루만졌다. 왕과 왕태후는 여행 차림과 많은 재물을 힘써 준비하면서 들어가 황제를 뵙기 위해 갖추었다.

남편을 잃고, 먼 이국 땅 말도 잘 통하지 않고 풍속도 기후도 크게 다른 곳에서 살자니 규씨는 기가 막혔을 것이다. 고향, 또는 수도 장안에 대한 그리움이 사무친 중에 옛 정인이 나타났다. 이즈음에 규씨는 걷잡을 수 없이 무너졌다.

규씨의 내속 요청에 무제의 대응은 조심스러웠다. 승상 여가를 비롯한 남월 관료들을 그대로 두고 그들의 자치권까지 인정하겠다고 했다. 단지 구습 같아 보이는 묵 뜨고 코 베는 형은 없애겠다고 하여 '문명화

의 사명'에 충실하려는 모습도 보이고 있다. 이 두 형벌은 사실 남월의 것이 아니라 중국 것이었다. 문제 때 이 두 형벌을 없앴는데 아직 남월에는 남아 있으니 본국과 같이하겠다는 뜻이다.

  남월 사람들의 불만이 점차 고조되는 가운데 규씨의 떠날 채비는 분주하다.

승상 여가

其相呂嘉年長矣, 相三王, 宗族官仕爲長吏者七十餘人, 男盡
尙王女, 女盡嫁王子兄弟宗室, 及蒼梧秦王有連. 其居國中甚
重, 越人信之, 多爲耳目者, 得衆心愈於王. 王之上書, 數諫止
王, 王弗聽. 有畔心, 數稱病不見漢使者. 使者皆注意嘉, 勢未
能誅. 王王太后亦恐嘉等先事發, 乃置酒, 介漢使者權, 謀誅
嘉等. 使者皆東鄕, 太后南鄕, 王北鄕, 相嘉大臣皆西鄕, 侍
坐飮. 嘉弟爲將, 將卒居宮外. 酒行, 太后謂嘉曰, 南越內屬,
國之利也, 而相君苦不便者何也, 以激怒使者. 使者狐疑相
杖, 遂莫敢發. 嘉見耳目非是, 卽起而出. 太后怒, 欲鏦嘉以
矛, 王止太后. 嘉遂出, 分其弟兵就舍, 稱病不肯見王及使者.
乃陰與大臣作亂. 王素無意誅嘉, 嘉知之, 以故數月不發. 太
后有淫行, 國人不附, 欲獨誅嘉等, 力又不能.

그들의 승상 여가는 나이가 많았는데 세 왕의 승상을 지냈다. 일족 중에 관직에 올라 높은 벼슬을 하는 자가 70여 명이었으며 남자는 모두 왕녀들에게 장가들었고 여자는 모두 왕자 형제 및 종실과 혼인했다. 창오의 진왕과도 인척 관계였다. 나라 안에 앉아서는 매우 그 무게가 있었고 월인들이 그를 믿어서 많이들 첩자 노릇을 했으니 무리의 마음을 얻은 게 왕보다 더했다. 왕이 글을 올리자 여러 차례 간하여 왕을 제지했으나 왕은 듣지 않았다. 반역할 마음을 갖게 되어 여러 차례 병을 칭하고 한의 사자를 보지 않았다. 사자들은 모두 가를 경계하였으나 아직 죽일 수 있는 형편은 못 되었다. 왕과 왕태후 역시 가 등이 먼저 일을 일으킬까 두려워하였다. 그래서 술판을 벌여서 한나라 사자의 권세에 힘입어 가 등을 죽이고자 했다. 사자는 모두 동쪽을 향하고, 태후는 남향, 왕은 북향, 승상 가와 대신은 모두 서향하여 모시고 앉아 마셨다. 가의 동생이 장군이었는데 병졸을 거느리고 왕궁 바깥에 있었다. 술이 돌자 태후가 가에게 일러 말하길 "남월이 내속하는 건 나라의 이로움이거늘 그대 승상이 힘들고 불편해 함은 왜인가?"라고 함으로써 사자를 화나게 북돋웠다. 사자들은 약게 의심하고 서로 의지할 뿐 끝내 감히 드러내지 않았다. 가는 옳고 그름을 직접 보고 나서 즉시 일어나 나갔다. 태후가 성내어 창으로 가를 찌르려고 하자 왕이 태후를 멈추게 했다. 결국 가는 나갔고 동생의 병졸을 나누어 숙소로 가서 병을 칭하고 왕과 사자를 보려하지 않았다. 그래서 은밀히 대신들과 더불어 난을 일으킬 것을 의논했다. 왕은 본디 가를 죽일 뜻이 없었고 가는 그것을 알았기 때문에 여러 달 동안 [난이] 일어나지 않았다. 태후는 음란한 행동이 있었고 나라의 사람들은 따르지 않았으니 혼자서 가 등을 죽이려 하였으나 힘 또한 능치 못했다.

여가가 중국인인지 월인인지 분명하지 않다. 그러나 월인이 보내고 있는 신뢰가 크다는 걸 알 수 있다. 이는 조타와 통하는 면모이다. 사통을 하고 있는 여성이 술을 마시고 창까지 휘두르는 데까지 이른 걸 보면 규씨의 정신 상태는 이미 망가져 있었다. 여하튼, 비슷한 시기에 한나라 여후, 남월은 규후가 등장해 조정에서 권력을 행사하는 건 흥미로운 면모가 아닐 수 없다.

전쟁의 추이

天子聞嘉不聽王, 王王太后弱孤不能制, 使者怯無決. 又以爲
천자문가불청왕 왕왕태후약고불능제 사자겁무결 우이위
王王太后已附漢, 獨呂嘉爲亂, 不足以興兵, 欲使莊參以二千
왕왕태후이부한 독여가위란 부족이흥병 욕사장참이이천
人往使. 參曰, 以好往, 數人足矣, 以武往, 二千人無足以爲也,
인왕사 참왈 이호왕 수인족의 이무왕 이천인무족이위야
辭不可, 天子罷參也. 郟壯士故濟北相韓千秋奮曰, 以區區之
사불가 천자파참야 겹장사고제북상한천추분왈 이구구지
越, 又有王太后應, 獨相呂嘉爲害, 願得勇士二百人, 必斬嘉
월 우유왕태후응 독상여가위해 원득용사이백인 필참가
以報. 於是天子遣, 千秋與王太后弟樛樂將二千人往, 入越境.
이보 어시천자견 천추여왕태후제규락장이천인왕 입월경

가가 왕의 말을 듣지 않는데 왕과 왕태후는 약하고 외로워서 통제할 수 없으며 사자는 두려워하여 결정하지 못한다는 걸 천자가 들었다. 또한 왕과 왕태후는 이미 한을 따르는데 여가가 홀로 난을 일으켰으니 군대를 일으킬 것까지는 없다 여기고 장참을 시켜 2천 명으로써 사절로 가게 했다. 참이 "좋은 일로 간다면 몇 명으로 족하나 군사적으로 간다면 2천 명으로서는 하기에 족하지 않습니다."고 말하며 불가하다고 사양하니 천자는 참을 물리쳤다. 겸의 장사로서 옛날 제북의 승상이었던 한천추가 분격해 말했다. "자그마한 월로써, 게다가 왕과 태후의 호응까지 있는데 홀로 승상 여가가 해를 끼치고 있으니 원컨대 용사 2백 명을 얻으면 반드시 가를 벤 것으로써 보고하겠다." 그러자 천자가 보냈으니 천추와 왕태후의 동생 규락은 2천 명을 데리고 가 월의 경계로 들어갔다.

한 사람은 2천 명으로 모자란다고 하고 또 한 사람은 2백 명이면 족하다

고 한다. 무제는 후자의 손을 들어주었다. 그래도 신중하게 처리한다고 2천 명이나 주었다. 2천 명이 무제가 판단하던 적정 수였던 것 같다.

> 呂嘉等乃遂反, 下令國中曰, 王年少, 太后中國人也, 又與使
> 여가등내수반　하령국중왈　왕연소　태후중국인야　우여사
> 者亂, 專欲內屬, 盡持先王寶器, 入獻天子以自媚, 多從人, 行
> 자란　전욕내속　진지선왕보기　입헌천자이자미　다종인　행
> 至長安, 虜賣以爲僮僕, 取自脫一時之利, 無顧趙氏社稷爲
> 지장안　로매이위동복　취자탈일시지리　무고조씨사직위
> 萬世慮計之意.
> 만세려계지의

그래서 여가 등이 마침내 거역했다. [여가는] 나라 안에 영을 내려 말했다. "왕은 나이가 어리고 태후는 중국인인 데다가 사자와 더불어 음행을 하면서 오로지 내속하고자 하여 선왕의 귀중한 물건들을 모두 가지고 들어가 천자에게 바침으로써 스스로 아양을 떨고자 한다. 따르는 많은 사람은 가서 장안에 이르면 붙잡아 팔아 노예를 삼을 것이니 혼자만 빠져나가 일시의 이로움을 취할 뿐 조씨의 사직을 돌보고 만세를 위해 근심하고 계획하는 뜻이 없다."

여가의 최종 결정은 한천추의 군대가 들어오자 내려졌다. 규후 및 중국 사절 몇 명에 더해 2천 명의 한나라 병사들이 남월 경계로 진입하면서 한과 월 사이의 싸움이 시작되었다.

> 乃與其弟將卒, 攻殺王太后及漢使者. 遣人告蒼梧秦王及其諸
> 내여기제장졸　공살왕태후급한사자　견인고창오진왕급기제
> 郡縣, 立明王長男越妻子術陽侯建德爲王, 而韓千秋兵入, 破
> 군현　립명왕장남월처자술양후건덕위왕　이한천추병입　파

> 數小邑, 其後越直開道給食, 未至番禺四十里, 越以兵擊千秋
> 等, 遂滅之. 使人函封漢使者節置塞上, 好爲謾辭謝罪, 發兵
> 守要害處.

그래서 자기 동생과 더불어 군대를 이끌고 공격하여 왕, 태후, 한의 사자를 죽였다. 사람을 보내 창오의 진왕과 여러 군현에게 알리고 명왕의 장남으로서 월인 아내의 아들인 술양후 건덕을 세워 왕으로 삼았다. 그리고 한천추의 군대가 들어와서 몇 개의 작은 고을을 깨뜨리자 그 후 월은 일부러 길을 열고 먹을 것을 주었다. 반우 40리에 채 이르지 않았을 때 월은 군대로써 천추 등을 쳐 마침내 그들을 궤멸시켰다. 사람을 시켜 한나라 사자의 신표를 상자에 넣고 봉하여 새상에[34] 두고 좋게 거짓말을 하여 사죄하면서 군대를 보내 요해처를 방비했다.

이때부터 남월 안에서는 한과 월의 분열이 생겼다. 조타 이래 남월이 강해질 수 있었던 건 외래의 중국인과 현지인이 한몸이 되었기 때문이다. 중국인이 스스로 '만이'가 되었던 것이다. 그런데 이제 외래와 토착이 나뉘면서 싸움이 시작되었다. 여가가 새로 세운 왕은 월족의 피를 받은 사람이었다. 큰소리치던 한천추의 군대는 전멸한 것 같다.

---

34) 매령(梅嶺) 또는 새상이라 하는 곳이다. 현 광동과 강서 사이에 있는 대유령이다.

> 於是天子曰, 韓千秋雖無成功, 亦軍鋒之冠, 封其子延年爲成
> 어시천자왈 한천추수무성공 역군봉지관 봉기자연년위성
> 安侯, 樛樂其姉爲王太后, 首願屬漢, 封其子廣德爲龍亢侯.
> 안후 규락기자위왕태후 수원속한 봉기자광덕위용항후
> 乃下赦曰, 天子微, 諸侯力政, 譏臣不討賊, 今呂嘉建德等反,
> 내하사왈 천자미 제후력정 기신불토적 금여가건덕등반
> 自立晏如, 令罪人及江淮以南樓船十萬師往討之.
> 자립안여 령죄인급강회이남누선십만사왕토지
>
> 그러자 천자가 말했다. "한천추는 비록 공을 이루지 못했으나 역시 군대 선봉의 으뜸이었으니 그 아들 연년을 봉하여 성안후로 삼는다. 규락은 그 누이가 왕태후가 되어 한에 속할 것을 앞장서 원했으니 그 아들 광덕을 봉하여 용항후로 삼겠다." 그래서 죄인 사면령을 내리며 말했다. "천자는 미약하고, 제후는 다스리는 데 힘을 쓰니, 신하가 도적떼를 치지 않음을 나무란다. 지금 여가와 건덕이 거역하여 스스로 서 침착하고 편안한 모습이다." [사면된] 죄수 및 장강과 회수 이남의 10만 명 누선 병력으로써 가서 그들을 토벌하게 하였다.

무제의 처사가 대단히 관용적인 듯 보인다. 그러나 사실 실패를 초래한 판단 오류의 책임은 무제에게 있었다. 남월을 치는 데 2천 명이면 충분하다고 고집을 부렸던 건 무제였다. 한천추를 벌하기보다는 반대로 그에게 상을 주면서 자기 오류를 덮었다.

그 뒤 동원한 병사가 10만 명이라니, 무제의 판단이 얼마나 허황한 것이었는지 스스로 인정하는 셈이었다.

무제가 말한 '천자는…나무란다.'는 뜬금없어 보이는 대목이다. 왓슨은 이게 『춘추』에서 공자가 한 말인 것으로 해서 번역했다.(p. 248, vol. two) 그러나 나로서는 『춘추』에서 이 구절이 확인되지 않는다. 『춘추』

는 일체 사건의 발생을 주어와 동사로써 압축적이고 은유적으로 기술하지 이렇듯 형용사까지 동원해서 상황을 설명하지는 않는다. 게다가 『춘추』가 다루는 그 시기, 즉 춘추 시대에 주나라의 천자가 신하를 나무랄 정도로 권위를 행사하는 기술(記述)은 상상할 수가 없다. 단지, 무제가 자신을 춘추 시대 주나라의 천자에 비유했을 가능성은 있다. 자기가 미약하다는 게 아니라 천자를 능멸하는 남월을 과거 주나라의 버릇없는 제후국에 빗댈 필요에서 말이다.

10만 병력에 사면된 죄수들까지 합세했다. 이들이 바로 유방이 말한 '형여죄인'이다. 동원한 병력은 장강과 회수 이남의 남방 사람들이었다. 그곳에 살고 있던 월인들도 많이 참여했을 것이다.

무엇보다도 흥미로운 건 남월 공격에 다수의 선박이 이용되었다는 것이다. 누선이 있었고 과선도 있었다. '누선십만'이 중요하다.

누선은 말 그대로 층각이 있는 선박이다. 우리가 유방과 항우의 싸움을 세세히 살폈지만 거기에 선박이 동원되는 일은 없었다. 있어도 강을 건너는 용도 정도였다. 바다를 통한 싸움은 더 없었다. 한 건국 이전을 놓고 볼 때 『사기』에는 오왕 부차가 제나라를 칠 때 배를 타고 간 사례가 유일했다. 한이 남월을 공격할 때 바다로 가는 길을 이용했다는 증거는 아직 발견되지 않는다.35) 무제가 동원하겠다는 병력은 내륙의 물길을 따라 남월을 향해 이동할 것이다. 주력 선박은 누선이었다. 신형 선박에 실려 파견될 병사가 '누선십만'이었다.

누선은 상림(上林)의 곤명지(昆明池)에서 건조되었다. 상림은 시황제 때 조성한 거대한 왕실 사냥터였다. 『사기』에는 제도를 다룬 여덟 개

---

35) 무제가 즉위한 지 얼마 되지 않아 민월에 포위된 동구를 구하기 위해 바닷길을 통해 한나라 군대가 이동했던 적이 있음이 '동월열전'에 보인다. 그러나 이 기동이 싸움으로 이어지지는 않았다.

의 서(書)가 있다. 그중 '평준서(平準書)'에 이 기사가 있는데 다음과 같다. "그때 월이 한과 더불어 선박을 이용해 싸우려고 하자 곤명지를 크게 수리하고 [...] 누선을 만드니 높이가 10여 장이었다. 기치를 그 위에 꽂았다. 굉장히 우람했다." 누선을 만든 이유는 "월이 선박을 이용해 한과 싸워 물리치려 했던(越欲與漢用船戰逐)" 데 있었다. 남월은 해상 활동을 활발히 영위했으며 뱃길에 밝았다. 수준 높은 조선 기술도 갖고 있었다. 나중에 여가가 남월왕과 더불어 바다로 나가 도망친 이유도 뱃길에 밝을뿐더러 그 배가 닿는 인도차이나 반도 연안 지역과 교류가 있었기 때문이었다.36)

그다음은 당시 '서남이(西南夷)'라고 불리던 사천, 운남 지역으로의 대우회 군사 기동이었다. 이에 대해선 곧 자세히 설명하기로 하겠다.

元鼎五年秋, 衛尉路博德爲伏波將軍, 出桂陽下匯水, 主爵都
원정오년추 위위로박덕위복파장군 출계양하회수 주작도
尉楊僕爲樓船將軍, 出豫章下橫浦, 故歸義越侯二人爲戈船
위양복위누선장군 출예장하횡포 고귀의월후이인위과선
下厲將軍, 出零陵或下離水或抵蒼梧, 使馳義侯因巴蜀罪人,
하려장군 출영릉혹하리수혹저창오 사치의후인파촉죄인
發夜郎兵, 下牂柯江, 咸會番禺.
발야랑병 하장가강 함회반우

---

36) '평진후주부열전(平津侯主父列傳)'에 누선이란 단어가 처음 나온다. 진나라 때 백월을 공략하면서 조타 등으로 하여금 "누선의 사인(樓船之士)을 거느리고 남쪽으로 백월을 공격하게 했다."는 것이다. 여기서 누선이 선박을 의미하는 건지는 불분명하다. 설사 선박이라 해도 바다로 간 건지 강에서 사용된 것인지 알 수 없다. 이때 진나라 군대는 월인의 공격을 받아 크게 패했다. 진나라 조정은 조타로 하여금 병졸을 거느리고 월 땅에 머무르게 했다고 한다.

> 원정 5년 가을[기원전 112]에 위위 로박덕은 복파장군이 되어 계양을 나가 회수를 따라 내려갔으며 주작도위 양복은 누선장군이 되어 예장을 나가 횡포로 내려갔고, 이전에 귀부했던 월의 제후 두 명은 과선장군과 하려장군이 되어 영릉으로 나가 리수로 내려가기도 하고 창오로 가기도 했으며, 치의후로 하여금 파촉의 죄인들을 의지하고 야랑의 병사들을 동원하여 장가강을 따라 내려가 반우에서 모두 모이게 했다.

드디어 전쟁이 시작되었다. 복파장군 로박덕은 앞서 군대를 이끌고 남월을 누르러 온 바 있던 인물이었다.

누선을 지휘하게 된 장군 양복은 이력이 독특하다. '혹리열전(酷吏列傳)'에 여러 인물이 소개되는 가운데 잠깐 나오는 그에 대한 기록을 보면, 그는 재물을 내고 관리가 된 사람이었다. 차차 승진하여 구경(九卿)의 반열에 올랐으며 남월과의 전쟁 때 누선장군이 되었다. 그는 곧 이어질 동월과의 전쟁, 조선과의 전쟁에도 참여했다.

누선장군의 군대는 예장으로부터 횡포로 내려갔다고 한다. 예장은 현 남창(南昌) 지역에 해당된다. 횡포는 앞에서 나온 바 있다. 임효가 죽자 조타가 격문을 횡포, 양산, 황계관에 돌려 반란군이 곧 올 것이니 길을 끊고 병사들을 모아 지키라고 했다.

과선장군, 하려장군이 된 두 사람의 월인도 주목된다. 과선은 배밑에 창을 박은 배이다. 『집해』에 따르면 월인들은 물속에서 배를 뒤집기 때문이기도 하고 교룡의 피해가 많아서 배밑에 창을 꽂는다고 되어 있다.

치의후는 『집해』에 월인이라 되어 있다. 그가 파촉의 죄인들과 야랑의 병사들을 이끌고 내려가 반우에 이르게 했다. 파와 촉은 현재 사천 지역이고 야랑은 당시 '서남이' 지역(현재 운남)에 있던 나라를 가리킨다. 월족이 사천과 운남 쪽을 돌다니 너무 멀다고 생각되는가? 멀긴 멀지만 장강 주변 혹 그 이남의 월인에게 사천, 운남은 낯선 곳이 아니었다. 북으로는 장강, 남으로는 베트남 북부의 홍강을 통해 월인과 사천, 운남의 교류는 활발했다. 『대월사기전서』에 의하면 어우락을 세운 안양왕은 원래 파촉인(巴蜀人)이었다고 하는데 이는 황당한 말이 아니다.

전반적으로 보아 대단히 광활한 군사 기동이라고 하지 않을 수 없다. 진나라와 한나라 때 통일되고 확장된 중국 판도를 충분히 활용하는 방식이었다.

元鼎六年冬, 樓船將軍將精卒先陷尋陝, 破石門, 得越船粟, 因推而前, 挫越鋒, 以數萬人待伏波. 伏波將軍將罪人, 道遠, 會期後. 與樓船會, 乃有千餘人, 遂俱進.

원정 6년 겨울에 누선장군은 정예 병사를 이끌고 먼저 심섬을 함락했다. 석문을 깨 월의 배와 식량을 얻어서 [그것에] 의지해 앞으로 밀고 나가 월의 전위대를 무찌른 후 수만 명으로써 복파를 기다렸다. 복파장군은 죄인들을 거느렸는데 길이 멀어 만날 기한보다 늦게 누선과 만났다. 그래서 천여 명이었지만 마침내 함께 나아갔다.

누선장군의 활약이 눈부시다. 그가 깬 석문은 승상 여가가 돌을 쌓아 만든 방어벽이었다고『색은』은 전한다. 남월의 배를 빼앗고 그것을 앞세워 나갔다는 건 잡은 배와 군사를 이용해 전투를 수행했다는 얘기다. 장

전쟁의 추이 • 355

강과 회수 사이에서 동원한 인력 중에도 월인이 많았을 것이라 했다. 그 월인을 앞세워 심섬과 석문을 치고 다시 거기서 빼앗은 월인과 그들의 장비로써 그 뒤를 치는 것이다. 적군의 것을 활용하여 적을 치는 용병술이었다.

> 樓船居前, 至番禺. 建德嘉皆城守. 樓船自擇便處, 居東南面,
> 누선거전 지반우 건덕가개성수 누선자택편처 거동남면
> 伏波居西北面. 會暮, 樓船攻敗越人, 縱火燒城. 越素聞伏波
> 복파거서북면 회모 누선공패월인 종화소성 월소문복파
> 名, 日暮, 不知其兵多少. 伏波乃爲營, 遣使者招降者, 賜印復
> 명 일모 부지기병다소 복파내위영 견사자초항자 사인부
> 縱令相招. 樓船力攻燒敵, 反驅而入伏波營中. 犂旦, 城中皆
> 종령상초 누선력공소적 반구이입복파영중 려단 성중개
> 降伏波.
> 항복파

누선[장군]이 앞에 있으면서 반우에 이르렀다. 건덕과 [여]가는 모두 성안에 틀어박혀 지켰기에 누선은 스스로 편리한 곳을 택해 동남면에 위치하고 복파는 서북면에 있었다. 날이 저물었을 때 누선은 월인을 공격해 패배시켰으며 불을 놓아 성을 태웠다. 월은 평소 복파의 이름을 들었는데, 날이 저물매 그의 병사가 얼마나 되는지 알지 못했다. 그래서 복파는 영채를 만들고 사자를 보내 항복할 자들을 불렀고, 인장을 내리고는 다시 풀어주어 서로 부르게 했다. 누선은 힘써 적을 공격하고 불태웠지만 거꾸로 [적을] 몰아서 복파의 영채 안으로 집어넣었다. 날이 새자 성중[의 사람들]은 모두 복파에게 항복했다.

여가는 새로운 왕 건덕과 함께 성을 지켰다. 오로지 수성전에 집중했던

모습이다. 양복과 로박덕의 전술이 달랐다. 동남쪽의 양복은 숨가쁘게 공격했고 로박덕은 투항을 권고했다.

결과적으로, 양복에게 쫓긴 남월 병사들은 로박덕이 활짝 열어 놓은 문으로 대거 들어가 투항한 모습이 되었다. 이러니 항복을 받은 사람도 로박덕이요, 전리품인 포로 수가 훨씬 많은 것도 로박덕이었다. 양복으로서는 허망하기 그지없는 일이었겠다.

> 呂嘉建德已夜與其屬數百人亡入海, 以船西去. 伏波又因問
> 여 가 건 덕 이 야 여 기 속 수 백 인 망 입 해   이 선 서 거   복 파 우 인 문
> 所得降者貴人, 以知呂嘉所之, 遣人追之. 以其故校尉司馬蘇
> 소 득 항 자 귀 인   이 지 여 가 소 지   견 인 추 지   이 기 고 교 위 사 마 소
> 弘得建德, 封爲海常侯, 越郞都稽得嘉, 封爲臨蔡侯.
> 홍 득 건 덕   봉 위 해 상 후   월 랑 도 계 득 가   봉 위 임 채 후
>
> 여가와 건덕은 밤이 되자 자신들의 무리 수백 인과 함께 도망쳐 바다로 들어가 배를 타고 서쪽으로 갔다. 다시 복파는 얻은 투항자 귀족들에게 물어 여가가 간 곳을 알아내서 사람을 보내 그들을 쫓았다. 그리하여 그의[여가의] 옛 교위였던 사마 소홍이 건덕을 잡자 [소홍을] 봉하여 해상후로 삼고, 월의 랑 도계가 가를 잡자 [도계를] 봉하여 임채후로 삼았다.

여가 일행이 배를 타고 서쪽으로 갔다고 한다. 광주는 중국 동남 연안에 있는 도시다. 배를 타고 나갔으면 가는 방향이 동쪽이어야지 어찌 서쪽이 되는가? 바다로 나가 연안을 따라 내려갔다는 말인데, 그 방향이 대략 서향이다. 이들이 간 곳으로 가능성이 높은 곳은 현재의 북부 베트남이다.

광주에서부터 해남도와 뢰주반도를 거쳐 통킹 만에 이르기까지는

전쟁의 추이 • 357

바다로 연결된 하나의 해상 세계라 할 수 있다. 한나라 사람들에게는 그곳이 미지의 세계였겠지만 남월 사람들에게는 앞바다와 같은 곳이었다. 그러니 복파는 월인을 앞세워 여가와 건덕을 찾는 것이다. 건덕을 잡은 사람은 이전의 교위 즉 남월의 관리였다.

그런데 여가를 잡은 사람은 '월의 랑'이라고 했다. '랑'이란 무엇인가? 고대 베트남 초기 왕국이었던 반랑(Văn Lang 文郎) 시대 관리를 일러 '관랑(官郎)'이라 했다. 반랑의 뒤를 잇는 게 어우락 국이었고 어우락은 남월에게 망했다. 월의 랑이란 건 그가 어우락이 있었던 지역의 관리였다는 말이다. 여가는 어우락의 판도로 망명을 했다가 그곳 유력자에게 잡혀 넘겨진 것이라고 볼 수 있다.

하지만 이들 협조자의 인생이 갑자기 묘해진다. 건덕을 잡은 사람은 해상후로 임명되는데 해상은 산동 동래(東萊)이며 여가를 잡아 임채후로 임명된 사람이 가야 할 곳은 황하 북쪽에 있는 하내(河內)였다고 각각 『집해』와 『색은』은 밝히고 있다. 비록 공을 세워 작위를 받았다고 하나 먼 중국 땅으로 옮겨가 사는 게 이들에게는 어떤 대접으로 받아 들여졌을지 모르겠다. 사람에 따라 달랐을 것이다. 그러나 결과는 모두 동화였다. 2, 3대 뒤에 이 월인들이 한인이 되는 건 당연한 귀결이었다.

蒼梧王趙光者, 越王同姓, 聞漢兵至, 及越揭陽令定自定屬漢, 창오왕조광자 월왕동성 문한병지 급월게양령정자정속한 越桂林監居翁諭甌駱屬漢, 皆得爲侯. 戈船下厲將軍兵及馳 월계림감거옹유구락속한 개득위후 과선하려장군병급치 義侯所發夜郞兵未下, 南越已平矣. 遂爲九郡. 伏波將軍益封. 의후소발야랑병미하 남월이평의 수위구군 복파장군익봉 樓船將軍兵以陷堅爲將梁侯. 自尉佗初王後, 五世九十三歲 누선장군병이함견위장량후 자위타초왕후 오세구십삼세 而國亡焉. 이국망언

> 창오왕 조광은 월왕과 같은 성이지만, 한나라의 군대가 왔다는 걸 듣고 월의 계양 현령 정과 함께 스스로 한나라에 내속하기로 결정했으며, 월의 계림 감 거옹은 구락을 깨우쳐 한나라에 귀속하게 해 모두 후가 될 수 있었다. 과선장군, 하려장군 및 치의후가 일으킨 야랑의 군대가 오기 전에 남월은 이미 평정되어, 마침내 아홉 개의 군이 되었다. 복파장군은 봉작이 더해졌고 누선장군은 군대가 성을 함락시켰기에 장량후가 되었다. 위타가 처음 왕이 된 후로 다섯 대 93년 만에 나라가 망했다.

남월의 판도를 가늠할 수 있는 건 '동서 만여 리'가 되던 판도 위에 아홉 개의 군이 설치되었다는 기사이다. 시황제 때 설치한 군이 세 개였는데, 그게 아홉 개로 늘어난 것이다. 『대월사기전서』에 따르면 9개 군은 담이(儋耳), 주애(珠崖), 남해, 창오, 울림(鬱林), 합포(合浦), 교지, 구진, 일남으로서 현 광동, 광서, 해남도, 베트남 북부와 중부에 거쳐 있었다.

사마천의 생각

> 太史公曰, 尉佗之王, 本由任囂. 遭漢初定, 列爲諸侯. 隆慮離
> 태사공왈 위타지왕 본유임효 조한초정 열위제후 융려리
> 溼疫, 佗得以益驕. 甌駱相攻, 南越動搖. 漢兵臨境, 嬰齊入朝.
> 습역 타득이익교 구락상공 남월동요 한병임경 영제입조
> 其後亡國, 徵自樛女, 呂嘉小忠, 令佗無後. 樓船從欲, 怠傲
> 기후망국 징자규녀 여가소충 령타무후 누선종욕 태오
> 失惑, 伏波困窮, 智慮愈殖, 因禍爲福. 成敗之轉, 譬若糾墨.
> 실혹 복파곤궁 지려유식 인화위복 성패지전 비약규묵
>
> 태사공이 말한다. 위타가 왕이 됨은 원래 임효로부터 비롯된 것이다. 한나라가 처음 안정되었을 때를 만나서는 반열이 제후가 되었다. 융려가 습기와 역병을 만나니 타는 더욱 교만해질 수 있었다. 구락과 서로 싸우면서 남월은 불안하고 흔들렸다. 한나라의 군대가 경계에 이르자 영제가 입조했다. 그 후 나라를 망하게 한 건 징조가 규씨 여자로부터 비롯되었으나 여가의 충성함이 작아서 타로 하여금 후사가 없게 하였다. 누선은 욕심을 좇아 태만하고 오만하여 미혹함에 빠졌고 복파는 곤궁했으나 지혜와 사려는 더욱 커져서 화로 인해 복을 만들었다. 성패의 돌고 도는 것이 비유하자면 세 겹으로 꼰 줄 같다.

사마천은 여가를 두고 '충성함이 작다'고 평가했는데 무슨 말일까? 여러 가지 추측되는 바가 있다. 사마천은 여가가 자기에게 적대적이지 않았던 흥을 끝까지 잘 보필하여 중국에 귀부하게 함으로써 사직을 보전하길 바랐을까? 그러면 충성스럽다고 여겼을까? 하지만 그건 너무 중국인 중심적 사고이다. 아울러 그건 정치가의 생각이다. 역사가 사마천은 그렇게까지 편향적이지 않다. 그렇다면, 귀부하지는 않더라도 흥을 잘

보필하고 중국인과 월인이 협조하는 가운데 독립을 유지했어야 했다는 안타까움의 토로일까, 한의 군대와 맞서 싸움에 도망치지 않고 성을 베고 죽었어야 했다는 말일까? 아니면 도망치더라도 바다로 가지 말고 산으로 들어가 끝까지 싸웠어야 했다는 아쉬움을 내비친 것이었을까?

남월의 후예들은 성안에서 싸우기보다 산천을 의지해 싸웠다. 13세기 몽골의 세 차례 침입을 물리치며 대몽 항쟁을 지도했던 쩐흥다오(陳興道)는 다음과 같은 요지의 말을 남겼다. 적군은 긴 대열을 믿고 베트남은 짧은 무기를 의지하니 누에가 뽕잎을 먹듯이 천천히, 바둑을 둘 때 적을 둘러치듯이 신중하게 하면서 아버지와 아들을 함께 거두어 얻어가며 싸워야 한다는 것이었다.

남월(南越 Nam Việt 남비엣)은 월남 혹은 베트남(越南 Việt Nam 비엣남 → 베트남)으로 남았다. 베트남의 마지막 왕조는 응우옌 왕조(1802-1945)인데 남월을 계승한다고 국호까지 남월로 했다가 중국의 반대로 인해 절충안으로 월남이란 국호를 대중 외교에서 사용했다.

베트남은 프랑스와 싸우게 되었다. 황제는 황성을 떠나 산으로 들어갔다.(1885) 거기서 근왕의 조서를 반포하고 의군의 봉기를 촉구했다.

그 전통이 20세기에 공산주의자들의 게릴라전으로 이어졌다. 공산주의자들은 사람들로 하여금 산천에 기대고 부자에 더해 조손까지 함께 싸우게 하여 프랑스와 미국을 이겼다. 그 과정에서 1945년 황제가 폐위되었다. 이것이 8월 혁명이었다.

황제라는 칭호는 시황제 때부터 생겨났고 몇십 년 뒤 남월에서도 생겼다. 그 후로 중국과 베트남에 황제의 나라들이 20세기까지 나란히 존속했다. 잠시 등장했던 대한제국의 황제는 1910년에 사라졌고, 중국은 신해혁명(1911)으로 황제 지배를 끝냈으며, 34년 뒤에 베트남에서 황제가 사라짐으로서 시황제 이래 2천 년 넘게 사용되던(일본의 천황은 상징적 존재인 데다가 명칭도 다르니 논외로 하고) 진나라의 '황제'는 영원히 역사에서 퇴장했다. 그 영원한 퇴장을 있게 한 주역이 호찌민(Hồ Chí Minh 胡志明)이었다. 진나라 때의 예언 '진을 망하게 하는 건 호(亡秦者胡也)'에서 '호'는 진시황이 생각한 흉노였을 수도 있다. 사마천이 암시한 시황제의 아들 호해(胡亥)였을 수도 있다. 그런데 진의 핵심적 제도가 황제지배라고 할 때 동아시아에서 그 제도가 완전히 종결되는 건 1945년이니 진을 망하게 할 것이라는 '호'는 궁극적으로 호찌민이었을 수도 있지 않겠느냐는 생각을 해보는 건 역사학도들의 소소한 재밋거리다.

4
조선
— 조선열전

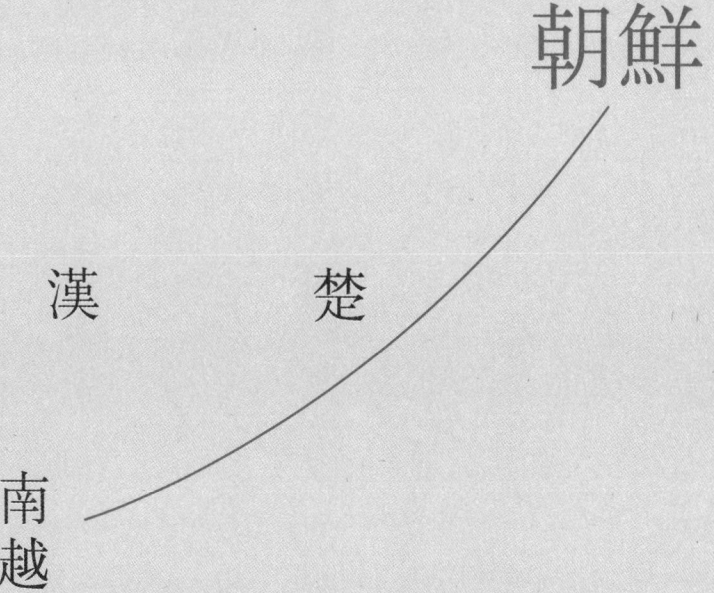

패수와 왕험

> 朝鮮王滿者, 故燕人也. 自始全燕時, 嘗略屬眞番朝鮮爲置吏
> 조선왕만자 고연인야 자시전연시 상략속진번조선위치리
> 築鄣塞. 秦滅燕, 屬遼東外徼. 漢興, 爲其遠難守, 復修遼東故
> 축장새 진멸연 속요동외요 한흥 위기원난수 부수요동고
> 塞, 至浿水爲界, 屬燕.
> 새 지패수위계 속연
>
> 조선왕 만이라 하는 자는 본디 연나라 사람이었다. 연나라가 이제 막 번영할 때부터 일찍이 진번과 조선을 침략해 복속시켜 관리들을 두고 요새를 쌓았다. 진나라는 연나라를 멸망시키고 요동의 바깥 변방을 복속시켰다. 한나라가 일어나서는 그곳이 멀어서 지키기 어려웠기 때문에 다시 요동의 옛 요새를 수리하고 패수에 이르기까지를 경계로 삼고 연나라에 맡겼다.

 패수가 문제이다. 남월은 험준한 오령을 북쪽에 지고 있었다고 하니 위치가 대략이나마 비정되지만 조선의 경우는 패수의 위치가 불분명하기 때문에 연나라와의 경계 비정이 힘들다.『집해』와『색은』은 말이 없고『정의』는『한서』'지리지'를 인용하여 "패수는 요동의 요새 바깥에서 시작하여 서남 낙랑현에 이르며 서쪽으로 흘러 바다로 들어간다."고 했다. 그럼 낙랑현이 어디에 있었는가가 문제다. 요동의 요새 바깥이란 또 어딘가? 실체가 잡히지 않는 기술이다.

 사마천의 글자와 지리적 맥락을 갖고 대략이나마 연나라와 조선의 경계를 짐작해 보기로 하자. 미리 말하지만, 그저 시도일 뿐이다.

 연나라는 주공과 더불어 나라를 다스렸다는 소공(召公)의 봉지였다. 주나라에서 본다면 동북쪽으로 가장 끝에 있는 나라였다.

'연소공세가(燕召公世家)'를 보면 태자 단(丹)이 시황제를 죽이려다 실패해 진나라의 공격을 받자 연나라 왕은 도망가 요동으로 옮겼다고 했다. 그래서 진나라가 요동의 연나라를 멸망시키고 그 바깥 변방을 복속시켰다는 것이다. 소진이 합종을 역설할 때 연나라를 두고 동쪽에 조선(위만 이전의 조선)과 요동이 있다고 했다. 조선은 나라 이름이고 요동은 지역 이름이다. 요동은 요하(또는 요수)의 동쪽이라는 말이다. 이곳은 조선과 연나라 사이의 땅이며 여러 부족 국가들이 존재하던 곳이었다고 생각된다. 진에 밀려 연나라 왕이 요동으로 간 것이다. 이들을 따라 진의 군대가 들어갔다는 말이다. '몽염열전(蒙恬列傳)'을 보면 그가 주관해 건설한 장성은 농서의 임조(臨洮)로부터 시작해 요동에 이른다(至遼東)고 했다. '이른다'는 지점은 요동을 포함할 수도 있고 경계까지 간다는 말도 된다. 그런데 요동과 요서를 구분하는 자연 경계는 요수인 만큼 후자로 해석하는 게 맞다. 『정의』에서 이르길 "요동군은 요수의 동쪽에 있으며 시황제 때 건설한 장성은 동쪽으로 요수에 이르러(至) 서남쪽으로 가 바다에 이른다(至)"고 했다.

그 뒤 한이 멀어서 지키기 어렵다고 여긴 곳은 요동 바깥 변방이거나 요동이었다. 어쨌든, 연나라 왕이 옮겨가서 잠시 정치 중심지가 되었던 요동은 다시 군사 지역이 되는 과정에서 요동의 옛 요새를 수리했다는 말이 나온 것 같다.

적어도 한이 들어섰을 때 요동에는 군사 기지만 있었다. 연나라의 중심지는 이미 현 북경 근처인 계(薊)로 옮겨가 있었고 요동은 요새 즉 성이 세워진 변방 지역이었다. 사마천은 '한흥이래제후왕연표'에서 "[서쪽의] 안문과 태원으로부터 동쪽으로 요양에 이르기까지가 연나라와 대나라이다(自雁門太原以東至遼陽爲燕代國)."라 했다. 그러니까 한나라 중심에서 볼 때 제일 동쪽 끝에 있었던 연나라의 오른쪽 경계가 요양이었던 것이다. 요양은 요수 동편에 있다. 요수에서 직선으로 약 45km 이다. 그 너머에 이민족 지대가 있을 텐데 거기부터는 간접적 통제의 대상이다. 하지만 그 간접 통제의 범위는 중국과 주변 세력의 역학 관계에 따라 가변적이었다. 패수는 이 가변적 지역 어딘가에 있었을 것이다. 그런데 '요동'의 동쪽 경계는 이 가변 지역에서 춤을 추니 지명 비정이 어렵다는 말이다.

이 정도만 하자. 경계와 역사의 문제가 민감해진 요즘(국내, 국제를 막론하고) 애매한 지역에 대한 지리적 비정은 합의 도출이 무망한 지경에까지 이르렀다.

> 燕王盧綰反, 入匈奴, 滿亡命, 聚黨千餘人, 魋結蠻夷服而東
> 연왕노관반 입흉노 만망명 취당천여인 추결만이복이동
> 走出塞, 渡浿水, 居秦故空地, 上下鄣, 稍役屬眞番朝鮮蠻夷
> 주출새 도패수 거진고공지 상하장 초역속진번조선만이
> 及故燕齊亡命者王之, 都王險.
> 급고연제망명자왕지 도왕험
>
> 연왕 노관이 거역하여 흉노로 들어가자 만은 망명했으니 모인 무리가 천여 명으로서 몽치 상투를 하고 오랑캐의 옷을 입고 동쪽으로 도망가 요새를 벗어나 패수를 건너 진나라의 옛날 빈 땅에 사는 가운데, 경계를 위아래로 움직여 가면서 차츰 진번과 조선 오랑캐 및 옛 연나라와 제나라 망명자들을 복속시켜 그들의 왕 노릇을 했다. 왕험을 도읍으로 삼았다.

우리는 '고조본기'에서 이미 노관을 만났다. 유방의 절친한 친구이되 의심을 사 흉노로 망명한 사람이었다. 그러니 조선에 가 왕이 된 위만은 노관과 알던 사람이었다고 추측할 수 있다. 한나라에 대해서는 좋은 감

정을 가지고 있을 리가 없었다. 이후 연왕으로 임명되는 사람은 유방의 막내 아들 건이었다.

패수를 경계로 했다고 했는데 그 건너 '진나라의 옛날 빈 땅'이라는 말이 나와서 읽는 이를 혼동스럽게 한다. "진나라는 연나라를 멸망시키고 요동의 바깥 변방을 복속시켰다."고 했으니 요동 바깥 지역이 '진나라의 옛날 빈 땅'이 아닌가 모르겠다. 거긴 '진나라의 땅'이 아니라 진나라 땅이 되었다는 요동의 '바깥 변방'이었다. 그냥 위만 집단이 패수 너머에서 살았다고 했으면 간단했을 것이다. 거기서 오랑캐 옷을 입고 있었다면 패수 너머는 분명 오랑캐 땅이었다.

패수에 이어 왕험도 문제다. 왕험은 뒤에 이어지는 사마천의 기술을 보면서 추측해 보기로 하자.

우리는 왕검(王儉)에 익숙하지만 여기서는 왕험(王險)으로 표시되어 있다. '험'이 '검'으로 읽혀지는 용례는 없다. 여기서는 쓰인 대로 왕험으로 읽겠다.

> 會孝惠高后時, 天下初定, 遼東太守卽約滿爲外臣, 保塞外蠻
> 회 효 혜 고 후 시 천 하 초 정 요 동 태 수 즉 약 만 위 외 신 보 새 외 만
> 夷, 無使盜邊, 諸蠻夷君長欲入見天子, 勿得禁止. 以聞上許
> 이 무 사 도 변 제 만 이 군 장 욕 입 현 천 자 물 득 금 지 이 문 상 허
> 之, 以故滿得兵威財物侵降其旁小邑, 眞番臨屯皆來服屬, 方
> 지 이 고 만 득 병 위 재 물 침 항 기 방 소 읍 진 번 임 둔 개 래 복 속 방
> 數千里.
> 수 천 리

효혜와 고후 때를 만나 천하가 비로소 안정되자 요동태수는 즉각 만과 약속을 해 외신으로 삼고 요새 바깥의 오랑캐를 보호해 변계를 도둑질함이 없게 하고 오랑캐 우두머리들이 들어와 천자를 알현하려 하면 금할 수 없게 했다. [이로]써 상에게 아뢰니 그것을

> 허락하였기에 만은 군대의 위엄과 재물을 얻어 그 주변 소읍들을 침범하고 항복시켰다. 진번과 임둔이 모두 와 복속하여 크기가 수천 리였다.

유방이 죽고 나서 여후가 실권을 잡자 천하가 안정되었다는 게 사마천의 시각이다. 유방이 확정한 판도 속에서 여후는 내치에 힘썼기 때문이다.

판도가 확정되고 내치가 안정기에 들어갔기에 요동태수도 위만의 지배권을 인정할 수 있었던 것이다. 앞에서는 패수를 경계로 한다고 했다. 그런데 이때에 와서는 새외 즉 장성의 바깥쪽 이민족에 대한 통제는 위만에게 맡겨졌다. 위만의 세력 범위가 패수 서쪽으로 넘어왔음을 알 수 있다.

이쯤에서 사마천이 바라보는 국제 관계를 생각해 볼 수 있겠다. 여후 시기 중국은 내부적으로 안정되고, 남월은 조타가 황제를 칭하면서 세력 범위를 중국 반대편으로 확대하고 있었다. 동북쪽에서는 위만의 힘이 세지면서 판도를 확대했다. 북쪽에 흉노도 건재했으니, 사마천이 보기에 지금 이 상태가 이상적이고 안정적인 천하 질서가 아니었을까 한다. 공존하고 경쟁하는 국제 관계였다.

정방형으로 환산할 때 조선 판도의 좌우 길이가 수천 리라고 했다. 남월의 만 리에는 미치지 못하지만 2천 리였다는 제나라보다 사마천에게는 조선이 크게 인식되었던 것으로 보인다.

오랑캐 군장이란 무엇인가? 그것도 여러 군장이란다. 이들은 누구이기에 조선 판도 내에 있으면서도 장안의 천자를 알현하려 했는가? 첫째, 이들은 조선 중심부와 중국의 요동 사이에 존재하는 이민족 수장들이었다. 소위 가변 지대의 존재들로서 조선과 중국의 지배권이 중첩되는

패수와 왕험 • 369

곳에 위치했다. 약조를 맺을 때 조선의 지배권은 패수 너머 장성 외곽까지 미쳤다고 했지만 이곳 지역민에 대한 조선의 배타적인 권리 행사는 현실적이지 않았고 또 그렇게 내버려두고 싶지 않은 게 중국 입장이었을 것이다. 둘째, 중국에서 보자면 조선 배후에 있는 이민족 집단의 수장들도 오랑캐 군장에 포함되었다. 예를 들어 조선의 남쪽 세력권 바깥의, 현 한반도 중남부 군소 정치 세력들이 있었을 것이다.

전쟁의 추이

> 傳子至孫右渠, 所誘漢亡人滋多, 又未嘗入見, 眞番旁衆國欲
> 전자지손우거 소유한망인자다 우미상입현 진번방중국욕
> 上書見天子, 又擁閼不通. 元封二年, 漢使涉何譙諭右渠, 終
> 상서현천자 우옹알불통 원봉이년 한사섭하초유우거 종
> 不肯奉詔. 何去至界上, 臨浿水, 使御刺殺送何者朝鮮裨王長,
> 불긍봉조 하거지계상 임패수 사어자살송하자조선비왕장
> 卽渡馳入塞, 遂歸報天子曰, 殺朝鮮將. 上爲其名美, 卽不詰,
> 즉도치입새 수귀보천자왈 살조선장 상위기명미 즉불힐
> 拜何爲遼東東部都尉. 朝鮮怨何, 發兵襲攻殺何.
> 배하위요동동부도위 조선원하 발병습공살하

> 자식에게 전하고 손자 우거에 이르러 끌어들인 한나라 망명자들이 점차 많아졌지만 일찍이 들어와 알현한 적도 없고 진번의 옆 나라들이 천자에게 글을 올리고 알현하고자 해도 붙들고 가로막아 통하지 못하게 했다. 원봉 2년 한나라는 섭하를 사절로 보내 우거를 꾸짖고 깨우쳤으나 [우거는] 종내 조서 받들기를 거부했다. [섭]하가 떠나서 경계에 이르러 패수에 임해, 마부로 하여금 하를 전송하러 온 자였던 조선 비왕 장을 죽이게 하고 곧 건너서 요새로 달려 들어왔으며 마침내 돌아와서 천자에게 말하길 "조선의 장수를 죽였습니다."라고 했다. 상이 그 명분을 아름답다 여겨 즉각 책망하지 아니하고 하에게 벼슬을 내려 요동동부도위를 삼았다. 조선은 하를 원망하여 군대를 보내 습격하여 하를 죽였다.

남월이고 조선이고 중국과의 관계가 긴장되는 게 창업자의 손자 때부터였다. 당시 중국의 황제였던 무제가 국제 관계의 균형을 깨뜨리면서 팽창 정책을 추구했던 탓이다.

우거가 무제를 만나러 가지 않은 건 조타의 손자 문왕 호가 무제와의

만남을 사양한 것과 마찬가지 이치였을 것이고 배후의 나라들이 한과 직접 왕래하지 못하게 한 건 조선의 지배력이 강해지고 있던 중이었음을 시사한다.

무제의 사절이 조선에 간 원봉 2년은 남월이 멸망한 지 2년 뒤였다. 남월의 뒤를 이어 동월도 이미 망했다. 동월을 멸망시킨 뒤에는 그 백성을 모두 장강과 회수 사이에 이주시켜 복건 지역에 있던 월인의 흔적을 없애려 했던 사람이 무제였다. 자기에 대적하면 어떤 일이 벌어질지를 보여준 상태에서 무제가 조선을 가르치고자 했다. 하지만 조선 왕의 태도는 완강했다.

사절이 돌아가는 길에 패수를 만났다. 이즈음 다시 패수가 경계가 되었는가 보다. 무제가 등극하면서 시작된 팽창 정책으로 인해 그렇게 되었을 수도 있다. 즉 한나라는 원래의 경계였던 패수 이서 지역까지를 회복하고서도 수천 리 조선 너머 그 배후의 '여러 나라'에 대한 문제를 놓고 조선에 시비를 걸고 있는 중이었다.

패수를 건너서 달려 들어간 요새는 패수 변에 서 있던 한나라의 요새였을까? '요양 근처의 성루였을까? 여기서 '새'는 장성을 의미한다면 어떨까? 앞서 우리는 '고조본기'에서 연나라 왕 노관이 흉노로 도망쳤다가 유방의 안부를 물은 곳이 '새하(塞下)'였고 이 글자는 '한신노관열전'에 '장성하(長城下)'였다는 걸 보았다. 사마천의 용법, 적어도 연나라 지역에서 '새'는 '장성'(옛 것이든 새 것이든)이었을 수도 있다.

무제가 남월에 보냈던 사절과 조선으로 간 사절의 모습이 달랐다. 전자는 남월에 오래 머물면서 조정을 분열시키고 긴장감을 야기하다가 살해당하기까지 하면서 자기 역할을 충분히 수행했다. 그런데 조선으로 간 사절은 우거의 굳은 마음만 확인한 채 살아서 돌아왔다. 죽어야지 개입의 빌미가 되는데 오히려 죽이고 왔으니 행동은 가상하다 할 수 있겠으나 무제가 보기에 이 사절은 제 역할을 하지 못해도 너무 못했다.

그래서 무제는 이 신하에게 기회를 더 주었다. 죽을 기회를 말이다. 무제의 잔혹함과 뛰어난 술수가 사마천에 의해 유감없이 묘사되고 있다. 무제는 사절 섭하를 요동 중에서도 가장 동쪽인 동부도위 즉 조선과 가장 인접한 변경 지대의 군사 지휘관으로 임명했다. 거기는 무제가 점잖게 안내한 섭하의 사지(死地)였다.

> 天子募罪人擊朝鮮. 其秋, 遣樓船將軍楊僕從齊浮渤海, 兵五萬人, 左將軍荀彘出遼東, 討右渠. 右渠發兵距險. 左將軍卒正多率遼東兵先縱, 敗散, 多還走, 坐法斬.
>
> 천자는 죄인들을 모아 조선을 쳤다. 그해 가을 누선장군 양복을 보내 제로부터 발해를 건너게 하니 병사가 5만 명이었고 좌장군 순체는 요동을 나가 우거를 치게 했다. 우거는 군대를 보내 험한 곳을 지키게 했다. 좌장군의 졸정이었던 다는 요동의 병사들을 이끌어 먼저 풀었는데 패하여 흩어졌다. 다는 돌이켜 달아났으나 법에 걸려 참해졌다.

섭하 덕분에 무제는 군대를 일으킬 명분을 획득했다. 무제가 남월을 공략할 때 누선장군의 활약이 컸다. 동월을 멸망시킬 때도 누선장군 양복이 앞장섰다. 그 양복이 조선 공격에서도 군사를 이끌었다. 여기에도 '형여죄인'이 동원되었다.

양복은 제나라 땅으로부터 발해를 건넜다고 했다. 발해는 산동반도와 요동반도가 서로 가까이 바라보고 있으면서 중국 대륙의 북동부 연안을 싸고 있는 곳에 마치 지중해처럼[37] 물이 들어차 있는 바다이다. 제나라의 어디로부터 출발해 발해를 건넌 뒤에 어디로 상륙했는지는 알 수가 없다. 패수의 위치는 여전히 오리무중이다. 그렇지만 발해를 '건넜다'면 양복의 수군이 적어도 발해해협을 빠져나가지는 않은 것이라고 생각된다. 그렇다면 누선장군 양복의 배가 닿은 곳은 요동반도 서편 어딘가였을 것이라는 추측이 가능하다. 그의 병사는 5만, 남월 원정 때의 절반이었다.

혹 양복의 군대가 발해 바깥 바다 즉 황해를 건넜을 수도 있을까? 나는 무제 때에야 비로소 군사 작전에 대형 선박이 활용되었다고 했다. 동월을 정복할 때는 바닷길도 이용되었다. 그런데 그건 연안 항로를 이용한 항해였다. 발해를 건너는 일이야 열도가 있으니 그 선을 따라서 가본다고 하겠지만 황해를 건너는 일은 차원이 다르다. 만약 중국 선대가 그런 항행에 성공한 것이라면 획기적인 사건이었다고 할 수 있다. 또는, 발해를 건넌 뒤 연안 항로를 통한 이동을 시작해서 조선반도 방향으로 이동할 수도 있었겠다. 그러나 사마천의 기술은 '발해를 건넜다'는 데서 끝나니 그 이후의 항해까지 굳이 상상할 필요는 없다.

양복의 병사들이 닿은 곳이 요동반도의 서쪽이라면 좌장군 순체가 '요동을 나가'라는 기사와 잘 호응되어야 한다. 두 군대는 합쳐져야 했다. 남월을 공격할 때도 누선과 복파가 궁극적으로 합쳐져야 했음을 우리는 보았다. 로박덕이 늦어졌지만 양복은 기다렸고, 시간을 대느라 급했던 로박덕이 천 명의 군사밖에 데리고 오지 못했을지라도 양군이 합쳐진 후 한나라 군대는 본격적인 공세에 들어갔다. 양복이 상륙한 곳이 요동반도

---

37) 요동반도와 가장 가까운 곳으로 산동반도 끝에는 봉래(蓬萊)가 있고 요동반도 끝에는 여순(旅順)이 있어 서로 마주본다. 봉래 앞바다에서부터 묘도열도(廟島列島)가 이어지고 열도와 여순 사이에는 발해해협이 있다.

서쪽이라면 당시 요동의 동쪽 경계는 지금보다 훨씬 서쪽으로 가 있어야 했다. 그래야 순체는 요동을 나가고 양복은 요동반도 서쪽 해안에 상륙해서 작전을 수행할 수 있었던 것이다. 순체가 나가서 진군한 곳이나 양복이 정박한 곳은 모두 한나라 땅 바깥이었다. 왓슨의 번역 역시 순체가 "요동으로부터 나갔다(marched out of Liao-tung)."이다.

'요동을 나가(出遼東)'를 '요동(쪽)으로 나가'라고 번역하면 어떨까? 만약 그렇게 한다면 모든 게 훤해진다. 패수도 왕험성도 다 요동에 있다는 말이 된다. 왕험성이 요동에 있었다는 『색은』의 주장과도 잘 호응된다. 다시 말하면 당시 '요동'은 그 동쪽 경계가 어디였든 간에 한의 요동군과 조선의 중심부를 모두 담고 있던 지역이라 할 수 있을 것이다. 하지만 이 경우에도 문제는 있다. 『색은』은 후세의 주석서이다. 참고는 되지만 사료는 아니다. '남월열전'에서 복파장군이 계양을 나가고(出桂陽) 누선장군이 예장을 나간(出豫章) 것처럼 순체가 '요동을 나가(出遼東)'로 번역하는 게 옳을 것 같다.

좌장군 순체의 졸정이 먼저 공격했다가 패해서 참해졌다고 하는데 진 이유도 그렇고 참해진 이유도 그렇고 모두 합치기 전에 먼저 공격했기 때문이었다.

樓船將軍將齊兵七千人先至王險. 右渠城守, 窺知樓船軍少, 卽出城擊樓船, 樓船軍敗散走. 將軍楊僕失其衆, 遁山中十餘日, 稍求收散卒, 復聚. 左將軍擊朝鮮浿水西軍, 未能破自前.

누선장군은 제의 병사 7천 명을 거느리고 먼저 왕험에 이르렀다. 우거는 성에 틀어박혀 지키다가 누선의 군대가 적다는 걸 엿보아

> 알고는 즉시 성을 나가 누선을 치니 누선 군대는 패하여 흩어져 달아났다. 장군 양복은 무리를 잃고 산속에서 열흘 정도 숨어 지내다가 차츰 흩어진 병사들을 구하여 거두니 다시 모였다. 좌장군은 패수 서쪽의 조선 군대를 쳤으나 혼자서 깨뜨리고 전진하지는 못했다.

남월의 수도 반우에도 양복이 먼저 도착하더니 이번 조선 원정에서도 양복이 앞섰다. 그가 제의 병사를 이끌고 갔다고 하는데, 제나라 병사들은 보전 또는 기마전에 능했다. 5만 명을 데리고 바다를 건넜지만 일단은 날랜 제나라 병사 7천 명을 이끌고 양복은 육로를 통해 먼저 왕험성에 도착했다. 바다를 건넌 후 군사 7천이 선발대로 재빨리 이동할 수 있는 지점이 어디였을까? 거기에 왕험이 있었다. 잊지 말아야 할 사실이 하나 있다. 급박한 군사 작전에서 배를 이용한 병력 이동과 상륙은 왜 필요한가? 기습을 위함이다. 그래서 상륙 지점과 적의 중심부는 멀지 않다.

양복은 기다릴 셈이었겠지만, 누선의 병력을 가늠한 조선의 군대가 성문을 열고 나와 공격했다. 패하고 달아나 양복이 열흘을 숨어서 지냈다는 산속은 가을이었다. 중국에서 출동한 게 가을이었다니 그사이에 겨울로 접어들었을지도 모른다. 더운 남방과 추운 북방을 오가며 두 개의 거대한 이웃 나라를 넘어뜨리는 일을 하고 있는(동월까지 합치면 세 개) 양복의 공헌이 대단하다.

조선의 최전방 부대는 패수를 건너 한나라 군대와 맞서 싸우고 있었다. 좌장군은 조선군의 방어선을 깨지 못하고 있었으며 먼저 왕험성으로 간 양복도 패했다. 다른 기동로를 통해 한 목적지로 향하던 두 군대가 합쳐지지 못하면 그건 참담한 결과를 가져오게 되어 있다. 그래서 만나는 시간은 엄중한 것이다.

> 天子爲兩將未有利, 乃使衛山因兵威往諭右渠. 右渠見使者
> 천자위양장미유리 내사위산인병위왕유우거 우거견사자
> 頓首謝, 願降, 恐兩將詐殺臣, 今見信節, 請服降, 遣太子入謝,
> 돈수사 원항 공양장사살신 금견신절 청복항 견태자입사
> 獻馬五千匹, 及饋軍糧. 人衆萬餘, 持兵, 方渡浿水, 使者及左
> 헌마오천필 급궤군량 인중만여 지병 방도패수 사자급좌
> 將軍疑其爲變, 謂太子已服降, 宜命人毋持兵. 太子亦疑使者
> 장군의기위변 위태자이복항 의명인무지병 태자역의사자
> 左將軍詐殺之, 遂不渡浿水, 復引歸. 山還報天子, 天子誅山.
> 좌장군사살지 수부도패수 부인귀 산환보천자 천자주산

천자는 두 장군이 아직 승리가 없었기에 위산을 사절로 보내 군대의 위세로써 가서 우거를 깨우치게 했다. 우거는 사자를 만나 머리를 조아리며 사죄하기를 "항복하기를 원했으나 두 장군이 신을 속여 죽일 것을 두려워했습니다. 지금 신표를 보았으니 항복하기를 청합니다. 태자를 보내 들어가 사죄하고 말 오천 필을 헌납하고 군량을 대겠습니다."라 했다. 사람의 무리 만여 명이 무기를 들고 바야흐로 패수를 건너니 사자 및 좌장군은 그것이 변란이 될까 의심하여 태자에게 이르길 이미 항복했으니 마땅히 사람들에게 무기를 잡지 말라고 명해야 한다고 했다. 태자 역시 사자와 좌장군이 자기들을 속여 죽일까 두려워서 결국 패수를 건너지 않고 다시 [사람들을] 이끌어 돌아갔다. 산이 돌아가 천자에게 아뢰니 천자는 산을 죽였다.

무제는 영리했다. 군사적 승리가 쉽지 않아 보이면 협상에 들어갔다. 혹

제단에 바칠 사자 한 명이 더 필요했을지도 모른다.

조선 왕의 응대는 교묘했다. 항복하겠다고 말한 건 사실이었겠으나 항복 사절이 들고 가겠다는 물건은 맹랑했다. 우리는 한나라에 내속하겠다던 남월의 규씨가 무제에게 바칠 것으로 준비했던 게 값비싼 재물이었지 말과 양식이 아니었음을 기억한다. 말 오천 필에다가 양식, 무기, 만 명의 사람은 황제에게 바치는 복종의 재물일 수가 없다. 패수를 건너자마자 오천 명의 기병과 오천 명의 보병, 그리고 군량으로 바뀔 수 있는 사람과 동물과 병기 및 식량이었다.

무제가 사자를 죽일 이유는 충분했다. 살아서 돌아온 것, 항복 사절을 돌아가게 한 것, 말 오천 필과 만 명의 인력을 항복 사절 일행이랍시고 패수까지 데려온 것 등.

> 左將軍破浿水上軍, 乃前, 至城下, 圍其西北. 樓船亦往會, 居
> 좌 장 군 파 패 수 상 군   내 전   지 성 하   위 기 서 북   누 선 역 왕 회 거
> 城南. 右渠遂堅守城, 數月未能下.
> 성 남   우 거 수 견 수 성   수 월 미 능 하
>
> 좌장군이 패수 가의 군대를 깼다. 그래서 앞으로 나아가 [왕험]성 아래 이르러 그 서북쪽을 에워쌌다. 누선 역시 가서 합쳤으며 성 남쪽에 위치했다. 우거는 오로지 성을 굳게 지켰으니 몇 개월이 지나도 함락하지 못했다.

무제로서는 다행스럽게도, 좌장군이 패수를 건넜다. 누선이 가서 합쳤다고 한다. 합쳐진 두 군대는 성을 포위하고 각각 성의 서북쪽과 남쪽을 담당했다. 그러는 동안 겨울도 지나갔다.

左將軍素侍中幸, 將燕代卒, 悍乘勝, 軍多驕. 樓船將齊卒入
海, 固已多敗亡. 其先與右渠戰, 困辱亡卒, 卒皆恐將心慚. 其
圍右渠, 常持和節. 左將軍急擊之, 朝鮮大臣乃陰閒使人私約
降樓船, 往來言, 尙未肯決. 左將軍數與樓船期戰, 樓船欲急
就其約, 不會, 左將軍亦使人求閒郤降下朝鮮, 朝鮮不肯, 心
附樓船, 以故兩將不相能. 左將軍心意, 樓船前有失軍罪, 今
與朝鮮私善而又不降, 疑其有反計, 未敢發.

좌장군은 평소 황제를 모시면서 사랑을 받았고 연과 대의 병사를 이끌었는데 굳세어 승리에 승리를 이어갔으니 군대는 무척 교만해졌다. 누선장군은 제의 군졸을 이끌고 바다로 들어가 이미 참으로 많이 패하고 잃었다. 그전에 우거와의 싸움에서 곤란하고 욕스러웠으며 군졸들을 잃었기에 병졸들은 모두 두려워했고 장수들의 마음은 부끄러웠다. 그들이 우거를 포위하고서 항상 화평의 굳은 마음을 지녔다. 좌장군은 급히 그들[조선군]을 쳤다. 그래서 조선의 대신은 몰래 사람을 시켜 누선에 항복하기로 사사로이 약속했다. 오고가면서 말이 있었으나 오히려 아직 기꺼이 결정하지 못했다. 좌장군은 수차례 누선과 함께 싸우기를 기약했으나 누선은 얼른 그 [조선 측과의] 약속을 성사시키고자 해 [군대가] 합쳐지지 않자 좌장군 역시 사람을 시켜 이간질을 하여 조선을 항복시키고자 하였다. 그러나 조선은 기껍게 여기질 않고 마음은 누선을 좇았기에 두 장군은 서로를 견뎌낼 수 없었다. 좌장군은 마음속으로 헤아리길 누선이 이전에 패한 죄가 있었는데 지금 조선과 더불어

> 사사로이 친선하고 항복시키지 않으니 그가 거역의 계책이 있을
> 까 의심하였지만 아직 감히 드러내지 않았다.

남월과의 싸움 때와 비교하면 누선장군 양복은 태도가 완전히 달라졌다. 강공을 좋아하던 그는 로박덕처럼 화친을 중시하게 되었다. 배를 타고 왔던 5만의 병력이 이미 다 합류를 했을 테니 병력이 부족한 때문도 아니었다. 남월과의 싸움에서 얻은 교훈 탓이었다고 봐야 할 것 같다.

> 天子曰, 將率不能, 前使衛山諭降右渠, 右渠遣太子, 山使不
> 천자왈 장수불능 전사위산유항우거 우거견태자 산사불
> 能剸決, 與左將軍計相誤, 卒沮約. 今兩將圍城, 又乖異, 以故
> 능전결 여좌장군계상오 졸저약 금양장위성 우괴이 이고
> 久不決. 使濟南太守公孫遂往之, 有便宜得以從事.
> 구부결 사제남태수공손수왕지 유편의득이종사
>
> 천자가 말했다. "장수들은 능력이 없도다. 이전에 위산을 시켜 우거를 깨우쳐 항복하게 하자 우거는 태자를 보냈으나 산이 사신으로 가서 자기 마음대로 결단하지 못하고 좌장군과 더불어 의논함에 오류가 있어서 결국 약속을 막았다. 지금 두 장수가 성을 에워쌌는데 또 서로 어긋남이 있기 때문에 오래도록 결정이 나지 않는구나." 제남 태수 공손수로 하여금 거기에 가서 편의대로 일을 처리할 수 있게 했다.

벌써 세 번째 사절인가? 사절행과 싸움이 줄곧 교차한다.

> 遂至, 左將軍曰, 朝鮮當下久矣, 不下者有狀. 言樓船數朝不
> 會, 具以素所意告遂曰, 今如此不取, 恐爲大害, 非獨樓船, 又
> 且與朝鮮共滅吾軍. 遂亦以爲然, 而以節召樓船將軍入左將
> 軍營計事, 卽命左將軍麾下執捕樓船將軍, 幷其軍, 以報天子.
> 天子誅遂.

수가 이르자, 좌장군이 말했다. "조선은 마땅히 함락된 지 오래여야 했소. 함락되지 않은 건 사정이 있습니다." 누선이 여러 번 불러도 [군대를] 합치지 않는다고 말하며, 평소 생각하던 것을 모두 갖추어 수에게 고해 이르길 "지금 이와 같은데 빼앗지 아니하면 큰 해가 될까 두렵소. 누선 혼자만 아니라 또 곧 조선과 더불어 내 군대까지 함께 사라질 것입니다."라 하자 수도 역시 그렇다고 여겨 신표로써 누선장군을 불러 좌장군 영채에 들어와 일을 꾀하자 하고 즉시 좌장군 휘하에게 명해 누선장군을 붙들어 잡게 했다. 그의 군대를 합치고는 [이로]써 천자에게 보고했다. 천자는 수를 죽였다.

또 무제는 사절을 죽였다. 그것도 한 개 군의 수장인 태수를 말이다. 왜 죽였을까? 편의대로 일을 처리하라고 하지 않았던가?

> 左將軍已幷兩軍, 卽急擊朝鮮. 朝鮮相路人相韓陰尼谿相參
> 좌장군이병양군 즉급격조선 조선상로인상한음니계상참
> 將軍王唊相與謀曰, 始欲降樓船, 樓船今執, 獨左將軍幷將,
> 장군왕겹상여모왈 시욕항누선 누선금집 독좌장군병장
> 戰益急, 恐不能與, 王又不肯降. 陰唊路人皆亡降漢. 路人道
> 전익급 공불능여 왕우불긍항 음겹로인개망항한 로인도
> 死.
> 사
>
> 좌장군은 양 군대를 합친 후 나아가 급히 조선을 쳤다. 조선의 승상 로인, 승상 한음, 니계 승상 참, 장군 왕겹은 서로 더불어 논의하여 말했다. "처음에 누선에게 항복하려 했지만 누선은 지금 붙들려 있고 홀로 좌장군이 군대를 합쳤으니 싸움이 더욱 급해졌다. 더불[어 싸울] 수가 없을까 두렵다. 게다가 왕은 항복하려 하지 않는다." 음과 겹과 로인은 모두 도망쳐 한에 투항했다. 로인은 도중에 죽었다.

항복을 논의한 자로 열거된 사람은 네 명이었다. 이 중 세 명이 먼저 도망쳤다. 남월에서도 항복한 자들이 많았지만 이렇게 구체적으로 성안에 있던 사람 중 누가 항복하기를 원했는지는 기술된 바가 없다. 중국으로부터 오는 군대를 맞아 오래 버티다가 지칠 무렵이면 성안에서 벌어지는 이러한 논의는 이후 조선의 후예들 사이에서 수천 년을 이어오며 반복되었다. 견고한 성을 만들어 놓고도 무너지는 건 내부로부터인 경우가 많았다. 성을 버리고 도망을 쳐도 왕과 승상이 함께하던 남월의 경우와 비교되는 모습이다.

상은 일반적으로 재상을 뜻한다. 『집해』와 『색은』은 오랑캐들이라 관직명을 제대로 알지 못해 멋대로 가져다 붙인 직책이라고 한다. 왓슨도 승상(prime minister)이라고 번역했다.

> 元封三年夏, 尼谿相參乃使人殺朝鮮王右渠來降. 王險城未
> 원봉삼년하 니계상참내사인살조선왕우거래항 왕험성미
> 下, 故右渠之大臣成巳又反, 復攻吏. 左將軍使右渠子長降相
> 하 고우거지대신성사우반 부공리 좌장군사우거자장강상
> 路人之子最告諭其民, 誅成巳, 以故遂定朝鮮, 爲四郡. 封參
> 로인지자최고유기민 주성사 이고수정조선 위사군 봉참
> 爲澅淸侯, 陰爲狄苴侯, 唊爲平州侯, 長爲幾侯. 最以父死頗
> 위홰청후 음위적저후 겹위평주후 장위기후 최이부사파
> 有功, 爲溫陽侯.
> 유공 위온양후

원봉 3년 여름, 그래서 니계 승상 참은 사람을 시켜 조선왕 우거를 죽이고 와서 항복했다. 왕험성이 아직 떨어지지 않았는데, 예전 우거의 대신 성사도 거역하여 다시 관리들을 공격했다. 좌장군은 우거의 아들 장강과 재상 로인의 아들 최로 하여금 그 백성들에 고하여 깨우치게 하고 성사를 죽임으로써 마침내 조선은 평정되어 4개 군이 되었다. 참은 봉하여 홰청후로 삼고 음은 적저후로 삼았으며 겹은 평주후로 하고 장[강]은 기후로 삼았다. 최는 아버지가 죽었고 자못 공이 있었기에 온양후로 삼았다.

아직 도망치지 않고 남아 있던 니계 승상 참이 왕을 죽였다. 그리고 성을 들어 항복했다. 아마도 이 인물 이름이 맨 앞에 나오는 걸로 보아, 그리고 남아서 왕을 죽이는 걸로 보아 가장 직위가 높았던 인물이 아니었던가 한다. 작위가 주어졌다지만 나라는 떠나야 했다. 『집해』를 참고해 짚어보자면 홰청후는 갈 곳이 제나라, 적저후는 발해, 평주후는 양보(梁父), 기후는 하동, 온양후는 제나라였다.

> 左將軍徵至, 坐爭功相嫉乖計, 棄市. 樓船將軍亦坐, 兵至洌
> 좌장군징지 좌쟁공상질괴계 기시 누선장군역좌 병지열
> 口, 當待左將軍, 擅先縱, 失亡多, 當誅, 贖爲庶人.
> 구 당대좌장군 천선종 실망다 당주 속위서인
>
> 좌장군이 불려왔다. 공을 다투고 서로 시기하여 계책을 어긋나게
> 한 죄에 걸려 목이 잘리고 시체는 저잣거리에 버려졌다. 누선장군
> 역시 죄에 걸렸으니 군대가 열구에 이르러 마땅히 좌장군을 기다
> 려야 했거늘 멋대로 먼저 병사를 풀어 잃고 도망가는 게 많았다는
> 거였다. 마땅히 베어야 했으나 속전을 내고 서인이 되었다.

항복한 자들은 작위를 받았고 이긴 자들은 벌을 받았다. 기괴하기 그지 없는 일이다. 양복은 관리가 될 때도 돈을 쓰더니 서인이 되기 위해서도 돈을 썼다. 한나라의 이웃 세 나라를 한의 영토에 가져다 붙인 양복의 최후는 너무 허망하다. '혹리열전'에 의하면 양복은 순체에게 붙잡힌 후 병으로 죽었다고 하니 서인이 된 다음의 일일 것이다.

양복의 죄는 좌장군을 기다리지 않고 먼저 움직였다는 것이다. 왕험을 포위한 뒤 항복을 받는 데만 열중한 행동 즉 좌장군에게 붙잡힌 이유는 죄로 얘기되지 않는다. 단지 합치기 전에 먼저 움직였다는 것이 죽어야 할 죄였다. 양복과 순체가 합치기로 했던 곳은 열구였다고 한다. 왕험성 아래가 아니고 열구란다. 열구는 어디인가? 『색은』은 바다를 건너 확보한 곳이라고 했다. 애매하다. 양복의 죄든 열구든 사마천이 직접 한 말은 아니다. 무제가 그랬다는 사실만 전하고 있다.

사마천은 매우 조심스럽지만 무제가 정상적인 사람이 아님을 이곳저곳에서 말하고 있다. 무제는 귀신을 섬기고 귀신과 소통하려 애썼던 사람이다. 일곱 살에 태자가 되고 16세에 황제가 된 무제는 귀신에 관심이 높

았다. '효무본기(孝武本紀)' 보다 '봉선서(封禪書)'에 무제의 귀신 섬기기 사례가 더 사실적으로 묘사된다. "지금의 천자는 처음 즉위하여 귀신 제사를 더 섬겼다(今天子初卽位, 尤敬鬼神之祀)."라든가 무속인의 입을 빌려 "주상은 신과 통하고 싶어 한다(上卽欲與神通)."가 그 사례들이다. 무제의 말과 행동은 이성적으로 판단하기 어려울 때가 종종 있다.

이쯤에서 무제의 가계도를 잠깐 살펴보는 일은 의미가 있다. 유방으로부터 무제에 이르기까지 정상적인 부부 관계 또는 황실의 격식에 맞는 관계를 통해 태어난 군주는 거의 없어 보인다. 유방의 출생이 그러했고, 효혜는 아버지로부터 핏줄의 진위를 의심받았으며 유방과 여후의 결합 역시 정상적인 혼인은 아니었다. 유방은 이미 아이가 있었다.

효혜의 뒤를 이었던 두 사람은 공식적으로 유씨의 피붙이가 아닌 게 인정되어 사마천도 '본기'에서 제했으니 언급할 필요가 없고 진평과 주발 등의 노력으로 황제 위에 오른 문제도 그 출생 배경이 황가의 자제로서 어울리지 않는다. 그의 모친 박씨(薄氏)는 위나라 종가녀의 사통으로 태어났으며 위왕 표가 몰락한 후 궁중의 직실(織室, 천 짜는 방)에서 일하다가 유방의 눈에 띄어 궁녀가 되었다. 그러나 1년여 유방을 가까이 한 적이 없었다. 그러다가 최초에 있었던 한 번의 합방으로 아이를 낳았으되 그 이후 유방을 본 적은 거의 없다고 '외척세가(外戚世家)'는 전한다. 이 외로웠던 여성의 아이가 훗날 문제로 즉위했다.

문제의 후계자 경제는 어떤가? 그의 모친 두씨(竇氏)는 조나라 사람으로서 여후의 시녀였다. 여후가 궁녀들을 내보내 각 지역의 왕에게 선사한 적이 있는데 고향인 조나라로 가야할 이 여성이 담당관의 실수로 대나라로 갔다. 거기서 대왕이었던 훗날의 문제를 만나 총애를 입게 되었다. 대왕의 정실(성과 이름 미상)은 아들 넷을 낳았지만 문제가 황제가 되기 전에 사망했다. 그녀의 네 아들은 문제가 황제 위에 오를 때까지 생존했던 것 같다. 그러나 이후 몇 개월도 되지 않은 시점, 즉 두씨의 큰 아들을 태자로 세울 때 이미 다 병으로 죽었다고 한다.

경제의 후계자 무제는 어떠한가? 경제는 태자 시절 훗날 무제의 모친이 되는 왕씨(王氏)를 만났다. 왕씨는 누구인가? 이 여성은 이미 김씨 남자에게 시집가서 딸을 하나 둔 몸이었다. 그런데 왕씨의 모친이 극성스러웠다. 점쟁이로부터 자기 딸이 귀하게 된다는 말을 듣고 딸을 다시 데려오고자 했다. 화가 난 남편이 아내를 태자궁에 바쳤다. 태자와의 사이에서 3녀 1남이 태어났는데 이 외아들이 훗날 무제가 되었다. 원래 경제의 정비는 박씨(薄氏)였지만 둘 사이에 아이가 없었다.

무제의 후계자 소제(昭帝)는 어떠한가? 그의 모친은 조씨(趙氏)였다. 무제의 첫 부인은 태자 시절 혼인한 진씨(陳氏)로서 큰고모의 딸이었다. 둘 사이에는 아이가 없었고, 이후 평양군(平陽君, 조참의 자손으로 경제 장녀의 남편) 첩의 딸 위자부(衛子夫)를 맞아들여 황후로 삼고 아들까지 두었다(이 아들이 태자가 되었던 적이 있음). 이 여성의 어머니가 사통을 해 위청을 낳았다는 위온이다.[38] 그 뒤로도 무제는 여러 여성을 사랑하고 아이를 두었으나 나이 70에 조씨와의 사이에서 얻은 아들로 태자를 삼았다. 그리고는 조씨를 죽였다. 무제는 여후의 사례를 들며 황제가 어리고 모후가 강하면 나라에 재앙이 생기기 때문이라고 신하들에게 말했다. 초와 한이 합쳐진 한나라가 섰고 남월, 동월, 조선 등 주변국을 병합해 당시까지 중국 최대의 판도를 완성한 무제는 자기가 죽인 여성의 어린 아들에게 그 큰 천하를 넘긴 것이다. 이해하기 힘든 이 행동 뒤에는 귀신이 있었다고밖에 달리 설명할 길이 없다.

한나라가 초나라에 승리하고 발전하며 남월과 조선이 흥멸하는 기원전 2-3세기의 동아시아는 한나라 황실의 이렇듯 불안정한 황위 계승

---

38) 각주 17 참조.

도와 함께하고 있었다. 동아시아 세계가 요동치던 게 진시황 때부터였음을 기억하고 그의 출생에 눈을 돌려보면 그 역시 비정상적이었다. 그의 부왕은 다른 이의 씨를 잉태한 여성을 맞았으며 그 배 속의 아이가 바로 자기였던 것이다. 훗날 아들이 왕위에 오른 덕에 태후가 된 뒤에까지도 이어지는 시황제 생모의 성적, 정신적 타락은 시황제 친아버지의 행적을 담은 '여불위열전(呂不韋列傳)'에 그 시말이 상세하다. 진시황의 친모를 그렇게 만든 데는 여불위의 역할이 컸다. 진시황은 친부를 죽일 방도를 찾기 시작했다. 피할 수 없는 결말이라고 여긴 여불위는 자살했다. 진시황, 유방, 무제 같은 사람들이 공존보다는 하나 만들기에 집착했던 건 의미심장하다.

사마천의 노래

> 太史公曰, 右渠負固, 國以絶祀. 涉何誣功, 爲兵發首. 樓船將
> 태사공왈 우거부고 국이절사 섭하무공 위병발수 누선장
> 狹, 及難離咎. 悔失番禺, 乃反見疑. 荀彘爭勞, 與遂皆誅. 兩
> 협 급난리구 회실반우 내반견의 순체쟁로 여수개주 양
> 軍俱辱, 將率莫侯矣.
> 군구욕 장수막후의
>
> 태사공이 말한다. 우거는 견고함에 기댐으로써 나라 제사가 끊겼다. 섭하는 공을 꾸미다가 전쟁이 일어나게 하는 머리가 되었다. 누선은 적게 거느려서 환난에 미치고 재앙을 만났다. 반우에서 잃은 걸 애석해했다. 그래서 오히려 의심을 받았다. 순체는 다투어 노력하다가 수와 함께 다 죽었다. 양군이 함께 욕스러웠으니 장수들 누구도 후로 봉해진 자가 없었다.

여기 사마천의 평에 보이는 것처럼 순체가 죽은 이유는 노고를 다투었기 때문이었다. 즉 열심히 했을 뿐인데 죽었다는 것이다. 누선도 그랬다. 잘못이라곤 적게 거느렸기 때문이다. 무제가 말한 죄는 사마천의 기술 안에 없다. 남월 정벌에 공을 세웠다는 로박덕은 어떠했을까? 그 역시 죄를 지어 작위를 빼앗기고 변방 거연(居延)으로 보내져 도위로 근무하다 죽었다고 '위장군표기열전'은 전한다.[39] 결국, 남월과 조선 정벌

---

39) 순체 역시 같은 열전에서 짧게 기록되었다. 로박덕과 순체 공히 일찍이 위청의 부하였던 적이 있었다. 위청은 그의 아버지가 주인 집 첩과 사통해서 나온 아들이라고 했다. 그의 형, 누나가 모두 아버지는 누구인지 모르고 같은 어머니 위온 소생이다. 그래서 다 성이 위씨였다. 위청은 누이(훗날 위황후)가 무제의 총애를 받게 되면서 출세의 길이 열린 인물이었다. 흉노와의 전쟁에 공이 컸다. '외척세가'에 따르면 위청의 선임 표기장군 곽거병(霍

388 • 조선 - 조선열전

에 공을 세운 세 지휘관 중 온전히 여생을 마친 이는 한 명도 없었다는 말이다. 유방의 공신으로서 봉작을 받은 자 중 100여 년이 지난 사마천 시대까지 온전했던 집안은 다섯밖에 없었다. '고조공신후자연표(高祖 功臣侯者年表)' 앞머리에 나오는 말이다. 여후의 지적대로 유방의 공신 중에는 무식한 자들이 많았던 탓이었을까? 하지만 소하, 진평 같은 유식한 자들의 집안도 무사하지 않은 걸 보면 이유는 다른 데 있었다. 일찍이 진여가 장함에게 보낸 긴 편지에서 진나라에서는 공을 세워봤자 봉작을 받기는커녕 법에 걸려 죽는다고 했는데 시간만 백년이 걸릴 뿐이었지 결과는 별 차이 없었다. 진나라 황제나 한나라의 황제들이나 땅 욕심이 컸던 건 마찬가지였기 때문이다.

　유방을 도왔던 인물들 중 우리에게 익숙한 이름을 들어보고 그들 또는 그들 후손의 운명이 어찌되었는가를 잠시 살피는 것도 형편을 이해하는 데 도움이 된다. 경포, 팽월, 한신, 노관, 번쾌, 하후영, 주발, 조참, 소하, 장량, 진평의 경우를 보자. 경포로부터 조참에 이르기까지가 무장이고, 소하를 포함한 세 명은 문신이었다. 무장 중 경포, 팽월, 한신이 제거된 건 이미 말했다. 패현 또는 풍읍 출신의 노관(풍), 번쾌(패), 하후영(패), 주발(패), 소하(풍), 조참(패)은 유방과 동향이라 할 수 있다. 그리고 장량과 진평이 있었다. 노관은 의심을 받아 흉노로 도망쳤다. 번쾌 본인은 무사히 생을 마쳤지만 아들은 여씨가 몰락할 때 주살되었다. 하후영의 아들은 아버지의 여종과 간통한 죄로 처벌당하기 전 자살했다. 주발은 큰 공을 세우고도 경제 때 종생에 임박해 황제의 의심을 받고 조사를 받다가 분에 겨워 피를 토하고 죽었다. 지혜로운 소하는 궁벽한 곳에 살면서 극도로 자중한 덕에 대대손손 무사할 줄 알았는데 죄를 지은 고손자가 자살했다. 조참의 육대손은 죄에 걸려 죽었다. 장량 역시 많은

去病)은 위 황후의 언니 위소아(衛少兒)의 아들이었다.

봉지를 받는 것도 사양해 가며 조심조심 여생을 마쳤으나 아들이 죄를 짓고 그나마 작은 봉지도 빼앗겼다. 진평의 증손은 다른 이의 처를 유린한 죄로 목이 잘려 저잣거리에 시체가 버려졌다. 그들의 땅은 모두 유씨가 챙겼다.

왓슨도 지적한 바이지만, '남월열전'과 '조선열전'에서 사마천은 네 음절씩 맞추어가면서 평을 달고 있다. 필자가 확인을 해보니 『사기』 130편 중 오직 이 두 편에서만 사마천은 그리 했다.

왜 이 두 군데서 사마천은 노래하듯 평하는 방법을 구사했을까? 이 두 나라는 무제에게 망한 두 개의 외국이라는 공통점이 있다. 동월 역시 마찬가지 운명이었으되 사마천은 이런 방법을 적용하지 않았다.[40] 나는 이렇게 생각한다. 이 두 열전의 말미에서 사마천은 '말'을 하는 게 아니라 노래를 부르고 있다. 항우와 유방에 이어 사마천도 노래를 하고 있었다. 기뻐서가 아니다. 항우와 유방 두 사람의 노래가 그랬듯이 사마천의 노래도 비감하다. 두 나라가 망한 걸 아쉬워하듯 썼지만 망하게 한 걸 못마땅해 하는 심경을 그리 표현한 것 같다. 애꿎게 희생당한 자들에 대한 아쉬움도 토로되나 그건 별게 아니다. 사마천으로서 가장 마음 아프게 느껴졌던 건 두 나라의 제사가 끊어지게 된 현실인 것 같다. '남월열전'에서 "여가의 충성함이 작아서 타로 하여금 후사가 없게 하였다."는 말은 '조선열전'에서 "우거는 견고함에 기댐으로써 나라 제사가 끊겼다."는 말과 호응한다.

사마천에게 천하는 여러 나라가 공존하는 세계였다. 가족들이 있고,

---

40) 동월은 망했지만 동월과 같은 계열인 동구는 왕과 백성이 회수와 장강 사이로 이주했고, 동월왕 여선은 민월왕을 죽이고 왕 자리를 차지한 후 동월을 세운 것이기 때문에 사마천이 동월 멸망에 동정심을 가질 소지는 적었다. 게다가 한나라는 여선에게 죽은 민월왕의 손자로 하여금 제사를 받들 수 있도록 배려했다.

마을들이 있듯이 나라들이 있어야 했다. 그래서 사마천은 승자가 패자의 나라에 제사를 잇게 해주는 걸 칭찬할 만한 덕목으로 『사기』 곳곳에 소개했다. 관계를 가질 대상이 없어진다는 건 개인에도 가족에도 마을에도 나라에도 재앙이며 천하에도 재앙인 것이다. 한 개뿐인 나라가 되기 위해서(흔히 통일이라 미화된다.) 얼마나 많은 피가 뿌려지는가? 사마천의 노래에서 나는 공존의 가치를 읽는다.

에필로그

사마천은 '태사공자서'에 다음과 같은 말을 남겼다. "지난 일을 설명하며 오는 이를 생각한다(述往事 思來者)." 그건 자기가 과거사를 정리하는 일을 하게 된 동기였다. 하지만 그 동기는 일을 시작하기 전이라기보다 526,500자로 이루어진 과거의 세계를 완성해 가는 즈음의 성취감과 성숙된 의식 속에서 도달한 결론이라 보는 게 옳다. '술왕사 사래자'라. 세심한 배려와 각고의 노력으로 지나간 일을 구성하는 사람의 눈은 앞으로 이 땅에 살게 될 사람들에게 향해 있다는 것이다. "항적이란 자는 하상 사람이다."로부터 시작해서 "장수들 누구도 후로 봉해진 자가 없었다."에 이르기까지 초, 한, 남월, 조선의 지난 일들에는 사마천이 보고 싶었던 미래가 담겨 있다. 역사가는 과거로써 미래를 만든다. 그 과거는 미래를 위해 재구성된 과거다.

첨부

동월열전

연표

동월열전

閩越王無諸及越東海王搖者, 其先皆越王句踐之後也, 姓騶氏.
민월왕무제급월동해왕요자 기선개월왕구천지후야 성추씨
秦已幷天下, 皆廢爲君長, 以其地爲閩中郡. 及諸侯畔秦, 無諸搖
진이병천하 개폐위군장 이기지위민중군 급제후반진 무제요
率越歸鄱陽令吳芮, 所謂鄱君者也, 從諸侯滅秦. 當是之時, 項籍
솔월귀파양령오예 소위파군자야 종제후멸진 당시지시 항적
主命, 弗王, 以故不附楚. 漢擊項籍, 無諸搖率越人佐漢. 漢五年,
주명 불왕 이고불부초 한격항적 무제요솔월인좌한 한오년
復立無諸爲閩越王, 王閩中故地, 都東冶.
복립무제위민월왕 왕민중고지 도동야

민월왕 무제와 월 동해왕 요는 그들의 선조가 모두 월왕 구천의 후예이며 성은 추씨였다. 진나라가 천하를 아우르자 [그들을] 모두 폐하여 군장으로 삼았고 그 땅으로써 민중군을 만들었다. 제후들이 진나라에 등을 돌리는 데 이르자 무제와 요는 월을 이끌고 파양령 오예에게 귀부했으니 [오예는] 소위 파군이란 사람으로서, 제후들과 합쳐 진을 멸했다. 그때를 당하여 항적이 명령을 주관하였는데 왕으로 삼지 않았기에[41] 초에 붙지 않았다. 한나라가 항적을 치자 무제와 요는 월 사람들을 거느리고 한을 도왔다. 한 5년에 무제를 원래대로 세워 민월왕을 삼아 민중의 옛 땅에서 왕 노릇 하게 하고 동야에 도읍을 두었다.

孝惠三年, 擧高帝時越功曰, 閩君搖功多, 其民便附, 乃立搖爲東
효혜삼년 거고제시월공왈 민군요공다 기민변부 내립요위동
海王, 都東甌, 世俗號爲東甌王.
해왕 도동구 세속호위동구왕

효혜 3년, 고제 때 월의 공적을 높여 말하기를 "민군 요는 공이 많고 그

---

41) 오예는 형산왕이 되었다.

백성도 얼른 따랐다."고 했다. 그래서 요를 세워 동해왕으로 삼고 동구에 도읍했으니 세상에서는 동구왕이라 불렀다.

後數世, 至孝景三年, 吳王濞反, 欲從閩越, 閩越未肯行, 獨東甌從
후수세 지효경삼년 오왕비반 욕종민월 민월미긍행 독동구종
吳. 及吳破, 東甌受漢購, 殺吳王丹徒, 以故皆得不誅歸國.
오 급오파 동구수한구 살오왕단도 이고개득부주귀국

몇 대 뒤 경제 3년이 되어 오왕 비가 거역하면서 민월을 거느리려 했는데 민월이 아직 움직이려 하지 않았을 때 홀로 동구만이 오를 좇았다. 오가 깨짐에 이르자 동구는 한에 매수되어 오왕 단도를 죽임으로써 처형당하지 않고 모두 나라로 돌아갈 수 있었다.

吳王子子駒亡走閩越, 怨東甌殺其父, 常勸閩越擊東甌. 至建元三
오왕자자구망주민월 원동구살기부 상권민월격동구 지건원삼
年, 閩越發兵圍東甌. 東甌食盡, 困且降, 乃使人告急天子.
년 민월발병위동구 동구식진 곤차항 내사인고급천자

오왕의 아들 자구는 민월로 도망쳤는데 동구가 자기 아버지를 죽인 걸 원망하여 늘 민월에게 동구를 치자고 권했다. 건원 3년이 되어 민월이 군대를 보내 동구를 포위했다. 동구는 식량이 바닥나 어려웠기에 곧 항복해야 할 처지였다. 그래서 사람을 보내 천자에게 급함을 알렸다.

天子問太尉田蚡, 蚡對曰, 越人相攻擊, 固其常, 又數反覆, 不足以
천자문태위전분 분대왈 월인상공격 고기상 우수반복 부족이
煩中國往救也. 自秦時棄弗屬. 於是中大夫莊助詰蚡曰, 特患力弗
번중국왕구야 자진시기불속 어시중대부장조힐분왈 특환력불
能救, 德不能覆, 誠能, 何故棄之. 且秦擧咸陽而棄之, 何乃越也.
능구 덕불능복 성능 하고기지 차진거함양이기지 하내월야
今小國以窮困來告急天子, 天子弗振, 彼當安所告愬, 又何以子萬
금소국이궁곤래고급천자 천자부진 피당안소고소 우하이자만
國乎.
국호

천자가 태위 전분42)에게 물으니 분이 대답하여 가로되 "월인이 서로 공격하는 건 그들의 늘상인 데다가 또한 여러 차례 언행이 이랬다저랬다 하니 중국을 번거롭게 함으로써 가서 구하기에 부족합니다. 진나라 때부터 내버려 두고 복속시키지 않아 왔습니다."라 했다. 그러자 중대부 장조43)가 분을 나무라며 말했다. "단지 구할 힘이 없을까, 바꿀 덕이 없을까를 걱정할 뿐이지 만일 할 수 있다면 왜 그들을 버려둡니까? 또한 진이 함양을 들어 그걸 버리게 되었으니 어찌 [버리는 게] 이 월[뿐]이겠습니까?44) 지금 작은 나라가 어려움이 있기에 와서 천자에게 급함을 알리는데, 천자가 거두지 않으면 그들은 어느 곳을 마주하여 하소연하겠습니까? 그리고 [천자는] 어찌 만국을 자식 삼을 수 있겠습니까?"

上曰, 太尉未足與計, 吾初卽位, 不欲出虎符發兵郡國. 乃遣莊助
상왈 태위미족여계 오초즉위 불욕출호부발병군국 내견장조
以節發兵會稽. 會稽太守欲距不爲發兵, 助乃斬一司馬, 諭意指,
이절발병회계 회계태수욕거불위발병 조내참일사마 유의지
遂發兵浮海救東甌. 未至, 閩越引兵而去. 東甌請擧國徙中國, 乃
수발병부해구동구 미지 민월인병이거 동구청거국사중국 내
悉擧衆來, 處江淮之間.
실거중래 처강회지간

상이 이르길 "태위는 더불어 의논하기 충분하지 못하다. 나는 즉위한 지 얼마 되지 않은 마당에 호랑이 부절을 꺼내 군국에 군대를 보내고 싶지 않다."고 했다. 그래서 장조를 보내 부절로써 회계에서 군대를 보내게

---

42) 이 사람은 경제의 손아래 처남이다. 무제에게는 외삼촌이 된다. 무안후이다. '위기무안후열전(魏其武安侯列傳)'에 나온다.
43) '남월열전'에서 우리는 이 사람을 만난 바 있다. 무제는 자기가 '남월왕을 의심한다는 걸 깨우치게' 하기 위해 장조를 보냈다.
44) 진나라가 수도 함양을 잃었다는 건 바로 앞의 전분의 주장 중 진나라 때부터 버렸다는 내용에 호응한다. 진나라가 월을 버렸다가 수도까지 다 잃었다는 말이다.

했다. 회계 태수는 버티며 군대를 보내지 않으려고 하였다. 그래서 [장]조는 사마 한 명을 참하여 하고자 하는 뜻을 깨우쳐 마침내 군대를 일으켜 동구를 구하려 바다를 건넜다. 이르기 전에 민월은 군대를 거두어 떠났다. 동구는 나라를 들어 중국으로 옮기기를 청하였다. 그래서 무리를 모두 이끌고 왔기에 장강과 회수 사이에 살게 했다.

至建元六年, 閩越擊南越. 南越守天子約, 不敢擅發兵擊而以聞.
上遣大行王恢出豫章, 大農韓安國出會稽, 皆爲將軍. 兵未踰嶺,
閩越王郢發兵距險. 其弟餘善乃與相宗族謀曰, 王以擅發兵擊南
越, 不請, 故天子兵來誅. 今漢兵衆彊, 今卽幸勝之, 後來益多, 終
滅國而止. 今殺王以謝天子, 天子聽罷兵, 固一國完, 不聽, 乃力
戰, 不勝, 卽亡入海. 皆曰善. 卽鏦殺王, 使使奉其頭致大行. 大行
曰, 所爲來者誅王, 今王頭至, 謝罪, 不戰而耘, 利莫大焉. 乃以便
宜案兵告大農軍, 而使使奉王頭馳報天子. 詔罷兩將兵曰, 郢等首
惡, 獨無諸孫繇君丑不與謀焉. 乃使郞中將立丑爲越繇王, 奉閩越
先祭祀.

건원 6년에 이르러 민월이 남월을 쳤다. 남월은 천자와의 약속을 지켜 차마 멋대로 군대를 보내 치지 않고 [사건으로] 써 아뢰었다. 상이 대행 왕회를 보내니 예장을 나갔고 대농 한안국은[45] 회계를 나갔다. 모두 장군으로 삼았다. 군대가 아직 고개를 넘지 못했을 때 민월왕 영은 군대

---

45) 한안국에 대해서는 '한장유열전(韓長孺列傳)'이 있다.

를 보내 험한 곳을 지키게 했다. 그래서 그의 동생 여선은 승상 및 일족과 더불어 의논해 말했다. "왕은 멋대로 군대를 보내 남월을 치면서 [천자에게] 묻지 않았기에 천자의 군대가 죽이러 온 것이다. 지금 한나라의 군대는 많고 강하다. 이번에 설사 다행스럽게 그들을 이긴다 해도 다음에 올 때는 더욱 많아질 것이니 결국 나라를 망하게 하고서야 그칠 것이다. 지금 왕을 죽여 천자에게 사죄해서 천자가 들어 군대를 해산하면 진실로 한 나라가 온전해질 것이다. 듣지 않는다? 그래서 힘써 싸우다 이기지 못하면 즉시 도망가 바다로 들어가자." 모두 "좋다."고 말하니 즉시 왕을 창으로 찔러 죽이고 사절로 하여금 그 머리를 받들고 대행에게 나가게 했다. 대행이 말하길 "온 바는 왕을 죽이고자 함이었다. 지금 왕의 머리가 왔고 사죄하니 싸우지 않고도 제거한 것이라 이로움이 막대하다."고 했다. 그래서 재량껏 병사들을 어루만지면서 대농의 군대에 알리고 사자로 하여금 왕의 머리를 받들고 천자에게 달려가 알리게 했다. [황제가] 조서를 내려 두 장군과 군대를 해산하며 말하길 "영 등은 악의 수괴가 되었지만 홀로 무제(無諸)의 손자 요군 축만이 모의에 함께하지 않았다."고 했다. 그래서 낭중장으로 하여금 축을 세워 월요왕을 삼아 민월의 조상 제사를 받들게 했다.

餘善已殺郢, 威行於國, 國民多屬, 竊自立爲王, 繇王不能矯其衆
여선이살영 위행어국 국민다속 절자립위왕 요왕불능교기중
持正. 天子聞之, 爲餘善不足復興師曰, 餘善數與郢謀亂, 而後首
지정 천자문지 위여선부족부흥사왈 여선수여영모란 이후수
誅郢, 師得不勞, 因立餘善爲東越王, 與繇王並處.
주영 사득불로 인립여선위동월왕 여요왕병처

여선이 영을 죽이고 나서 위세가 나라에 행해져 나라 백성들이 많이 좇았다. [여선이] 몰래 스스로 서서 왕이 되었으나 요왕이 그 무리를 바로 잡아 올바름을 쥐게 할 수 없었다. 천자가 이를 듣고 여선 때문에 군대를 다시 일으킬 수는 없다며 이르기를 "여선이 수차례 영과 더불어 난리 일으킬 것을 의논했으나 후에 영을 죽이는 데 앞장서서 군대가 힘들지 않을 수 있었다."고 하여 [이로]써 여선을 세워 동월왕으로 삼았고 요왕과 함께 두었다.

至元鼎五年, 南越反, 東越王餘善上書, 請以卒八千人從樓船將軍
지원정오년 남월반 동월왕여선상서 청이졸팔천인종누선장군
擊呂嘉等. 兵至揭揚, 以海風波爲解, 不行, 持兩端, 陰使南越. 及
격여가등 병지게양 이해풍파위해 불행 지양단 음사남월 급
漢破番禺, 不至. 是時樓船將軍楊僕使使上書, 願便引兵擊東越.
한파반우 부지 시시누선장군양복사사상서 원변인병격동월
上曰, 士卒勞倦, 不許, 罷兵, 令諸校屯豫章梅嶺待命.
상왈 사졸노권 불허 파병 령제교둔예장매령대명

원정 5년에 이르러 남월이 거역하자 동월왕 여선은 글을 올려 병졸 8천인으로써 누선장군을 따라 여가 무리를 치겠다고 청했다. 군대가 게양에 이르러 바다의 바람과 물결이 [대오를] 흩뜨린다하여 전진하지 않으면서 양쪽[한과 남월]을 잡고서 [여선은] 은밀히 남월에 사신을 보냈다. 한이 반우를 깨는 때가 되었어도 이르지 않았다. 그때 누선장군 양복은 사절을 보내 글을 올리길 곧 군대를 이끌고 동월을 치기 원한다고 했다. 상이 말했다. "사졸이 피로하다." 허락하지 않고 군대를 해산했다. 모든 간부들로 하여금 예장과 매령에 둔치고 명을 기다리게 했다.

元鼎六年秋, 餘善聞樓船請誅之, 漢兵臨境且往, 乃遂反, 發兵距
원정육년추 여선문누선청주지 한병임경차왕 내수반 발병거
漢道. 號將軍騶力等爲吞漢將軍, 入白沙武林梅嶺, 殺漢三校尉.
한도 호장군추력등위탄한장군 입백사무림매령 살한삼교위
是時漢使大農張成故山州侯齒將屯, 弗敢擊, 卻就便處, 皆坐畏懦
시시한사대농장성고산주후치장둔 불감격 각취편처 개좌외유

誅.
주

원정 6년 가을에 여선은 누선이 자기를 죽이자고 청했고 한나라 군대가 국경에 있으면서 곧 나아가려고 하는 걸 들었다. 그래서 마침내 거역하고 군대를 보내 한이 만든 길을 막았다. 장군 추력 등을 탄한장군이라 부르고 백사와 무림, 매령으로 들어서 한의 지휘관 세 명을 죽였다. 그때 한나라는 대농 장성과 예전의 산주후 치로 하여금 요새를 지휘하게 했지만 감히 공격하지 못하고 물러나 편안한 곳으로 나갔다. 두려워하고 나약하다는 죄에 걸려 모두 죽임을 당했다.

餘善刻武帝璽自立, 詐其民, 爲妄言. 天子遣橫海將軍韓說出句
여선각무제새자립 사기민 위망언 천자견횡해장군한설출구
章, 浮海從東方往, 樓船將軍楊僕出武林, 中尉王溫舒出梅嶺, 越
장 부해종동방왕 누선장군양복출무림 중위왕온서출매령 월
侯爲戈船下瀨將軍, 出若邪白沙, 元封元年冬, 咸入東越. 東越素
후위과선하뢰장군 출약사백사 원봉원년동 함입동월 동월소
發兵距險, 使徇北將軍守武林, 敗樓船軍數校尉, 殺長吏. 樓船將
발병거험 사순북장군수무림 패누선군수교위 살장리 누선장
軍率錢唐轅終古斬徇北將軍, 爲禦兒侯.
군수전당원종고참순북장군 위어아후

여선은 무제[라고 쓴] 옥새를 파고 스스로 서서 자기 백성을 속이고 망령된 말을 했다. 천자가 횡해장군 한설46)을 보내니 구장을 나가 바다를 건너 동쪽을 따라 갔다. 누선장군 양복은 무림을 나가고 중위 왕온서는 매령을 나가고 월의 제후로서 과선, 하뢰 장군이 된 자들은 약사와 백사를 나가 원봉 원년 겨울 모두 동월로 들어갔다. 동월은 미리 군대를 보내 험한 곳을 막고 있었는데 순북장군으로 하여금 무림을 지키게 하여

---

46) '위장군표기열전'에 이 인물에 대한 기사가 짤막하게 실려 있다. 위청을 따라 종군해 공을 세운 바 있다.

누선장군의 몇몇 지휘관을 패주시키고 고위 관리를 죽였다. 누선장군의 장수인 전당의 원종고는 순북장군을 참하고 어아후가 되었다.

自兵未往, 故越衍侯吳陽前在漢, 漢使歸諭餘善, 餘善弗聽. 及橫
자병미왕 고월연후오양전재한 한사귀유여선 여선불청 급횡
海將軍先至, 越衍侯吳陽以其邑七百人反, 攻越軍於漢陽. 從建成
해장군선지 월연후오양이기읍칠백인반 공월군어한양 종건성
侯敖, 與其率, 從繇王居股謀曰, 餘善首惡, 劫守吾屬, 今漢兵至,
후오 여기수 종요왕거고모왈 여선수악 겁수오속 금한병지
衆彊, 計殺餘善, 自歸諸將, 儻幸得脫. 乃遂俱殺餘善, 以其衆降橫
중강 계살여선 자귀제장 당행득탈 내수구살여선 이기중항횡
海將軍, 故封繇王居股爲東成侯, 萬戶, 封建成侯敖爲開陵侯, 封
해장군 고봉요왕거고위동성후 만호 봉건성후오위개능후 봉
越衍侯吳陽爲北石侯, 封橫海將軍說爲案道侯, 封橫海校尉福爲
월연후오양위북석후 봉횡해장군설위안도후 봉횡해교위복위
繚嫈侯. 福者, 成陽共王子, 故爲海常侯, 坐法失侯, 舊從軍無功,
요앵후 복자 성양공왕자 고위해상후 좌법실후 구종군무공
以宗室故侯. 諸將皆無成功莫封. 東越將多軍, 漢兵至, 棄其軍降,
이종실고후 제장개무성공막봉 동월장다군 한병지 기기군항
封爲無錫侯.
봉위무석후

군대가 아직 가지 않았을 때부터 옛 월연후 오양은 먼저 한에 있었는데 한이 [오양으로 하여금] 돌아가 여선을 깨우치게 했으나 여선은 듣지 않았다. 횡해장군이 먼저 이르자 월연후 오양은 자기 식읍의 7백 명으로 거역하여 한양에서 월의 군대를 공격했다. 건성후 오와 합치고 그 우두머리들과 더불어 요왕 거고를 따르며 논의해 말했다. "여선이 앞장서 악을 행하여 우리를 겁박하고 감시했다. 이제 한나라 군대가 이르렀는데 [한의] 무리가 많고 강하니 꾀를 내어 여선을 죽이고 스스로 [횡해]장군에게 귀부하면 혹 운 좋게 벗어날 수도 있다." 그래서 마침내 함께 여선을 죽이고 그 무리로써 횡해장군에 항복했기 때문에 요왕 거고를 봉해

동성후로 삼았는데 만호였다. 건성후 오를 봉해 개능후로 삼았고 월연후 오양을 봉해 북석후로 삼고 횡해장군 설을 봉해 안도후로 삼고 횡해교위 복을 봉해 요앵후로 삼았다. 복이라 하는 자는 성양 공왕의 아들로서 옛날에 해상후였는데 법에 걸려 후 [작위]를 잃었다. 오래 종군했어도 공이 없었으나 종실이었기에 후가 된 것이다. 장군들이 모두 공을 이루지 못해서 봉하지 않았다.[47] 동월의 장군 다군은 한나라 군대가 이르렀을 때 자기 군대를 버리고 항복했기에 봉하여 무석후로 삼았다.

於是天子曰, 東越狹多阻, 閩越悍, 數反覆, 詔軍吏皆將其民徙處江淮閒. 東越地遂虛.

그러자 천자는 "동월은 좁고 대단히 험한데 민월은 흉포해 여러 번 이랬다저랬다 해 왔다."고 말하며 군 지휘관들에게 명해 그 백성들을 모두 이주시켜 장강과 회수 사이에 살게 하라고 했다. 동월의 땅은 마침내 비었다.

太史公曰, 越雖蠻夷, 其先豈嘗有大功德於民哉, 何其久也. 歷數代常爲君王, 句踐一稱伯. 然餘善至大逆, 滅國遷衆, 其先苗裔繇王居股等猶尙封爲萬戶侯, 由此知越世世爲公侯矣. 蓋禹之餘烈也.

태사공이 말한다. 월이 비록 오랑캐이지만 그 선조가 일찍이 백성들에

---

47) 무제가 임명한 지휘관 중 한설만 빼고 양복, 왕온서, 과선·하려 장군은 공이 없었다는 말인 것 같다.

게 큰 공덕이 있었는가, 어찌 그토록 길단 말인가! 수대에 걸쳐 늘 군장이며 왕이 되었고 구천은 한때 우두머리를 칭했다. 그러나 여선이 크게 거스르는 데 이르러 나라를 망하게 하고 무리들은 옮겨졌으되 [같은] 그 선조의 후예인 요왕 거고 등은 오히려 봉해져 만호후가 되었으니 이로 말미암아 월은 대대로 공후가 되었음을 알 수 있다. 아마도 우 [임금이 베푼] 공덕의 나머지였나[48] 보다.

---

48) '월왕구천세가(越王句踐世家)'에서 사마천은 월 구천의 조상이 우왕의 자손이라고 했다. 그는 '동월열전'을 시작하면서 동월의 선조는 구천의 자손이라고 했다. 그러니 우왕이 동월의 선조라는 게 사마천의 주장이 되는 셈이다.

연표

일러두기

- 사마천은 음력 10월 어느 날인가부터 한 해가 순환하는 체제로 서술했다. 한 해의 흐름이 10월에 시작해서 11월, 12월, 정월, 2월… 식으로 가는 것이다. 그래서 양력으로 햇수를 환산할 때 다소 혼란이 온다. 한 해의 순환을 10월부터 시작하는 방식을 두고 『집해』는 '진나라에서 10월을 한 해의 시작으로 했기 때문이었다.'는 말을 소개하고 있다. 시황제 때는 어땠는지 모르겠지만 2세 원년이 10월부터 시작된 건 맞다. 사마천에 따르면 시황제가 죽은 게 기원전 210년 음력 7월, 장사지낸 게 9월이었다. 2세가 즉위 후 사면령을 내린 게 음력 10월이었다고 사마천의 '육국연표'는 전한다. 그렇다면 2세 즉위는 음력 10월쯤으로 추측되며 이때부터 원년이 되어 1년 단위가 셈해진 것 같다.

- 2세 원년부터 유방 사망 때까지는 '고조본기' 원문대로 쓰고 필요에 따라 양력으로 환산된 연도를 부기했다. '항우본기'에는 2세 원년 7월과 한 원년 4월 오직 두 번만 달이 적혔다. '남월열전' '조선열전'에서는 연호에 붙여 춘·하·추·동의 절기만 나온다. 그런데 '고조본기'에서 사마천은 한 원년부터 유방 사망 때까지 가장 세밀하게 해와 달을 기록했다. 이 덕분에 음력 11월부터 9월까지는 양력 연도 비정이 가능한 것이다.

- 연표와 본기 내용이 차이가 날 때가 더러 있다. 예를 들어 '진시황본기'에는 2세 2년 겨울 진승의 군대가 희(戱)에 이른 것으로 되어 있다. 겨울이란 단어만 빠졌지 '고조본기'에도 같은 해로 되어 있다. '육국연표'에는 이게 2세 원년에 있었던 일로 되어 있다. '진초지제월표(秦楚之際月表)'에 의하면 이는 2세 원년 9월 사건이었다. 이런 차이는 종종 발견된다. 일일이 다 비정할 수는 없는 일인지라 초, 한과 관련된 사건은 우리의 텍스트이자 연월 표시가 가장 자세한 '고조본기'에 기초해 정리하고 나머지는 '표'에 의거하거나 일반적으로 알려진 양력 연도를 따랐다. 남월에서 일어난 사건의 연도에 대해서는 『대월사기전서』도 활용되었다.

기원전

시황제 원년	음력 5월 진나라 장양왕 사망(246), 아들 정(政, 훗날의 시황제) 진나라 왕으로 즉위
시황제 21년	연나라 수도 계(薊)에서 요동으로 옮김
시황제 24년	초나라 멸망
시황제 25년	조나라·연나라 멸망
시황제 26년	제나라 멸망, 시황제 황제 즉위
시황제 33년	남해·계림·상군 설치, 장성 축조 개시
시황제 37년	시황제 회계와 낭야 순행하고 음력 7월(210) 사망, 2세 즉위
2세 원년	10월 대사면 7월 진승 거병(209)
2세 2년	진승의 군대가 희수까지 이르렀다가 돌아감 무신이 조나라 왕이 됨, 한광이 연나라 왕이 됨, 위나라가 다시 섬, 초 회왕 즉위, 이유 사망, 전담이 제나라 왕이 됨, 조왕 헐이 섬, 진섭 사망, 항량 사망
2세 3년	초 회왕이 팽성으로 이동, 거록의 전투, 유방 역이기를 만남, 장함이 항우에 항복, 2세 사망, 유방 무관으로 입관, 조타가 남월 왕이 됨
한 원년	10월 유방 패상에 이름 자영 항복, 홍문의 칼춤 정월 유방은 한왕, 항우는 서초패왕이 됨(206) 4월 제후들은 희수에서 파하여 각자 나라로 감 8월 유방은 다시 관중을 향함
한 2년	새왕 흔·적왕 예 유방에 항복 정월 옹왕 장함의 동생 장평이 유방에 잡힘(205) 2월 한의 사직이 세워짐

	3월 유방은 의제를 위해서 움
	항우 제나라 공격, 전영 사망, 유방 팽성 함락
	6월 호혜 태자로 책봉됨
	장함 자살, 한나라는 천지사방 상제상천에 제사지내기 시작함, 경포가 유방에 귀부
한 3년	위왕 표가 등을 돌림, 조왕 헐 사망, 유방은 장이를 조나라 왕으로 세움, 범증 사망, 유방의 형양 탈출, 위표 사망, 한신이 용저를 죽임
한 4년	성고를 지키던 사마흔·조구·동예가 죽음, 한신이 제나라 왕이 됨, 유방이 항우의 화살을 맞음, 휴전, 태공과 여후가 초나라로부터 풀려남, 유방은 한신·팽월과 천하를 삼분함, 경포 회남왕이 됨
한 5년	해하의 싸움, 항우 사망
	정월 유방의 황제 즉위(202)
	한신을 초나라 왕으로 옮김, 형산왕 오예를 장사왕으로 삼음
	5월 군대를 파함(202)
	6월 대사면(202)
	10월 연왕 장도가 거역
	그해 가을 리기가 거역함
한 6년	태공이 빗자루를 들다
	12월 한신이 모반한다는 말이 유방에게 올라가다(201)
	한신이 붙잡혀 회음후로 강등됨
한 7년	흉노가 마읍을 공격
	2월 유방이 평성으로부터 조와 낙양을 거쳐 장안으로 왔음(200)
한 8년	유방이 동원에서 한왕 신의 잔당을 공격함
	조나라 승상 관고의 유방 시해 모의

한 9년	조나라 왕 장오 폐위
한 10년	10월 회남왕 경포·양왕 팽월·연왕 노관·형왕 유가·초왕 유교·제왕 유비·장사왕 오예 등이 모두 장락궁에 조알하다.
	봄, 가을 아무 일도 없었음
	7월 태공 사망(197)
	8월 조나라 상국 진희가 거역함
한 11년	고조가 진희를 치고자 한단에 있음
	아들 항을 대왕으로 삼다
	봄 회음후 한신 사망(196)
	여름 양왕 팽월 사망
	7월 회남왕 경포가 거역하다
	육가가 남월에 감
한 12년	10월 유방이 회추에서 경포 군을 쳤다
	유방이 패현에서 아이들에게 노래를 가르침
	11월 유방이 경포와 싸우다가 장안으로 옴
	12월 시황제 묘지기로 20가구를 배정함
	2월 번쾌와 주발로 하여금 연왕 노관을 치게 함
	4월 유방 사망(195)
194	위만이 조선 왕이 됨
183	한-남월 사이에서 철기 교역이 끊김, 조타 장사 공격하고 무제 칭함
180	여후 사망, 문제 즉위, 육가의 남월 방문
157	경제 즉위
141	무제 즉위
140	건원 원년

137	조타 사망
135	민월이 남월을 공격함
134	남월 문왕 즉위
125	남월 명왕 즉위
116	원정 원년
113	한나라 사절 남월 도착
112	한나라-남월 전쟁 발발
111	남월 멸망
110	원봉 원년, 동월 멸망
109	한나라-조선 전쟁 발발
108	조선 멸망

찾아보기

ㄱ

강동(江東) 33, 34, 40, 41, 94, 162
강소성(江蘇省) 19, 20, 23, 179, 275
개봉(開封) 221
거록(鉅鹿) 51, 52, 56, 63, 64, 105, 153, 216
건덕(建德) 349-351, 356-358
건원(建元) 334, 335, 337, 395, 397
경자관군(卿子冠軍) 56, 57, 63, 264
경제(景帝) 308, 309, 335, 337, 385, 386, 389, 395, 396
경포(黥布) 37, 71, 102, 103, 115, 116, 130, 226, 230, 236, 250, 252, 255, 256, 269, 292, 297-299, 305, 306, 308-310, 312, 389
계(薊) 103, 104, 236, 237, 366
계림(桂林) 325, 326, 328, 329, 358, 359
고기(高起) 276, 277
곡성(穀城) 147, 148, 168, 270, 271
곤명지(昆明池) 352, 353
공손수(公孫遂) 380
공자(孔子) 43, 54, 169, 170, 312, 351
과선(戈船, 장군) 353, 354, 358, 359, 400, 402
곽거병(霍去病) 388
관고(貫高) 289, 290
관영(灌嬰) 86, 137, 155, 169, 258, 259, 270, 271, 315
관중(關中) 71, 74, 75, 80, 81, 94, 98, 113, 114, 123, 153, 173, 218, 225-228, 230, 232, 236, 242, 243, 251, 252, 263, 268, 275, 276, 278, 279, 284, 290, 291,
296, 302, 315, 316
광동(廣東) 103, 325, 326, 328, 341, 350, 359
광무(廣武) 131, 134-136, 263, 268
광서(廣西) 103, 325, 326, 332, 359
광주(廣州) 328, 357
교동(膠東) 104, 111
교룡(蛟龍) 143, 179, 180, 182, 184, 186, 187, 206, 273, 293, 354
구강(九江, 왕) 102, 103, 115, 116, 130, 148, 250, 252, 269
구락(甌駱) 332, 334-336, 358-360
구천(句踐) 42, 43, 394, 402, 403
군장(君長) 103, 368-370, 394, 403
군현제(郡縣制) 24, 30, 31, 187-189, 308
규씨(樛氏, 규 태후) 341-346, 348-351, 360, 378
근강(靳疆) 89, 90, 128
기신(紀信) 89, 90, 127-129, 254

ㄴ

낙양(雒陽) 100, 101, 222, 236, 247, 248, 256, 275-280, 287, 290, 298, 305, 308, 311
남양(南陽) 222, 223, 225, 242, 243
남월(南越) 6, 8, 31, 103, 110, 244, 309 (이하 '남월열전')
남해(南海) 31, 325-328, 359
낭야(琅邪) 283
노관(盧綰) 185, 239, 257, 258, 275, 280, 292, 307, 308, 312, 314, 316, 317, 367, 372, 389

노나라(魯國) 42, 44, 55, 118, 168-171, 198, 271
노원(魯元) 118-122, 192, 194, 195, 273, 289, 298, 301
농부(農夫) 155, 157, 158
농부(農婦) 196
누번(樓煩) 134, 135
누선(樓船, 장군) 351-356, 358-360, 373, 375, 376, 378-382, 384, 388, 399-401

ㄷ

대나라(代國) 103, 112, 287, 294, 295, 305-307, 319, 333, 366, 385
『대월사기전서』 330, 338, 339, 355, 359
대유령(大庾嶺) 326, 350
동구(東甌) 332, 352, 390, 394-397
동남아시아 7, 8
동래(東萊) 358
동성(東城) 155, 157, 158, 174, 271
동아(東阿) 45, 49, 130, 131, 147, 214
동아시아 7, 282, 362, 386, 387
동야(東冶) 394
동양(東陽) 33-35
동원(東垣) 287-289, 295, 325
동월(東越, 왕) 6, 103, 309, 329, 330, 332, 354, 372-374, 376, 386, 390 (이하 '동월열전')
동해왕(東海王) 394, 395
두씨(竇氏) 385, 386
뚱뚱이 143, 144, 285, 292, 319

ㄹ

력양(櫟陽) 22, 98, 141, 236, 251, 268, 287, 292, 293
로박덕(路博德) 342, 354, 357, 374, 380, 388

로인(路人) 382, 383
뢰주반도(雷州半島) 357
리기(利幾) 280, 281

ㅁ

마읍(馬邑) 286, 295
매령(梅嶺) 350, 399, 400
매현(梅鋗) 105, 224, 225, 236, 237, 274
몽염(蒙恬) 29, 67, 68
묘도열도(廟島列島) 374
무고(武庫) 288, 289
무관(武關) 218, 224-226, 242, 243, 255, 256, 258, 274
무림(武林) 399, 400
무부(武負) 184-186, 303
무왕(武王, 남월) 328, 329
무왕(武王, 주) 101, 209
무왕(武王, 초) 106
무제(武帝, 남월) 331, 341
무제(武帝, 동월) 400
무제(武帝, 한) 6, 186, 308, 309, 332, 338-340, 342, 343, 349, 351, 352, 371-374, 377, 378, 381, 384-388, 390, 396, 402
무제(無諸) 394, 397, 398
문왕(文王, 남월) 339, 340, 371
문제(文帝) 121, 144, 296, 309, 318, 319, 333, 335-337, 344, 385
미앙궁(未央宮) 288, 291
민월(閩越, 왕) 331, 332, 335, 338, 339, 352, 390 (이하 '동월열전')

ㅂ

박씨(薄氏, 박 부인, 박 태후), 296, 319, 385, 386
반랑 358

반우(番禺) 327, 328, 350, 353, 354, 356, 376, 388, 399
발해(渤海) 283, 284, 373, 374, 383
방여(方輿) 208, 211
백기(白起) 67
백월(百越) 102, 103, 106, 110, 225, 325, 326, 328, 329, 332, 353
백제(白帝) 200, 201, 206, 207
번쾌(樊噲) 85-90, 128, 203-205, 208, 227-229, 232, 280, 286, 306-308, 315, 316, 389
범증(范增) 40-44, 53, 54, 58, 74, 75, 81-85, 90, 92, 93, 95, 98-100, 125-127, 146, 160, 218, 276, 277
베트남(인) 6-8, 103, 150, 181, 188, 282, 330, 332, 337, 339, 355, 357-359, 361
복건(福建) 103, 326, 329, 332, 372
복양(濮陽) 46, 47, 214, 215
복파(伏波, 장군) 353-360, 374, 375
부로(父老) 204-206, 227-229, 244, 268, 270, 271, 299, 336
부소(扶蘇) 23, 34
부형(父兄) 162, 168, 169, 205, 218, 219, 302-304
북경(北京) 10, 104
북한(北韓) 6

ㅅ

사마흔(司馬欣) 22, 98, 114, 236, 261, 262, 268
사수(泗水) 19, 38, 42, 54, 118, 119, 169, 179, 184, 198, 210, 214
사수(汜水) 141, 260
사직(社稷) 59, 60, 246, 314, 349, 360
사천(四川) 353-355
사천(泗川) 210
삼진(三秦) 113, 114, 127

삼협(三峽) 99
상군(上郡) 98, 99, 242, 243
상군(象郡) 325, 326, 328, 329
상림(上林) 352
상산(常山, 왕) 102, 103, 112, 236, 240, 244, 325
상황(上皇, 태상황) 281, 282, 291-293, 317
『색은』(『사기색은』) 10, 30, 47, 109, 182, 186, 258, 306, 355, 358, 365, 375, 382, 384
서구(西甌) 331, 332
서남이(西南夷) 6, 353, 355
석문(石門) 355, 356
설(薛) 39-42, 44, 198, 210, 213, 214, 237, 297, 298
섭하(涉何) 371, 373, 388
성보(城父) 148, 269
성양(城陽) 46, 47, 115, 116, 214, 248, 249
소공(召公) 209, 365
소진(蘇秦) 110, 366
소하(蕭何) 123, 139, 191, 192, 203, 204, 239, 276, 277, 287, 288, 297, 311, 389
송의(宋義) 49-51, 53, 54, 56-62, 67, 70, 164, 215, 218, 219, 223, 225
수수(睢水) 118, 119, 249, 256
수양(睢陽) 140, 141, 147, 148, 260
순임금 174, 175
순체(荀彘) 373-375, 384, 388
시황제(진시황) 19, 23, 25, 26, 29-31, 34, 39, 42, 75, 76, 97, 101, 106-108, 149, 181, 190, 199, 202, 263, 264, 282, 307, 308, 311, 325, 326, 332, 337, 352, 359, 361, 362, 366, 387
신농(神農) 207, 330
신안(新安) 71, 72, 263, 264
심섬(尋陝) 355, 356

심이기(審食其) 118, 119, 315, 316

ㅇ

안양(安陽) 56
야랑(夜郞) 353-355, 358, 359
약법삼장 227, 229
양나라(梁國) 114, 211, 258, 270, 319
양복(楊僕) 353, 354, 357, 373-376, 380, 384, 399, 400, 402
양성(襄城) 39, 40, 214, 218, 219
양자강(장강) 19, 25, 28, 34, 37, 43, 99, 103, 115, 116, 157, 158, 247-250, 274, 291, 319, 341, 351, 352, 354, 355, 372, 390, 397, 402
어우락 332, 338, 339, 355, 358
여가(呂嘉) 342, 343, 345, 346, 348-351, 353, 355-358, 360, 390, 399
여공(呂公) 186, 191-193, 196
여마동(呂馬童) 163-167
여불위(呂不韋) 181, 387
여산(酈山) 39, 89, 90, 199
여선(餘善) 338, 390, 397-403
여신(呂臣) 50, 51, 53, 215-217
여온(呂媼) 186, 192
여후(呂后, 여태후) 118-123, 133, 143, 186, 192-197, 201, 202, 206, 242, 250, 290, 298, 300, 301, 309-316, 318, 319, 321, 331, 332, 334, 347, 369, 385, 386, 389
역상(酈商) 86, 220, 221, 316
역생(酈生, 역이기) 220, 221, 225, 226, 231, 252, 258, 259, 316
역 장군 315, 316
연나라(燕國) 43, 104, 110, 113, 209, 237, 280, 315, 317, 319, 365-368, 372
열구(洌口) 384

영제(嬰齊) 339-342, 360
영천(潁川) 31, 280, 281
예장(豫章) 353, 354, 375, 397, 399
오강(烏江) 162, 169, 188
오광(吳廣) 22, 33, 34, 115, 327
오나라(吳國) 23, 42, 43, 114, 243, 305, 306
오령(五嶺) 326, 328, 337, 341, 365
오예(吳芮) 102, 103, 106, 110, 115, 116, 225, 236, 237, 274, 292, 306, 308, 309, 394
오제(五帝) 26, 106, 108-110, 174, 181, 308, 330
오중(吳中) 23-26, 28-30, 164, 169
오창(敖倉) 125, 131, 253, 254
옹구(雝丘, 雍丘) 46, 47, 215, 216
옹치(雍齒) 210-213, 304, 305
왓슨 9, 64, 72, 78, 90, 96, 109, 143, 144, 156, 165, 170, 187, 217, 266, 284, 335, 336, 351, 375, 382, 390
왕릉(王陵) 224, 225, 242, 243, 276, 277, 310, 313, 314
왕리(王離) 51, 52, 63, 216, 219, 225, 226
왕씨(王氏, 태후) 386
왕예(王翳) 163-167
왕온(王媼) 184-186, 303
왕전(王翦) 19, 25, 34, 52
왕험(王險) 365, 367, 368, 375, 376, 378, 383, 384
왕회(王恢) 339, 397
외황(外黃) 46, 47, 50, 51, 137, 140, 215, 244, 260
요동(遼東, 왕) 103, 104, 108, 236, 237, 365-369, 371, 373-375
요동반도 373-375
요서(遼西) 366
요수(遼水) 366, 367

412 • 사마천의 동아시아 - 초, 한, 남월, 조선

요양(遼陽) 366, 372
요하(遼河) 104, 366
용저(龍且) 45, 137, 138, 250, 252, 258, 259, 262
우거(右渠) 371-373, 375, 377-380, 383, 388, 390
우미인 121, 128, 152, 153, 156-158, 301
우이(盱台) 41, 53, 137, 214, 217, 262
운남(雲南) 99, 353, 355
운몽(雲夢) 283
원(宛) 130, 222-224, 255, 256
원정(元鼎) 342, 353-355, 399, 400
월나라(越國) 25, 42, 103
월인(越人) 103, 110, 328, 345, 346, 350, 352-356, 358, 361, 372, 394-396
위나라(魏國) 110, 122, 209-211, 220, 225, 304, 307, 385
위만(衛滿) 366-369
위산(衛山) 377, 380
위수(渭水) 228, 233, 278, 287
위온(衛媼) 186, 386, 388
위청(衛靑) 186, 386, 388, 400
위표(魏豹, 위왕 표) 100, 102, 128, 129, 247, 249, 252-255, 273, 385
유교(劉交) 182, 183, 285, 292, 308
유비(劉肥) 143, 292, 308
유비(劉濞) 304-306
유씨 관 198
유온(劉媼) 179, 182, 186, 293
유중(劉仲) 286, 290-292, 305
유항(劉恆) 121, 144
육가(陸賈) 142, 144, 226, 259, 329, 330, 333, 334, 335, 337
은나라 122, 181, 275, 320
은허(殷虛) 69, 70
음릉(陰陵) 155
의제(義帝) 96, 97, 102, 107-110, 116,
164, 173, 235, 240, 247-249, 253, 263, 264, 274
이사(李斯) 29, 47
이유(李由) 46, 47
임조(臨洮) 366
임치(臨菑) 104
임효(任囂) 327, 328, 354, 360
입관(入關) 71, 74, 79-81, 102-105, 218, 219, 222, 223, 227, 228, 230, 234, 255, 263, 264, 268

ㅈ

자영(子嬰) 74, 75, 94, 227, 228, 232, 263, 264
장도(臧荼) 103, 104, 108, 236, 237, 274, 280, 281
장락궁(長樂宮) 287, 292, 315
장량(張良, 子房) 76-80, 82, 84-86, 88-93, 110, 113, 114, 146, 147, 149, 221, 222, 225-228, 231, 232, 239, 243, 244, 261, 265, 267, 269, 277-279, 281, 284, 300, 305, 389
장사(長沙, 국, 왕) 103, 107, 108, 240, 274, 292, 306, 308, 309, 319, 329-332, 334, 335
장성(長城) 315, 366, 369, 372
장안(長安) 278, 287, 293, 296, 298, 300, 307, 314, 329, 341, 343, 349, 369
장오(張敖, 조왕 오) 274, 289, 290, 298, 301
장의(張儀) 104
장이(張耳) 51, 52, 100, 102, 103, 105, 106, 112, 113, 130, 216, 236, 240, 241, 244, 245, 252, 253, 257, 289, 301
장조(莊助) 339, 395, 396, 397
장함(章邯) 39, 40, 50-52, 57, 58, 66, 67, 69, 70, 72, 98, 114, 209, 212,

215, 216, 224, 225, 226, 230, 236, 242, 251, 261, 389

적제(赤帝) 200, 201, 206, 207, 300

전담(田儋) 45, 46, 209, 210

전분(田蚡) 395, 396

전불(田市) 104

전안(田安) 104, 105, 111

전영(田榮) 45, 46, 105, 111-113, 115, 116, 123, 124, 240, 248, 249

정도(定陶) 46, 47, 49, 50, 53, 215, 216, 270, 271, 274

『정의』(『사기정의』) 10, 84, 109, 135, 152, 187, 188, 271, 287, 316, 365, 366

정장(亭長) 162, 163, 184, 187-189, 191, 194, 198, 199, 210

제나라(齊國) 20, 42-46, 49, 50, 53, 54, 58, 61, 62, 104-106, 110, 111, 113-118, 123, 124, 148, 154, 198, 209, 210, 214, 240, 241, 249, 250, 259, 261, 268, 270, 271, 278, 284, 285, 290, 291, 295, 307, 319, 328, 352, 367, 369, 373, 374, 376, 383

제북(濟北, 왕) 104, 105, 111, 348

조고(趙高) 23, 29, 31, 47, 66-70, 75, 225, 226, 228, 261

조구(曹咎) 22, 137, 260, 262

조나라(趙國) 45, 46, 51, 52, 56, 58, 59, 68, 101-105, 110, 112, 113, 209, 216, 218, 219, 222, 223, 225, 234, 236, 244, 253, 255, 257, 264, 286-290, 294, 296, 298, 319, 325, 341, 385

조선(朝鮮) 6, 8, 43, 110, 188, 309, 330, 353, 354(이하 '조선열전')

조참(曹參) 203, 204, 310, 313, 314, 386, 389

조타(趙佗) 31, 103, 325-330, 332, 333, 335-339, 341, 346, 350, 353, 354, 369, 371

조헐(趙歇, 조왕 헐) 51, 102, 112, 113,

216, 236, 240, 241, 252, 253, 289

종공(樅公) 128, 129, 254-257

추가(周苛) 128, 129, 254-257

주공(周公) 169, 170, 209, 365

주나라 20, 43, 101, 106, 181, 209, 320, 336, 337, 352, 365

주발(周勃) 295, 307, 308, 310, 311, 313-316, 334, 385, 389

주여후(周呂侯) 123, 250

중국(中國, 인) 5-8, 52, 100, 103, 104, 107, 110, 149, 150, 181, 188, 197, 207, 233, 237, 308, 309, 317, 325-332, 336, 337, 341-344, 346, 349, 350, 355, 357, 358, 360, 361, 367, 369-371, 373, 374, 376, 382, 386, 395-397

즉묵(卽墨) 111, 283

진가(秦嘉) 38-40, 212, 213

진나라(晉國) 42, 43, 106

진나라(陳國) 42, 43, 147, 148, 203, 211

진나라(秦國) 19, 20, 22, 23, 29, 30, 33, 34, 39, 41-43, 45-47, 49-52, 56, 57, 59, 64, 66-72, 74, 75, 77, 83, 87, 88, 94-96, 98-100, 103, 105, 108-110, 113, 122, 173, 181, 185, 187-190, 199, 203, 206, 209-217, 219, 221-230, 234, 236, 244, 246, 264, 283, 287, 307, 308, 320, 321, 325, 327-330, 337, 353, 355, 362, 365-368, 389, 394, 396

진류(陳留) 50, 51, 137, 215, 221, 260

진승(陳勝) 22, 33, 34, 36, 38, 40, 41, 113, 115, 203, 209, 211, 216, 219, 327

진여(陳餘) 51, 52, 63, 67, 68, 105, 106, 112, 113, 216, 217, 236, 237, 240, 241, 244, 252, 253, 289

진영(陳嬰) 33-37, 41, 42, 53, 110

진왕(秦王, 남월) 345, 349, 350

진왕(秦王, 진나라) 19, 87, 139, 227, 228
진왕(陳王) 33, 38, 40, 41, 211, 214, 218, 219
진평(陳平) 88, 89, 125-127, 144-146, 253, 254, 269, 283, 287, 310, 313-316, 333, 334, 389, 390
진회(陳恢) 223, 224, 231
진희(陳豨) 293-296, 306, 307
『집해』(『사기집해』) 10, 29, 39, 78, 100, 135, 182, 210, 211, 213, 213, 284, 285, 291, 306, 316, 354, 358, 365, 382, 383
쩐흥다오 361

ㅊ

창오(蒼梧) 345, 349, 350, 353, 354, 358, 359
척 부인(戚夫人) 121, 133, 143, 290, 300, 301, 318, 319
『춘추』 5, 336, 351, 352
치우(蚩尤) 206, 207, 246, 300

ㅌ

탕목(湯沐) 302, 305
태공(太公, 주나라) 43, 209, 210
태공(太公, 한나라) 118, 119, 132, 133, 142, 144, 179, 181-183, 242, 281, 282, 291-293, 316
태산(泰山) 283, 284
태원(太原) 252, 253, 285, 286, 288, 295, 366
태자 단(太子丹) 366
통킹 만 357

ㅍ

파군(番君, 鄱君) 102, 105, 106, 224, 225, 236, 237, 274, 394
파양(鄱陽) 103, 306, 394
파촉(巴蜀) 99, 100, 354
패상(霸上) 74, 88, 90, 227-229, 233
패수(浿水) 365, 367-372, 374-378
패왕(霸王) 96, 106, 107, 109, 160, 173, 174, 236, 237
패현(沛縣) 42, 44, 179, 198, 202, 203, 205, 210, 214, 225, 239, 242, 243, 277, 295, 299-303, 305, 316, 328, 389
팽성(彭城) 38, 50, 51, 53, 106, 108-110, 118, 119, 123, 125, 126, 215-217, 236, 237, 248, 249, 251, 254, 263, 264
팽월(彭越) 111-114, 130-133, 137-140, 146-149, 154, 159, 196, 220, 240, 256-259, 268, 269, 274, 292, 297, 298, 306, 308, 311, 312, 389
평성(平城) 286, 287
평원(平原) 115, 248, 249, 258, 259
폐구(廢丘) 98, 236, 242, 251
풍읍(豐邑) 179, 208, 210-214, 305, 389

ㅎ

하내(河內) 100, 101, 131, 247, 358
하동(河東) 100, 248, 252, 253, 383
하려(下厲, 장군) 353, 354, 358, 359, 402
하후영(夏侯嬰) 85, 86, 90, 120, 122, 128, 139, 189, 258, 316, 389
한광(韓廣) 103, 104, 108, 113, 209, 236, 237
한국(韓國) 6, 8, 181, 282
한나라(韓國) 31, 42, 76, 93, 110, 221, 222, 239, 243, 281
한설(韓說) 400, 402
한수(漢水) 19, 99, 247-249

찾아보기 • 415

한신(韓信, 韓王) 238, 239, 242-244, 257, 286, 287
한신(韓信, 淮陰侯) 130, 131, 137-139, 146-149, 154, 159, 239, 244, 252, 253, 255-259, 261, 262, 268-271, 274, 276, 277, 283-286, 289, 296, 297, 303, 306, 311, 312, 317, 389
한안국(韓安國) 339, 397
한음(韓陰) 382
한중(漢中) 98, 99, 108, 236, 239, 242, 251, 257
한천추(韓千秋) 348-351
함곡관(函谷關) 74, 75, 78-80, 88, 103, 108, 109, 208, 218, 224, 230, 233, 243, 247, 248, 256, 275
함양(咸陽) 34, 39, 49, 58, 66, 72, 74-76, 87, 88, 94, 98-100, 103, 109, 190, 202, 209, 218-220, 223, 224, 226-228, 233-235, 239, 242, 243, 254, 278, 311, 326, 328, 395, 396
항량(項梁) 19, 21-42, 44-47, 49-51, 54, 58, 76, 80, 93, 98, 105, 110, 115, 141, 157, 185, 213-219, 234, 268
항백(項伯) 76-84, 132, 172, 232
항연(項燕) 19, 25, 34, 52
항장(項莊) 76, 83-85, 90
해남도(海南島) 357, 359
해하(垓下) 148-150, 153, 154, 157, 159, 169, 269-271, 286, 300
해하가(垓下歌) 65
형양(滎陽) 123-130, 135, 141, 153, 221, 252-258, 260, 275, 315
호릉(胡陵) 38, 39, 118, 208, 248, 249
호찌민 362
호치(好畤) 242, 333, 334
호해(胡亥) 23, 29, 34, 362
홍구(鴻溝) 142, 268, 269, 275
홍문(鴻門) 74, 81, 82, 89-91, 127, 128, 232
환초(桓楚) 27, 28, 61, 62
황옥좌독(黃屋左纛) 128, 320, 331, 334, 335
황제(黃帝) 26, 174, 181, 246
황하(黃河) 20, 37, 43, 51, 56, 59, 63, 98, 100, 102, 104, 125, 130, 131, 214, 216, 217, 222, 223, 233, 247, 248, 252-255, 257, 275, 283, 284, 295, 341, 358
회계(會稽) 25, 27, 29, 30, 34, 47, 61, 164, 204, 328, 396, 397
회남왕(淮南王) 250, 269, 270, 274, 292, 297, 298
회수(淮水) 19, 20, 37, 43, 75, 155, 157, 158, 214, 223, 237, 239, 250, 275, 285, 291, 298, 319, 341, 351, 352, 356, 372, 390, 397, 402
회수(匯水) 353, 354
회왕(懷王) 40, 41, 53, 54, 61, 62, 87, 88, 96, 97, 110, 132, 168, 214, 217-219, 227, 234-237, 263, 264
횡포(橫浦) 328, 353, 354
효혜(孝惠) 118-122, 143, 192, 194, 195, 197, 251, 273, 276, 282, 291, 300, 301, 312, 317-319, 368, 385, 394
후공(侯公) 142, 144
흉노(匈奴) 6, 29, 144, 286-288, 301, 309, 315, 317, 330, 332, 362, 367, 369, 372, 388, 389
희수(戲水) 108, 109, 139, 209, 237